# MICHAEL COLLINS PIPER

# IL NEMICO INTERNO
## I CAPRI DI GIUDA

La storia scioccante e mai raccontata dell'infiltrazione
e della sovversione del movimento nazionalista
americano

ØMNIAVERITAS.

# MICHAEL COLLINS PIPER

Michael Collins Piper è stato uno scrittore politico e conduttore radiofonico americano. È nato nel 1960 in Pennsylvania, USA. È stato un collaboratore regolare di The Spotlight e del suo successore, American Free Press, giornali sostenuti da Willis Carto. È morto nel 2015 a Coeur d'Alene, Idaho, USA.

### *Il nemico interno - Le capre di Giuda*

*La storia scioccante e mai raccontata dell'infiltrazione e della sovversione del movimento nazionalista americano*

### The Judas Goat – The enemy within

*The shocking never-before-told story of the infiltration and subversion of the American nationalist movement*

Prima stampa negli Stati Uniti: giugno 2006 American Free Press

Tradotto e pubblicato da
Omnia Veritas Limited

### OMNIA VERITAS.

www.omnia-veritas.com

© Omnia Veritas Ltd - 2025

di UNA WOODRUFF

"Il nemico dichiarato [degli Stati Uniti d'America] deve essere considerato come un vaso di Pandora che è stato aperto, e il nemico travestito come un serpente che striscia con le sue astuzie in Paradiso.

-Il presidente James Madison, "Consigli al mio Paese

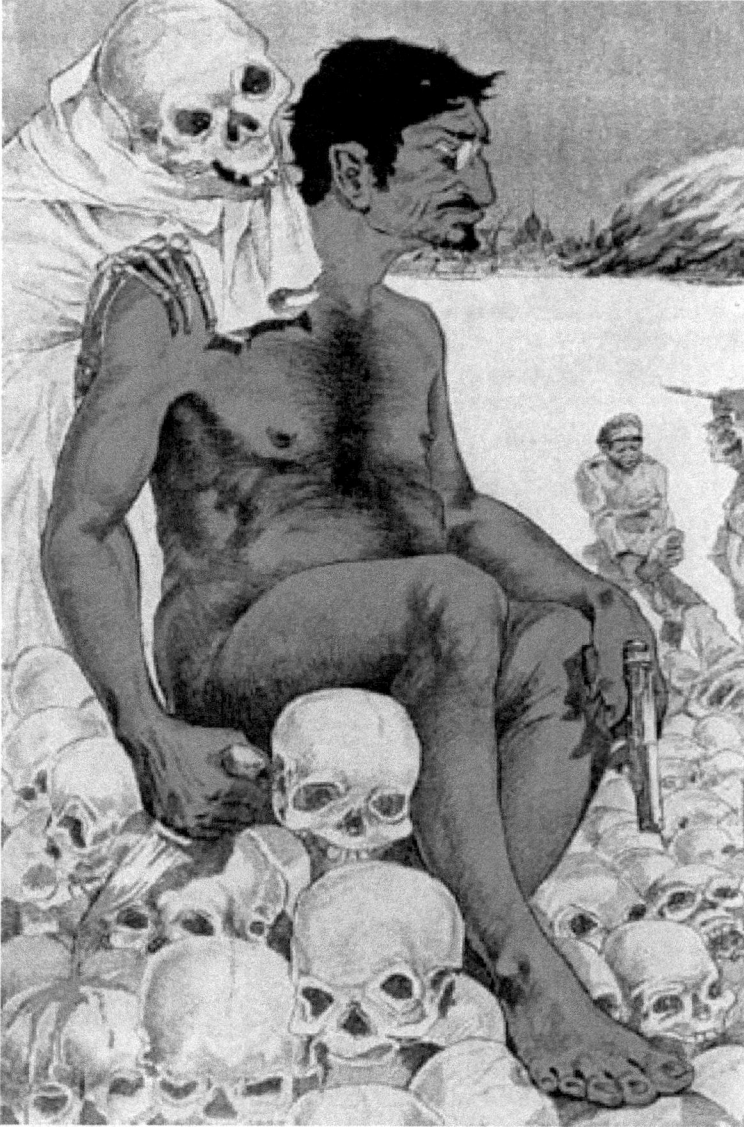

È una rappresentazione grottesca ma accurata del vile, brutto e brutale rivoluzionario bolscevico Leon Trotsky, i cui discepoli intellettuali sono diventati oggi l'élite dominante dei circoli sionisti "neo-conservatori" in America. Il modo in cui elementi trotskisti "di sinistra" sono arrivati al potere negli Stati Uniti infiltrandosi nella "destra" - mentre lavoravano per sventrare il tradizionale nazionalismo americano - fa parte dello stupefacente panorama descritto in *Le capre di Giuda*.

*Ecco le capre di Giuda...* *

## Quelli a due zampe sono molto peggio di quelli a quattro zampe...

"Capra di Giuda" è un termine usato per descrivere una capra addestrata utilizzata nei macelli e nell'allevamento in generale. La capra di Giuda viene addestrata per associarsi alle pecore o al bestiame e condurli a una destinazione specifica.

"Negli allevamenti, una capra di Giuda conduce le pecore al macello, risparmiando la propria vita. Le capre di Giuda sono anche utilizzate per condurre altri animali in recinti specifici e su camion. Il termine 'capra di Giuda' deriva da un riferimento biblico a Giuda Iscariota [che tradì Gesù Cristo con i farisei].

"L'espressione è stata usata anche per descrivere una capra che viene utilizzata per trovare le capre selvatiche che sono destinate all'eradicazione. La capra di Giuda viene dotata di un trasmettitore, dipinta di rosso e liberata. La capra trova quindi gli ultimi branchi di capre selvatiche, consentendo ai cacciatori di sterminarli.

-Estratto da Wikipedia, l'enciclopedia di Internet.

"... Gli agnelli venivano condotti lungo lo scivolo da una capra di Giuda. Due operai si trovavano all'estremità e scuotevano gli animali con un'elettricità sufficiente a portarli in uno stato di morte cerebrale. In un attimo, le punte nel cervello delle pecore e nel vello vicino al cuore davano loro una scossa elettrica che le faceva crollare, dopodiché venivano trasferite... al piano di uccisione. Le capre di Giuda... sono state poi riportate nei recinti, dove hanno raccolto un'altra partita di pecore".

-Estratto: "A Slaughter House Tour" su karlschatz.com

* L'autore, che ama tutti gli animali a quattro zampe, compresi i caproni, si scusa con i caproni a quattro zampe per aver usato questo termine appropriato

nel titolo di questo libro, che parla dei caproni a due zampe di Giuda.

# DEDICA

## A Leonard Joseph Snyder, Jr.

Uno dei 3.000 americani morti l'11 settembre 2001, tutti vittime, in ultima analisi, di complotti sionisti che non avevano nulla a che fare con gli interessi dell'America. La versione "ufficiale" di "ciò che è accaduto" quel giorno è una grande menzogna. Per il resto della mia vita (a Dio piacendo), combatterò per vendicare la sua morte e consegnare i *veri* responsabili alla giustizia.

## All'onorevole Cynthia McKinney, deputata democratica della Georgia

Per aver osato parlare e sollevare questioni su ciò che è realmente accaduto l'11 settembre e sulla pericolosa politica americana nei confronti di Israele e del mondo arabo - una politica che ha fatto guadagnare all'America molti nemici in tutto il mondo -ynthia McKinney è stata espulsa dal Congresso degli Stati Uniti nel 2002.

Una capra di Judah - un ex repubblicano, nientemeno - è stata reclutata per correre contro la signorina McKinney alle primarie democratiche. Gli organizzatori del GOP si sono trasferiti nel Partito Democratico per aiutare la capra di Giuda. Tonnellate di denaro sionista si sono riversate in Georgia per aiutare la sfidante della signorina McKinney. Alla fine, la signorina McKinney è stata sconfitta.

Ma due anni dopo, Cynthia McKinney è tornata in auge e ora siede al Congresso degli Stati Uniti: una voce per una politica sana e una schietta sostenitrice della verità. Mentre scrivo questo articolo, la McKinney è di nuovo all'opera. La sua voce è la voce di tutte le persone per bene. Caro Dio, possano esserci più persone come Cynthia McKinney

## All'onorevole Jim Traficant Ex deputato democratico dell'Ohio

Mentre scriviamo, Jim si trova in una cella di prigione, messo in carcere da procuratori federali corrotti per crimini che non ha commesso. L'unico crimine di Jim è stato quello di dire la verità. Impegnato per l'onestà, l'integrità e la giustizia, Jim ha pagato un prezzo molto alto e non ha visto onestà, integrità o giustizia da parte dei criminali che lo hanno messo dove si trova oggi. Un vero populista, un uomo del popolo di in tutti i sensi, Jim Traficant è un'altra vittima delle capre di Giuda - il nemico interno.

E alla mia defunta madre, Gloria J. Piper

-MICHAEL COLLINS PIPER

MICHAEL MOORE

RUSH LIMBAUGH

**Ecco alcuni dei più evidenti capri di Giuda che operano oggi sul suolo americano... E ce ne sono molti, molti altri...**

Come le capre di Giuda a quattro zampe che imitano (in cambio di grandi profitti e notorietà), le versioni apparentemente "umane" delle capre di Giuda sono di tutte le forme e dimensioni.

Alcuni sono grandi e rumorosi, come il re dell'esplosività "di destra", Rush Limbaugh, e la sua controparte "di sinistra", Michael Moore.

Rush ha condotto i conservatori americani mainstream - i poveri agnellini - al macello da quando è spuntato dal nulla per diventare la voce più grande, più rumorosa, più grande della radio "conservatrice" di tutti i tempi, e poi RUSH LIMBAUGH è passato alla televisione.

Chiunque si presenti allo show di Rush per cercare di affrontare argomenti tabù come il sionismo, il monopolio monetario della Federal Reserve o i gruppi di potere globale come la Commissione Trilaterale, il Consiglio per le Relazioni Estere o le riunioni del Bilderberg è sicuro di essere deriso, diffamato o cacciato dalla trasmissione - se mai andrà in onda.

E mentre considererebbe senza dubbio Rush Limbaugh "dall'altra parte", la verità è che Michael Moore è un capro di Giuda tanto quanto Rush. Moore ha pubblicato il suo ormai famigerato film *Fahrenheit 9-11*, che ignora tutte le domande molto serie sulla linea ufficiale del governo su ciò che è realmente accaduto in quel tragico giorno dell'11 settembre 2001 e ha presentato al pubblico una "storia di copertura" fasulla che implicava che la famiglia reale saudita fosse in ultima analisi dietro l'11 settembre, stravolgendo e distorcendo fatti molto reali e distogliendo l'attenzione da dove si trova la colpa finale di questo crimine. Moore non è solo ripugnante, la sua propaganda e la sua disinformazione lo sono altrettanto.

Altre capre di Giuda sono diabolicamente belle, anche se un po' pretenziose, come Sean Hannity, Laura Ingraham e Anne Coulter, le cui opinioni sui problemi rispecchiano tutte quelle del grasso Rush. Sono tutti provati promotori del sionismo internazionale e della sua agenda globale.

Da parte sua, Hannity ha fatto di tutto per chiamare personalmente la sede nazionale di *The Spotlight* per dire al direttore, il collega irlandese Vince Ryan, che odiava assolutamente il settimanale nazionalista. Hannity ha detto a Ryan: "Sono un grande sostenitore di Israele e non mi piace il vostro giornale. Mi rimuova immediatamente dalla sua lista di abbonamenti".

SEAN HANNITY LAURA INGRAHAM ANNE COULTER BILL O'REILLY

Hannity ha un talk show quotidiano su 500 stazioni affiliate alla rete radiofonica ABC e un programma televisivo di un'ora su Fox News, raggiungendo milioni di persone quattro ore al giorno con il suo messaggio filo-sionista. È stato premiato con due bestseller *del New York Times*.

Laura Ingraham è sulla bocca di tutti, e forse non è una coincidenza, vista la sua bella bionda. E la sua ascesa alla notorietà non è forse una coincidenza, visto che ha iniziato come avvocato presso il potente studio di Wall Street Skadden, Arps, uno dei cui soci anziani era Kenneth Bialkin, a lungo presidente della Anti-Defamation League of B'nai B'rith, una delle principali forze della lobby di Israele in America.

Anne Coulter, a cui è stato concesso l'onore di essere un'editorialista di fama nazionale, ha quattro bestseller del *New York* Times a suo nome, dimostrando ancora una volta che i cosiddetti scrittori "conservatori" che servono la causa sionista non hanno problemi a far pubblicare e promuovere i loro libri nei principali centri di distribuzione libraria.

E poi c'è Bill O'Reilly - un'altra "testa parlante" promossa dalla Fox News del miliardario sionista Rupert Murdoch - il cui "Fattore O'Reilly" è un programma di riferimento per molti buoni patrioti americani che non sanno di essere condotti al macello da una capra di Giuda.

O'Reilly ha all'attivo due bestseller del *New York* Times, il che dimostra ancora una volta, come abbiamo detto in precedenza, che l'editoria di regime promuoverà certamente libri "conservatori" se si allineano alla linea sionista sulle questioni che contano davvero per coloro che regnano sovrani in America.

Questi sono solo alcuni dei più evidenti capri di Giuda dei giorni nostri. In *The Juda Goats - The Enemy Within,* ne incontriamo molti altri, compresi tipi più insidiosi che non mostrano in modo così palese la loro fedeltà ai potenti.

E ce ne sono molti, molti altri...

"L'elefante repubblicano e l'asino democratico si chiedono l'un l'altro cosa ci facciano qui, mentre arrivano a Wall Street per raccogliere i contributi che arrivano dalle casse dei "Trust" per alimentare i fondi delle campagne elettorali dei due principali partiti politici. Questa classica vignetta del 1904 mostra come all'inizio del secolo gli interessi finanziari internazionali - in particolare gli agenti della dinastia bancaria Rothschild, con sede in Europa - avessero già preso chiaramente il controllo del processo politico ed economico americano.

## I padroni hanno bisogno di servi

I padroni della piantagione globale hanno bisogno di servi disposti a rinunciare ai loro primogeniti per partecipare a varie avventure militari all'estero.

Altrimenti, il nazionalismo - che spesso è una risposta all'oppressione, sia essa percepita o reale - non può essere soppresso. E questo significa che i mercati non possono essere sfruttati. Dalla guerra del Vietnam, non tutto è andato bene nella Repubblica.

La gente comune assiste al calo dei profitti reali, mentre Wall Street gioisce per il ridimensionamento delle aziende che fa salire i prezzi delle azioni.

In sostanza, stanno dicendo: "Perdere il lavoro è un bene per noi".

Anche i miliziani di oggi salutano i dimostranti contro la guerra degli anni Sessanta e rimpiangono di non averli ascoltati allora.

In assenza di "comunisti", alcuni di coloro che un tempo sostenevano gli interessi globali di Wall Street donando i loro primogeniti si definiscono ora patrioti e populisti.

Molti di loro hanno guardato con occhi nuovi alla classe dirigente internazionale e hanno fatto rivivere una lunga ma difficile tradizione di nazionalismo isolazionista e anti-establishment. Gran parte del pensiero politico di questi nuovi patrioti è immaturo e privo di ricerche e studi.

Ciononostante, descrive il mondo meglio di ciò che resta della sinistra, con la sua insistenza autoreferenziale sul multiculturalismo e sulla correttezza politica.

Le teorie cospirazioniste propinate dai patrioti hanno oggi più senso oggettivo delle ragioni addotte per giustificare il nostro coinvolgimento in Vietnam negli anni Sessanta. È una sorta di progresso.

-Daniel Brandt
Notiziario NameBase
Luglio-Settembre 1995

# L'OBIETTIVO DI QUESTO LIBRO...

Ci sarà chi leggerà questo libro e dirà ancora...

Beh, signor Piper, lei ha scritto un ottimo libro e credo che abbia assolutamente ragione sul fatto che queste capre di Giuda fuorviano gli americani buoni e patriottici.

Tuttavia, a pagina Doe, lei ha accusato Doe di essere un capro di Giuda, e credo che si sbagli. È uno dei nostri migliori patrioti. Ho letto il suo saggio sulla rivista This-and-That e ha detto cose molto buone.

Trovo difficile credere che se tal dei tali fosse una capra di Giuda, avrebbe scritto parole così meravigliose. Voglio dire, davvero, penso che ti sbagli.

Chi dice queste cose è un agnello pronto per il macello.

**Questo non è un libro per i deboli di cuore.**

Se ciò che state per leggere vi turba e non siete in grado di riconoscere che molti di coloro che considerate amici e alleati sono in realtà capre di Giuda - il nemico interno - *non leggete oltre.*

Questo libro è per chi ha una mente aperta, per chi sa assimilare concetti difficili, per chi sa riconoscere che non tutto è come sembra, per chi è pronto alla grande battaglia che lo attende.

E, con un po' di fortuna, alcune persone che potevano essere inclini a farsi ingannare dai The Juda Goats finiranno per rendersi conto del loro errore... prima che sia troppo tardi.

# Una nota molto personale dell'autore...

È difficile ammetterlo, ma ho fallito in due dei miei progetti più importanti. Fin dai tempi della scuola, ho ripetutamente previsto che, a causa della politica mediorientale distorta dell'America, che privilegia l'Israele imperiale rispetto agli Stati arabi e ai palestinesi assediati, la nostra nazione sarebbe stata vittima di un attacco terroristico. L'11 settembre 2001 è finalmente accaduto. Avevo lavorato instancabilmente per riformare la politica mediorientale, ma nessuno ha dato ascolto ai miei avvertimenti e 3000 americani sono morti.

Per anni ho anche cercato di impedire che l'America si impegnasse in una guerra insensata in Medio Oriente per conto di Israele. Non vedevo alcun interesse nazionale nel fatto che i nostri figli venissero massacrati in difesa di Israele. Eppure l'America è ora impegnata in Iraq e probabilmente manderemo i nostri ragazzi e le nostre ragazze a combattere e morire contro altri Stati arabi e la Repubblica islamica dell'Iran. Quindi, ancora una volta, ho fallito.

Oggi, in seguito al disgusto per la politica americana (riconosciuta come guidata dalla potente lobby sionista), sempre più persone in tutto il mondo si rivoltano contro l'America. Nel frattempo, molti dei miei concittadini americani - soprattutto i cari dei nostri soldati - si stanno rendendo conto che è stata l'influenza sionista a portare al coinvolgimento dell'America in Iraq.

Da anni si teme una rivolta mondiale contro il popolo ebraico. Molti hanno avvertito dell'ascesa del "nuovo antisemitismo". Gli americani e le persone di tutto il mondo sono arrabbiati per il potere della ricca élite sionista e per il suo desiderio di stabilire un imperium internazionale utilizzando le risorse (e le vite) americane per raggiungere il suo obiettivo. È quindi possibile che si verifichi una ribellione antiebraica a livello mondiale.

E se ciò accadrà, voglio essere ricordato come lo "Schindler americano" che ha salvato i buoni ebrei che si sono opposti alle malefatte di Israele e a tutti gli intrighi sionisti. E quei politici corrotti e venali, giornalisti, educatori e altri non ebrei che hanno sostenuto Israele perché pagati per farlo, perché ricattati o perché era una "buona mossa di carriera", appenderanno la testa per la vergogna.

Invece di permettere agli ebrei di continuare il loro pericoloso approccio razzista e suprematista definendosi "popolo eletto da Dio", gli americani di dovrebbero unirsi a quelli di noi che stanno lavorando per integrare il popolo ebraico nella comunità delle nazioni.

Rompiamo la schiena alla lobby sionista. Cambiamo la politica americana. Spero di avere un solo successo, anche se ho fallito in altri modi! Questo libro è un tentativo di prevenire la tragedia e spero che tutte le brave persone possano imparare qualcosa sui pericoli molto reali presentati dalle Capre di Giuda - Il nemico interno.

# I CAPRI DI GIUDA: IL NEMICO INTERNO

Il simbolo occulto del Baphomet - una figura dalla testa di capra fin troppo familiare, spesso utilizzata nei riti satanici - è noto anche come Capra di Giuda. Qui, il Capro di Giuda è raffigurato come un'icona che regna su una cerimonia di iniziazione massonica di rito scozzese del XIX secolo che sembra divinizzare questa forza malvagia.

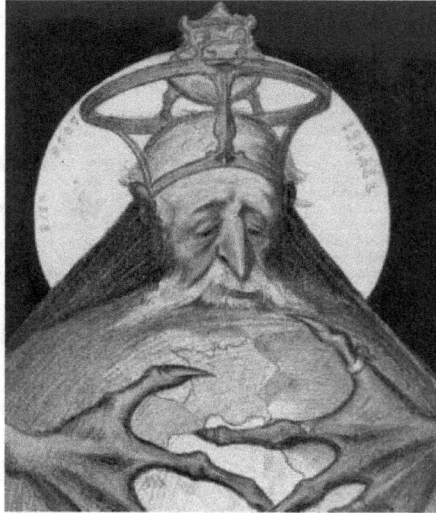

Questa vignetta francese del 1898, che raffigura Alphonse de Rothschild incoronato come un avido predatore che afferra il globo tra i suoi artigli, è una perfetta illustrazione di come la dinastia bancaria europea dei Rothschild abbia esteso la sua egemonia imperiale. Oggi, in America, l'influenza dei Rothschild - pur essendo di primaria importanza - è in gran parte nascosta, con alcune famiglie e istituzioni finanziarie "rispettate" - non tutte ebraiche - che fungono da "facciata" per i Rothschild. Gli americani (e altri) che osano sfidare l'impero Rothschild (e la causa sionista) sono soggetti a pugnalate alle spalle, boicottaggi economici, molestie, persecuzioni e persino azioni penali.

Quando i Rothschild riconobbero i vantaggi di uno Stato ebraico in posizione strategica (in Palestina) come base per le macchinazioni globali, divennero i più grandi mecenati del sionismo. Oggi considerato il "padre di Israele", Edmond Rothschild è onorato sulla moneta israeliana.

# Una prefazione...

## Chi, cosa, quando, dove, perché e come delle forze sovversive che hanno portato l'America al punto in cui si trova oggi...

È stato detto che la sconfitta di Napoleone ha portato all'ascesa della dinastia bancaria internazionale della Casa Rothschild. Si può anche affermare che la sconfitta di Hitler abbia portato non solo al consolidamento del potere globale della Casa Rothschild, ma anche a un corrispondente declino del nazionalismo, con la notevole eccezione del nazionalismo ebraico - noto come "sionismo" - che ha ricevuto il suo più forte impulso nei giorni successivi alla fine della Seconda guerra mondiale.

In realtà, sin dalla Seconda guerra mondiale, il movimento sionista ha cercato ardentemente di sventare il movimento nazionalista americano e altre forze nazionaliste in tutto il mondo. La verità è che, almeno in America, dalla metà del XX secolo, coloro che si sono definiti "conservatori" hanno visto il movimento conservatore (la base tradizionale del nazionalismo americano) infiltrato e distrutto dall'interno. Il processo ha richiesto molto tempo, ma alla fine è riuscito, come dimostrano la storia recente e gli eventi attuali.

Mentre molti autori hanno esplorato in profondità i tentacoli dell'impero Rothschild che ha accerchiato il pianeta, causando (e traendo profitto da) guerre, devastazioni economiche e rivoluzioni, non c'è mai stato - fino ad ora - un esame completo di come questa dinastia (e il movimento sionista da essa alimentato) abbia cercato di distruggere i nazionalisti americani che si opponevano al loro obiettivo finale di raggiungere l'imperium globale - il cosiddetto "Nuovo Ordine Mondiale".

Oggi i sedicenti "neo-conservatori" - i cui leader sono ex comunisti trotzkisti che hanno adattato la loro filosofia alle esigenze della propaganda moderna - sono l'avanguardia del movimento sionista internazionale che domina i più alti livelli del processo decisionale politico negli Stati Uniti, la nazione più potente del pianeta.

Queste forze sioniste mantengono una morsa sul Partito Repubblicano attraverso la loro influenza nell'amministrazione di George W. Bush, che ha portato a posizioni di leadership, e attraverso il loro dominio su fondazioni, think tank e altre istituzioni di orientamento repubblicano che hanno un impatto sulle politiche pubbliche e sugli affari del Partito Repubblicano.

Naturalmente, per molti anni prima dell'ascesa dei "neoconservatori" dell'era Bush, il sionismo (e l'influenza dei Rothschild) era già ben radicato all'interno del Partito Democratico dalla metà del XIX secolo, quando l'agente dei Rothschild August Belmont ricopriva la carica di presidente nazionale del Partito Democratico.

In ogni caso, oggi, come risultato diretto di questo empio monopolio, il sionismo internazionale regna sovrano all'interno (o meglio, al di sopra) dei due principali partiti politici americani, per non parlare della sua influenza su moltissime altre entità politiche, giornali d'opinione, think tank e altre forze della scena pubblica.

Solo una piccola manciata di persone osa sollevare questioni sul dominio del sistema americano da parte di una forza straniera che non ha alcun interesse per gli interessi americani.

Tuttavia, il processo di infiltrazione e distruzione del movimento "conservatore" - che storicamente, almeno fino alla metà del XX secolo, è stato il fondamento dell'opposizione americana agli intrighi dell'élite plutocratica internazionale - ha comportato molto più della corruzione della filosofia conservatrice.

In realtà, questo scenario inglorioso comprendeva anche l'uso di *agenti provocatori* pagati dal governo statunitense, che agivano di concerto con infiltrati professionisti e sovversivi che lavoravano per agenzie di intelligence "indipendenti" (cioè straniere) che operavano sul suolo americano.

Quello che è successo è un classico scenario di "movimento a tenaglia" che ha lasciato il tradizionale nazionalismo americano sventrato e sviscerato, poco più che un residuo di una filosofia che è stata articolata per la prima volta da giganti americani come George Washington, Thomas Jefferson, Andrew Jackson e una serie di altri che hanno seguito le loro orme.

Questo libro è il primo studio di questo genere, che fornisce un quadro di riferimento per comprendere le tattiche dei capri di Giuda, quei nemici dall'interno, e come e perché sono stati in grado di portare avanti il sogno sionista di rivendicare il dominio del sistema americano e di usarlo come strumento militare ed economico per la conquista del mondo.

Così, mentre il tradizionale movimento "conservatore" è stato sovvertito e trasformato in una forza internazionalista (anziché nazionalista), ci sono ancora nazionalisti convinti - compresi i cosiddetti "progressisti" e "liberali" - che continuano a combattere la buona battaglia. Questo volume è un manuale per tutti i veri nazionalisti che vogliono conoscere la via della democrazia.

In definitiva, se c'è una cosa che questo libro dovrebbe rendere assolutamente chiara è proprio questa: le vecchie etichette di "sinistra" e "destra", "liberale" e "conservatore" devono essere abbandonate per sempre.

Queste etichette arcaiche non sono solo divisive e problematiche, ma fanno parte di un grande disegno per dividere il popolo americano - e i popoli del mondo - e per assicurare che il controllo della nostra America - e delle nazioni di questo pianeta - rimanga nelle mani di un'avida, egoistica plutocrazia sionista globale.

# Prefazione...

## Lo strano mondo dei capri di Giuda - Il nemico interno

Persino molti americani politicamente astuti non capiscono come le agenzie di intelligence del governo statunitense e le organizzazioni private di spionaggio loro alleate non solo infiltrino agenti sotto copertura nelle organizzazioni "dissidenti" di "sinistra" e "destra", ma addirittura *creino* gruppi "dissidenti" allo scopo di monitorare i dissidenti. L'infiltrazione, la manipolazione e la vera e propria creazione di movimenti politici da parte del governo statunitense ha una lunga e sordida storia, che non è iniziata in America.

Inoltre, in un ambito un po' diverso, ma strettamente correlato, l'infiltrazione, la manipolazione e la vera e propria creazione di movimenti politici in America da parte di forze politico-religiose consolidate, come il sionismo e i suoi alleati del bolscevismo trotzkista, hanno svolto un ruolo importante nel plasmare le moderne realtà globali, soprattutto in termini di impatto sul sistema politico americano.

In effetti, non è esagerato dire che elementi sionisti e trotzkisti hanno, a tutti gli effetti, nell'arco di circa 50 anni, preso il controllo di quello che un tempo era il tradizionale elemento populista e nazionalista, storicamente noto come movimento "conservatore" in America.

Più spesso, come vedremo, elementi sionisti e trotzkisti hanno lavorato fianco a fianco con i servizi segreti federali e le forze dell'ordine come parte di un movimento "a tenaglia" per contenere le voci dissenzienti in America. Per tutto il XX secolo, questi elementi sovversivi si sono infiltrati tra i politici americani, i servizi di intelligence e le forze dell'ordine e hanno usato queste agenzie per i loro scopi.

Questo volume è un'ampia panoramica storica di questi insidiosi sforzi per controllare e/o distruggere le legittime iniziative politiche americane di base - in particolare all'interno di quello che potrebbe essere vagamente descritto come "movimento nazionalista" - attraverso l'uso di CAPRI GIUDA: falsi leader, falsi profeti, avidi racket e *agenti provocatori* del nemico , tutti al servizio degli interessi dei loro gestori dietro le quinte ai più alti livelli dell'élite plutocratica internazionale.

In definitiva, il ruolo a lungo segreto di forze di alto livello che manipolano le voci "dissidenti" è una storia esplosiva che i colpevoli preferiscono non raccontare. Ed è una storia che, francamente, fa paura a molti americani, in particolare a quelli di "destra", che da tempo sono giustamente preoccupati dalla possibilità che ci siano infiltrati in mezzo a loro. Molti americani hanno passato più di una notte insonne a chiedersi se l'uomo amichevole che partecipa sempre alle riunioni del gruppo locale di "patrioti" sia in realtà un informatore per l'ADL, l'FBI o addirittura la CIA.

Dopo l'attentato di Oklahoma City, sempre più persone si sono rese conto dell'esistenza di agenti governativi all'interno della "destra". Ad esempio, chi ha indagato è pienamente convinto che l'immigrato tedesco Andreas Strassmeir fosse un agente sotto copertura che operava intorno a Timothy McVeigh, l'attentatore condannato. Ha anche sollevato domande sul perché l'avvocato Kirk Lyons, autoproclamatosi "nazionalista", abbia continuato a difendere Strassmeir, portando molti a concludere che anche Lyons fosse un capro di Giuda. (Esamineremo gli intrighi Strassmeir-Lyons in queste pagine).

L'idea è questa: Le capre di Giuda, come "copertura", spesso dicono e fanno "la cosa giusta" per farsi amici e influenzare le persone. Gli infiltrati e gli informatori non sono necessariamente lì per distruggere un'organizzazione. A volte, e più spesso, il loro obiettivo è scoprire cosa fa l'organizzazione, con chi sono in contatto i suoi leader e monitorare la sua mailing list e le sue operazioni interne. A volte gli infiltrati sono in grado di usare la loro influenza all'interno dell'organizzazione A, per esempio, per utilizzare le sue risorse per colpire o distruggere l'organizzazione B.

Alcuni dei migliori agenti contribuiscono effettivamente al lavoro dell'organizzazione infiltrata, fornendo idee, input e altri servizi. Dopo tutto, quale modo migliore di infiltrarsi in un'organizzazione bersaglio se non quello di aiutarla davvero

Gli infiltrati fanno e dicono le cose "giuste": non sarebbero bravi infiltrati se non lo facessero. Devono mimetizzarsi. Devono mimetizzarsi. Devono dare l'impressione di essere "sulla stessa lunghezza d'onda" delle persone con cui lavorano. Devono dare l'impressione di condividere le stesse convinzioni. L'ultima cosa che un infiltrato vuole fare è dare l'impressione di andare controcorrente o di opporsi al punto di vista del gruppo a cui si rivolge.

A volte gli infiltrati si sforzano di apparire "estremi" per convincere i loro bersagli della loro sincerità; a volte gli infiltrati si spingono troppo in là, suggerendo inavvertitamente ai loro bersagli che le cose potrebbero non essere come sembrano. Gli infiltrati sono spesso ottimi e generosi contribuenti regolari alle organizzazioni che prendono di mira, rendendosi preziosi (in un senso molto elementare) per l'organizzazione.

Infatti, all'epoca delle prime infiltrazioni COINTELPRO dell'FBI, la vecchia battuta era che gli unici membri del KKK che pagavano puntualmente le quote erano gli informatori dell'FBI e dell'ADL all'interno del Klan.

D'altra parte, come ha rivelato il veterano nazionalista americano Edward R. Fields nel suo popolare giornale *The Thunderbolt*, quando l'FBI aveva agenti sotto copertura nel KKK, aveva istruito i suoi informatori che se gli fosse stato permesso di fare dichiarazioni pubbliche anti-nere, avrebbero dovuto evitare di fare commenti anti-ebrei, il che è una rivelazione interessante.

Ma non commettete errori su questo punto importante: anche se ci concentriamo a lungo sulle attività dell'FBI, della CIA e dell'ADL in particolare (proprio perché queste entità hanno svolto un ruolo importante nel lavoro di The Enemy Within), il problema dell'infiltrazione, della manipolazione e della distruzione dei movimenti nazionalisti e dissidenti americani ha profondi antecedenti storici e filosofici.

Radicati nei conflitti bizantini tra i vari elementi che hanno promulgato le forze gemelle (anche se spesso contraddittorie) del sionismo e del bolscevismo, in particolare il suo marchio trotskista che rimane così influente oggi, alcuni potrebbero sostenere che queste forze malvagie sono di natura satanica, alla radice stessa del male nel nostro mondo odierno. In breve, antiche (e non così antiche) battaglie, originariamente combattute in terra straniera, sono arrivate nel continente americano e vengono riproposte oggi nel (e intorno al) tradizionale movimento nazionalista americano.

Detto questo, va notato che, ai fini dello studio panoramico che stiamo per intraprendere, le "Capre di Giuda - Il nemico interno" non sono semplicemente gli infiltrati e gli informatori di un assortimento di agenzie di intelligence private e pubbliche.

Il nemico interno infesta anche i media (giornali ed emittenti). Alcuni cosiddetti "giornalisti" fanno lo sporco lavoro di propaganda per l'ADL e altri blocchi di potere di alto livello nel mondo di oggi. In queste pagine conosceremo alcuni scrittori comprati e pagati che hanno fatto una carriera redditizia cercando di disturbare e distruggere il dissenso politico in America. Alcuni di loro si sono spacciati per "conservatori", altri no, ma tutti hanno una cosa in comune: sono dei prestanome dei media per i loro sponsor sionisti.

Inoltre, definiamo il nemico interno come quelle forze ideologiche sovversive che hanno corrotto, distorto e rimodellato, per i loro fini insidiosi, il tradizionale movimento "conservatore" degli Stati Uniti. In particolare, ci riferiamo ai cosiddetti "neo-conservatori" di oggi, che non sono altro che comunisti trotzkisti della vecchia scuola che hanno riattrezzato e riconfigurato la loro filosofia per adattarla alle esigenze dell'era moderna.

In breve, il comunismo trotskista - il "neoconservatorismo" - è oggi la principale corrente filosofica del pensiero sionista mondiale, o almeno certamente la più influente, grazie al suo potere negli Stati Uniti di oggi.

Tenendo presente tutto ciò, entriamo nello strano mondo di Juda Goats - The Enemy Within.

**L'intransigente nazionalista ebreo di origine russa Vladimir "Ze'ev" Jabotinsky (1880-1940), spesso definito "il fascista ebreo", è venerato dai "neo-conservatori" trotzkisti che oggi costituiscono le forze più importanti del sionismo globale, sfruttando la potenza militare degli Stati Uniti nella ricerca dell'imperium planetario: il Nuovo Ordine Mondiale. Negli anni Venti, Jabotinsky si affermò come uno dei leader sionisti più popolari e influenti; oggi è commemorato sulla moneta israeliana (vedi riquadro). Molti giovani diplomati delle brigate militariste Betar di Jabotinsky (sopra) divennero membri del famigerato Irgun, che fu il pioniere del terrorismo moderno compiendo attacchi brutali contro le forze britanniche e i civili arabi in Palestina. In seguito, l'Irgun e i suoi alleati sono diventati la base dell'attuale fazione di "destra" del Likud in Israele. Sebbene i media americani esaltino il nazionalismo ebraico, *tutte***

*le altre forme di nazionalismo vengono diffamate come causa di guerra e oppressione.*

# A titolo di introduzione

## Nazionalismo: l'onda del futuro - L'obiettivo primario delle forze globali del sionismo e dell'internazionalismo

*THE JUDA GOATS-THE ENEMY WITHIN* esamina come le forze internazionaliste abbiano lavorato per prendere il controllo e/o distruggere i movimenti nazionalisti legittimi, autentici e tradizionali negli Stati Uniti durante il XX secolo. Per questo motivo, sembra opportuno iniziare il nostro viaggio in questo mondo sotterraneo di spie e sovversione definendo innanzitutto cosa si intende per "nazionalismo" nel senso americano del termine.

Il nazionalismo - nelle sue varie incarnazioni nel corso della storia e in tutto il mondo - è sempre stato e sicuramente sarà sempre un fattore importante nel dettare il corso dell'umanità.

Il nazionalismo e il contropotere dell'internazionalismo formano insieme l'asse attorno al quale ruotano gli eventi del nostro mondo odierno. Non c'è quasi conflitto in nessun luogo del pianeta che non sia legato alla lotta tra nazionalismo e internazionalismo. Che cos'è dunque il nazionalismo

Solo in America, la parola "nazionalismo" ha significati molto diversi per molte persone, compresi coloro che si considerano nazionalisti o si classificano nel "movimento nazionalista".

Il "movimento nazionalista" in America è sempre stato così litigioso al suo interno, a volte così filosoficamente disgiunto, che sembra quasi sbagliato osare descrivere il fenomeno come "nazionalista" o come "movimento".

Ci sono molti classici (anche se ingenui) "repubblicani rock-ribelli" che si definirebbero nazionalisti - anche se in modo improprio - che si rifanno alla filosofia del "Big Stick" di Theodore Roosevelt, esaltando l'idea che lo Zio Sam debba far sentire la sua presenza e il suo considerevole potere militare in tutto il mondo - che l'America abbia ragione o torto. Per queste persone, questo è "nazionalismo" - ma, naturalmente, non lo è, anche se i moderni "neo-cons" che si rallegrano dell'idea di usare l'America per portare avanti l'agenda sionista globale sono stati abbastanza pronti a sfruttare "TR" come se fosse quasi uno di loro.

In contrasto con questi "neoconservatori", molti altri americani - che sono veramente nazionalisti nel senso classico del termine - mettono in discussione l'idea stessa che gli Stati Uniti debbano svolgere il ruolo di gendarme del mondo, scatenando guerre a pennello e avanzando un sogno indefinito di "democrazia", che ora è diventato il grido di battaglia degli intrallazzatori neoconservatori (cioè sionisti-trotzkisti).

In realtà, i veri nazionalisti americani, in contrapposizione ai "neocons" (che sono davvero dei "cretini" in tutti i sensi), sono gli eredi moderni di una filosofia americana tradizionale (e, ironia della sorte, in gran parte di matrice repubblicana) annunciata dal defunto senatore Arthur Vandenberg (R-Mich.) quando disse: "Il nazionalismo - non l'internazionalismo - è il baluardo indispensabile dell'indipendenza americana".

Nel suo libro, ormai dimenticato ma sempre attuale, *The Trail of a Tradition* (G. P. Putnam's Sons, New York, 1926), Vandenberg cercò di definire la tradizione nazionalista americana nel contesto dell'impegno dell'America con il mondo dall'epoca dei Padri Fondatori fino all'era di Woodrow Wilson e al tentativo di imporre il dominio mondiale attraverso la fallita Società delle Nazioni.

Alla fine, naturalmente, lo stesso Vandenberg subì una notevole trasformazione - in gran parte, sembra, perché ricattato e altrimenti "influenzato" da agenti dei servizi segreti britannici - e passò al campo dell'internazionalismo, diventando un franco sostenitore della libera partecipazione degli Stati Uniti agli affari mondiali. Nei suoi primi anni di vita, tuttavia, Vandenberg faceva parte di quello che potrebbe essere definito il vero campo "nazionalista", che occupava gran parte del territorio del pensiero politico americano.

Un'altra area in cui i cosiddetti "nazionalisti" sembrano dividersi è la questione sempre importante del commercio. Il conflitto tra il vero nazionalismo e la perversione internazionalista e imperialista del "nazionalismo" è una parte essenziale del dibattito. Il libero scambio contro il protezionismo (come sostenuto dai nazionalisti tradizionali) presenta un dilemma molto reale per i sedicenti "conservatori" nelle file del Partito Repubblicano, ad esempio , che da un lato si considerano "nazionalisti" e sostengono di essere per l'America First, ma che sull'altare del libero scambio stanno in realtà lavorando per sacrificare la sovranità americana alle organizzazioni commerciali multinazionali e ai conglomerati finanziari globali. Esiste quindi una divergenza fondamentale tra il libero commercio e la sovranità nazionale.

Il fatto è che il libero scambio ha legami storici non solo con l'imperialismo britannico e il supercapitalismo globale, ma anche con la grande bête noire dei conservatori americani: il comunismo stesso. Nel 1848, Karl Marx, il padre del comunismo, sosteneva il libero scambio perché, diceva, "abbatte le vecchie nazionalità e porta al culmine gli antagonismi del proletariato [lavoratori] e della borghesia [piccoli imprenditori]".

Secondo Marx, "il sistema del libero scambio accelera la rivoluzione sociale". In breve, i conservatori moderni che sostengono il libero scambio stanno di fatto sostenendo un principio centrale del marxismo. Ma questi "conservatori" sono davvero "nazionalisti" nel senso classico del termine? Sembrerebbe di no.

Il che ci porta alla definizione di nazionalismo...

La parola "nazionalismo" - e la conoscenza generale della storia che circonda il concetto di nazionalismo - evoca immagini negative nella mente delle persone - in gran parte istruite, in gran parte politicizzate - che si prendono la briga di riflettere sull'argomento.

Per lo studente medio delle scuole superiori o dell'università che dedica poche energie accademiche ai campi della storia o delle scienze politiche - l'aspirante fuciliere, l'architetto o il contabile perfettamente ragionevole che non desidera impegnarsi in attività politiche - la parola "nazionalismo" può persino evocare la definizione assoluta e onnicomprensiva del male così come viene percepito dalla società e dalla cultura odierna e ripetuto all'infinito dai mass media:

> NAZIONALISMO: Adolf Hitler, il Terzo Reich, il militarismo tedesco, i campi di concentramento, sei milioni di ebrei innocenti - forse sette o otto milioni, o addirittura undici milioni - condotti alle camere a gas e inceneriti nei forni a gas. E non dimentichiamo i piloti kamikaze giapponesi e Tojo.

Tratta da un fumetto o da un dramma hollywoodiano, questa frase riassume essenzialmente l'attuale percezione - di fatto, la definizione più o meno "ufficiale" - di ciò che costituisce il "nazionalismo".

E questo non è un caso. La scrittura della storia popolare e accademica, e l'autorità e il potere di definire cosa sia il "nazionalismo", sono stati cooptati e da allora dominati - almeno per tutta la seconda metà del XX secolo, e nel mondo angloamericano in particolare - da persone e istituzioni nettamente ostili al nazionalismo in tutte le sue varietà e forme.

Questa è una conseguenza diretta della crescente concentrazione della proprietà dei media nelle mani di un'élite, di famiglie e gruppi finanziari strettamente legati tra loro, che traggono profitto dalle politiche internazionaliste. Non si tratta affatto di una "teoria della cospirazione". Il professor Ben Bagdikian, uno dei principali critici dei media, lo riassume bene nel suo libro *The Media Monopoly*:

I signori [dei media] del villaggio globale hanno la loro agenda politica. Si oppongono tutti ai cambiamenti economici che non sostengono i loro interessi finanziari. Insieme esercitano un potere omogeneizzante sulle idee, sulla cultura e sul commercio che colpisce più persone che in qualsiasi altro momento della storia. Né Cesare, né Hitler, né Franklin Roosevelt, né alcun papa hanno avuto un potere così grande nel plasmare le informazioni da cui tante persone dipendono per prendere decisioni su tutto, da chi votare a cosa mangiare...

Il potere monopolistico domina molte altre industrie e la maggior parte di esse riceve un trattamento speciale dal governo. Ma i giganti dei media hanno due enormi vantaggi: controllano l'immagine pubblica dei leader nazionali, che di conseguenza temono e favoriscono le agende politiche dei magnati dei media; e controllano l'informazione e l'intrattenimento che contribuiscono a plasmare gli atteggiamenti sociali, politici e culturali di popolazioni sempre più ampie...

Oggi, sulla scia di questo spiacevole fenomeno - questa monopolizzazione del potere di educare e informare - la vera natura e la sostanza di ciò che costituisce veramente il "nazionalismo" sono state distorte. Di conseguenza, gli sforzi moderni per comprendere, definire e promuovere la causa del nazionalismo sono stati relegati a ciò che i maestri dei media chiamano vagamente "frangia".

A metà del XX secolo, l'unico sforzo indipendente degno di nota per definire il nazionalismo - almeno nel contesto storico americano - fu compiuto da Willis A. Carto, fondatore, originario dell'Indiana, di un'istituzione con sede a Washington nota come Liberty Lobby ed editore di un settimanale a larga diffusione nazionale, *The Spotlight*.

Sebbene sia andato in bancarotta e sia stato distrutto nel 2001 da un'azione legale politicamente motivata che è stata confermata da un giudice federale, *The Spotlight* è emerso durante il suo periodo di massimo splendore come la voce forse più importante ed efficace del tradizionale nazionalismo americano - proprio il motivo per cui il giornale anticonformista è stato preso di mira per essere sventrato.

Sopravvissuto alle ferite inflittegli dai giapponesi durante i brutali combattimenti nel Pacifico durante la Seconda guerra mondiale, il futuro fondatore della Liberty Lobby Carto tornò a casa e, a differenza di molti veterani che credevano alla propaganda ufficiale, iniziò il suo viaggio di indagine, cercando risposte al "come" e al "perché" del coinvolgimento degli Stati Uniti in questa conflagrazione genocida globale.

In definitiva, Carto arrivò a mettere in discussione la necessità del coinvolgimento degli Stati Uniti non solo nella Seconda guerra mondiale, ma praticamente in tutte le guerre del XX secolo. Infatti, molto prima che diventasse politicamente popolare - e certamente a differenza di molti esponenti della "destra" tradizionale - Carto sollevò dubbi sull'intervento degli Stati Uniti nel Sud-Est asiatico, mentre i "liberali della guerra fredda" convenzionali continuavano a fare pressioni per un maggiore coinvolgimento degli Stati Uniti nella regione, che alla fine portò alla disfatta del Vietnam.

Non considerandosi mai altro che un nazionalista, Carto ha cercato di tracciare le linee e le distinzioni tra il "conservatorismo" americano di tendenza repubblicana e il nazionalismo tradizionale.

Rifiutando quelli che considerava i concetti di "destra" e "sinistra", stanchi, logori e del tutto inadeguati, Carto ha lavorato energicamente attraverso la Liberty Lobby per sviluppare un fiorente movimento nazionalista, concentrandosi in particolare sui pericoli dell'internazionalismo e ponendo il nazionalismo al centro del quadro generale di una filosofia populista americana esemplificata da Thomas Jefferson e di un approccio alle relazioni estere (in particolare) definito da George Washington nel suo Discorso di addio.

Il libro di Carto, *Populismo contro plutocrazia. Plutocracy: The Universal Struggle*, cattura l'essenza della prospettiva nazionalista di Carto, riflettendo sulle figure monumentali del populismo americano e sui loro particolari contributi al pensiero nazionalista: Da statisti come Jefferson e Jackson, a personaggi progressisti come Robert LaFollette e Burton Wheeler, al famoso sacerdote radiofonico padre Charles Coughlin, al portavoce di America First Charles Lindbergh, al senatore nazionalista Robert Taft di , fino a giganti intellettuali come Lawrence Dennis, probabilmente il principale teorico nazionalista americano del XX secolo.

Le opinioni di questi uomini - e di molti altri giganti - costituirono la base della filosofia nazionalista che Carto promosse in tutti i modi possibili attraverso un'ampia varietà di mezzi di comunicazione a sua disposizione durante i suoi quasi 50 anni di impegno attivo nell'arena pubblica americana.

Carto ha insistito sul fatto che l'adesione alle parole di saggezza di Washington non solo fornisce i mezzi per assicurare all'America relazioni tranquille con i suoi vicini, vicini e lontani, ma anche una base per costruire una nazione forte in grado di assicurare la propria stabilità interna.

Forse più di ogni altro americano, compreso lo stesso Washington, Barto utilizzò i notevoli mezzi di comunicazione a sua disposizione per ripetere più volte gli avvertimenti di Washington

Allo stesso modo, l'attaccamento appassionato di una nazione a un'altra produce una serie di mali. La simpatia per la nazione favorita, facilitando l'illusione di un immaginario interesse comune in casi in cui non esiste un reale interesse comune, e infondendo l'una nelle inimicizie dell'altra, tradisce la prima nel partecipare ai litigi e alle guerre della seconda, senza adeguati incentivi o giustificazioni. Porta anche alla concessione alla nazione favorita di privilegi negati ad altre, il che rischia di essere doppiamente dannoso per la nazione che fa le concessioni, separandosi inutilmente da ciò che avrebbe dovuto essere conservato e suscitando gelosia, malanimo e una disposizione alla ritorsione nelle parti a cui vengono negati uguali privilegi ; e dà ai cittadini ambiziosi, corrotti o illusi che si dedicano alla nazione favorita, la possibilità di tradire o sacrificare gli interessi del proprio Paese, senza essere odiosi, a volte persino con popolarità; indorando con le apparenze di un virtuoso senso dell'obbligo, di una lodevole deferenza verso l'opinione pubblica o di un lodevole zelo per il bene pubblico, il basso o stupido conformismo dell'ambizione, della corruzione o dell'infatuazione.

Contro le insidiose astuzie dell'influenza straniera (vi imploro di credermi, miei concittadini), la gelosia di un popolo libero dovrebbe essere costantemente all'erta, perché la storia e l'esperienza dimostrano che l'influenza straniera è uno dei nemici più temibili del governo repubblicano. Ma questa gelosia, per essere utile, deve essere imparziale, altrimenti diventa lo strumento della stessa influenza che deve essere evitata, invece di essere una difesa contro di essa.

L'eccessiva parzialità per una nazione straniera, l'eccessiva avversione per un'altra, fanno sì che coloro che educano vedano il pericolo solo da una parte, e servono a velare e persino a mettere in secondo piano le arti di influenza dall'altra parte.

I veri patrioti, che sanno resistere agli intrighi della favorita, rischiano di diventare sospetti e odiosi, mentre i suoi strumenti e i suoi inganni usurpano il plauso e la fiducia del popolo, per cedere i propri interessi.

La grande regola di condotta che dobbiamo seguire nei confronti delle nazioni straniere è, nell'estendere le nostre relazioni commerciali, avere con loro il minor numero possibile di relazioni politiche. Nella misura in cui abbiamo già preso degli impegni, dobbiamo rispettarli in perfetta buona fede.

La nostra vera politica è quella di evitare qualsiasi alleanza permanente con qualsiasi parte del mondo straniero.

Nello spirito di Washington, Carto sosteneva che i veri nazionalisti - di tutte le nazioni - credono nello sviluppo e nel rafforzamento della propria nazione dall'interno, mantenendo l'integrità del patrimonio culturale e dei confini storici sovrani, e mettendo al primo posto gli interessi della propria nazione. I nazionalisti non iniziano guerre imperiali, ma rispettano gli istinti nazionalisti degli altri.

I plutocrati internazionalisti e approfittatori, secondo Carto, condannano il nazionalismo perché interferisce con il loro scopo di profitto e con l'obiettivo di sommergere tutte le nazioni in una "piantagione mondiale" sotto il loro dominio.

Secondo Carto, l'internazionalismo è un ideale ingenuo che prevede che l'eliminazione di tutti i confini nazionali e razziali apra la strada a una pace mondiale in cui tutti vivrebbero felici e contenti - una chimera di poeti e leader religiosi da millenni.

Nella sua applicazione pratica, l'internazionalismo può solo produrre confusione, tensione, anarchia e violenza. I plutocrati usano l'internazionalismo per abolire i confini nazionali e promuovere il multiculturalismo, un passo essenziale per completare la loro conquista del mondo e l'erezione formale del loro superstato globale, la Piantagione Globale, spesso definita "Nuovo Ordine Mondiale" - sia dai nazionalisti che dagli internazionalisti del sito .

Carto la mette giù semplice: il concetto di Nuovo Ordine Mondiale non è altro che il desiderio di un governo mondiale gestito dai plutocrati, che lo vedono come un mezzo per impadronirsi di tutte le risorse naturali del globo e asservire di fatto tutti i popoli a una burocrazia internazionale scelta e controllata dall'élite finanziaria.

Comunque sia, l'influenza di Carto sulle basi filosofiche del movimento nazionalista americano era (e rimane) indiscutibile. Infatti, quando Pat Buchanan, figura di lungo corso del Partito Repubblicano ed editorialista sindacale, iniziò ad affermarsi come critico serio e di primo piano - da un punto di vista nazionalista - della crescente tendenza internazionalista nei ranghi repubblicani, i media mainstream del Paese riconobbero - seppur a malincuore - che erano stati Carto e la Liberty Lobby a spianare la strada all'ascesa di Buchanan.

È stato Pat Buchanan - in precedenza una figura "mainstream" - a iniziare a riecheggiare la retorica e i fondamenti storici conservati dal precedente lavoro di Carto, introducendo così almeno una versione buchaniana del "nazionalismo" nell'arena politica americana nelle sue successive candidature alla nomination presidenziale del Partito Repubblicano. Già il

26 giugno 1995, il settimanale progressista *The Nation* cominciò a prendere atto del nuovo populismo e nazionalismo che guidava la campagna di Buchanan. Descrivendo un comizio di Buchanan nel New Hampshire, *The Nation* osservava che

> Quando è stato chiesto loro di indicare la questione che più li ha colpiti di Buchanan, molti di loro hanno citato il nazionalismo economico delle sue crociate contro il NAFTA e il GATT. Buchanan ha denunciato i patti commerciali che avvantaggiano le imprese transnazionali a spese dei lavoratori americani e che cedono la sovranità degli Stati Uniti a un establishment internazionale di cui non ci si può fidare, fondendo così i populismi di destra e di sinistra.

*The Nation* ha approfondito il nuovo orientamento di Buchanan

> È nel New Hampshire che il populismo economico di Buchanan si è manifestato per la prima volta. Durante la campagna elettorale del 1992, ha incontrato persone colpite dalla recessione.
>
> Buchanan è stato spinto in questa corsa dal suo disgusto di estrema destra per la decisione del Presidente Bush di firmare un provvedimento sui diritti civili e di ritirare la dichiarazione "leggi le labbra" [contro nuove tasse]. Ma viaggiando per il Granite State, Buchanan ha scoperto la dislocazione economica: gli americani che lavorano duramente sono stati espulsi da posti di lavoro ben retribuiti. Conclude che la colpa è della globalizzazione e delle politiche commerciali statunitensi.
>
> Da allora, ha attaccato le grandi banche e le società che cercano questi accordi commerciali che esportano posti di lavoro e che finanziano una serie di lobbisti che assicurano che gli accordi commerciali passino al Congresso. È l'unico candidato repubblicano a riconoscere e ad affrontare il declino dei salari reali che ha colpito l'America a medio reddito.
>
> Così facendo, Buchanan aggiunge nuove truppe ai conservatori sociali delle sue "Brigate Buchanan". Arrabbiato con i giapponesi? Vostro figlio non può pregare a scuola? Buchanan sta saldando le circoscrizioni elettorali.
>
> Da solo nel GOP, attacca Washington sia come establishment che promuove un ordine secolare liberale sia come establishment che spinge il Nuovo Ordine Mondiale corporativo. Sebbene sia anche un cattolico devoto al servizio di un establishment sociale e religioso conservatore, Buchanan è la cosa più vicina a un vero populista nella corsa del 1996.

Anche la "destra" politica si alzò e prese atto dell'apparente cambiamento di Buchanan. Il 27 novembre 1995, il "conservatore" *Weekly Standard*, *finanziato dal* miliardario Rupert Murdoch e diretto da William Kristol, leader dell'autoproclamata cricca di "neoconservatori" che non vogliono altro che far progredire l'imperialismo americano dominato dai sionisti, ha espresso le proprie preoccupazioni riguardo agli attacchi nazionalisti di Buchanan contro l'élite al potere. *Lo Standard* ha affermato che

> In un'America sempre più conservatrice, un politico resiste alla marea della storia. Quest'uomo denuncia sempre le grandi banche e le multinazionali. Mette ancora gli interessi dei lavoratori americani davanti a quelli del cosiddetto sistema commerciale internazionale . Si rifiuta anche solo di contemplare una riduzione della generosità dei grandi programmi di spesa della classe media. Si rifiuta persino di contemplare qualsiasi riduzione della generosità dei grandi programmi di spesa della classe media, come Medicare e la Sicurezza Sociale. Quest'uomo è Patrick J. Buchanan, l'ultimo americano di sinistra...

Notando che Buchanan ha mantenuto la sua tradizionale posizione sulle questioni sociali, *The Standard ha* poi sottolineato che

> I suoi discorsi in campagna elettorale hanno enfatizzato nuovi temi di grande impatto: l'imminente minaccia di un governo mondiale, l'avidità delle banche internazionali, il potere delle tariffe doganali per arrestare il deterioramento dei salari dei lavoratori, l'urgenza di preservare l'assistenza sanitaria in una forma vicina a quella attuale.

> Questo non ha nulla a che vedere con il repubblicanesimo conservatore dell'era Reagan. Piuttosto, assomiglia alla retorica militante e rancorosa dei democratici populisti a partire da William Jennings Bryan. La repulsione che i Democratici contemporanei provano nei confronti di Buchanan rivela solo quanto il partito si sia allontanato dal proprio passato.

*Lo Standard* accusava Buchanan di aver abbandonato le posizioni "tradizionali" dei repubblicani conservatori e di aver iniziato a spostare (o almeno a *tentare di* spostare) il Partito Repubblicano in una direzione nazionalista

> La domanda importante per i repubblicani conservatori tradizionali è fino a che punto Buchanan debba essere autorizzato a portare il partito. Il successo della campagna di Buchanan nel 1992 ha già iniziato a spostare il Partito Repubblicano verso una posizione più restrittiva sull'immigrazione e una linea molto più dura sull'affirmative action...

> Dobbiamo accoglierlo o no? Nel 1992, molti conservatori trovarono

un'atroce difficoltà a decidere... Questa volta, però, la scelta dovrebbe essere più facile. I conservatori devono riconoscere che la politica di Buchanan è... qualcosa di nuovo: un populismo addestrato a cogliere le opportunità politiche offerte da un multiculturalismo stridente e dalla stagnazione dei salari per i lavoratori meno qualificati....

Di questo passo, probabilmente è solo questione di tempo prima che lo stesso Buchanan riconosca il divario sempre più ampio tra la sua politica e quella del mainstream conservatore. Il suo amico e collega Sam Francis, le cui idee sono sempre più riprese da Buchanan, ha già abbandonato la parola "conservatore" dal . Il pericolo non è tanto che Buchanan si impadronisca del conservatorismo, quanto piuttosto che, anche dopo averlo abbandonato per dirigersi verso una destinazione ideologica **sconosciuta**, le sue idee stataliste e populiste vi si infiltrino a ritroso...

A questo punto, la voce dell'internazionalismo finanziata da Murdoch ha ufficialmente dichiarato guerra a Buchanan e lo ha liquidato come un repubblicano "conservatore":

Buchanan non ha mai esitato a combattere, e non dovrebbero farlo nemmeno i repubblicani che gli si oppongono. I repubblicani che si aggrappano alle tradizioni del conservatorismo del dopoguerra che Buchanan rifiuta - piccolo governo e leadership globale americana - devono far capire che comprendono bene quanto Buchanan la grande differenza tra la sua politica e la loro. Egli ha voltato le spalle alle convinzioni fondamentali che hanno definito il conservatorismo americano per 40 anni, e i conservatori non dovrebbero avere paura di dirlo. Dopo tutto, parafrasando Ronald Reagan, non siamo noi ad aver lasciato Pat Buchanan, è Pat Buchanan che sta lasciando noi.

In altre parole, Pat Buchanan, se eletto Presidente, porterebbe il Partito Repubblicano nel campo dell'internazionalismo, e questa è l'ultima cosa che questa voce "conservatrice" vuole vedere accadere.

Alla fine, Buchanan lasciò il Partito Repubblicano e scelse di correre come candidato del Partito Riformista nel 2000. Alla fine, però, il movimento di Buchanan fallì e fallì di brutto. Il movimento nazionalista americano subì un duro colpo elettorale con il disastroso risultato di Buchanan in quelle elezioni. I nazionalisti sono stati abbandonati mentre Buchanan tornava nel mondo dei media tradizionali. Nel frattempo, il movimento nazionalista - il vero movimento nazionalista - sta cercando non solo di ringiovanire se stesso, ma di prendere il comando.

Ironicamente, la più grande forza che si oppone al tradizionale nazionalismo americano è il sionismo. Sebbene il sionismo stesso sia definito come nazionalismo ebraico finalizzato alla creazione di uno Stato ebraico, che alla fine è stato realizzato nel 1948 con la fondazione di Israele, la verità è che il sionismo è essenzialmente un movimento internazionale di grande portata e potere, di cui Israele è poco più che la capitale spirituale (anche se geograficamente specifica).

A questo proposito, nel precedente libro dell'autore, *La nuova Gerusalemme*, abbiamo esplorato la sorprendente realtà che, a tutti gli effetti, il movimento sionista ha essenzialmente adottato gli Stati Uniti - per pura forza di potere finanziario e politico - come sua principale base operativa, utilizzando le forze armate statunitensi (di solito contro la volontà dei vertici militari) per imporre un imperium globale progettato per promuovere il potere di Israele (e l'agenda sionista) sulla scena mondiale.

È così che un gruppo relativamente ristretto di intrallazzatori - i "neoconservatori" (studiati in dettaglio nell'altro precedente volume dell'autore, *I sommi sacerdoti della guerra*) - è salito al potere in America e ha fatto tutto il possibile per promuovere la causa sionista.

Allo stato attuale, anche i critici più accaniti del sionismo e delle malefatte israeliane non lo capiscono, ma la verità è che il conflitto mediorientale tra Israele e il mondo arabo è solo una parte dell'agenda sionista complessiva, che ha una portata illimitata: non a caso la filosofia sionista insegna che Israele - nel senso del popolo ebraico - non ha confini.

Né è una coincidenza che i neoconservatori americani siano discepoli intellettuali dell'ideologo sionista Vladimir Jabotinsky - spesso chiamato "il fascista ebreo" - che in un'intervista del 1935 dichiarò candidamente: "Vogliamo un impero ebraico". Sebbene Jabotinsky sia morto nel 1940, i suoi eredi ideologici hanno raccolto la sua fiaccola, forse con più forza di quanto Jabotinsky avrebbe mai potuto immaginare.

Gli intrighi del sionismo sul suolo americano sono stati straordinariamente ben calcolati, operando su più livelli e attraverso molteplici meccanismi. Nelle pagine di *The Juda Goats - The Enemy Within*, esamineremo la storia ingloriosa della spinta sionista a infiltrarsi, minare, sovvertire e/o prendere il controllo del movimento nazionalista americano per sopprimerlo e quindi distruggerlo.

Ma state certi che gli americani non sono soli ad affrontare questa minaccia. Altri movimenti nazionalisti si stanno opponendo al potere sionista in tutto il pianeta, da Mosca a Caracas, da Kiev a Kuala Lumpur: ovunque persone informate osino pensare liberamente e continuino a parlare.

Quindi prendiamo atto di questo: i nemici del nazionalismo potrebbero anche affrontare un fatto fondamentale: che piaccia o no, qui in America e nel mondo, il nazionalismo è l'onda del futuro.

Non c'è modo di fermarlo.

Ora andiamo avanti ed esaminiamo esattamente chi sono - e sono stati - i Capri di Giuda e come sono veramente il nemico interno dell'America. Preparatevi a una storia molto brutta, ma affascinante.

Nel 1981, il famoso scrittore americano Eustace Mullins (a sinistra) ottenne 500 pagine di file precedentemente classificati che l'FBI aveva conservato su Mullins, un americano patriottico, risalenti al 1951. Sebbene molte pagine siano state ridotte - oscurate - apparentemente per motivi di "sicurezza nazionale", questi sorprendenti file mostrano chiaramente che l'FBI ha preso di mira Mullins per distruggerlo proprio perché aveva criticato il potere sionista in America, in particolare per la sua fondamentale denuncia del controllo della dinastia bancaria Rothschild sul sistema della Federal Reserve statunitense. I documenti rivelano che l'FBI pensò addirittura di mettere a tacere Mullins rinchiudendolo in un manicomio. Questo promemoria del 1959 (qui sopra) inviato al capo dell'FBI J. Edgar Hoover dal suo vice ebreo, Alex Rosen, mostra una nota scarabocchiata da Hoover in cui si afferma che il caso Mullins era "una priorità assoluta" e che gli agenti dell'FBI avrebbero dovuto "assicurarsi che venissero presi provvedimenti". Nelle pagine di *The Juda Goats* scopriremo molto di più su queste operazioni segrete di polizia e spionaggio e su altri sforzi per schiacciare il dissenso politico in America.

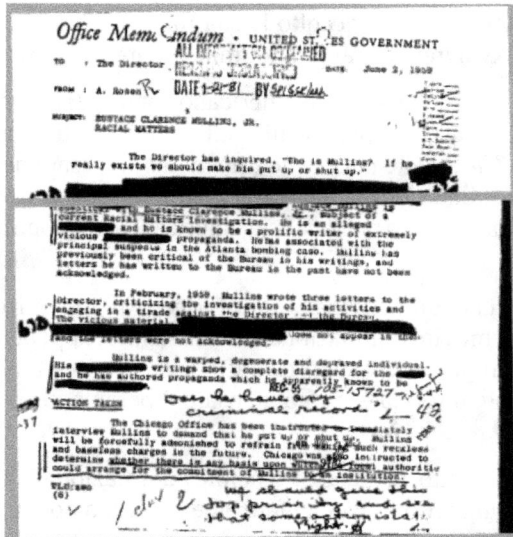

# Introduzione alla prima parte

## Un po' di storia... Una storia ingloriosa e sordida

Le dimensioni e la portata delle trame di *The Juda Goats - The Enemy Within* sono in definitiva sconcertanti. Tuttavia, i capitoli iniziali che seguono in questa sezione hanno lo scopo di fornire una panoramica della natura degli sforzi di questi nemici del nazionalismo americano per infiltrarsi e distruggere (o comunque manipolare e controllare) la loro opposizione politica in America. Questa panoramica storica pone le basi per la comprensione di gran parte di ciò che segue.

Quindi, sebbene le famose operazioni sotto copertura COINTELPRO dell'FBI siano state ufficialmente istituite nei primi anni '60, la storia dimostra che negli anni precedenti la Seconda Guerra Mondiale, gruppi come la Anti-Defamation League (ADL) di B'nai B'rith stavano già manipolando l'FBI nell'ambito di una campagna di terrore contro i nazionalisti americani.

Ecco perché il nome ADL ricorre più volte, non solo in questa sezione, ma in tutte le pagine di questo libro.

E mentre l'FBI (e altre agenzie federali, come la CIA) appaiono spesso come quelli che potrebbero essere descritti come "cattivi" in queste pagine, ci sono molte brave persone all'interno di queste agenzie che rifiutano le macchinazioni del Nemico Interno e che hanno di fatto cercato di sloggiare alcuni piantagrane sionisti quando ne hanno avuto l'opportunità.

Detto questo, guardiamo ai fatti...

# CAPITOLO I

## Il ritorno del COINTELPRO: un promemoria dell'ingloriosa storia di infiltrazione e sovversione che ancora una volta regna sul suolo americano

Il 31 maggio 2002, in nome della "lotta al terrorismo", l'allora procuratore generale John Ashcroft ha eliminato le restrizioni trentennali alla capacità dell'FBI di spiare le organizzazioni religiose e politiche negli Stati Uniti. L'azione di Ashcroft ha fatto rivivere il famigerato COINTELPRO (cioè "programma di controspionaggio") dell'FBI degli anni Sessanta. Nell'ambito di questo programma, l'FBI, in attiva collaborazione con la Anti-Defamation League (ADL) di B'nai B'rith, infiltrò e spiò (e distrusse, se necessario) un'ampia gamma di organizzazioni politiche americane dissidenti.

Sebbene l'ADL, come vedremo, sia stata originariamente fondata come organizzazione dedicata alla lotta al settarismo contro il popolo ebraico, è diventata rapidamente una potenza a sé stante e, dopo la fondazione dello Stato di Israele nel 1948, si è affermata come una lobby intransigente per Israele, agendo come un canale di intelligence e propaganda per l'agenzia dei servizi clandestini di Israele, il Mossad.

Così, quando l'iniziativa COINTELPRO divenne operativa, l'ADL (e i suoi collaboratori all'interno del Mossad) si trovò intrecciata con l'FBI. Durante gli anni del COINTELPRO, i nomi e i dati personali di circa 62.000 americani finirono negli archivi dell'FBI.

Sebbene i media ammettano spesso che i gruppi per i "diritti civili" sono stati presi di mira dal COINTELPRO, il fatto è che l'FBI ha dedicato la maggior parte dei suoi sforzi a organizzazioni e individui "di destra".

Le linee guida che Ashcroft ha reso obsolete sono state istituite a metà degli anni '70 dopo la diffusa indignazione per la scoperta del COINTELPRO, in seguito alla morte del direttore dell'FBI J. Edgar Hoover.

La verità è che, già negli anni '30, l'FBI di Hoover lavorava a stretto contatto con l'ADL per "monitorare" i dissidenti politici americani, molto prima che venisse ufficialmente istituito il COINTELPRO.

E come vedremo - anche se rimane in gran parte dimenticato - l'ADL è stata la fonte principale di molte delle informazioni false che l'FBI ha utilizzato per costruire un caso di "sedizione", poi screditato, contro una trentina di americani il cui unico crimine è stato quello di prendere posizione a favore del nazionalismo americano e di opporsi all'intervento nella guerra in Europa durante l'amministrazione del presidente Franklin D. Roosevelt.

In base alle vecchie linee guida istituite per fermare gli abusi dell'FBI nell'ambito del COINTELPRO, l'FBI poteva inviare agenti sotto copertura in chiese e moschee o in organizzazioni politiche *solo* se gli investigatori avessero prima trovato una "causa probabile" o altre prove che suggerissero che i membri di questi gruppi avrebbero potuto commettere un crimine . Tuttavia, per aggirare le linee guida, l'FBI si affidò all'ADL (in quanto organizzazione privata non soggetta a regole ufficiali) per colmare la lacuna, svolgendo attività di spionaggio vietate all'FBI.

Di conseguenza, i frutti illeciti delle attività di intelligence dell'ADL sono finiti nelle mani dell'FBI, del BATF, della CIA, dell'IRS e di altre agenzie federali con cui l'ADL ha mantenuto (e mantiene tuttora) stretti contatti.

Anche il Southern Poverty Law Center (SPLC) di Morris Dees - un'altra organizzazione che opera nello stesso sordido modo dell'ADL - ha agito come intermediario per l'FBI. E, in effetti, probabilmente esistono molte organizzazioni simili, anche se meno conosciute dell'ADL e dell'SPLC.

Oggi, tuttavia, il procuratore generale Ashcroft ha ufficialmente riportato in vita il vecchio COINTELPRO, suscitando la preoccupazione degli americani che apprezzano le tradizionali libertà civili.

Nel numero di luglio-settembre 1995 di *Name Base News Line*, Daniel Brandt ha fornito alcune interessanti informazioni sul COINTELPRO

> L'esistenza del COINTELPRO fu rivelata per la prima volta quando tutti i documenti dell'ufficio dell'FBI di Media, in Pennsylvania, furono rubati da ignoti l'8 marzo 1971. Una sessantina di documenti vennero poi inviati per posta a pubblicazioni selezionate, mentre altri vennero inviati direttamente alle persone e ai gruppi menzionati.

> Questi documenti si suddividono come segue: Il 30% era costituito da manuali , moduli di routine e documenti procedurali simili. Dei restanti documenti, il 40% riguardava la sorveglianza politica e altre indagini sull'attività politica (2 riguardavano la destra, 10 gli immigrati e oltre 200 i gruppi di sinistra o liberali), il 25% le rapine in banca, il 20% gli omicidi, gli stupri e le rapine interstatali, il 7% la resistenza al servizio di leva, il 7% le diserzioni militari e l'1% la criminalità organizzata, soprattutto il gioco d'azzardo.

Tuttavia, l'FBI non era l'unica a condurre operazioni interne di questo tipo. Anche la CIA poteva essere accusata degli stessi misfatti. Secondo il resoconto di Verne Lyon, ex agente segreto della CIA, pubblicato nel numero dell'estate 1990 del *Covert Action Information Bulletin, le* operazioni di spionaggio interno più diffuse della CIA iniziarono nel 1959.

Nell'ambito del Progetto RESISTANCE, poi Progetto MERRIMAC, la CIA ha infiltrato agenti in gruppi nazionali di ogni tipo e attività. In seguito, la CIA ha integrato tutte le operazioni di intelligence nazionale nell'Operazione CHAOS. Forse non sorprende che il responsabile dell'Operazione CHAOS fosse Richard Ober, un ufficiale veterano della CIA e vice del fedele del Mossad israeliano di Langley, James Jesus Angleton.

(Un resoconto dettagliato della bizzarra e sordida carriera di Angelton, in particolare del suo ruolo di protagonista nell'assassinio del Presidente John F. Kennedy, è disponibile nel precedente libro di questo autore, *Final Judgment: The Missing Link in the JFK Assassination Conspiracy*). Secondo il Center for National Security Studies, Ober e i suoi agenti del CHAOS avevano accumulato file personali su più di 13.000 persone, tra cui più di 7.000 cittadini statunitensi, e avevano compilato file su più di 1.000 organizzazioni politiche nazionali.

Inoltre, sembra che la CIA abbia condiviso informazioni su oltre 300.000 persone con altre agenzie, tra cui l'FBI e la Defense Intelligence Agency.

(Da parte sua, come abbiamo già notato, la divisione di intelligence interna dell'FBI indagò su 62.000 americani - presunti "sovversivi" - nell'ambito della propria operazione COINTELPRO. Probabilmente non sapremo mai quanti nomi si sono sovrapposti tra le varie operazioni di spionaggio interno della CIA e quelle dell'FBI). Il 13 maggio 1985, *The Spotlight*, il settimanale pubblicato all'epoca da Liberty Lobby, l'istituzione populista di lunga data di Capitol Hill a Washington, rivelò che il noto attivista "liberale" Allard Lowenstein - che prestò servizio al Congresso dal 1969 al 1971 - era in realtà stato a lungo un agente sotto copertura della CIA .

L'idolo liberale è stato ucciso nel 1980 (presumibilmente in seguito a una disputa personale), ma i fatti sulla sua carriera segreta sono stati rivelati solo in seguito.

Lowenstein iniziò a lavorare come informatore pagato dalla CIA nel 1949, pochi mesi prima che il giovane e ammaliante oratore di sinistra del campus fosse eletto presidente della National Student Association (NaStA).

Sebbene l'associazione "studentesca" assumesse una posizione di "sinistra radicale" su questioni importanti, all'epoca nessuno sapeva che era stata creata come copertura della CIA da alti ufficiali della divisione servizi clandestini della CIA, tra cui Cord Meyer, che in seguito, come capo della stazione londinese della CIA, si dice abbia reclutato il giovane accademico di Oxford Bill Clinton nell'opposizione controllata del "movimento contro la guerra" della CIA.

Come uno dei più noti leader studenteschi del Paese, Lowenstein si muoveva comodamente in ambienti critici nei confronti della CIA, ma allo stesso tempo si trovava sulla sua scrivania, a chiacchierare con i suoi amici per conto della CIA. Durante la guerra del Vietnam, i contribuenti americani pagarono non solo i costi della guerra - - ma anche il finanziamento del "movimento contro la guerra", nel quale i successori di Lowenstein alla guida della NaStA giocarono un ruolo importante.

Nel frattempo, lo stesso Lowenstein è salito di grado diventando una delle voci più autorevoli della nazione (e, segretamente, della CIA) contro la guerra.

In seguito, Allard Lowenstein è stato un agente dell'agenzia di intelligence israeliana, il Mossad. Nel 1979, quando era delegato alle Nazioni Unite, Lowenstein contribuì a organizzare l'operazione di sorveglianza del Mossad che portò il suo capo, l'allora ambasciatore Andrew Young, a essere sorpreso a intrattenere conversazioni segrete con diplomatici arabi. Il presidente Carter fu costretto a licenziare Young e Lowenstein lasciò di fatto le Nazioni Unite con Young, ma l'obiettivo del Mossad (cogliere Young a collaborare con gli odiati arabi) era stato raggiunto.

Così, mentre l'FBI spendeva circa 10 milioni di dollari per un periodo di diversi anni per indagare sul movimento contro la guerra, molte delle persone su cui l'FBI stava indagando erano segretamente impiegate dalla CIA, anche se all'FBI non fu mai detta la verità.

Molti giovani idealisti di sinistra reclutati nelle attività della CIA su hanno appreso solo dopo essere entrati nella NaStA di essere stati coinvolti in una copertura della CIA, ma si sono presto resi conto che avrebbero potuto ottenere molti favori e fare carriera collaborando dopo essere stati messi al corrente del segreto.

Metodi simili sono stati utilizzati per cooptare gruppi di "destra", con agenti della CIA e dell'FBI che hanno fornito "suggerimenti" e finanziamenti da "patrioti ai piani alti del governo che sostengono ciò che state facendo". Più di un gruppo è stato cooptato in questo modo.

Recentemente, un'altra ex figura di spicco della NaStA finanziata dalla CIA, John Foster "Chip" Berlet, ha contestato di essere stato descritto come "un rispettabile informatore della CIA". Berlet ha dichiarato: "Non sono un informatore della CIA: "Non sono un informatore della CIA, né un informatore o un agente di alcuna agenzia di intelligence". Ha affermato che si tratta di una "falsa affermazione".

Per anni, figure della "Nuova Sinistra" non appartenenti alla CIA come Daniel Brandt e il defunto Ace Hayes, tra gli altri, hanno pubblicamente etichettato Berlet come agente segreto del governo. Hanno anche evidenziato la relazione di Berlet con la Anti-Defamation League (ADL), sponsorizzata dal Mossad, che fornisce informazioni all'FBI, alla CIA, al BATF e ad altre agenzie governative.

Nel 1993, i collaboratori di Lenora Fulani, un'attivista politica afroamericana con sede a New York, documentarono le attività di Berlet, notando che un alto funzionario dell'ADL aveva dichiarato pubblicamente che "le informazioni che [Berlet] ha condiviso con noi sono state molto utili".

Negli ultimi anni, l'obiettivo principale di Berlet è stato quello di combattere il successo dell'alleanza populista "sinistra-destra" contro l'élite plutocratica. Forse non sorprende che Berlet abbia un legame personale con l'élite plutocratica. Il suo nome deriva dall'amico del padre, l'ex Segretario di Stato John Foster Dulles (a sua volta fratello del direttore della CIA Allen Dulles, licenziato dal Presidente Kennedy), il che può spiegare perché Berlet abbia operato per tutta la sua vita adulta nella sfera delle istituzioni affiliate alla CIA.

Un altro esempio di informatori federali al lavoro: in una serie di esclusive pubblicate negli anni '80, *The Spotlight* ha rivelato il ruolo svolto da agenti federali sotto copertura del BATF e dell'FBI negli eventi che hanno portato a una sparatoria nel 1979 a Greensboro, nella Carolina del Nord, tra membri del Partito Comunista dei Lavoratori e un gruppo di membri del Ku Klux Klansmen e di un gruppo "nazista" americano. Cinque comunisti morirono e un altro rimase ferito .

Sono stati coinvolti e identificati almeno cinque informatori governativi che si spacciavano per "patrioti di destra": Bernard Butkovich, un agente del BATF a tempo pieno sotto copertura, e Ed Dawson, un informatore pagato dell'FBI. Entrambi hanno abilmente espresso una retorica di "destra" mentre lavoravano per il governo.

Altri due agenti del BATF sotto copertura e un'agente donna sotto copertura del North Carolina State Bureau of Investigation erano anche "abituali" alle riunioni dei gruppi di "destra" coinvolti nella tragedia di Greensboro.

Ma gli esempi sono ancora più numerosi. Prendiamo, ad esempio, il famigerato gruppo terroristico e incline alla violenza noto come Lega di Difesa Ebraica (JDL). Le prove suggeriscono che la JDL è molto più di quanto sembri:

La LDJ è stata fondata nel 1968 dal suo leader di lunga data, Meir Kahane, nato a Brooklyn e ricordato soprattutto come il "rabbino militante" ucciso dopo essere stato eletto al Parlamento israeliano. Tuttavia, la verità è che per molti anni Kahane è stato una risorsa dell'FBI e della CIA, compreso un periodo di lavoro per la CIA in Africa, in veste di "corrispondente di notizie".

Nel 1965, sotto il nome di "Michael King" (che a quanto pare era il suo nome di nascita legittimo), Kahane e un certo Joseph Churba formarono un gruppo per mobilitare il sostegno dei campus alla guerra del Vietnam, un'impresa che faceva parte di un'operazione della CIA che "lavorava su entrambi i fronti" della questione della guerra del Vietnam, finanziando allo stesso tempo i gruppi contro la guerra.

Nel 1968, Kahane si liberò del suo personaggio di "Michael King" per diventare il Meir Kahane che ricordiamo oggi. Il suo collega Churba (anch'egli rabbino) salì alla ribalta come influente agente dei servizi segreti israeliani nei circoli decisionali della politica estera statunitense, promosso dalla John Birch Society e finanziato dall'impero sostenuto dalla CIA del leader di culto coreano Sun Myung Moon. (Torneremo più avanti sul torbido passato della John Birch Society e del sempre più influente impero editoriale "conservatore" di Sun Myung Moon). Oggi sappiamo anche, grazie al lavoro del defunto giornalista ebreo americano Robert I. Friedman, che la LDJ era gestita anche dai più alti livelli dell'agenzia di intelligence israeliana, il Mossad. Kahane lavorava quindi letteralmente non solo per diverse agenzie di intelligence americane, ma anche per l'intelligence israeliana.

Ma la mano fine dell'intelligence israeliana ha svolto un ruolo molto più importante nel creare le capre di Giuda e altri elementi del nemico interno dell'America. In effetti, l'intelligence israeliana ha una propria unità che opera sul suolo statunitense, sorvegliando illegalmente decine di migliaia di cittadini americani, siano essi di "sinistra" o di "destra".

E, ironia della sorte, anche se molti hanno sentito dire che l'FBI, attraverso il suo programma COINTELPRO, e la CIA, attraverso l'Operazione CHAOS, spiavano gli americani, non è noto a tutti che questa unità di intelligence israeliana in territorio statunitense non solo conduceva le proprie operazioni, ma funzionava anche, in molti casi, come un ramo de *facto* del COINTELPRO e dell'Operazione CHAOS.

Questa divisione dell'intelligence israeliana è, ovviamente, la Anti-Defamation League (ADL) del B'nai B'rith, a cui abbiamo fatto riferimento in precedenza in queste pagine.

Dalla sua creazione nel 1913, l'ADL ha funzionato essenzialmente come una "Gestapo ebraica" per arginare le critiche al crescente ruolo degli ebrei nella malavita americana e ha svolto un ruolo attivo nell'arena americana.

E poi, naturalmente, come abbiamo notato, dopo la creazione dello Stato di Israele, è diventato un agente straniero de *facto* per il governo di Israele, un ramo del Mossad israeliano.

L'ex agente del Mossad Victor Ostrovsky ha dichiarato nel suo libro, *L'altra faccia dell'inganno*, che quando stava scrivendo il suo precedente libro, *By Way of Deception*, esitava a menzionare "i legami diretti del Mossad con... l'Anti-Defamation League of B'nai B'rith...", proprio perché temeva che gli americani si sarebbero sollevati contro l'ADL (e la comunità ebraica americana che l'ADL dovrebbe rappresentare) in segno di indignazione per le attività violente e odiose del Mossad.

Il metodo operativo dell'ADL era a dir poco spietato e, poiché generalmente operava nell'ambito dei servizi di polizia e di intelligence statunitensi ufficialmente autorizzati, l'ADL aveva campo libero per commettere i suoi misfatti.

Sono stati elencati i nomi delle persone che hanno preso una posizione pubblica su questioni politiche, anche scrivendo una lettera al direttore di un giornale, e sono stati archiviati i rapporti sulle loro attività.

Alcuni individui particolarmente virulenti hanno ricevuto un trattamento "speciale": i loro cestini sono stati perquisiti, i loro telefoni messi sotto controllo; le loro case sono state violate e i loro file personali fotografati o rubati.

Nel corso degli anni, l'ADL non ha preso di mira solo coloro che i media liberali definiscono "estremisti". Anche un'ampia varietà di organizzazioni che rappresentano tutti, dagli afroamericani ai nativi americani, dagli asiatici agli americani e ai gruppi per i diritti dei gay, sono stati vittime di questi attacchi.

La maggior parte delle persone ha sentito i media descrivere l'ADL come una "rispettata organizzazione per i diritti civili". Tuttavia, è chiaro che l'ADL è molto più importante di quanto i media suggeriscano.

E mentre l'FBI e la CIA hanno fatto scalpore nel corso degli anni per il loro spionaggio interno e gli sforzi illegali per distruggere i dissidenti politici americani, il ruolo dell'ADL in questi stessi affari è stato accuratamente taciuto.

Un esempio: dopo che il procuratore generale Ashcroft ha chiesto un rafforzamento delle capacità di spionaggio interno dell'FBI, l'American Civil Liberties Union (ACLU) si è affrettata a pubblicare un "caso di studio" retrospettivo sui "pericoli dello spionaggio interno da parte delle forze dell'ordine federali".

Lo studio dell'ACLU si è concentrato sull'ormai nota (ma allora completamente segreta) sorveglianza del defunto Martin Luther King Jr. da parte dell'FBI negli anni '60, e l'ha descritta come "un capitolo ignominioso del passato dell'America". Il rapporto dell'ACLU concludeva: "Come nazione, dobbiamo assicurarci di monitorare le azioni dell'FBI e del Procuratore Generale Ashcroft per garantire che ciò che è accaduto al Dr. King non si ripeta mai più".

Sebbene il rapporto dell'ACLU abbia dimostrato i pericoli derivanti dall'uso dell'FBI per sorvegliare i cittadini statunitensi a livello nazionale per scopi politici, non ha menzionato un elemento particolarmente interessante: il fatto che gran parte della "ignominiosa" sorveglianza dell'FBI nei confronti di King e di altri esponenti della "destra" e della "sinistra" è stata in realtà effettuata per conto dell'FBI dalla Anti-Defamation League (ADL).

L'attacco dell'ADL a King fu una sorpresa sia per i fan che per i detrattori, soprattutto perché King era stato spesso lodato pubblicamente dall'ADL, in particolare nelle sue pubblicazioni rivolte al pubblico nero. La prima rivelazione pubblica dello spionaggio dell'ADL su King avvenne nel numero del 28 aprile 1993 del *San Francisco Weekly, un* giornale liberale "alternativo", che riportò quanto segue

> Durante il movimento per i diritti civili, quando molti ebrei erano alla guida della lotta contro il razzismo, l'ADL spiò Martin Luther King e passò le informazioni a J. Edgar Hoover, ha dichiarato un ex dipendente dell'ADL.
>
> "Era una cosa risaputa e accettata con disinvoltura", ha detto Henry Schwarzschild, che ha lavorato nel reparto pubblicazioni dell'ADL tra il 1962 e il 1964.
>
> "Pensavano che King fosse una specie di elettrone libero", ha detto Schwarzschild. "Era un predicatore battista e nessuno poteva essere sicuro di quello che avrebbe fatto. L'ADL era molto preoccupata di avere un missile non guidato.

Si è scoperto, tuttavia, che l'ADL ha svolto un'intensa attività di spionaggio anche su altri leader neri dei diritti civili, non solo su King. La pubblicazione nel 1995 di documenti riservati dell'FBI relativi all'assassinio del Presidente John F. Kennedy e la successiva indagine della Commissione Warren hanno portato alla luce ulteriori intrighi dell'ADL contro il noto comico e attivista politico nero Dick Gregory che, a margine del caso, era stato coinvolto come investigatore indipendente nell'assassinio di JFK.

Esistono almeno due documenti che citano le azioni dell'ADL contro

Gregory. Il documento n. 124-10027-10233 è datato 2 febbraio 1965. Proviene dall'agente speciale responsabile dell'ufficio di Atlanta dell'FBI ed è indirizzato al direttore dell'FBI Hoover. Recita come segue:

> Si allega un documento di 5 pagine ricevuto il 2/1/65 da SHERMAN HARRIS, investigatore, Anti-Defamation League, 41 Exchange Place, Atlanta, Georgia. HARRIS ha dichiarato che il documento allegato riflette i risultati di un'intervista condotta da un dipendente dell'ADL a Miami, in Florida, con il comico nero DICK GREGORY.
>
> HARRIS non ha rivelato il nome del dipendente ADL di Miami che ha intervistato GREGORY. Ha dichiarato che le accuse mosse da GREGORY nel documento allegato sono così ridicole che si vergogna del fatto che un dipendente dell'ADL abbia inoltrato il documento all'ufficio regionale di Atlanta.
>
> Ha dichiarato di aver fornito questo materiale all'Ufficio di presidenza affinché quest'ultimo fosse a conoscenza delle attività di GREGORY a questo proposito. Ha chiesto che nessuno al di fuori dell'Ufficio di presidenza sia informato del fatto che ha fornito questo materiale all'Ufficio di presidenza.

Ad esempio, mentre il capo dell'ADL, Harris, disse all'FBI di essere "imbarazzato" per il fatto che uno dei suoi associati avesse trasmesso queste "ridicole" informazioni all'ufficio regionale dell'ADL, egli le trasmise comunque all'FBI affinché fosse a conoscenza delle attività di Gregory. Va anche notato che l'ADL chiese all'FBI di tacere sul fatto che l'ADL le forniva dati di spionaggio. Questo, naturalmente, sarebbe stato molto imbarazzante per l'ADL, che allora - come oggi - era impegnata a spacciarsi per un alleato degli attivisti neri nel movimento per i diritti civili.

Perché l'ADL teneva d'occhio Gregory? Non si trattava solo del fatto che fosse una figura di spicco tra i neri. Le prove dimostrano che l'ADL era anche preoccupata per gli sforzi di Gregory di scoprire la verità su chi ha realmente ucciso il Presidente Kennedy e perché.

Il fatto che le indagini di Gregory sull'assassinio di JFK interessassero l'ADL è indicativo. *Perché l'ADL stesse monitorando un'indagine indipendente sull'assassinio di JFK è una domanda che l'ADL preferirebbe non venisse mai posta o a cui non si rispondesse.*

Il secondo documento declassificato dell'FBI fa luce sul modo in cui l'ADL riferiva all'FBI sulle indagini di Gregory sull'assassinio di JFK.

Il documento n. 124-10027-10232 è datato 5 febbraio 1965 e si riferisce chiaramente alla stessa sorveglianza di Gregory da parte dell'ADL menzionata nel documento summenzionato del 2 febbraio 1965. Si tratta di un memorandum di "A. Rosen" a "M. Belmont" (due alti funzionari dell'FBI a Washington).

Il memo descrive come, il 1° febbraio 1965, il già citato investigatore dell'ADL ad Atlanta, Sherman Harris, fornì all'FBI le informazioni che Harris aveva ricevuto da un non meglio identificato impiegato dell'ADL a Miami che, a sua volta, aveva raccolto informazioni da Gregory (descritto come "il comico negro sconclusionato") quando l'impiegato dell'ADL aveva parlato con Gregory il 18 gennaio 1965:

> Nella lettera ad Harris, Gregory avrebbe affermato che l'assassinio del Presidente Kennedy era stato pianificato da J. Edgar Hoover e [dal petroliere texano] H. L. Hunt. L. Hunt. Gregory avrebbe tentato di sostenere queste accuse mostrando copie fotografiche di dichiarazioni giurate e comunicati stampa e dichiarazioni pubbliche false e fuorvianti. Il dipendente dell'ADL ha osservato che Gregory non ha presentato alcun fatto concreto a sostegno delle sue accuse.

> Gregory ha affermato che la Commissione Warren aveva due rapporti sull'assassinio ed era a conoscenza del coinvolgimento di [Hoover] e Hunt, ma non rivelò i veri fatti perché ciò avrebbe causato "il caos". Gregory sostiene che [Hoover] era uno dei complottisti a causa di un dissidio con i Kennedy e che l'ex procuratore generale era stato nominato per "monitorarlo" e gradualmente "rimuoverlo" dall'FBI.

> Gregory sostiene di avere una prova formale che H.L. Hunt ha finanziato i Black Muslims, ma questa prova è "confidenziale ". Gregory sostiene inoltre che l'FBI lo tiene costantemente sotto controllo e che un giorno, nel prossimo futuro, metterà fine alla sua vita. Inoltre, prima dell'assassinio, il Presidente Johnson era a conoscenza del complotto, ma era impotente a fermarlo, perché farlo sarebbe equivalso ad ammettere che l'FBI e la "gerarchia dei servizi segreti" controllavano il Paese.

Ma il dottor King e Dick Gregory erano solo due dei tanti bersagli dell'ADL. Anche il leader nazionalista nero Malcolm X si lamentò con il suo mentore, il leader della Nation of Islam Elijah Muhammed, delle operazioni di spionaggio maligno dell'ADL.

Una delle descrizioni più accurate dei metodi dell'ADL è stata pubblicata in *American Jewish Organizations and Israel*. L'autore, Lee O'Brien, ha fornito uno studio sintetico del *modus operandi* dell'ADL

> Nei primi decenni, l'ADL si rivolgeva a individui o istituzioni considerati antisemiti e cercava privatamente di persuaderli o di farli ragionare per farli recedere dalle loro dichiarazioni ingiuriose e

correggere il loro comportamento offensivo. In seguito, l'ADL è passata a misure più pubbliche e aggressive, che ha classificato come "educazione", "lavoro di vigilanza" e "legislazione".

Di fatto, il "lavoro di vigilanza" si è trasformato in una vera e propria sorveglianza di individui e gruppi, i cui risultati vengono trasmessi sia all'apparato di raccolta dei servizi segreti israeliani, tramite i consolati e le ambasciate, sia ai servizi segreti statunitensi, tramite l'FBI. Alti funzionari dell'ADL hanno ammesso l'uso di tecniche di sorveglianza clandestina.

Oggi l'ADL è molto più attiva di altre organizzazioni di relazioni comunitarie nell'utilizzare i suoi uffici regionali e i suoi membri per raccogliere e diffondere informazioni. La sede centrale di New York fornisce agli uffici regionali schede di analisi, modelli di lettere all'editore da inserire nei media locali, biografie di leader israeliani e di oratori antisionisti e linee guida su come affrontare le questioni attuali.

Gli uffici regionali controllano a loro volta tutte le attività legate a Israele o al Medio Oriente nella loro regione, come i media, gli oratori nei campus e i film.

Portando gli eventi locali all'attenzione della sede centrale, essi svolgono un ruolo essenziale nella supervisione generale dell'ADL sulla scena nazionale.

O'Brien ha descritto un tipico esempio delle attività dell'ADL per attaccare i suoi avversari:

> Un attivista ebreo critico nei confronti della politica israeliana [secondo quanto riferito, il famoso linguista Noam Chomsky] scoprì nel 1983 che l'ADL conservava un fascicolo su di lui risalente al 1970; il fascicolo comprendeva informazioni sul soggetto raccolte da giornali locali, conferenze nei campus, memo (dall'istituto in cui il soggetto insegnava), incontri di lavoro, apparizioni radiofoniche e televisive, nonché stampa e altro materiale vario. Come emerge dal fascicolo, persone specifiche erano incaricate di seguire le conferenze di questa persona, sia attraverso registrazioni e trascrizioni testuali, sia attraverso riassunti dettagliati degli argomenti trattati, del contesto della conferenza, degli altri partecipanti, delle dimensioni del pubblico, delle domande del pubblico, dell'umore del pubblico e così via.

> In alcuni casi, questi osservatori sono riusciti a ottenere l'accesso a riunioni chiuse a cui il soggetto partecipava. L'ADL ha quindi preparato e diffuso un breve documento informativo sulla persona,

seguendo il formato "mito" e "fatto", e lo ha distribuito ai suoi agenti per utilizzarlo nei futuri interventi.

Un altro fatto poco noto è che l'ADL ha una lunga storia di finanziamento di gruppi d'odio "antisemiti" e "neonazisti". La prima prova documentata di tale attività fu presentata nel 1955 dal veterano scrittore populista Joseph P. Kamp.

Nella sua newsletter *Headlines*, Kamp ha denunciato le attività del capo spia dell'ADL dell'epoca, Sanford Griffith, che è stato il principale istigatore della sponsorizzazione da parte dell'ADL di un'organizzazione "neonazista", ampiamente pubblicizzata dai media dell'epoca.

Negli anni precedenti e durante la Seconda guerra mondiale, Griffith fu una delle principali risorse americane dell'intelligence britannica, che lavorò per distruggere l'opposizione popolare americana al coinvolgimento degli Stati Uniti nella guerra in Europa e poi, dopo l'inizio della guerra, per indebolire quei bravi americani che ancora si opponevano alla politica del presidente Franklin Delano Roosevelt.

Gli intrighi di Griffith sono stati documentati dal professor Thomas Maul nel suo studio sugli intrighi dei servizi segreti britannici in territorio americano, *Desperate Deception*. Ma ciò che Mahl non menziona - presumibilmente per amor proprio - è che gran parte dell'attività di disturbo di Griffith per conto dell'intelligence britannica fu condotta anche in collaborazione con l'ADL.

Dopo la seconda guerra mondiale e negli anni Cinquanta e Sessanta, Griffith operò da New York come informatore e piantagrane per l'ADL, tenendo d'occhio i gruppi considerati "sovversivi" da questa potente rete di spionaggio sionista.

O, come abbiamo detto, aiutando questi gruppi a fini di ADL. In un caso notevole, agendo sotto lo pseudonimo di "Al Scheffer", l'onnipresente Griffith venne in aiuto di un partito politico unipersonale di New York e lo trasformò in una "minaccia nazista".

L'ADL ha fornito al partito non solo una sede, ma anche sostegno finanziario, uniformi naziste, spille da cravatta con la svastica e altro armamentario. Inoltre, l'ADL ha fatto in modo che la nuova "minaccia nazista" ricevesse l'attenzione dei media, naturalmente in un momento scelto per coincidere con gli eventi di raccolta fondi dell'ADL in tutto il Paese.

In effetti, l'ADL ha avuto un tale successo nella sua campagna di inganno da convincere un membro del Congresso, il deputato Harold Velde (R-Ill.), a pubblicare un "Rapporto preliminare sui gruppi neofascisti e d'odio" che citava specificamente la "minaccia nazista" creata dall'ADL come uno dei gruppi d'odio che rappresentavano un pericolo per la democrazia americana.

(Velde, ovviamente, non si rese conto di essere stato preso per la gola dall'ADL fino a quando Joe Kamp non rivelò le macchinazioni dell'ADL).

Inutile dire che quando i membri del Congresso hanno preso in considerazione la possibilità di approfondire le attività dei gruppi d'odio, l'ADL ha preso rapidamente le distanze dal caso, annunciando che l'operazione finanziata dall'ADL era "un'organizzazione insignificante di scarsa importanza o efficacia".

Chiaramente, un'indagine approfondita sul partito avrebbe rivelato le attività dietro le quinte dell'ADL, e questa era l'ultima cosa che l'ADL voleva. Di fronte a questa esposizione, l'ADL ritirò quindi il suo sostegno al "partito", che cadde rapidamente nell'oblio.

I fatti sul racket dei gruppi d'odio dell'ADL sono stati resi pubblici su da un giornalista ebreo crociato, Lyle Stuart, nella sua rivista ormai defunta, *Expose*.

Di conseguenza, l'ADL cercò di estromettere Stuart dall'attività, ma Stuart si oppose portando l'ADL in tribunale. L'ADL non riuscì a distruggere Stuart, che divenne un editore di libri anticonformista di grande successo, la cui attività è tuttora in corso.

Tra i nazionalisti americani di oggi, l'autore e conferenziere Eustace Mullins, molto amato, è uno degli ultimi a ricordare Griffith, notando che Griffith ha passato molto tempo a lavorare per infiltrarsi nel movimento nazionalista - ma a quel punto Mullins e altri avevano capito il gioco di Griffith.

Quindi, anche se Griffith se n'è andato da tempo, ci sono molte altre capre di Giuda - nemici interni - che continuano a compiere lo stesso tipo di azioni sporche per conto dell'ADL e di altre agenzie di spionaggio.

Di seguito, una manciata di brevi descrizioni di alcuni dei più noti esempi di tattiche simili al COINTELPRO dell'FBI e della sua alleata di lunga data, la Anti-Defamation League. Abbiamo anche aggiunto l'intrigante caso di un informatore dell'FBI che ha lavorato anche per la CIA - e c'è più di un personaggio del genere in attività oggi. Questo elenco è lungi dall'essere esaustivo, ma si tratta di buoni esempi di quanto insidiose possano essere le Capre di Giuda - Il nemico interno.

## L'omicidio della maestra Kathy Ainsworth da parte dell'ADL e dell'FBI: il COINTELPRO al suo meglio

Il caso di Kathy Ainsworth è forse l'esempio più tristemente noto di collaborazione tra l'FBI e l'ADL in un'operazione di COINTELPRO, che ha portato all'omicidio di una giovane donna innocente. Nel caso in cui qualche lettore pensi che si tratti di una sorta di "teoria del complotto" elaborata da "un odiatore antisemita", lasciamo che la storia sia raccontata dall'eminente, anche se ormai defunto, quotidiano *Washington Star* in un articolo del 13 febbraio 1970, che riproduce un rapporto dell'Associated Press che descrive un rapporto del *Los Angeles Times* ancora più eminente.

Il giornale chiede una ricompensa all'FBI

Una trappola fatale per il Klan

LOS ANGELES (AP) - L'FBI e la polizia di Meridian, nel Missouri, hanno pagato 36.500 dollari a due informatori del Ku Klux Klan per aver teso una trappola ai terroristi del Klan che ha causato un morto e tre feriti, secondo quanto riportato oggi dal *Los Angeles Times* [13 febbraio 1970].

La comunità ebraica di Meridian ha finanziato la messa in scena del tentativo di attentato alla casa di un uomo d'affari ebreo, secondo quanto riportato dal *Times*. L'azione fa seguito a una serie di 17 attentati e incendi irrisolti nelle comunità ebraiche e nere delle aree di Jackson e Meridian, nel Mississippi. L'FBI e la polizia hanno rifiutato di commentare ufficialmente.

Il giornale ha pubblicato un nuovo resoconto delle circostanze dell'incidente, in cui la donna del Klans Kathy Ainsworth, un'insegnante di 26 anni, fu uccisa il 30 giugno 1968 in uno scambio di colpi di pistola con la polizia. "Le prove indicano chiaramente che i Klansmen che tentarono l'attacco , Thomas Albert Tarrants III, all'epoca 21enne, e la sua compagna, la signora Kathy Ainsworth, un'insegnante di 26 anni, furono attirati nel tentativo di attacco da altri due Klansmen che furono pagati per un totale di 36.500 dollari", ha dichiarato il *Times*. "Un ex agente dell'FBI che fece da intermediario ricevette 2.000 dollari.

"Gli agenti di polizia che hanno fatto scattare la trappola dicono di essersi aspettati una sparatoria e di non aver mai pensato che uno dei membri del Klan sarebbe stato catturato vivo", ha dichiarato il *Times*. Si aspettavano che due uomini cercassero di portare a termine l'attacco e non sapevano che una donna sarebbe stata coinvolta fino a 45 minuti prima dell'esecuzione".

I colpi sparati contro la casa dell'uomo d'affari, Meyer Davidson, uccisero la signora Ainsworth e ferirono un agente di polizia, un passante e Tarrants, che in seguito fu condannato a 30 anni di carcere.

Secondo il Times, A. I. Botnick, direttore dell'ufficio regionale della Anti-Defamation League a New Orleans, ha ammesso di aver partecipato all'esecuzione della trappola. Ma in una seconda intervista, Botnik ha descritto le sue dichiarazioni registrate durante la prima intervista come "errate".

Il *Times* ha dichiarato di aver "documentato le modalità della trappola attraverso i registri della polizia e le dichiarazioni di alcuni agenti coinvolti". Il giornale ha riferito che l'ispettore L. L. Scarbrough di Meridian lo aiutò a scoprire queste informazioni, ma poi disse che solo l'FBI o il suo capo della polizia avrebbero dovuto renderle pubbliche.

Il *Times* ha citato le sue fonti dicendo che avrebbero negato la rivelazione dei nomi dei due informatori del Klan [i fratelli Roberts] se avessero fatto causa per diffamazione perché i loro nomi erano stati resi pubblici.

Secondo il *Times*, i due informatori sono stati pagati 36.500 dollari e "hanno chiesto e ricevuto garanzie scritte di immunità in diversi casi di attentati in chiese".

Ma c'era molto di più in questa storia ingloriosa. Jack Nelson del *Los Angeles Times* ha riferito nel suo scioccante reportage che il detective Scarbrough gli aveva detto che l'uomo dell'ADL, Botnick, aveva anche detto agli informatori, i fratelli Roberts, che lui (Botnick) avrebbe potuto raccogliere altri 150.000 dollari dalla comunità ebraica per quella che ha descritto come un'ulteriore "assistenza" se i fratelli Roberts avessero fornito una testimonianza che collegasse un altro leader del KKK, Sam Bowers di Tupelo, Mississippi, ai cosiddetti attacchi terroristici. In altre parole, Botnick stava essenzialmente chiedendo ai fratelli Roberts di mentire sotto giuramento per fornire qualsiasi forma di prova che potesse essere usata per mandare Bowers in prigione.

In un altro caso, Nelson ha riferito che Kenneth Dean, un attivista per i diritti civili con sede nel Mississippi, aveva detto che Botnick aveva anche parlato di contrattare per far "liquidare" due uomini del Klans in uno Stato del Nord, e aveva promesso di poterlo fare e di avere la garanzia che non ci sarebbero state indagini.

Si possono solo immaginare le grida di sdegno internazionale se si scoprisse che qualcuno aveva organizzato la "liquidazione" di un leader ebreo come Botnick. Eppure Botnick non fu mai incriminato per il suo comportamento criminale, anche se certamente avrebbe dovuto essere portato via per essere gassato, fucilato o impiccato, che era il trattamento convenzionale per gli assassini negli Stati Uniti.

## GARY THOMAS ROWE:
## Un altro COINTELPRO
## "L'uomo del Klan

Sebbene si senta spesso parlare di "violenza del KKK", ciò che è meno noto è che durante gli anni turbolenti della lotta per i diritti civili negli anni '60, alcuni dei peggiori autori di violenza in nome del Ku Klux Klan erano informatori dell'FBI all'interno del Klan. Per una breve panoramica su uno dei più noti informatori dell'FBI all'interno del Klan - Gary Thomas Rowe - ci rivolgiamo a Howell Raines, famoso reporter *del New York Times*, che ha riferito sul *Times* il 17 luglio 1978

> Inchieste Link Informer per l'FBI

> Verso il grande terrorismo del Klan negli anni '60

> Nuove indagini sulle attività di Gary Thomas Rowe, Jr, il principale informatore a pagamento del Federal Bureau of Investigation sul Ku Klux Klan, hanno delineato un quadro di Rowe come un uomo che "amava la violenza" e che potrebbe essere collegato alla maggior parte dei principali episodi di terrorismo del Klan avvenuti in Alabama mentre era sul libro paga del Federal Bureau of Investigation.

> Mentre riceveva denaro dall'FBI, il signor Rowe, secondo il suo stesso racconto, era direttamente coinvolto in atti di violenza razziale, a partire dall'assalto ai Freedom Riders a Birmingham (Alabama) nel 1961, fino all'omicidio di Viola G. Liuzzo, una partecipante alla marcia da Selma a Montgomery nel 1965.

> I registri federali degli stipendi presentati al processo in cui Rowe ha testimoniato 13 anni fa hanno mostrato che il Bureau gli ha pagato più di 12.000 dollari dal 1960 al 1965 per le attività sotto copertura che sono ora oggetto di un'indagine del Dipartimento di Giustizia. Ha anche testimoniato che l'FBI gli ha dato altri 10.000 dollari per finanziare il suo trasferimento sotto un nuovo nome.

Il rapporto del *New York Times* descriveva a lungo altri atti di violenza in cui Rowe aveva ammesso direttamente o era sospettato di essere coinvolto. Ma quattro anni dopo il rapporto del *Times*, il 30 ottobre 1982, *il San Diego Tribune* pubblicò un interessante rapporto dell'Associated Press che aggiungeva ulteriori dettagli alla storia. Il rapporto affermava che:

I file mostrano che l'FBI è "coperta".

Per l'informatore chiave del Klan

Il Dipartimento di Giustizia ha rivelato che gli agenti dell'FBI hanno coperto le attività violente di Gary Thomas Rowe Jr, il suo informatore di punta infiltratosi nel Ku Klux Klan in Alabama all'inizio degli anni Sessanta. In un rapporto reso pubblico ieri, gli investigatori del dipartimento hanno dichiarato che gli agenti hanno protetto Rowe perché "era semplicemente troppo prezioso per essere abbandonato".

In seguito le autorità dell'Alabama hanno accusato Rowe di omicidio per l'uccisione nel 1965 di un'attivista per i diritti civili [Viola Liuzzo], ma una corte d'appello federale gli ha impedito di andare a processo.... Il rapporto afferma anche che... "Quando gli agenti vennero a sapere che Rowe aveva partecipato ai pestaggi del Klan, a quanto pare non lo denunciarono mai alle autorità locali né posero fine al suo status di informatore".

Lo stesso Rowe ha scritto un libro intitolato *My Undercover Years with the Ku Klux Klan* e, nel 2005, la Yale University Press ha pubblicato il libro del professor Gary May sul caso Rowe, intitolato *The Informant: The FBI, the Ku Klux Klan, and the Murder of Viola Liuzzo.*

## JAMES MITCHELL ROSENBERG:
## Il "nazista" ebreo preferito dall'ADL

Uno dei più schietti e oltraggiosi "estremisti di destra" americani della fine degli anni '70 e dell'inizio degli anni '80 era una figura onnipresente nota come "Jimmy Anderson". Vestito con uniformi naziste e costumi del Klan, "Anderson" divenne una figura familiare nei punti caldi della zona di New York e del New Jersey, conosciuto come leader del capitolo di New York Queens della Christian Defense League.

"Anderson" ha continuamente tentato di incitare alla violenza in una forma o nell'altra e in un'occasione ha chiesto di bombardare un ufficio della National Association for the Advancement of Colored People nel New Jersey. Il 7 dicembre 1981, Anderson apparve in un documentario televisivo trasmesso dalla WCCO TV di Minneapolis, intitolato "Armi di destra". Come al solito, "Anderson" fu il più provocatorio degli "estremisti di destra" presenti, facendo commenti violenti e razzisti.

Davvero un bel personaggio.

In realtà, "Anderson" era un giovane ebreo newyorkese di nome James Mitchell Rosenberg che aveva trascorso un periodo in Israele come membro delle Forze di Difesa Israeliane e che, al suo ritorno da Israele, era andato a lavorare come informatore sotto copertura per la Anti-Defamation League (ADL) del B'nai B'rith. Alla fine, naturalmente, la sua "copertura" è stata scoperta e il "nazista" dell'ADL è stato smascherato.

Anche se Rosenberg sembra essere scomparso dalla scena, per quanto ne sappiamo, era una buona figura "a destra" durante i suoi anni come informatore dell'ADL.

Resta il fatto che ancora oggi molti americani ricordano "Jimmy Anderson" come un "violento neonazista che cercava di seminare zizzania in America". Quello che non sanno è che era un capro di Giuda - un nemico interno - che lavorava per l'ADL.

## MORDECHAI LEVY:
### Un altro dei "nazisti" ebrei di ADL

Ma non si pensi che Jimmy Rosenberg sia stato l'unico "bravo ragazzo ebreo" a fingersi "odiatore" e a creare problemi. Nel 1979, il giovane Mordechai Levy, informatore dell'ADL e membro della terroristica Lega di Difesa Ebraica (JDL), adottò il soprannome di "James Guttman" e chiese il permesso di organizzare una manifestazione di "potere bianco" davanti all'Independence Hall di Filadelfia, alla quale avrebbero partecipato nazisti americani e membri del Ku Klux Klan. Levy annunciò di essere il "coordinatore" di un'organizzazione neonazista e si prodigò per invitare i capitoli di Philadelphia e del New Jersey del Ku Klux Klan a partecipare alla manifestazione. (Nel frattempo, l'informatore dell'ADL menzionato in precedenza, Jimmy Rosenberg, si rivelò essere un agente chiave dell'ADL nella sezione del New Jersey del KKK).

Per rendere le cose ancora più interessanti, gli amici di Mordechai Levy della JDL stavano pianificando un "contro raduno" contro il raduno del "potere bianco" organizzato dal loro stesso uomo Levy. Così, mentre i media tradizionali dell'area di Filadelfia e la Lega Antidiffamazione si sono scatenati su e hanno gridato "all'ascesa del nazismo in America" quando hanno riferito di questa vicenda, in realtà si trattava dell'opera di due agenti di lunga data della Lega Antidiffamazione. E per rendere la cosa ancora più interessante, si consideri che per anni l'ADL ha ufficialmente e pubblicamente "condannato" la JDL, mentre quest'ultima fungeva effettivamente da braccio terroristico dell'ADL, attaccando - e persino ferendo e uccidendo - i bersagli delle ire dell'ADL. Ma, naturalmente, l'ADL era ufficialmente "non violenta" e ha sempre fatto di tutto per denunciare le attività violente dei suoi agenti segreti.

## L'informatore laburista diventato informatore della CIA: Un ingranaggio del piano per "catturare" Lyndon LaRouche

Che lo si ami o lo si odi, Lyndon H. LaRouche Jr. è una delle figure politiche "marginali" più controverse e di alto profilo d'America. Fondatore del National Caucus of Labor Committees e di una serie di altre organizzazioni e pubblicazioni ampiamente diffuse nei circoli dissidenti americani, LaRouche è diventato, senza sorpresa, uno dei principali bersagli dell'ADL a causa della sua schietta opposizione a molti degli intrighi della lobby di Israele in America.

Dopo una campagna concertata dall'ADL, in collaborazione con la CIA, l'FBI e una serie di altre agenzie e individui, LaRouche è finito in prigione per quelle che molti, tra cui l'ex procuratore generale Ramsey Clark, considerano accuse inventate di "corruzione".

In ogni caso, come parte della sua difesa, LaRouche e i suoi avvocati, per non parlare dei suoi laboriosi collaboratori, iniziarono a indagare sulla natura "segreta" della campagna "Get LaRouche" e scoprirono che c'erano effettivamente numerosi informatori sotto copertura che agivano contro LaRouche alla maniera del COINTELPRO. Un esempio in particolare è molto esplicativo.

Per dieci anni, a quanto pare, un certo Ronald Fino, ex presidente della Buffalo Laborers Union Local 210, ha spiato LaRouche fingendo di sostenere i suoi sforzi. Si scopre che Fino ha lavorato per anni come informatore governativo sui suoi colleghi lavoratori, che avrebbe segnalato all'FBI i legami con la criminalità organizzata. Tuttavia, quando la CIA ebbe bisogno di un uomo che si avvicinasse all'organizzazione di LaRouche come informatore, si rivolse a Fino.

Fino pare abbia iniziato come informatore del governo negli anni '60, quando era uno studente della State University of New York a Buffalo e lavorava per la CIA spiando il movimento contro la guerra.

In ogni caso, come LaRouche e i suoi associati hanno ripetutamente dimostrato in numerosi libri e articoli di riviste, le abili mani della CIA e dell'FBI - per non parlare dell'ADL - hanno giocato un ruolo importante nella campagna contro LaRouche e molti altri dissidenti politici in America. L'affare Fino è solo un esempio tra i tanti rivelati da LaRouche.

### L'uomo dell'FBI all'interno del movimento skinhead

Alla fine degli anni '80, un certo "Rev. Joe Allen" apparve nella California meridionale e iniziò a interferire con i cosiddetti gruppi "suprematisti bianchi" e "skinhead" che stavano iniziando a guadagnare importanza nella zona. Sosteneva di essere un pastore della Chiesa del Creatore e presto iniziò a distribuire denaro e favori ai giovani dissidenti politici razzisti bianchi. Tuttavia, un leader razzista bianco, Tom Metzger della White Aryan Resistance, sospettò di Allen fin dall'inizio e fece sapere ai suoi compatrioti di guardarsi da Allen. Ciononostante, Allen continuò a cercare di farsi un nome nel movimento razzista bianco. Secondo un articolo del *Los Angeles Times:*

> Allen ha affittato un appartamento con tre camere da letto a Newport Beach, a pochi passi dalla spiaggia. Si è anche trasferito in un ufficio in una vicina area industriale leggera, che ha trasformato in quello che ha definito un "centro di addestramento", installando una vasca idromassaggio, attrezzature per il sollevamento pesi e videocamere. Mostrando rotoli di denaro e gioielli d'oro, Allen ha invitato gli skinhead locali ad allenarsi gratuitamente nel suo centro di addestramento, che avrebbe decorato con cimeli nazisti e armi da fuoco. Si dice che Allen abbia offerto loro ospitalità - bistecche spesse e birra per i barbecue - e denaro, tra cui 500 dollari usati per pagare la cauzione a due o tre giovani suprematisti bianchi in Canada.

Nel frattempo, sebbene molti abbiano dato ascolto agli avvertimenti di Metzger su Allen, più di un giovane è rimasto intrappolato nella rete insidiosa di Allen. Metzger e i suoi collaboratori continuarono a indagare su Allen e, poco prima di rendere pubblica la loro denuncia ufficiale, l'FBI intervenne e spostò Allen, ammettendo che, in effetti, Allen era un informatore.

Un manipolo di giovani fu arrestato con l'accusa inventata di aver complottato per provocare una guerra razziale attaccando una chiesa nera e progettando l'omicidio di Rodney King, il famoso "automobilista nero" il cui pestaggio da parte degli agenti di polizia aveva scatenato un grande scandalo nazionale, grazie agli sforzi dei media "mainstream" di infiammare la comunità nera di Los Angeles, provocando rivolte e ogni sorta di disordini pubblici. Sebbene i giovani siano stati condannati, essendo stati intrappolati dagli intrighi di Allen, il caso fu chiaramente un altro esempio di un capro di Giuda di prim'ordine che causò problemi e istigò una cosiddetta "cospirazione" che non avrebbe mai avuto luogo se non fosse stato presente sulla scena.

## DELMAR DENNIS
## L'amato capro di Giuda della John Birch Society all'interno del KKK

Delmar Dennis era un ministro metodista di Meridian, Mississippi, all'inizio degli anni '60, presentato come un fedele membro del Ku Klux Klan dello Stato. In realtà, era un informatore dell'FBI nell'ambito del programma COINTELPRO, apparentemente pagato circa 15.000 dollari per i suoi servizi. Allo stesso tempo, Dennis era molto attivo nella John Birch Society, ma non è mai stato provato (o suggerito) che Dennis informasse i Birchers come faceva con il KKK.

Dopo essere stato smascherato nel 1967 come "informatore" dell'FBI all'interno del KKK, Dennis divenne comunque un oratore popolare per conto della John Birch Society, che utilizzò Dennis e la sua retorica per diffondere, tra alcuni ingenui patrioti americani, la teoria secondo cui il Ku Klux Klan e le sue opinioni "antisemite" erano in realtà un "complotto comunista" per fomentare disordini razziali in America.

In seguito, il dottor Edward Fields del giornale *The Thunderbolt,* con sede a Marietta, in Georgia, scrisse di Dennis e dei suoi legami con la John Birch Society e il suo fondatore, Robert Welch, che era stato un entusiasta sostenitore di Dennis. Fields scrisse:

> Questo ovviamente mette in discussione la lealtà di Robert Welch, la cui organizzazione sembra essere stata trasformata in un rifugio per ex agenti dell'FBI sotto copertura. Va inoltre ricordato che l'organizzazione prende il nome dall'agente della CIA John Birch, ucciso nel tentativo di convincere i comunisti cinesi a collaborare con i nazionalisti per formare un governo di coalizione. Tali governi finiscono sempre per diventare comunisti, come abbiamo visto in Cecoslovacchia e nel Laos.

Qualche tempo dopo, uno scrittore "conservatore" scrisse un libro entusiasmante su Dennis, intitolato *Klandestine,* ripetendo che il KKK era un "fronte" sovietico. Forse non sorprende che questo libro sia stato pubblicato da una società con legami di lunga data con l'"ex" ufficiale della CIA William F. Buckley Jr. che, come vedremo, ha svolto un ruolo importante nella distruzione dei movimenti nazionalisti di base in America. Nonostante la storia di Dennis come capro di Giuda, ha scalato i ranghi del partito americano "conservatore" e, nel 1984 e nel 1988, ne è stato il candidato alla presidenza! Non sorprende che l'American Party sia scomparso da tempo dalla scena.

## BILL WILKINSON
### Il leader del Klan smascherato come informatore dell'FBI

Già nel 1974, il giovane David Duke, allora astro nascente del movimento razzista bianco negli Stati Uniti, aveva identificato uno dei suoi luogotenenti, Bill Wilkinson, come un "problema". In effetti, proprio come sospettava Duke, negli ultimi otto mesi di appartenenza ai Cavalieri del Ku Klux Klan di Duke, Wilkinson servì come informatore pagato dall'FBI.

Sebbene Duke avesse avvertito le persone di non fidarsi di Wilkinson, egli fondò il suo impero invisibile del Ku Klux Klan dopo essersi separato da Duke. Negli otto anni successivi, Wilkinson riuscì a ingannare molte persone innocenti all'interno dell'"Impero", che non avevano idea che Wilkinson stesse in realtà lavorando per l'FBI.

Il giovane Duke stava cercando di "riformare" il movimento KKK, per così dire, per "ripulirne l'immagine" e contrastare lo stereotipo dei media secondo cui i membri del KKK erano odiatori violenti. Tuttavia, una volta insediatosi a capo del suo gruppo Klan (sponsorizzato dall'FBI), Wilkinson lavorò assiduamente per promuoversi al pubblico come leader del KKK, usando una retorica rabbiosa e alludendo alla violenza con slogan come "Guns, Guts and Bullets" (pistole, budella e proiettili), alimentando così le tensioni razziali.

Le buffonate di Wilkinson hanno quindi contribuito agli sforzi di raccolta fondi dell'ADL, che ha indicato Wilkinson come una "minaccia" crescente, mentre in realtà era sotto il controllo degli alleati dell'ADL all'interno dell'FBI.

*In The Thunderbolt,* Edward Fields ha descritto un aspetto del Klan sponsorizzato dall'FBI di Wilkinson che dimostra esattamente come Wilkinson lavorasse anche per conto dell'ADL

> Un altro elemento interessante è che l'FBI esorta tutti i suoi informatori a fare del loro meglio per proteggere gli ebrei, invitando i patrioti a non criticarli. Quando Bill Wilkinson volle assumere lo scrittore professionista di destra Bill Grimstad, inizialmente insistette affinché Grimstad promettesse di non essere coinvolto nella questione ebraica.

> Grimstad rifiutò e disse che, in tal caso, non voleva il posto di direttore del giornale di Wilkinson. Allo stesso tempo, Wilkinson chiese ripetutamente agli oratori ospiti dei suoi comizi di non criticare gli ebrei.

Così, mentre l'FBI tollerava la retorica anti-nera, quella anti-ebrea era "off limits". Comunque sia, nel 1981 il ruolo di Wilkinson come informatore dell'FBI mentre "gestiva" il suo KKK fu rivelato pubblicamente, ponendo di fatto fine alla carriera di Wilkinson nella "destra", ma le rivelazioni alla fine convinsero molti che c'erano davvero capri espiatori di Juda tra le fila dei gruppi dissidenti americani, un boccone amaro da ingoiare per molti, ma un avvertimento che molti ancora non sembrano aver ascoltato a dovere.

Quindi, come abbiamo visto - citando solo questi pochi esempi - esiste una storia molto reale e sordida di infiltrazione e distruzione di gruppi dissidenti americani da parte di agenti di governi, sia stranieri che nazionali, per non parlare della frequente e indecorosa alleanza tra la nostra FBI e la Anti-Defamation League (ADL), che è chiaramente un agente di un governo straniero: Israele.

In ogni caso, alla luce del ruolo simile che l'FBI e l'ADL (insieme e individualmente) hanno svolto nell'infiltrazione e nell'interruzione di gruppi dissenzienti, il legame formale tra l'FBI e l'ADL è particolarmente sconcertante, in quanto la crescente enfasi sulla "lotta al terrorismo" potrebbe portare a una nuova ondata di atti provocatori orchestrati dall'FBI e dall'ADL al fine di creare una richiesta pubblica di limitazione della libertà di espressione e di riunione.

Infatti, secondo Edward S. Herman della Annenberg School of Communications dell'Università della Pennsylvania, che nel suo libro *The "Terrorism" Industry: The Experts and Institutions That Shape Our View of Terror* (*L'industria del "terrorismo": gli esperti e le istituzioni che danno forma alla nostra visione del terrore*) scrive: "Negli Stati Uniti, l'FBI ha da tempo condotto azioni *da agente provocatore*, incitando alla violenza organizzazioni dissidenti infiltrate e compiendo atti di violenza diretti, che vengono poi attribuiti agli individui e alle organizzazioni attaccate".

Anche se questo può scioccare l'americano medio, è un fatto che non ammette discussioni. E nelle pagine di questo volume scopriremo molto di più sull'attività sovversiva dei capri di Giuda che hanno condotto molti agnelli americani al macello.

Nel frattempo, nel capitolo seguente, faremo un breve - ma critico - passo indietro ed esploreremo la strana storia del cosiddetto "Trust", un bizzarro modello sovietico non solo per controllare l'opposizione, ma anche per creare una finta opposizione.

Per capire come le Capre di Giuda hanno operato sul suolo americano, dobbiamo guardare a come un fenomeno simile si è verificato all'inizio del XX secolo. E, alla fine, il modello sovietico di "fiducia", come vedremo, è oggi molto utilizzato dai nemici del legittimo nazionalismo americano.

# CAPITOLO II

## "Opposizione controllata" - Il modello di "fiducia" sovietico per infiltrare e manipolare - persino creare - forze di opposizione: usato oggi in America dal nemico interno

Il cosiddetto "modello di fiducia" utilizzato dall'Unione Sovietica all'inizio del XX secolo per infiltrare e distruggere i suoi nemici è il fondamento stesso delle tecniche spesso utilizzate dalle agenzie di intelligence statunitensi - così come dal servizio clandestino israeliano, il Mossad, e dai suoi proxy come la Anti-Defamation League of B'nai B'rith - per infiltrare e distruggere (o comunque controllare le attività) i movimenti dissidenti nazionali ritenuti ostili agli interessi del sionismo e del globalismo.

Chi non comprende questa tattica secolare non potrà mai capire fino a che punto il sistema politico americano sia stato manipolato da queste forze straniere.

Sebbene alcune persone e organizzazioni attive nei cosiddetti movimenti "nazionalisti", "revisionisti" e "patriottici" in America sembrino ancora oggi "dire le cose giuste", la verità è che molti di loro sono in realtà agenti della discordia, a volte inconsapevolmente, utilizzati per scopi di raccolta di informazioni, propaganda e disinformazione, con l'obiettivo di esercitare una maggiore influenza sul sistema americano per consolidare il potere del Nemico Interno.

Diamo un'occhiata al "Trust" sovietico e al suo funzionamento. Questa operazione di controspionaggio poco conosciuta, nota come "Trust", fu istituita dalla Cheka, il predecessore del KGB sovietico, per creare e controllare una "falsa opposizione" al fine di stanare i veri oppositori del regime bolscevico che, come gli storici sanno, era controllato da non russi, principalmente ebrei.

Quando leggete i seguenti documenti sul funzionamento del "Trust", sostituite semplicemente la parola "sovietico" con "israeliano" e la parola "Mossad" con "Cheka" e "KGB" e capirete come la tecnica del "Trust" sia stata applicata dal Mossad per manipolare i gruppi che "sembrano" opporsi agli interessi israeliani.

(Analogamente, una formula simile può essere utilizzata sostituendo i termini "CIA" o "FBI" a seconda dei casi).

Una breve descrizione del funzionamento del Trust si trova in *Chekisty: A History of the KGB* di John J. Dziak

> Se non esiste una vera e propria organizzazione di opposizione interna, [un servizio di sicurezza può] inventarne una, sia per infiltrare organizzazioni più pericolose... all'estero, al fine di smussare o incanalare le loro azioni, sia per smascherare dissidenti interni reali o potenziali . Se un'opposizione interna esiste già, verrà infiltrata con l'obiettivo di controllarla, spingendo gli oppositori a esporsi e garantendo che il movimento serva gli interessi dello Stato.

Un resoconto più completo del "Trust" si trova in *Dirty Tricks or Trump Cards: U.S. Covert Action and Counterintelligence,* di Roy Godson, un professore della Georgetown University noto per i suoi stretti legami con la lobby israeliana a Washington:

> A volte, se le circostanze lo permettono e se gli operatori sono abili, il controspionaggio può indirizzare il proprio inganno non solo sull'opposizione interna e sugli emigrati, ma anche sui servizi segreti e sui governi degli avversari stranieri. Il Trust sovietico è stata un'operazione di questo tipo.

> Il Trust fu creato all'inizio degli anni Venti e interamente controllato dal servizio segreto sovietico, la Cheka. Credendo di agire di concerto con un movimento antibolscevico attivo ed efficace, gli oppositori del regime in URSS e in esilio furono incoraggiati dal Trust a esporsi e divennero bersaglio della sicurezza di Stato sovietica.

> Utilizzando queste informazioni e controllando le comunicazioni tra le agenzie di intelligence occidentali, la comunità russa emigrata e i dissidenti russi all'interno del Paese, la Cheka ha neutralizzato con abilità l'opposizione anticomunista all'interno e all'esterno del Paese.

> Il Trust era anche in grado di utilizzare i suoi contatti con i servizi segreti occidentali per trasmettere informazioni fuorvianti e false sullo stato interno del regime sovietico ai ministeri degli esteri e ai governi di quegli stessi servizi. In sostanza, l'Occidente veniva informato dai suoi "agenti" di intelligence in Unione Sovietica che il sostegno al regime bolscevico stava scemando e che i leader sovietici erano fondamentalmente dei nazionalisti che, se lasciati in pace dall'Occidente, avrebbero gradualmente trasformato uno Stato dedito alla rivoluzione interna ed esterna in uno che si sarebbe

comportato in modo più tradizionale e prevedibile...

Il vero nome dell'organizzazione era Moscow Municipal Credit Association, da cui il nome Trust. Si presentava come un'istituzione finanziaria che operava nell'ambiente economico liberale della Nuova Politica Economica di Lenin. Il nome clandestino del falso gruppo era Associazione Monarchica della Russia Centrale. Un aspetto ironico dell'operazione del Trust è che i servizi segreti britannici e francesi pagavano gli emigrati russi per la disinformazione che la Cheka forniva attraverso il Trust. Sembra che a un certo punto il denaro pagato a queste fonti dall'Occidente sia stato utilizzato per coprire le spese dell'operazione di inganno stessa. In breve, l'Occidente pagava per essere ingannato...

Dato che diverse generazioni di giovani ufficiali del KGB hanno imparato che le operazioni fiduciarie avevano successo, non sorprende che tali operazioni siano continuate dagli anni Venti agli anni Ottanta.

Il modello di infiltrazione "Trust" è stato applicato dal Mossad e dai suoi alleati della CIA e dell'FBI in questo Paese ad altri movimenti dissidenti che sono stati presi di mira per l'infiltrazione e l'acquisizione. Servizi di intelligence come l'Anti-Defamation League (ADL) e il Southern Poverty Law Center (SPLC) fanno spesso parte dell'operazione.

Uno studio attento dei recenti bollettini dell'ADL e dell'SPLC spesso (ma non sempre) rivela quali gruppi e leader "dissidenti" vengono utilizzati (e incoraggiati) per raccogliere nomi e costruire dossier su minacce percepite o potenziali. L'ADL e l'SPLC preparano con cura i propri agenti per dare loro "credibilità". In altre parole, la persona media penserà che il fatto che l'ADL e l'SPLC stiano attaccando una persona o un'organizzazione sia in qualche modo "la prova" che quella persona o organizzazione è legittima, come dimostrato dagli attacchi dell'ADL o dell'SPLC. Chi si associa a queste operazioni di "fiducia" lo fa a proprio rischio e pericolo.

Nelle pagine di *The Juda Goats - The Enemy Within,* scopriremo molto di più sulle azioni dei complottisti della "fiducia" di stampo sovietico sul suolo americano. Faremo i nomi di coloro che gestiscono gruppi di opposizione fasulli.

Dimostreremo che c'è stato uno sforzo concertato per controllare - o distruggere - la genuina opposizione politica americana di base che minaccia il potere del sionismo e dei suoi (spesso scomodi) alleati nell'élite corporativa globale. Conosceremo alcuni dei media più famosi che usano la loro influenza per diffamare coloro che si oppongono all'agenda internazionalista. Vedremo come i movimenti politici americani tradizionali sono stati infiltrati e presi in consegna, sovvertendo la loro agenda altrimenti filoamericana.

Niente di tutto questo sarà piacevole, ma *è una storia che deve essere raccontata se gli americani vogliono reclamare la loro nazione e la loro eredità...*

# CAPITOLO III

## J. Edgar Hoover, l'FBI e il nemico interno

Ruby Ridge, Waco, Oklahoma City, l'incursione nel tempio battista di Indianapolis sotto il procuratore generale John Ashcroft nei primi giorni dell'amministrazione Bush, e poi gli eventi dell'11 settembre, tutti questi eventi hanno portato molti patrioti, da sempre ammiratori del Federal Bureau of Investigation (FBI), a chiedersi se l'FBI sia davvero "dalla nostra parte".

La verità è che per più di mezzo secolo l'FBI ha lavorato per molti versi dietro le quinte contro gli interessi dei patrioti americani. Ciò che stupisce è che ci sia voluto così tanto tempo perché molti americani patriottici cominciassero a rendersi conto che l'FBI è stata, il più delle volte, da quella che si potrebbe vagamente definire "la parte sbagliata" e ha effettivamente funzionato come un apparato di polizia nazionale al soldo della plutocrazia al potere.

In particolare, un ex alto funzionario dell'FBI, Ted Gunderson, ha aggiunto la sua voce alla cacofonia di critiche che hanno sollevato seri dubbi sulla validità del modus operandi dell'FBI.

In questo contesto, vale la pena ricordare uno stimolante editoriale pubblicato per la prima volta nel numero di maggio 1959 di una newsletter ormai scomparsa, *Right*, che già allora - quasi mezzo secolo fa - segnalava segnali preoccupanti sul fatto che l'FBI non era necessariamente quello che si credeva. L'editoriale è stato scritto da Willis Carto, che è stato associato a *Right* qualche anno prima di fondare Liberty Lobby, l'istituzione populista con sede a Washington che ha pubblicato *The Spotlight* e che è stata a sua volta crocifissa e distrutta da un giudice federale che era un ex alto funzionario del Dipartimento di Giustizia (per saperne di più su queste pagine). A proposito dell'editoriale *di Right*, Carto ha dichiarato in una riflessione del 2006: "Non ne cambierei una riga". Ecco cosa scrisse Carto nel 1959.

### L'UFFICIO FEDERALE DI INVESTIGAZIONE

Molti nazionalisti lungimiranti si sono chiesti con apprensione cosa sarebbe successo all'FBI se il suo attuale direttore, J. Edgar Hoover, fosse andato in pensione.

Le persone intelligenti hanno da tempo riconosciuto che l'FBI è potenzialmente molto pericolosa. Lo stesso Hoover ne ha dimostrato un'acuta consapevolezza. Il fatto che sia totalmente asservito al Presidente e al Procuratore Generale lo rende tale nella natura delle cose, perché questi due uomini sono, a loro volta, asserviti agli spietati gruppi di pressione che eleggono i politici.

Dovremmo ringraziare la nostra fortuna che Hoover abbia dimostrato a un insolito grado di responsabilità pubblica e abbia respinto la maggior parte dei tentativi di usare l'FBI come arma politica. Il fatto che non sia riuscito a respingere tutti questi tentativi dovrebbe far riflettere ogni americano coscienzioso su ciò che ci riserva il futuro.

La storia dell'Europa è piena di esempi dell'uso della polizia segreta da parte dei governi. La Gestapo nazista, ormai inesistente, e il KGB dell'Unione Sovietica (precedentemente noto come OGPU), ancora in vita, sono due esempi di come uomini insensibili usino la forza per soffocare la libertà, utilizzando metodi così brutali e spregevoli che bisogna avere uno stomaco forte anche solo per leggerli.

Tutti gli uomini onesti devono ammettere che l'FBI sta mostrando segni di deriva verso la tanto temuta categoria di polizia segreta di Stato, anche senza la partenza di Hoover. Il suo elogio gratuito della sovversiva Anti-Defamation League e del fronte comunista della NAACP nel suo libro molto apprezzato, *Masters of Deceit*, è un primo segno di questo processo. In secondo luogo, la vergognosa condotta dell'FBI nell'ignobile tentativo di Atlanta di incastrare e assassinare cinque patrioti innocenti, come monito per tutti coloro che potrebbero essere troppo espliciti sulle forze che si celano dietro il comunismo di stampo americano, è un marchio nero che non sarà presto dimenticato.

Tuttavia, ora che una giuria onesta ha assolto uno dei giovani coinvolti e gli altri sembrano essere stati liberati, l'FBI sembra aver improvvisamente perso interesse nell'identità dei veri attentatori. Forse perché il suo stesso agente pagato - L. E. Rogers - è il vero criminale

Lo scopo di questo editoriale non è tanto quello di lamentare la triste perdita di status dell'FBI, quanto quello di mettere in guardia i patrioti e i "conservatori" dal fatto che abbiamo inconsapevolmente permesso all'FBI di diventare un pericoloso Frankenstein che, in mani ben peggiori di quelle di Hoover, potrebbe essere - e senza dubbio sarà - utilizzato per attuare la dittatura totalitaria che l'invisibile cospirazione globale sta preparando.

I nazionalisti devono iniziare a liberarsi dell'ammirazione per l'FBI, un tempo rispettata. E dovrebbero iniziare a chiedersi cosa c'è in serbo per il Paese e la Costituzione dopo che Hoover sarà andato in pensione e il Presidente avrà nominato il suo successore. Perché quel successore sarà quasi certamente molto peggiore.

[Fine dell'editoriale di *Right*]

In realtà, come abbiamo visto, il legame tra l'ADL e l'FBI risale agli anni precedenti la seconda guerra mondiale. A questo punto, sembra opportuno sollevare una questione preoccupante. L'ADL ha ricattato l'ex direttore dell'FBI J. Edgar Hoover? La stampa nazionale ha parlato del controllo della criminalità organizzata su Hoover, ma il ruolo centrale dell'ADL nella vicenda del ricatto a Hoover è stato accuratamente ignorato.

L'acclamato autore Anthony Summers ha fatto scalpore sui media quando ha affermato, in un nuovo libro e nella serie PBS "Frontline", che il boss della criminalità organizzata Meyer Lansky aveva ricattato il capo dell'FBI J. Edgar Hoover con presunte foto di Hoover impegnato in attività omosessuali.

Sebbene tali voci su Hoover siano state comuni per anni, nessun autore noto aveva ancora associato il proprio nome a questa accusa.

Citando numerose fonti - alcune sospette e praticamente tutte sgradevoli - Summers ha affermato che non solo Lansky, ma anche molti altri avevano accesso a foto simili (che Summers non è apparentemente in grado di produrre). Summers riferisce che anche l'ex capo del controspionaggio della CIA James Jesus Angleton aveva accesso alle foto di Hoover.

Il fatto che sia Lansky che Angleton fossero in possesso di tali prove è molto interessante per un motivo particolare: Lansky era un sostenitore di lunga data di Israele e un angelo finanziario della Anti-Defamation League (ADL) di B'nai B'rith, un agente straniero illegalmente non registrato per Israele. Alla fine della sua vita, Lansky si trasferì addirittura in Israele.

Angleton, che quando era responsabile delle attività segrete della CIA era stato direttamente coinvolto con il sindacato criminale di Lansky attraverso i rapporti della CIA con gli alleati di Lansky nel traffico di droga delle mafie corse e siciliane, era anche il protettore di Israele alla CIA. Angleton, che dirigeva l'ufficio Israele della CIA, era la persona più vicina a Israele all'interno della CIA, tanto da essere spesso accusato dai critici di essere un "agente cooptato di Israele".

In effetti, Angleton è talmente venerato in Israele che alla sua morte sono stati eretti diversi monumenti in sua memoria - gli unici monumenti pubblici di questo tipo conosciuti per onorare un ufficiale dei servizi segreti americani in tutto il mondo. (La rilevanza di questi fatti è piuttosto provocatoria se si considera la strana relazione tra J. Edgar Hoover e l'ADL, una relazione che è stata oggetto di controversie tra gli anticomunisti per molti anni. L'associazione di Hoover con l'ADL è diventata evidente quando è stato pubblicato il già citato libro *Masters of Deceit*, una critica del comunismo scritta da un ghostwriter di Hoover e pubblicata a nome di Hoover.

In *Masters of Deceit*, il ghost-writer di Hoover scrisse: "Parte di l'opposizione più efficace al comunismo negli Stati Uniti proveniva da organizzazioni ebraiche come B'nai B'rith, l'American Jewish Committee, l'American Jewish League against Communism, l'Anti-Defamation League e una serie di altri gruppi ebraici".

Per ovvie ragioni, questa decisione suscitò scalpore tra i molti ammiratori anticomunisti di Hoover, che sapevano bene che l'ADL in particolare era piena di comunisti, socialisti e simpatizzanti del Partito Comunista di lunga data.

Hoover stesso, a prescindere dai suoi difetti, non era stupido e certamente non era un comunista, tutt'altro.

Quando fu pubblicato il libro di Hoover, che elogiava l'ADL, molti patrioti ricordarono che la dottoressa Bella Dodd (ora deceduta), quando era membro del Partito Comunista Americano, aveva detto agli associati che quando il partito era a corto di fondi o aveva bisogno di una guida, i leader dell'ADL potevano sempre contare sull'aiuto di una suite di lusso al Waldorf-Astoria. In breve, l'ADL, insieme al Cremlino sovietico, sosteneva il movimento comunista americano.

(Un volume scritto da Robert Williams, ex ufficiale dei servizi segreti dell'esercito, intitolato *The Anti-Defamation League and* Its *Use in the World Communist Offensive (La Lega Antidiffamazione e il* suo *uso nell'offensiva comunista mondiale*), spiega in dettaglio le buffonate comuniste e di sinistra dell'ADL).

I legami di Hoover con il sindacato criminale di Lansky e con i suoi alleati dell'ADL si vociferava da molti anni, molto prima dell'arrivo di Anthony Summers, poiché fu proprio l'ADL a essere in gran parte responsabile della creazione della Fondazione J. Edgar Hoover nel 1947, il cui primo presidente fu nientemeno che il rabbino Paul Richman, direttore dell'ADL a Washington.

Louis B. Nichols, collaboratore di Hoover per lungo tempo e vicedirettore dell'FBI per la Divisione Registri e Comunicazioni, fu il principale contatto dell'FBI con l'ADL quando questa contribuì a orchestrare processi per sedizione di massa contro i principali critici della politica estera del presidente Franklin D. Roosevelt.

Nichols divenne presidente della Fondazione J. Edgar Hoover, ma solo dopo aver lasciato l'FBI. Dopo essersi ritirato, divenne vicepresidente esecutivo della Schenley Industries, un'importante azienda di liquori gestita dall'ex contrabbandiere e socio di Lansky Lewis R. Rosenstiel, su cui torneremo più avanti in questo volume.

Comunque sia, le origini dell'ADL sono piuttosto interessanti. L'impulso iniziale per l'organizzazione non venne tanto dal desiderio di difendere i membri della fede ebraica in generale, quanto piuttosto i mafiosi ebrei. All'inizio del XX secolo, il commissario di polizia di New York Thomas Bingham aveva avviato un'indagine approfondita sulla criminalità organizzata nella sua città. Nel 1908, Bingham finì sotto tiro e fu accusato di essere "antisemita" per aver evidenziato il ruolo di alcuni gangster ebrei nella criminalità organizzata.

Alla fine Bingham fu spodestato e il crimine organizzato si spostò a New York. Uno dei beneficiari immediati della partenza di Bingham fu nientemeno che il mafioso Arnold Rothstein, mentore di Lansky e capo indiscusso della malavita ebraica prima dell'ascesa al potere del giovane Lansky.

La fonte degli attacchi a Bingham era un comitato di pubbliche relazioni formato da un avvocato aziendale di nome Sigmund Livingston. Nel 1913, il comitato di Livingston si era ufficialmente costituito come Lega Antidiffamazione del B'nai B'rith.

Così Hoover stesso fu il beneficiario delle elargizioni dell'ADL, molte delle quali provenivano dalle casse di Lansky e del suo sindacato criminale. Anche Hoover fu vittima delle sgradevoli tattiche di ricatto dell'ADL, evidentemente attraverso il suo angelo finanziario, Meyer Lansky, e i suoi soci del crimine organizzato.

Non sorprende che l'autore Anthony Summers abbia scelto di ignorare qualsiasi ruolo svolto dall'ADL in questa mostruosa cospirazione. Nelle sue memorie, Gary Wean, ex ufficiale dei servizi segreti dell'ufficio del procuratore distrettuale di Los Angeles, ha rivelato che Summers scelse di non pubblicare le informazioni che Wean gli aveva fornito quando Summers stava scrivendo un libro, poi pubblicato, sulla vita e la morte dell'attrice Marilyn Monroe.

Wean disse a Summers che era stato Mickey Cohen, scagnozzo di Lansky sulla costa occidentale , a organizzare la presentazione di Miss Monroe a John F. Kennedy. Cohen sperava di ottenere informazioni sulle intenzioni dell'allora Presidente eletto riguardo a Israele.

Cohen è stato vicino agli israeliani per molti anni, avendo fornito armi al movimento clandestino ebraico in Palestina e mantenendo un rapporto intimo con il terrorista divenuto diplomatico Menachem Begin (futuro primo ministro israeliano).

Wean accusò la signorina Monroe di essere stata uccisa su ordine di Cohen per impedirle di rivelare la verità su come gli israeliani stavano cercando di manipolare la sua relazione con il Presidente Kennedy. Sembra che la signorina Monroe si sia ribellata a Cohen e si sia rifiutata di stare al suo gioco di spionaggio. In ogni caso, Summers scelse di non utilizzare questa informazione e attribuì invece la morte della signorina Monroe al presidente Kennedy e a suo fratello, il procuratore generale Robert Kennedy.

Di conseguenza, se Summers fosse stato a conoscenza del ricatto dell'ADL nei confronti di Hoover, è improbabile che ne abbia parlato per paura di diventare egli stesso una vittima dell'ADL.

In definitiva, la relazione incestuosa tra l'FBI e l'ADL è un eccellente esempio di come il Nemico Interno abbia acquisito uno status speciale nei servizi di intelligence e di polizia degli Stati Uniti, manipolando le agenzie federali (e le organizzazioni private di spionaggio) per promuovere la propria agenda.

Sebbene a tutt'oggi vi siano indubbiamente buoni e solidi elementi patriottici all'interno dell'FBI (e del Dipartimento di Giustizia di cui è il braccio investigativo) - come dimostrano le recenti (2005-2006) incriminazioni penali di vari elementi filo-israeliani della linea dura - la storia purtroppo dimostra che l'FBI, in generale, è stata manipolata e utilizzata in larga misura dal Nemico Interno.

Nel prossimo capitolo, esaminiamo la sordida carriera di un uomo - oggi in gran parte dimenticato - che è forse, storicamente parlando, uno dei peggiori capri espiatori di Giuda.

# CAPITOLO IV

## John Roy Carlson - Il grande vecchio dei nemici interni: il primo famigerato capro di Giuda del XX secolo

Negli anni che precedettero la Seconda guerra mondiale e per diversi anni dopo, un uomo ottenne fama nazionale per il suo ruolo di primo informatore sotto copertura del movimento nazionalista americano, ampiamente pubblicizzato. Il suo nome - o almeno lo pseudonimo con cui era conosciuto - era John Roy Carlson. Quasi tutte le biblioteche pubbliche americane oggi possiedono - o avevano - una copia del famoso (molti direbbero famigerato) bestseller dell'epoca della Seconda Guerra Mondiale *Under Cover*, presumibilmente scritto da Carlson. Il libro si trova ancora in molte librerie di seconda mano.

Il sottotitolo del libro dà un'idea del suo contenuto: "I miei quattro anni nel mondo sotterraneo nazista dell'America - L'incredibile rivelazione di come gli agenti dell'Asse e i nostri nemici interni stiano attualmente tramando per distruggere gli Stati Uniti".

Sebbene *Sotto copertura* sia francamente un libro molto divertente, ricco di affascinanti personaggi reali ritratti in una prosa colorata, il fatto è che la maggior parte dei lettori di oggi (a meno che non si imbattano in questo libro) purtroppo non saprà mai che l'autore e il libro sono stati completamente disconosciuti in una causa per diffamazione presso la corte federale di Chicago, tre anni dopo la pubblicazione del libro.

Ecco alcune informazioni di base per rispondere alla domanda: cosa è successo a John Roy Carlson

Innanzitutto, il vero nome dell'autore non è "John Roy Carlson". Era solo uno dei tanti pseudonimi adottati negli anni da Arthur (Avedis) Derounian. Nato in Grecia nel 1909, Derounian arrivò a New York all'età di 12 anni e intraprese la carriera di giornalista. Molti critici sostenevano che Derounian fosse di origine ebraica, anche se lui lo negava.

Negli anni che precedettero l'ingresso degli Stati Uniti nella Seconda guerra mondiale, durante la guerra stessa e dopo, Derounian fu attivo in una trentina di organizzazioni politiche diverse, utilizzando nomi che andavano da "George Pagnanelli" a "Robert Thompson, Jr." a "Patricia O'Connell", tra gli altri.

Sebbene risiedesse principalmente a New York, Derounian mantenne una corrispondenza attiva a livello nazionale con i leader di quello che potrebbe essere definito il "movimento America First", che si batteva per impedire al presidente Franklin Roosevelt di impegnare gli Stati Uniti nella guerra in Europa.

Derounian ha anche viaggiato molto in tutto il Paese, facendo la conoscenza personale di molte di queste stesse persone, presentandosi come solidale con la loro causa, spesso utilizzando lettere di presentazione (ottenute da altri con cui aveva già stretto amicizia) per fare la loro conoscenza.

Inoltre, sotto il nome di "George Pagnanelli", Derounian ha pubblicato un rozzo foglio d'odio antiebraico intitolato *The Christian Defender*, che ha distribuito a New York e spedito a persone in tutto il Paese.

A quel tempo, tuttavia, Derounian non era il coraggioso giornalista investigativo solitario che ritrae in *Under Cover*. Infatti, non solo era sul libro paga della Anti-Defamation League (ADL) del B'nai B'rith - un gruppo in prima linea nel movimento a favore della guerra che sosteneva l'amministrazione Roosevelt - ma godeva anche del sostegno finanziario di un gruppo "speculare" dell'ADL, i sedicenti "Amici della democrazia", guidati da un certo Leon Birkhead.

Nel 1943, molto tempo dopo l'entrata in guerra degli Stati Uniti, la grande casa editrice newyorkese E. P. Dutton pubblicò il libro di Derounian, che fece scalpore a livello nazionale. Il libro fu fortemente promosso dall'editorialista e conduttore radiofonico Walter Winchell, anch'egli noto per essere un tramite della propaganda dell'ADL, e vendette rapidamente oltre 600.000 copie.

Americani patriottici e creduloni, timorosi di trovare spie dell'Asse sotto ogni letto, credettero che Derounian (ancora noto come "Carlson") avesse scoperto una grande rete nazionale di agenti nazisti e simpatizzanti nazisti americani, che spaziavano da agitatori di strada a rispettabili casalinghe a membri del Congresso. Il libro di Derounian fa i nomi (e molti nomi) e recita, quasi alla lettera, le presunte conversazioni tra "Pagnanelli" e decine di presunti agenti nazisti e altri.

Molte persone citate nel libro si sono indignate, sostenendo all'indirizzo di essere state diffamate maliziosamente, ma la maggior parte di loro si è rifiutata di agire, forse ritenendo che fare causa a Derounian e al suo editore avrebbe solo attirato l'attenzione sulle affermazioni fatte.

Tuttavia, il libro ha contribuito a spianare la strada al famigerato "Grande processo della sedizione" tenutosi a Washington nel 1944, che ha posto le basi propagandistiche per le accuse di sedizione mosse dall'amministrazione Roosevelt a una trentina di americani sospettati di collaborare con il nemico in tempo di guerra.

L'ampia diffusione del libro diede una certa credibilità (anche se immeritata) al caso del Ministero della Giustizia, che alla fine subì una ignominiosa sconfitta (per un resoconto completo del caso, si veda un capitolo successivo di questo volume). Quindi, a prescindere dall'inaffidabilità originaria del libro, e data la natura artificiosa delle accuse di sedizione, il danno era fatto.

Nel 1946, forte del successo del primo libro, Dutton pubblicò un'altra opera di Carlson, *The Plotters*, che era in effetti un sequel della precedente impresa di Derounian, con un gran numero di stessi cattivi e alcuni nuovi.

Il libro racconta come Derounian si sia finto un veterano dell'esercito rientrato, "Robert Thompson, Jr.", che divenne, come "Pagnanelli", membro di varie organizzazioni politiche, la maggior parte delle quali erano ostili alle politiche dell'amministrazione Roosevelt e, successivamente, a quelle del presidente Truman. Derounian ha anche raccontato di aver finto, in tempo di guerra, di essere la moglie e/o la madre di un soldato americano in guerra e di aver corrisposto con gruppi di "madri", indagando sulle loro attività.

Nel complesso, *The Plotters* è una riproposizione altrettanto malevola dello stesso tipo di denigrazione e di colpevolizzazione di *Under Cover*, anche se questa volta "Carlson" ha sentito il bisogno di dire alcune cose poco lusinghiere sui gruppi di sinistra che hanno agitato i veterani, nel tentativo di dimostrare che non era strettamente schierato contro le cause "conservatrici" o "di destra" e che non era un simpatizzante comunista come molti dei suoi detrattori hanno sostenuto.

Tuttavia, quando venne pubblicato *The Plotters*, Derounian e i suoi editori si ritrovarono in tribunale per la questione di *Under Cover*. Inizialmente, Conrad Chapman del Massachusetts si oppose alle accuse di Derounian di essere una sorta di agente nazista e intraprese un'azione legale. Dutton e Derounian si accordarono in via extragiudiziale su e pubblicarono una ritrattazione delle accuse mosse in *Under Cover*.

Nel secondo caso, in cui Derounian si è trovato sotto tiro per le sue malefatte, George Washington Robnett, segretario esecutivo della Church League of America di Chicago, ha intentato un'azione legale contro Derounian e il suo editore presso la corte federale di Chicago.

La prima giuria nel caso Robnett non ha raggiunto un verdetto. La seconda giuria è stata infine sciolta perché i suoi membri avevano ricevuto per posta documenti che avrebbero potuto pregiudicarli.

Alla fine, il 25 settembre 1946, la terza giuria si pronunciò a favore di Robnett e contro Derounian e il suo editore. Purtroppo per Robnett, la giuria gli assegnò solo la somma simbolica di un dollaro, ma fu comunque una vittoria morale.

I membri della giuria raccontarono in seguito alla stampa che c'era stato un grande dibattito all'interno della giuria su quanto assegnare a Robnett, con 10 dei 12 giurati propensi ad assegnare a Derounian un grosso risarcimento. Tuttavia, poiché due giurati rimasero fermi e si rifiutarono di condannare Derounian, la maggioranza accettò di scendere a compromessi per risolvere il caso, imponendo una sentenza di un solo dollaro per ottenere il verdetto di colpevolezza che ritenevano così fortemente giustificato.

Uno dei membri della giuria, Beatrice Fountain, ha dichiarato al *Chicago Daily Tribune*, il 27 settembre: "Pensavo che Robnett avesse diritto ad almeno 50.000 dollari. La casa editrice era indiscutibilmente colpevole di grave diffamazione sul sito . Volevo che questa giuria emettesse un verdetto che ponesse fine per sempre alle campagne diffamatorie; che ponesse fine a questo contagio in tutta l'America. Volevo che questa giuria emettesse un verdetto che ponesse fine per sempre alle campagne diffamatorie; per porre fine a un contagio come quello di questo libro in tutta l'America, d'ora in poi".

Sebbene Robnett avesse chiesto un nuovo processo nella speranza di ottenere una sentenza più ampia, il giudice federale John P. Barnes si è rifiutato di ordinare un nuovo processo, ma ha chiarito che se avesse voluto, avrebbe assegnato a Robnett "una somma molto sostanziosa". Il giudice non ha usato mezzi termini nel riassumere ciò che ha scoperto durante la presentazione del caso di Robnett contro Derounian e il suo editore

> Il libro accusa il querelante di essere sleale, antisemita e agente nazista. Durante il processo, non ho mai sentito la minima prova a sostegno di queste accuse. Penso che questo libro sia stato scritto da una persona totalmente irresponsabile che scriverebbe qualsiasi cosa per un dollaro. Penso che questo libro sia stato pubblicato da , un editore disposto a fare qualsiasi cosa per un dollaro.

> Non credo che gli editori abbiano indagato su questo autore, come sostengono, perché si preoccupavano più del dollaro che dell'onnipotente verità. Non crederei a questo autore nemmeno se fosse sotto giuramento, e penso che lui e l'editore siano colpevoli quanto chiunque sia mai stato giudicato colpevole in questo tribunale.

Durante il processo stesso, *il 24 settembre il Chicago Daily Tribune* ha riportato che Derounian aveva ammesso alla sbarra di essere, secondo le parole del *Tribune*, "impiegato dalla Anti-Defamation League di New York", nello stesso periodo in cui distribuiva il suo foglio di odio antiebraico, *The Christian Defender*, apparentemente pubblicato da "George Pagnanelli".

Sebbene gli avvocati di Derounian abbiano cercato di impedire la presentazione di copie del foglio d'odio come prova, il giudice ha respinto l'istanza della difesa e ha dichiarato: "Questi documenti rivelano che questo autore ha lavorato su entrambi i lati della strada. Sembrano letteratura antisemita" e ha aggiunto, con enfasi, che "ognuna di queste cose è infinitamente peggiore di qualsiasi cosa abbiate portato alla mia attenzione negli scritti di Robnett".

Il giudice Barnes ha anche contestato l'affermazione di Derounian secondo cui Robnett era giustificato per essere stato definito "antisemita" perché aveva sottolineato l'eredità ebraica di alcuni comunisti. Il giudice ha detto

> Nel tentativo di evitare la persecuzione, non dobbiamo stabilire tabù senza senso. Non dobbiamo stabilire il tabù di non menzionare mai che una persona è un ebreo. Questo non impedirà la persecuzione. Se una persona è ebrea e comunista, dovrà portare questo fardello e non gioverà a lei o alla sua religione stabilire un tabù che impedisca di menzionare questo fatto.

Tutto questo, tuttavia, è diventato una parte dimenticata della storia, anche se i libri di diffamazione di Derounian rimangono sugli scaffali delle biblioteche, accessibili a ricercatori ignoranti che, purtroppo, probabilmente non sapranno mai di questa potente sentenza contro Derounian e la sua casa editrice.

Inoltre, è molto ironico che, nonostante la sentenza, gli sponsor segreti di Derounian all'ADL siano in gran parte sfuggiti all'attenzione. Nel 1995, lo stimato storico americano Richard Gid Powers, nel suo libro *Not Without Honor: The History of American Anticommunism* (New York: Free Press), non ha usato mezzi termini quando ha osservato su che "*Under Cover* e *The Plotters* sono stati probabilmente scritti (o almeno modificati) da fantasmi dell'ADL".

Nonostante gli scontri di Derounian con le leggi sulla diffamazione, un altro editore era pronto a pubblicare e ad essere dannato. Nel 1951, Alfred Knopf pubblicò il terzo e ultimo libro di Derounian, *Il Cairo a Damasco*. Questo libro è in gran parte dimenticato e poco conosciuto, anche da coloro che conoscono i suoi precedenti sforzi di propaganda. Scritto sulla falsariga dei precedenti libri di "Carlson", questo volume si concentra sulle avventure di Derounian in Medio Oriente durante il periodo della creazione di Israele. Inutile dire che "Carlson" riuscì a trovare una serie di criminali di guerra nazisti, agitatori antiebraici e altri che lavoravano fianco a fianco con gli arabi indigeni della Palestina per impedire la creazione di uno Stato sionista. Il libro non ha mai raggiunto un pubblico significativo e le poche copie sopravvissute sono poco più che curiose reliquie.

Derounian stesso scomparve dalla scena pubblica, ma suo fratello, Stephen, divenne deputato liberale repubblicano per New York dal 1953 al 1967.

Il 23 aprile 1991, Derounian morì all'età di 82 anni, mentre stava conducendo delle ricerche presso la sede dell'American Jewish Committee a Manhattan. Il 28 ottobre 1999, il New York *Daily News* (di proprietà del magnate sionista Mort Zuckerman) pubblicò un articolo su "The Joiner: John Roy Carlson" nell'ambito della serie "Big Town Biography: Lives and *Times* of the Century's Classic New Yorkers", evitando però accuratamente di menzionare il ripudio di Derounian da parte della corte federale.

L'inglorioso curriculum di Derounian, tuttavia, è stato facilmente oscurato da una serie di altri nemici interni e, nelle pagine che seguono, ne incontreremo più di uno. Ma ricordare la doppiezza di "John Roy Carlson" è una perfetta introduzione al torbido mondo delle Capre di Giuda.

# CAPITOLO V

## Il grande processo per sedizione del 1944: gli inizi della collaborazione tra l'ADL e l'FBI - Come il nemico interno accusa i patrioti di essere "traditori".

Nella moderna era post 11 settembre, quando regna una legislazione repressiva come l'erroneamente chiamato "PATRIOT Act" - risultato diretto della manipolazione legislativa del Congresso da parte di gruppi come l'Anti-Defamation League e altri che costituiscono fazioni chiave del Nemico Interno - è importante ricordare un caso, a metà del XX secolo, quando americani rispettosi della legge - il cui unico crimine era quello di opporsi alle politiche di guerra dell'amministrazione del presidente Franklin Delano Roosevelt - furono portati in prigione, accusati e processati con accuse di sedizione inventate.

La storia del "Grande processo per sedizione del 1944" è un importante caso di studio di come la nostra forma di governo repubblicana possa essere dirottata (cioè abusata) dal Nemico Interno. La storia di questo processo è una chiara prova della collaborazione dell'ADL e dell'FBI nell'esecuzione di un'agenda straniera, quella del Nemico Interno. Il seguente saggio, scritto dall'autore di questo volume, è stato originariamente pubblicato nel numero di novembre-dicembre 1999 di *The Barnes Review*, la rivista storica bimestrale pubblicata a Washington...

"Giudici e avvocati vi diranno che il processo per sedizione di massa della Seconda Guerra Mondiale passerà alla storia giuridica come uno dei segni più neri della giurisprudenza americana. Nessuno nel mondo legale ricorda un caso in cui così tanti americani sono stati processati per persecuzione politica e hanno negato con tanta arroganza i diritti riconosciuti ai cittadini americani dalla Costituzione".

Così *il Chicago Tribune,* all'epoca portavoce dell'America First in un mondo mediatico che traboccava di internazionalismo in stile New Deal, descrisse il famigerato "processo spettacolo" di l'epoca della guerra e le sue conseguenze, che si concluse il 30 giugno 1947.

All'epoca, la Corte d'Appello per il Distretto di Columbia confermò il proscioglimento delle accuse contro gli imputati nel processo che era stato emesso il 22 novembre 1946 dal giudice Bolitha Laws della Corte distrettuale per il Distretto di Columbia.

Dopo aver dichiarato che portare avanti il caso sarebbe stata "una parodia della giustizia", il giudice Laws ha ordinato che le accuse contro i cittadini americani venissero ritirate, ponendo fine a cinque lunghi anni di vessazioni e, per molti di loro, a lunghi periodi di detenzione.

Sebbene il "Grande processo di sedizione" si sia concluso inaspettatamente (quasi tre anni prima) il 30 novembre 1944, quando il processo fu annullato in seguito alla morte del giudice che lo presiedeva, Edward C. Eicher, il caso rimase irrisolto, con i procuratori del Ministero della Giustizia che chiesero un nuovo processo.

Tuttavia, il giudice Laws, giustamente nominato, aveva posto fine a questo assalto di stampo sovietico alla libertà americana. La ragione prevalse - forse soprattutto perché FDR era morto e la guerra era finita - e il caso fu chiuso per sempre.

Secondo lo storico Harry Elmer Barnes, che fu uno dei principali critici accademici di FDR, l'obiettivo del processo era quello di dipingere l'amministrazione Roosevelt come "contraria al fascismo", mentre in realtà stava perseguendo politiche totalitarie.

A quanto pare, è stato lo stesso Presidente Roosevelt a promuovere l'indagine del Dipartimento di Giustizia che ha portato alle ultime incriminazioni.

Secondo lo storico Ronald Radosh, un sedicente "progressista" che scrisse con una certa simpatia dei critici dell'amministrazione Roosevelt prima della Seconda Guerra Mondiale, "FDR assillò per mesi il procuratore generale Francis Biddle, chiedendogli quando avrebbe messo in stato di accusa i sediziosi". Lo stesso Biddle sottolineò in seguito che FDR "non era molto interessato... al diritto costituzionale di criticare il governo in tempo di guerra". Tuttavia, come vedremo, dietro le quinte erano all'opera potenti forze per spingere FDR. E furono loro, ancor più di FDR, a svolgere un ruolo importante nel facilitare l'inchiesta stessa, che lo stesso Procuratore Generale Biddle non era entusiasta di intraprendere.

Sebbene siano state accusate in totale 42 persone (e un giornale) - in tre distinti atti d'accusa, a partire dal primo atto d'accusa emesso il 21 luglio 1942 - il numero finale di persone effettivamente processate fu di trenta (e molte di esse furono ritirate dal processo durante il procedimento).

Il biografo di Roosevelt James McGregor Burns definì il processo "un grande raduno di tutti i fanatici che odiano Roosevelt". Ma c'è di più nella storia.

In effetti, tra le persone accusate vi è una manciata di figure influenti, tra cui :

- George Sylvester Viereck, noto poeta, saggista e critico sociale tedesco-americano (pubblicista straniero ben noto al governo tedesco a partire dalla prima guerra mondiale)

- L'ex diplomatico ed economista statunitense Lawrence Dennis, consigliere informale dietro le quinte di alcuni dei più importanti critici dell'amministrazione Roosevelt al Congresso

- Elizabeth Dilling di Chicago, autrice e conferenziera schietta e articolata, molto apprezzata e conosciuta a livello nazionale come leader del movimento anticomunista e feroce oppositrice dell'amministrazione

- Il reverendo Gerald Winrod del Kansas. Con un seguito nazionale e ampie connessioni tra i ministri cristiani e i leader laici di tutto il Paese, Winrod si era affermato come una forza da tenere in considerazione. Nel 1938 era entrato in un'accesa corsa per il Senato degli Stati Uniti (uno dei protetti di Winrod era nientemeno che l'evangelista Billy Graham, che si dice avesse "imparato molto ma taciuto in pubblico ciò che aveva imparato in privato" quando era un giovane che viaggiava con Winrod).

- William Griffin, un editore di New York con forti legami cattolici. Molti cattolici americani erano fortemente anticomunisti e i cattolici irlandesi, in particolare, erano generalmente scettici nei confronti della politica di guerra di FDR in un momento in cui, va ricordato, la Libera Repubblica Irlandese era rimasta neutrale e aveva rifiutato di allearsi con gli Stati Uniti nella guerra contro la Germania.

Tuttavia, la maggior parte di coloro che furono processati alla fine erano poco conosciuti e avevano poca influenza a livello nazionale, ad eccezione di quelli menzionati sopra. Tra gli imputati c'erano un pittore di segni che era sordo all'80%, un operaio di Detroit, un cameriere e una donna che faceva le pulizie per vivere quando fu presa in custodia.

In breve, si trattava di americani "medi" che non avevano né i mezzi né l'opportunità di portare avanti il tipo di cospirazione sediziosa e internazionale di cui il governo li aveva accusati. In molti casi, gli imputati erano, a tutti gli effetti, senza un soldo. Molti erano editori "individuali", che si rivolgevano a un pubblico ristretto e che non rappresentavano certo una minaccia per le potenti forze che controllavano il New Deal. Molti di loro erano molto anziani. In effetti, pochi di loro si conoscevano, anche se i capi d'accusa li accusavano di far parte di una grande cospirazione orchestrata da Adolf Hitler in persona per minare il morale dell'esercito americano in tempo di guerra.

Lawrence Dennis commentò in seguito: "Uno degli aspetti più significativi del processo è stata la totale insignificanza degli imputati rispetto alla grande importanza che il governo ha cercato di dare al processo con ogni sorta di mezzi pubblicitari.

Purtroppo, in questa breve rassegna delle intricate circostanze del grande processo per sedizione, non potremo dare a tutti gli imputati il riconoscimento che meritano. Tuttavia, va detto che questa manciata di "insignificanti" americani sono tutti eroi a pieno titolo, perché erano stati presi di mira per essere distrutti dall'amministrazione Roosevelt e dai suoi alleati dietro le quinte. Grazie ai loro compatrioti più eloquenti, in particolare Lawrence Dennis, siamo ora in grado di esaminare e commemorare i dettagli del loro destino.

Secondo Dennis, lo scopo del processo per sedizione non era quello di colpire i principali critici delle politiche di guerra di Roosevelt, ma piuttosto di usare la pubblicità che circondava il processo per sedizione per spaventare i molti (potenziali) critici di base dell'amministrazione e indurli al silenzio, mostrando loro essenzialmente che anch'essi avrebbero potuto trovarsi sul banco degli imputati se avessero osato parlare (come avevano fatto gli imputati) in opposizione all'amministrazione. Secondo Dennis

> I cosiddetti "tossicodipendenti" o agitatori non sono mai intimiditi dai processi per sedizione. Il sangue dei martiri è il seme della Chiesa.
>
> Le persone intimidite dai processi per sedizione sono quelle che non hanno abbastanza coraggio o indiscrezione per dire o fare qualcosa che potrebbe coinvolgerle in un processo per sedizione. Ed è soprattutto per intimidire questi cittadini più cauti che vengono organizzati i processi per sedizione...
>
> Un governo che cerca di sopprimere certe idee e tendenze pericolose e certi tipi di temuta opposizione non incriminerà, se i suoi leader sono intelligenti, uomini come il colonnello [Charles] Lindbergh o i senatori [Burton] Wheeler [D-Mont.], [Robert] Taft [R-Ohio] e Gerald Nye [R-ND], che hanno aiutato i nazisti opponendosi alla politica estera di Roosevelt , come gli imputati sono accusati di aver fatto, molto più di chiunque altro.
>
> Le possibilità di condanna sarebbero nulle e il grido di persecuzione risuonerebbe in tutto il Paese.
>
> Sono i deboli, gli oscuri e gli indiscreti a essere scelti da un politico astuto per essere oggetto di una caccia alle streghe legalizzata. L'obiettivo politico di intimidire i più cauti e rispettabili è meglio servito in questo Paese scegliendo per l'incriminazione e il processo di propaganda di massa i critici più vulnerabili piuttosto che i più pericolosi, i più poveri piuttosto che i più ricchi, i meno popolari

piuttosto che i più popolari, i meno importanti piuttosto che i più importanti e influenti.

È il modo più intelligente per raggiungere i più influenti e i più pericolosi. Questi ultimi vedono ciò che viene fatto ai meno influenti e meno importanti e si regolano di conseguenza. Le possibilità di condannare i più deboli sono migliori di quelle di condannare i più forti...".

Uno degli imputati, uno dei "più deboli, meno influenti e meno importanti", uno degli americani "insignificanti" presi di mira da FDR, era Elmer J. Garner, di Wichita, Kansas. Questo anziano patriota americano morì tre settimane dopo l'inizio del processo. Il senatore William Langer (R.D.), uno dei critici più accesi del processo, descrisse Garner in un discorso davanti al Senato. Garner, ha detto, era :

Un vecchietto di ottantatré anni, quasi sordo, con tre pronipoti. Dopo aver perso la licenza per spedire il suo giornale settimanale, lui e l'anziana moglie vivono di piccole donazioni, allevando una capra e qualche gallina e coltivando ortaggi nel suo piccolo appezzamento di terreno.

Tenuto in prigione [a Washington, D.C.] per diverse settimane per mancanza di cauzione, e infine impoverito da tre incriminazioni e da viaggi e soggiorni forzati a Washington, morì da solo in un affittacamere di Washington all'inizio di questo processo, con quaranta centesimi in tasca.

Il suo corpo è stato spedito nudo in una cassa di legno alla vedova malata e impoverita, senza i suoi due abiti e la sua macchina da scrivere, per cui è stato necessario comprare dei vestiti per il suo funerale. È uno degli uomini pericolosi di cui abbiamo tanto sentito parlare.

Secondo l'avvocato Henry Klein, un ebreo americano che sfidò l'ADL assumendo coraggiosamente la difesa di un altro imputato, Garner (cugino di primo grado del primo vicepresidente di FDR , John Nance Garner) morì davanti alla sua macchina da scrivere in una minuscola stanza nel corridoio di un bordello di Washington, D.C., scrivendo la propria difesa.

Chi ha orchestrato la serie di eventi che ha portato all'incriminazione del vecchio Garner e dei suoi compagni "sediziosi"

Fu ovviamente Franklin D. Roosevelt a ordinare l'indagine del Dipartimento di Giustizia. Il procuratore generale Francis Biddle (che in realtà si opponeva a queste azioni giudiziarie palesemente politiche) seguì gli ordini del Presidente. L'assistente del procuratore generale William Power Maloney si occupò dei dettagli quotidiani dell'indagine che culminò con l'incriminazione davanti a un gran giurì federale a Washington. Ma dietro le quinte erano all'opera altre forze. Si trattava di mediatori di potere che, di fatto, dettavano il grande disegno complessivo dell'amministrazione Roosevelt e della sua politica estera e interna.

In *A Trial on Trial*, la sua acerba critica del processo - una vera e propria dissezione della frode che è stata il processo - Lawrence Dennis e il suo coautore, Maximilian St. George (che era il consulente di Dennis durante il processo, anche se Dennis - che non era un avvocato - si rappresentava da solo), hanno concluso, sulla base di prove facilmente reperibili nei documenti pubblici, che tre degli imputati erano colpevoli di frode. George (che era il consulente di Dennis durante il processo, anche se Dennis - che non era un avvocato - si rappresentava da solo), ha concluso, sulla base di prove facilmente reperibili nei documenti pubblici, che i tre principali istigatori del processo erano - a suo dire - estremisti di sinistra, i gruppi ebraici organizzati e gli internazionalisti in generale, tutti sostenitori del processo in modo esplicito e persistente, pubblicando editoriali a favore dell'indagine e delle incriminazioni sui loro giornali e attraverso voci dei media come il personaggio radiofonico Walter Winchell.

Tuttavia, Dennis ha sottolineato che "gli internazionalisti che stanno dietro al processo non sono così facilmente collegabili a un'agitazione definitiva a favore di questo procedimento giudiziario come i gruppi di sinistra ed ebraici". Infatti, Dennis ha dichiarato in modo inequivocabile: "Una delle più importanti organizzazioni ebraiche dietro la causa per sedizione è stata la B'nai B'rith [riferendosi in particolare all'affiliata della B'nai B'rith nota come Anti-Defamation League o ADL].

Secondo Dennis: "Far sì che il governo federale organizzasse un tale processo, come l'entrata in guerra dell'America, era un 'must' nell'agenda dei combattenti contro l'isolazionismo e l'antisemitismo".

In sostanza, secondo Dennis, "ciò che le persone dietro la causa volevano far certificare giudizialmente al mondo è che l'antisemitismo è un'idea nazista e che chiunque difenda tale idea è un nazista che sta violando la legge - in questo caso, provocando l'insubordinazione nelle forze armate - con la sua fede in tale idea o con la sua difesa di tale idea".

Questa non era solo la conclusione di Dennis, tutt'altro. Uno degli altri imputati, David Baxter, ha successivamente sottolineato che anche un rapporto della United Press pubblicato nel 1943 affermava che: su pressione delle organizzazioni ebraiche, a giudicare dagli articoli delle pubblicazioni pubblicate da Jews for Jews, [l'atto d'accusa]... è stato redatto per includere la critica agli ebrei nella categoria della "sedizione".

"È apparso evidente che uno degli scopi principali di questo procedimento, oltre a proibire i commenti sfavorevoli sull'amministrazione, era quello di creare un precedente legale di interpretazioni giudiziarie e sanzioni severe che servissero a esentare gli ebrei americani da ogni menzione pubblica, eccetto le lodi, in contrasto con la tradizionale visione americana secondo cui tutti coloro che partecipano agli affari pubblici sono disposti ad accettare una discussione pubblica libera e completa, sia favorevole che sfavorevole.

In una parola", commenta Dennis, "il processo per sedizione come politica era intelligente. È stata una buona politica", per ottenere i voti e il sostegno istituzionale dei gruppi di base del processo.

Lo stesso Baxter ha poi stabilito che, in realtà, i gruppi ebraici - in particolare l'ADL - sono stati i principali istigatori dell'indagine del Ministero della Giustizia che ha portato all'incriminazione degli imputati nel processo per sedizione.

Secondo Baxter, commentando molti anni dopo:

> Ho chiesto, in base alla legge sulla libertà d'informazione, che l'FBI mi consegnasse i suoi fascicoli d'indagine sulle mie attività nei primi anni Quaranta, prima del processo per sedizione. Ho appreso che l'indagine si estendeva per diversi anni e copriva centinaia di pagine...

> L'FBI ha mascherato i nomi di coloro che avevano fornito informazioni su di me, la maggior parte delle quali erano il più possibile false. Non ho mai avuto l'opportunità di confrontarmi con queste persone e di chiedere loro di provare le loro accuse. Eppure, tutto ciò che hanno detto è stato registrato nei fascicoli dell'indagine.

> Curiosamente, in moltissimi casi non è stata l'FBI a condurre le indagini, ma la Anti-Defamation League, con l'FBI che si limitava a ricevere i rapporti dagli investigatori dell'ADL. È difficile capire dai rapporti se una determinata persona fosse un agente dell'FBI o dell'ADL. Ma all'epoca era tutto così discreto che non sospettavo nemmeno la rete che si stava tessendo intorno a me. Non mi consideravo così importante.

Da parte sua, commentando il modo in cui l'FBI era stata usata dall'ADL, Lawrence Dennis ha sottolineato: "L'FBI, come la bomba atomica e tanti altri strumenti utili e pericolosi, è uno strumento attorno al quale presto dovranno essere create nuove salvaguardie contro gli abusi da parte di interessi senza scrupoli". Nel suo libro del 1999, *Montana's Lost Cause*, uno studio sul senatore Burton Wheeler e su altri membri della delegazione congressuale del Montana che si opposero alla guerra in Europa dell'amministrazione Roosevelt, Roger Roots mette in luce un altro ingranaggio delle manovre dietro le quinte che portarono al processo per sedizione

> Il *Washington Post*, di proprietà ebraica, fu coinvolto nel lavoro investigativo del Dipartimento di Giustizia fin dall'inizio. Dillard Stokes, l'editorialista del [*Post*] più famoso per i suoi resoconti da insider sui procedimenti del Gran Giurì per sedizione, entrò di fatto a far parte del caso del Dipartimento di Giustizia contro gli isolazionisti quando chiese per iscritto a molti imputati di inviargli la loro letteratura sotto falso nome. In questo modo fu possibile portare gli imputati dalle zone più remote del Paese davanti alla giurisdizione della Corte distrettuale federale di Washington.

David Baxter ha approfondito il ruolo svolto dall'editorialista *del Post* Stokes, che ha usato lo pseudonimo di "Jefferson Breem" per ottenere parte della presunta letteratura sediziosa che era stata pubblicata da alcuni degli imputati:

> Per processarci a Washington come gruppo, era necessario stabilire che un crimine era stato commesso nel Distretto di Columbia, dando così giurisdizione ai tribunali federali di quel distretto. Il gran giurì, ovviamente controllato dal pubblico ministero, ci incriminò per il reato di sedizione, e poi stabilì la giurisdizione del Distretto di Columbia per processarci sulla base del fatto che un residente del Distretto di Columbia, "Jefferson Breem", aveva ricevuto la presunta letteratura sediziosa. Quindi il presunto "crimine" è stato commesso nella capitale. Gli imputati furono accusati di aver cospirato nel Distretto, anche se non ero mai stato a Washington in vita mia prima che il Gran Giurì mi ordinasse di farlo.

Kirkpatrick Dilling, allora giovane in uniforme e figlio di una delle imputate più importanti, Elizabeth Dilling, fece notare in una lettera a Willis Carto, editore della rivista storica bimestrale *The Barnes Review*, che "mia madre fu incriminata con molte altre persone, la maggior parte delle quali non aveva mai avuto il minimo contatto con lei": "Mia madre fu incriminata con molte altre persone, la maggior parte delle quali non aveva mai avuto il minimo contatto con lei". Per esempio, alcuni di questi co-accusati erano membri del Bund tedesco-americano. Mia madre disse che erano stati inclusi per dare al caso un "sapore di crauti". (In altre parole, per alimentare la teoria dell'accusa secondo cui gli imputati stavano collaborando attivamente con i "nazisti"). Più tardi, durante il processo stesso, il già citato senatore Langer sottolineò ciò che descrisse come: "l'idea di riunire per un processo a Washington trenta persone che non si sono mai viste, che non si sono mai scritte, alcune delle quali non sapevano dell'esistenza delle altre, alcune delle quali erano presumibilmente pazze e la maggior parte delle quali non era in grado di assumere un avvocato".

Non dimenticate", ha sottolineato Langer, "che gli imputati sono stati portati a Washington dalla California, da Chicago e da altri Stati molto lontani da Washington, che sono stati messi in un'aula di tribunale e processati tutti nello stesso momento, i ventinove di loro in piedi con le braccia conserte mentre la testimonianza contro uno di loro poteva durare settimane e settimane, la testimonianza di un uomo o di una donna che gli altri imputati non avevano mai visto in vita loro". Questo è ciò che sta accadendo oggi a Washington", ha detto.

Come già detto, furono emessi tre capi d'accusa. La prima accusa fu emessa il 21 luglio 1942. L'atto di accusa fu una sorpresa per molti, compresi gli imputati. Come sottolinea David Baxter: "In effetti, all'epoca ero semplicemente un democratico del New Deal che si interessava a ciò che stava accadendo nel Paese a livello politico". Ma ora, in seguito all'incriminazione, è accusato di sedizione dal regime che un tempo sosteneva.

Elizabeth Dilling ha saputo della sua incriminazione alla radio. La natura di uno dei capi d'accusa contro la signora Dilling mostra con precisione quanto il processo per sedizione sia stato inventato fin dall'inizio. L'accusa alla signora Dilling di aver commesso un atto di "sedizione" riproducendo nelle pagine della sua newsletter un discorso al Congresso del deputato Clare Hoffman (R-Mich.), un critico dell'amministrazione, in cui il deputato citava un soldato americano nelle Filippine che si lamentava del fatto che la sua unità era a corto di bombardieri perché gli aerei erano stati ceduti alla Gran Bretagna. Ciò era chiaramente pericoloso per il morale dell'esercito. Ma i numerosi sostenitori della signora Dilling in tutto il Paese accorsero in sua difesa, raccogliendo fondi attraverso balli, cene e vendite di dolci. La signora Dilling, sempre coraggiosa, non si è lasciata mettere a tacere da un'accusa penale federale. Ha continuato a parlare.

Il 17 agosto 1942, il senatore Robert A. Taft si pronunciò contro l'accusa. "Sono profondamente allarmato", disse, "dalla crescente tendenza a diffamare i cittadini leali che criticano l'amministrazione nazionale e la condotta della guerra [...]. In certi ambienti esiste qualcosa di molto vicino al fanatismo", ha detto Taft. "Non riesco a capirlo, non riesco ad afferrarlo. Ma sono sicuro di questo: La libertà di parola stessa è in pericolo se non si cambiano i metodi generali seguiti dal Dipartimento di Giustizia".

Taft ha sottolineato che l'atto d'accusa, a suo avviso, è stato "abilmente redatto" e ha affermato che gruppi come la Coalizione delle Società Patriottiche erano collegati ai cospiratori accusati. Questa coalizione, ha sottolineato Taft, annovera tra i suoi membri organizzazioni come i Discendenti dei Firmatari della Dichiarazione di Indipendenza, la Società Generale dei Discendenti del Mayflower e i Figli della Rivoluzione Americana, tra le altre.

Dal modo in cui era stato redatto l'atto d'accusa, Taft disse che potevano essere incriminati anche un numero considerevole di membri della Camera e del Senato, oltre a molti direttori di giornali della nazione che erano critici nei confronti della politica di guerra di FDR.

La seconda accusa fu emessa il 4 gennaio 1943. Lawrence Dennis ha riassunto la natura dei capi d'accusa: "Il primo capo d'accusa accusava una cospirazione per violare le sezioni sulla propaganda sediziosa dell'Espionage Act del 1917, in tempo di guerra, e dello Smith Act del 1940, in tempo di pace, a volte indicato come Alien Registration Act. L'accusa ... era che gli imputati avevano cospirato per diffondere la propaganda nazista allo scopo di violare i suddetti statuti. Il caso del governo è per dimostrare la somiglianza tra i temi di propaganda dei nazisti e degli imputati".

Tuttavia, come ha sottolineato Dennis, affinché una condanna sulla base di un'imputazione di questo tipo sia valida ai sensi della legge, è necessario provare la somiglianza di intenti tra gli imputati piuttosto che la somiglianza del contenuto di ciò che hanno detto. Dennis ha osservato:

> I punti deboli di queste prime due incriminazioni erano che non corrispondevano alla legge o alle prove. La difficoltà per il governo era che, per soddisfare i sostenitori del processo, aveva dovuto incriminare persone il cui unico reato era l'isolazionismo, l'antisemitismo e l'anticomunismo, anche se non esisteva alcuna legge contro questi ismi nei libri di legge. Le due leggi scelte per le prime due incriminazioni punivano l'incitamento al rovesciamento del governo con la forza e l'insubordinazione nelle forze armate.

Al secondo capo d'accusa sono stati aggiunti diversi nuovi imputati. Tra questi c'è Frank Clark. Quando si considera l'accusa che Clark (e altri) abbia cospirato per minare il morale dell'esercito statunitense, vale la pena ricordare che Clark era "un veterano della Prima guerra mondiale altamente decorato che era stato ferito otto volte in azione". Tornato a casa da eroe, Clark era stato uno degli organizzatori della famosa "Bonus March" dei veterani della Prima Guerra Mondiale a Washington negli anni Venti. Aveva fatto pressione per il pagamento anticipato dei bonus promessi ai veterani di guerra. Quando questo eroe di guerra fu arrestato per "sedizione", non aveva abbastanza soldi per assumere un avvocato.

Tuttavia, nulla di tutto ciò ha significato nel contesto degli sforzi dell'amministrazione Roosevelt per mettere a tacere i suoi critici e impedire ad altri americani di parlare.

Durante questo periodo, i media tradizionali riferirono ampiamente che un gruppo di americani, in combutta con Hitler e i nazisti, stava cercando di distruggere l'America dall'interno, e che l'amministrazione Roosevelt stava affrontando coraggiosamente questa cospirazione.

Tuttavia, il Ministero della Giustizia ha commesso un errore e la seconda accusa, come la prima, è stata respinta. Roger Roots ha dichiarato: "L'accusa era illegale. È stata respinta a causa dell'evidente mancanza di prove per garantire una condanna, oltre che per altri difetti. Precedenti decisioni della Corte Suprema hanno chiarito che una condanna per aver sostenuto il rovesciamento del governo con la forza violenta deve includere prove di piani effettivi per usare la violenza, non solo letteratura politica. Anche in questo caso, l'accusa non è mai stata formalmente archiviata, ma semplicemente ritirata.

Il senatore Burton Wheeler, in particolare, è stato molto critico nei confronti del Dipartimento di Giustizia e ha dichiarato pubblicamente la sua intenzione, in qualità di nuovo presidente della Commissione giudiziaria del Senato dopo le elezioni del 1942, di seguire da vicino gli sviluppi. Riguardo alle procedure legali utilizzate nelle prime due incriminazioni, disse: "Se ciò fosse accaduto nella maggior parte delle giurisdizioni di questo Paese, i procuratori sarebbero stati accusati di oltraggio alla corte".

Così, nonostante tutti gli sforzi del Dipartimento di Giustizia e dei suoi alleati dell'Anti-Defamation League e del *Washington Post,* le prime due incriminazioni sono state respinte per irregolarità.

Il 5 marzo 1943, il giudice Jesse C. Adkins respinse l'accusa che accusava gli imputati di aver cospirato insieme "il primo giorno di gennaio del 1933, o all'incirca, e in seguito ininterrottamente fino alla data di presentazione dell'accusa", poiché, secondo il giudice, la legge che gli imputati erano accusati di aver cospirato per violare non era stata promulgata fino al 1940. A questo punto, su pressione del senatore Wheeler, il procuratore generale Biddle accettò di rimuovere il procuratore William Power Maloney come principale "cacciatore di nazisti".

E così entrò nel caso un nuovo procuratore del Dipartimento di Giustizia, O. John Rogge. Come ha sottolineato l'imputato David Baxter, Rogge era la scelta ideale per essere il procuratore capo dell'amministrazione in questo processo politico di stampo sovietico:

> In seguito è emerso che Rogge era un buon amico del dittatore sovietico Josef Stalin, era coinvolto in molti gruppi di facciata comunisti e aveva visitato la Russia dove aveva parlato al Cremlino e deposto una corona di fiori sulla tomba del cofondatore del Partito Comunista Americano, John Reed, nella Piazza Rossa. La corona portava l'iscrizione "In loving memory from grateful Americans"... Rogge è stato un delegato americano alla "conferenza di pace" mondiale dei comunisti a Parigi ed è stato avvocato di molti

comunisti in difficoltà con la legge.

È stato l'avvocato di David Greenglass, la spia atomica che si è salvata la vita consegnando le prove di Stato contro la sorella e il cognato, Ethel e Julius Rosenberg [che] finirono sulla sedia elettrica per aver consegnato ai sovietici i segreti atomici americani. Così [Rogge] finì per essere smascherato per quello che era. Non c'è da stupirsi che fosse così fanatico nel suo odio verso gli imputati del processo per sedizione, che erano tutti anticomunisti.

Rogge era la scelta ideale, poiché l'amministrazione Roosevelt e i suoi alleati erano determinati a portare avanti la questione in un modo o nell'altro.

Si è andati avanti senza sosta. Come sottolinea Roger Roots: "Non volendo perdere lo slancio, il governo convocò di nuovo il gran giurì, presentò di nuovo gli stessi opuscoli, pubblicazioni e documenti che il gran giurì precedente aveva già visto, chiamò di nuovo le stesse testimonianze (registrate) e pregò di nuovo il gran giurì per una nuova incriminazione...".

Il terzo e ultimo atto d'accusa fu emesso il 3 gennaio 1944. In realtà, Rogge e i suoi alleati al Ministero della Giustizia avevano deciso di adottare un nuovo approccio, aggiungendo otto nuovi nomi (tra cui Lawrence Dennis) e respingendo dodici imputati che erano stati nominati.

Tra i nomi esclusi ci sono: l'influente leader laico cattolico di New York William Griffin e il suo giornale *The New York Evening Enquirer* (l'unica pubblicazione ufficialmente incriminata); l'ex diplomatico statunitense Ralph Townsend di Washington, D. C.; e Paquita (Mady) de Shishmareff, ricca vedova di origine americana di un ex ufficiale militare zarista russo, poi nota soprattutto come autrice (con il nome di "Mady") di un libro.C.; e Paquita (Mady) de Shishmareff, la ricca ed eloquente vedova di origine americana di un ex ufficiale militare russo zarista, in seguito nota soprattutto come autrice (con il nome di "L. Fry") di *Waters Flowing Eastward*, una storia dei famigerati *Protocolli degli Anziani di Sion*.

Townsend, che aveva fatto infuriare l'amministrazione Roosevelt opponendosi alla sua politica anti-giapponese nel Pacifico, aveva scritto un libro esplosivo, *Ways That Are* Dark, fortemente critico nei confronti della Cina imperiale. Sebbene ora sia "libero", lui e la sua famiglia sono stati devastati finanziariamente dall'incriminazione e, secondo la moglie Janet, molti dei loro amici più stretti li hanno abbandonati in questo momento di crisi.

"È stato un periodo molto difficile della nostra vita", ha ricordato in seguito, "ma questo non ha impedito a Ralph di continuare a parlare". In effetti, Townsend continuò a parlare e in seguito divenne amico del fondatore della Liberty Lobby, Willis A. Carto.

Tony Blizzard, che è stato direttore di ricerca della Liberty Lobby a Washington, è stato uno dei protetti di Paquita de Shishmareff negli anni '60 e commenta le circostanze che hanno portato alla decisione di far cadere l'accusa contro di lei, oltre ad alcuni dettagli affascinanti su questa donna straordinaria. Secondo Blizzard

> Uno dei motivi per cui hanno ritirato le accuse contro Mady è stato proprio perché sapevano di avere a che fare con una donna molto scaltra e con un grande potere cerebrale. Una donna della vecchia scuola, Mady non si è mai messa in mostra, ma sapeva come sfruttare i punti di forza degli uomini che la circondavano. Era anche una donna di mezzi - a differenza della maggior parte degli altri imputati - e era un avversario formidabile.

> Il governo decise chiaramente che era nel suo interesse chiudere il caso contro di lei. Era impossibile rendere "nazisti" tutti questi imputati, il cui unico vero "crimine" era quello di smascherare il potere ebraico, finché Mady fosse stata sul banco degli imputati insieme agli altri. I pubblici ministeri sapevano benissimo (anche se non era molto noto allora e non lo è nemmeno adesso) che era stata Mady a fornire a Henry Ford praticamente tutte le informazioni che Ford aveva pubblicato nella sua controversa serie sul potere ebraico sul *Dearborn Independent*.

> Grazie ai suoi numerosi contatti di alto livello, Mady era una miniera enciclopedica di informazioni sull'élite del potere, . L'accusa non voleva che Mady testimoniasse. Rilasciandola come imputata, eliminarono quella che (per loro) era una possibilità molto spaventosa.

Ma altre 30 persone non sono state fortunate come Paquita De Shishmareff: quelle che erano sotto processo e rischiavano il carcere per la loro presunta "sedizione". Il processo iniziò il 17 aprile 1944 presso la Corte distrettuale del Distretto di Columbia.

Kirkpatrick Dilling, figlio dell'imputata Elizabeth Dilling, ha colto l'essenza dell'accusa. Secondo Dilling, "l'accusa si basava su una presunta "cospirazione per minare il morale delle forze armate". Quindi, criticare il presidente Roosevelt, che era il comandante in capo delle forze armate, era un presunto atto manifesto a favore della cospirazione. Denunciare il nostro alleato, la Russia comunista sovietica, era un altro presunto atto manifesto. Opporsi al comunismo era un presunto atto manifesto perché anche il nostro nemico Hitler si era opposto ai comunisti.

Ironia della sorte, mentre la madre era sotto processo e rischiava il carcere per il suo presunto coinvolgimento in questa "cospirazione per minare il morale delle forze armate", Kirkpatrick Dilling fu promosso da caporale a sottotenente nell'esercito americano.

Anche altri imputati, tra cui George Sylvester Viereck, George Deatherage, Robert Noble e il reverendo Gerald Winrod, avevano figli nelle forze armate statunitensi durante questo periodo. Il figlio di Viereck morì in combattimento mentre il padre era sotto processo e in prigione.

Il giudice che presiede il processo è l'ex deputato democratico dell'Iowa Edward C. Eicher, un esponente del New Deal che ha presieduto per breve tempo la Securities and Exchange Commission di FDR dopo essere stato sconfitto nella sua rielezione al Congresso. Dopo l'incarico di Eicher alla SEC, , FDR lo nominò giudice. L'ex consigliere di Eicher alla SEC, O. John Rogge, fu nominato procuratore.

Sembra che per molti aspetti il caso sia stato "aggiustato" da cima a fondo. Si diceva addirittura che al giudice Eicher fosse stata promessa una nomina alla Corte Suprema se fosse riuscito a ottenere una condanna.

Albert Dilling, l'avvocato che rappresentava la moglie Elizabeth Dilling, chiese al Congresso di indagare sul processo, sostenendo che era impossibile che un simile processo fosse equo in tempo di guerra.

Ma il processo era in corso.

Sebbene l'obiettivo apparente dell'accusa fosse quello di dimostrare la "sedizione" di , Lawrence Dennis giunse ad altre conclusioni sulla reale base politica del processo: "Il processo fu concepito e messo in scena come strumento politico di propaganda e intimidazione contro alcune idee e tendenze comunemente note come isolazionismo, anticomunismo e antisemitismo". L'obiettivo principale del processo era quello di collegare il nazismo all'isolazionismo, all'antisemitismo e all'anticomunismo". Tuttavia, come ha sottolineato (giustamente) Dennis:

> - L'isolazionismo americano è nato con il discorso di addio di George Washington, non con gli scritti dei nazisti.

> - Per quanto riguarda l'antisemitismo, esso è fiorito fin dagli albori della storia ebraica. È antico e diffuso quanto gli stessi ebrei...

> - Per quanto riguarda l'anticomunismo, sebbene sia stata una delle due o tre grandi idee di Hitler, non è in alcun modo peculiare di Hitler o dei nazisti, così come l'anticapitalismo è peculiare dei comunisti russi.

Per aggiungere valore d'urto all'accusa, il governo - in un documento di accompagnamento che ripeteva essenzialmente la storia del partito nazista in Germania - ha nominato il leader tedesco Adolf Hitler come "co-

cospiratore" degli imputati.

Durante il processo, il procuratore Rogge accusò addirittura Hitler di aver scelto lui stesso gli imputati per guidare un governo di occupazione nazista negli Stati Uniti una volta che la Germania avesse vinto la guerra in Europa

Secondo Lawrence Dennis, il procuratore stava essenzialmente cercando di "escogitare una formula per condannare persone per atti che non erano contro la legge". L'idea era di scegliere un reato che il Ministero della Giustizia avrebbe cercato di dimostrare come antisemitismo, anticomunismo e isolazionismo. Il reato scelto fu l'insubordinazione nelle forze armate. La legge era lo Smith Act [promulgato nel 1940].

In effetti, come ha sottolineato Dennis, "una delle tante ironie del processo per sedizione di massa era che gli imputati erano accusati di aver cospirato per infrangere una legge che prendeva di mira i comunisti e una tattica comunista - quella di cercare di minare la lealtà delle forze armate. L'ironia della sorte volle che molti degli imputati fossero fanatici anticomunisti che avevano apertamente sostenuto la promulgazione della legge. Non fu un'ironia da poco per l'imputato David Baxter, che in seguito ricordò

> Dopo la conclusione del trattato tra Hitler e Stalin, i comunisti americani sostennero con entusiasmo coloro che si opponevano all'ingresso nella guerra europea tra la Germania e l'alleanza franco-britannica. I comunisti persero persino interesse per la questione ebraica sollevata da alcuni di noi e molti comunisti ebrei, che volevano che gli Stati Uniti partecipassero alla guerra contro Hitler, lasciarono il loro partito. Ma tutto cambiò da un giorno all'altro quando scoppiò la guerra tra Germania e Russia. I comunisti si rivoltarono contro di noi e sostennero con entusiasmo FDR e la partecipazione americana alla guerra per salvare i sovietici.

La valutazione di Lawrence Dennis del caso del governo ricorda quella di Kirkpatrick Dilling. Dennis ha scritto:

> "Lo schema dell'accusa ha preso gradualmente forma come segue: il nostro Paese è in guerra; la Russia è nostra alleata; il governo russo è comunista: il nostro Paese è in guerra; la Russia è nostra alleata; il governo russo è comunista; questi imputati stanno combattendo il comunismo; stanno quindi indebolendo i legami tra i due Paesi; questo interferisce con gli sforzi bellici; danneggia il morale delle forze armate; gli imputati dovrebbero quindi essere mandati in prigione".

L'avvocato Henry H. Klein ha rappresentato l'imputato Eugene Sanctuary e ha contestato la costituzionalità stessa del processo. "Questa presunta accusa", ha tuonato Klein nel suo discorso di apertura alla giuria, "si basa su leggi del tempo di pace, non del tempo di guerra, e gli scritti e i discorsi di questi imputati sono stati fatti quando la nazione era in pace, e sotto una Costituzione che garantisce la libertà di stampa e la libertà di parola in ogni momento, compreso il tempo di guerra, fino a quando la Costituzione non viene sospesa, cosa che non è ancora avvenuta. Queste persone credevano nelle garanzie stabilite dalla Costituzione e criticavano vari atti dell'amministrazione".

Del suo cliente, Klein ha detto: "Ha settantatré anni ed è un uomo religioso e devoto. Insieme alla moglie ha diretto per molti anni l'ufficio della Missione Estera Presbiteriana a New York e ha scritto e pubblicato diverse centinaia di canzoni sacre e patriottiche". Una di queste canzoni, intitolata "Uncle Sam We Are Standing By You" (Zio Sam siamo al tuo fianco), fu pubblicata nel giugno 1942, molto tempo dopo l'inizio della guerra - difficilmente l'azione dell'uomo sedizioso che l'accusa e i suoi sostenitori sulla stampa dipingevano come Santuario.

Per quanto riguarda la presunta sedizione di Lawrence Dennis, "l'accusa ha tentato di provare il suo caso esclusivamente mettendo a disposizione sette estratti dei suoi scritti pubblici, ristampati nella pubblicazione del German-American Bund piuttosto che come pubblicati originariamente". In altre parole, la "prova" che Dennis aveva commesso sedizione era che aveva scritto qualcosa (pubblicato e liberamente disponibile al pubblico) che poi era stato ristampato da un gruppo simpatizzante della Germania nazista - non che Dennis stesso avesse fatto attivamente qualcosa per fomentare il dissenso all'interno delle forze armate statunitensi. Secondo Dennis

> La teoria dell'accusa del governo diceva: "Noi sosteniamo l'esistenza di una cospirazione mondiale, i cui membri hanno tutti cospirato per nazificare il mondo intero utilizzando mezzi illegali per minare la lealtà delle forze armate. Chiediamo alla giuria di dedurre l'esistenza di tale cospirazione dalle prove che presentiamo sui nazisti. Chiederemo poi alla giuria di dedurre che gli imputati hanno partecipato a tale cospirazione dalla natura delle cose che hanno detto e fatto. Non è necessario dimostrare che gli imputati abbiano mai fatto o detto qualcosa che costituisca direttamente il reato di minare il morale o la lealtà delle forze armate. La nostra tesi è che il nazismo era un movimento mondiale che per definizione era anche una cospirazione per minare la lealtà delle forze armate e che gli imputati erano membri del movimento mondiale nazista.

Infatti, ha detto Dennis, "non c'era più motivo di mettere in evidenza, in un'accusa di cospirazione per provocare l'insubordinazione militare, il fatto che la maggior parte degli imputati fosse antisemita, isolazionista o anticomunista di quanto non lo sarebbe stato mettere in evidenza, in un processo a un gruppo di appaltatori di New York accusati di cospirazione per frodare la città, il fatto che gli imputati fossero tutti irlandesi o ebrei e avessero sempre votato per il Partito Democratico", in un processo a un gruppo di appaltatori di New York accusati di aver cospirato per frodare la città, di evidenziare il fatto che gli imputati erano tutti irlandesi o ebrei e avevano sempre votato per il Partito Democratico".

L'avvocato di Eugene Sanctuary, Henry Klein, non ha usato mezzi termini nel presentare la sua difesa, affermando che

> Dimostreremo che questa persecuzione e questi processi sono stati intrapresi per coprire i crimini del governo - non dimenticatelo.

> Dimostreremo che [queste persecuzioni e azioni penali] sono state intraprese per ordine del Presidente, nonostante l'opposizione del Procuratore generale Biddle.

> Dimostreremo che il signor Rogge è stato scelto per punire questi imputati perché nessun altro nel Ministero della Giustizia pensava di poter trovare motivi sufficienti per stabilire un reato contro questi imputati.

> Dimostreremo che i comunisti controllano non solo il nostro governo, ma anche la nostra politica, i nostri sindacati, la nostra agricoltura, le nostre miniere, le nostre industrie, le nostre fabbriche di guerra e i nostri campi armati.

> Dimostreremo che la legge in base alla quale questi imputati vengono processati è stata promulgata su ripetuta richiesta dei capi delle nostre forze armate per impedire ai comunisti di distruggere il morale dei nostri soldati, marinai, marina e aeronautica [e che questi procedimenti] sono stati intrapresi per proteggere i comunisti che erano e sono colpevoli proprio dei crimini imputati a questi imputati che sono completamente innocenti e sono stati vittime di questa legge.

E sebbene Klein stesso, come già detto, sia ebreo, non ha usato mezzi termini quando ha detto alla giuria che le organizzazioni ebraiche stavano usando il processo per i loro scopi.

> Dimostreremo che questa persecuzione è stata istigata da cosiddetti ebrei professionisti che fanno professione di attaccare altri ebrei facendo loro credere che le loro vite e proprietà sono in pericolo attraverso minacce di pogrom negli Stati Uniti [e che] l'antisemitismo a cui si fa riferimento in questo cosiddetto atto d'accusa è un racket gestito da racket a scopo di corruzione.

Klein ha anche affermato con forza che gli stessi agenti dell'FBI hanno agito come *agenti provocatori*, tentando di incitare atti di sedizione. Ha dichiarato:

> Dimostreremo che l'attacco scritto più feroce contro gli ebrei e l'amministrazione Roosevelt è partito dall'ufficio dell'FBI da parte di uno dei suoi agenti, e che lo scopo di questo attacco era di provocare altri a fare lo stesso. Dimostreremo che questo agente ha anche addestrato i suoi subordinati a New York con dei manici di scopa per prepararli a "uccidere gli ebrei".

Klein ha anche fatto un'affermazione piuttosto interessante sulla fonte di alcuni fondi che sarebbero stati forniti dalla Germania nazista a nientemeno che Franklin D. Roosevelt stesso. Secondo Klein: "Dimostreremo che ingenti somme di denaro provenienti da Hitler hanno contribuito a finanziare la campagna di rielezione di Roosevelt nel 1936 e che in questo stesso momento il capitale e l'industria britannica, americana e tedesca stanno cooperando insieme in Sud America e in altre parti del mondo".

(In realtà, le affermazioni di Klein sulla collaborazione internazionale del capitalismo finanziario fanno parte della tradizione della destra e della sinistra populista da oltre un secolo e sono state analizzate in decine di libri, monografie e altri documenti di , ma sono state ampiamente ignorate dal cosiddetto mainstream accademico).

Secondo la trascrizione del processo per sedizione di Lawrence Reilly, il discorso di Klein segnò un punto di svolta per la difesa: "Klein fece molto nel suo breve discorso per silurare il caso Rogge evidenziando le agenzie nascoste responsabili della sua esistenza".

Tuttavia, ha osservato Reilly, anche molti dei giornali che si opponevano editorialmente al processo avevano paura di discutere l'aspetto nascosto del caso che Klein aveva osato sollevare in tribunale. Reilly ha detto che i lettori venivano spesso lasciati "confusi" perché i giornali non affrontavano mai i veri fattori in gioco. Alcuni di questi giornali simpatici, ha osservato Reilly, insistevano nel dare dei pazzi agli imputati.

Ma il fatto è che, come risultato diretto della sua offensiva contro l'ADL e gli altri gruppi ebraici che avevano avuto un ruolo nell'orchestrazione del processo, Klein è stato preso di mira, proprio perché ebreo, da gruppi ebraici organizzati che non hanno apprezzato la sua difesa di presunti "antisemiti" e "sedizionisti".

Da parte sua, Lawrence Dennis si presentò in tribunale a sua difesa e pronunciò quello che persino lo scrittore liberale Charles Higham fu costretto a riconoscere come "un discorso molto potente", descrivendo la descrizione di Rogge del caso governativo come "banale, falso, fantastico, fuorviante, indimostrabile e privo di fondamento [descrivendo il processo come] una cospirazione del quarto mandato dell'amministrazione Roosevelt [e] un altro affare Dreyfus [in cui il governo stava] cercando di scrivere la storia nella foga del momento". Tra gli applausi degli altri imputati, Dennis ha dichiarato: "Pearl Harbor non ha sospeso la Carta dei Diritti.

Il caso ha raggiunto un punto di svolta quando uno degli avvocati della difesa, James Laughlin (un difensore d'ufficio che rappresentava Ernest Elmhurst), ha dichiarato in aula che sarebbe stato impossibile procedere con il processo se non si fossero potuti sequestrare e presentare come prova gli archivi privati della Anti-Defamation League (ADL) del B'nai B'rith.

Era chiaro che gran parte della tesi dell'accusa si basava sul "fact finding" dell'ADL e Laughlin concluse che sarebbe stato necessario stabilire con precisione cosa l'ADL avesse fornito al governo se gli imputati di avessero potuto organizzare una difesa efficace.

Il giudice sembrava disposto a ignorare la mozione di Laughlin, ma l'avvocato aveva già preparato in anticipo copie della sua mozione e le aveva distribuite alla stampa. Come diretta conseguenza, i giornali di Washington riportarono su che i documenti dell'ADL erano stati coinvolti nel caso. Come riassume Reilly, "Laughlin aveva puntato i riflettori sui file dell'ADL": "Laughlin aveva puntato i riflettori sul grande segreto della vicenda". Secondo Reilly, si trattava di una "notizia bomba che, secondo alcuni, avrebbe demoralizzato il caso [dell'accusa] più di ogni altra cosa".

A questo punto, la stampa che aveva sostenuto il processo sembrò fare una strana inversione di rotta nel modo in cui considerava il caso. Persino *il Washington Post* (che aveva avuto un ruolo nell'orchestrazione del processo prestando i servizi del suo reporter, Dillard Stokes, all'indagine congiunta dell'ADL e dell'FBI) "ha fatto completamente marcia indietro", secondo Reilly, "e ha iniziato a chiedere che il caso si concludesse rapidamente".

In breve, *il Post* voleva tenere nascosto "il grande segreto" del caso - l'orchestrazione dietro le quinte del caso da parte dell'ADL - e ora sembrava chiedere una rapida conclusione del processo prima che la verità venisse fuori. *Il Post* ha persino commentato in termini editoriali (e a ragione, si potrebbe aggiungere) che "temiamo che, qualunque sia l'esito di questo processo, sarà un marchio nero contro la giustizia americana per molti anni a venire". Tuttavia, come ha sottolineato in seguito l'ex imputato David Baxter, "queste sono le notevoli parole del giornale il cui stesso giornalista aveva cospirato con il procuratore originale per incastrare gli imputati e portarli a processo a Washington".

Nonostante queste preoccupazioni, il procuratore Rogge sembra aver intensificato i suoi sforzi. È chiaro che il procuratore e i suoi sostenitori hanno fatto molte manovre dietro le quinte per capire come affrontare la sfida. Ma poiché il giudice non ha mai ordinato il sequestro dei documenti dell'ADL, Rogge era libero di andare avanti. Era determinato a portare a termine il processo e aveva molti altri testimoni da presentare. Roger Roots ha descritto la sequenza degli eventi

> Giorno dopo giorno, il processo continuò. Pagine e pagine di pubblicazioni scritte dagli accusati sono state presentate come prove, dando a tutti i coinvolti l'idea che fossero i loro scritti a essere realmente sotto processo.

> Il governo annunciò l'intenzione di presentare 32.000 reperti. Divenne chiaro che gli imputati erano in realtà perseguiti per "adescamento di ebrei", dando un'indicazione su una delle principali fonti di sostegno dell'accusa. Il processo divenne uno dei più lunghi e più costosi della storia degli Stati Uniti. In realtà, il processo non fu altro che un attacco alla libertà di parola.

Durante il processo, il senatore William Langer, un critico dichiarato del processo, visitò egli stesso gli imputati in prigione e sfidò i media e i loro alleati nell'accusa scortando pubblicamente l'imputata Elizabeth Dilling dentro e fuori dal tribunale e in giro per Washington mentre era in libertà provvisoria.

Secondo Roots: "Il governo aveva fondi illimitati, personale illimitato e accesso illimitato alle informazioni di intelligence. La difesa doveva lavorare con avvocati d'ufficio che non conoscevano né gli imputati né il caso". Ciò che è particolarmente interessante, come sottolinea lo storico liberale Glenn Jeansonne, è che :

"Molti avvocati difensori erano liberali e indifferenti alle convinzioni dei loro clienti. Ma sono arrivati a considerare il punto di vista degli imputati su base umana e, invece di condurre una difesa superficiale, come molti osservatori si aspettavano, hanno montato una difesa vigorosa".

Persino il simpatizzante sionista e popolare scrittore Charles Higham, che in retrospettiva fu un entusiasta sostenitore del processo, sottolineò che "dopo due mesi e mezzo, né gli imputati né l'accusa erano riusciti a presentare un caso soddisfacente" e alla fine "la stampa e il pubblico stavano cominciando a perdere interesse nel caso".

Allo stesso tempo, secondo Tony Blizzard, confidente dell'ex imputata Paquita de Shishmareff, gli imputati sono riusciti a sopravvivere e a sviluppare un proprio modo di affrontare la loro difficile situazione: "La loro vita fisica era resa quasi impossibile. Avevano poco da mangiare ed erano paralizzati in ogni modo possibile. Ma quando si ritrovavano in tribunale, era una tale farsa che si divertivano molto".

A un certo punto, mentre il pubblico ministero leggeva solennemente un elenco di nomi di persone - alleati dell'amministrazione Roosevelt che erano stati attaccati in un modo o nell'altro dagli imputati - l'imputato Edward James Smythe gridò "E Eleanor Roosevelt", suscitando le risate dell'aula. Smythe non voleva che il nome della signora Roosevelt non fosse iscritto nel pantheon dell'infamia.

Questo è solo uno dei tanti eventi divertenti che hanno avuto luogo durante questo circo. Per molti versi, il processo per sedizione potrebbe servire come base per una commedia hollywoodiana, nonostante la gravità di questo scandalo riprovevole. Ma questo non significa che il processo per sedizione sia stato tutto un divertimento per gli avvocati e gli imputati. Tutt'altro. Due degli avvocati sono stati colpiti da proiettili mentre erano alla guida. Uno di loro ha perso un'associazione di avvocati di dodici anni. Un altro è stato picchiato da cinque teppisti ebrei e ricoverato in ospedale per cinque giorni.

Il già citato avvocato Henry Klein fu perseguitato senza sosta, accusato di oltraggio alla corte per la sua coraggiosa difesa del suo cliente e infine allontanato dal caso (anche se l'accusa di oltraggio fu annullata in appello). Inoltre, vennero compiuti notevoli sforzi per impedire agli imputati di assumere un impiego durante il processo, il che costituiva un problema particolare per coloro che non disponevano di mezzi indipendenti (e questo era il caso della maggior parte di loro).

Uno degli imputati, Ernest Elmhurst, trovò persino un lavoro come maggiordomo in un hotel di Washington per sbarcare il lunario durante il processo, ma il portavoce principale dell'ADL, Walter Winchell, venne a sapere del lavoro di Elmhurst e ne chiese il licenziamento nel suo popolare programma radiofonico, con il risultato che Elmhurst venne licenziato! (Questo potrebbe dare credito alla teoria dell'esistenza di un "potere ebraico" in America). Tuttavia, man mano che il processo si trascinava, il governo cominciò a rendersi conto che i suoi sforzi non portavano a nulla. Come sottolinea Roger Roots: "L'accusa si aspettava indubbiamente che uno o più imputati avrebbero ceduto e testimoniato contro gli altri.... [Tuttavia, nessuno degli imputati diede segno di volerlo fare. Sebbene fossero in disaccordo e alcuni di loro non si piacessero nemmeno, si unirono per formare un'unità coerente...".

David Baxter fu felice di sapere che sarebbe stato escluso dal processo e che le accuse sarebbero cadute. La sua crescente sordità gli impedì di ricevere un processo equo. Baxter ricorda che il giudice Eicher lo chiamò nella sua stanza, gli sorrise, gli tese la mano e gli disse: "Torna in California e dimentica tutto questo: torna in California e dimentica tutto questo, Dave".

Il giudice disse persino a Baxter che se lui e sua moglie avessero voluto comprare un'auto per tornare in California, li avrebbe aiutati e gli diede un intero rotolo di buoni benzina (che, in tempo di guerra, erano severamente razionati). Nonostante ciò, sembra che anche il giudice si sia reso conto che il processo era una farsa.

A interrompere il processo fu un evento del tutto inaspettato: l'improvvisa morte del giudice Eicher, avvenuta il 29 novembre 1944, quando Rogge non era ancora a metà della sua arringa finale. A quel punto, aveva chiamato trentanove testimoni e si aspettava di chiamarne altri sessantasette. La difesa non era ancora iniziata.

David Baxter ha poi riflettuto sulla sua esperienza personale e amichevole con il giudice: "Questo processo avrebbe potuto uccidere qualsiasi giudice con una coscienza cristiana e una parvenza di equità. Mi sono sentito sinceramente dispiaciuto per la morte del giudice Eicher". In effetti, Rogge ha accusato la difesa di aver effettivamente ucciso il giudice presentando una difesa che ha reso la vita del giudice (e del pubblico ministero) estremamente scomoda.

Non sapremo mai se la morte di Eicher sia stata una ricompensa dal cielo per la sua decenza nei confronti di David Baxter, ma nelle circostanze era chiaro che non c'era alcuna possibilità che il caso proseguisse su basi eque.

Di conseguenza, dopo un periodo di contrattazione legale da entrambe le parti (con uno degli imputati, Prescott Dennett, che ha effettivamente chiesto la continuazione del processo, deciso a presentare la sua difesa in tribunale dopo essere stato giudicato e condannato dai media), è stato dichiarato l'annullamento del processo.

Spinto soprattutto da gruppi ebraici, il procuratore Rogge sperava di mantenere in vita il caso e di organizzare un nuovo processo. Ma nella primavera del 1945 il principale promotore del processo, il presidente Roosevelt, era morto e la guerra era finita. Rogge continuò comunque a chiedere ritardi nella fissazione della data di un nuovo processo. Dopo la caduta della Germania, Rogge aveva sostenuto di poter trovare "prove" negli archivi tedeschi che gli imputati del processo per sedizione erano stati collaboratori dei nazisti. Tuttavia, secondo lo storico Glen Jeansonne - non amico dei presunti sediziosi - "nulla di ciò che Rogge ha trovato prova l'esistenza di una cospirazione" tra il governo tedesco e gli imputati.

Imperterrito, tuttavia, Rogge si imbarcò in un tour di conferenze a livello nazionale che, prevedibilmente, fu condotto sotto gli auspici del B'nai B'rith. Il combattivo e loquace Rogge, spinto dai suoi sponsor, non riuscì a trattenersi nel raccontare con entusiasmo gli eventi del processo e le personalità coinvolte e, alla fine, fu licenziato il 25 ottobre 1946 per aver divulgato informazioni alla stampa. In questa occasione, a Rogge fu ordinato di consegnare tutti i documenti del Dipartimento di Giustizia e dell'FBI in suo possesso. Il Dipartimento di Giustizia aveva apparentemente deciso che Rogge non era più utile.

Meno di un mese dopo, il giudice distrettuale Bolitha Laws respinse le accuse, stabilendo che gli imputati non avevano ricevuto un processo rapido come garantito dalla Costituzione. Sebbene il Dipartimento di Giustizia abbia fatto ricorso, il 30 giugno 1947 la Corte d'Appello del Circuito degli Stati Uniti ha confermato il proscioglimento. Il "grande processo di sedizione" si concluse così. Anche l'imputato Lawrence Dennis si affrettò a commentare

> Alcuni o tutti potrebbero anche essere stati colpevoli di aver cospirato per minare la lealtà delle forze armate, ma non come accusato dal [Governo].... Nulla nelle prove presentate durante il processo ha dimostrato o anche solo suggerito che qualcuno degli imputati fosse mai stato colpevole di una simile cospirazione, se non secondo la teoria dell'accusa. Secondo questa teoria, sarebbero colpevoli anche gli oppositori della politica estera e delle azioni in materia di affari esteri del Presidente Roosevelt prima di Pearl Harbor, come il colonnello Lindbergh, il senatore Taft, il senatore Nye, il senatore Wheeler e il colonnello McCormick, editore del *Chicago Tribune.*

> In effetti, la teoria dell'accusa è che il caso contro questi importanti isolazionisti sarebbe stato molto più forte di quanto non lo sia mai stato contro gli imputati minori nel processo per sedizione.

Molti anni dopo, in modo piuttosto divertente, gruppi ebraici organizzati e giornali ebraici attaccarono il procuratore generale Francis Biddle per non aver portato a termine il processo per sedizione, cioè alla condanna degli imputati. Lawrence Dennis disse che ciò dimostrava una grande ingratitudine da parte loro.

Secondo Dennis: "Mostra cosa succede a un funzionario pubblico quando cerca di fare il lavoro sporco per soddisfare gruppi di pressione minoritari. Biddle ha fatto del suo meglio, nella sua posizione, per eseguire i desideri delle persone dietro il processo. Semplicemente non si rendeva conto delle difficoltà di avere i loro nemici politici imprigionati senza prove di reato".

Dennis aggiunse un ulteriore avvertimento a coloro che si sarebbero lasciati trascinare nella promozione di "processi spettacolo" come quelli che ebbero luogo durante il grande processo per sedizione del 1944: "Quello che il governo fa oggi a un cosiddetto pazzo", disse Dennis, "può farlo dopodomani a un anziano statista dell'opposizione".

"Il processo è passato alla storia", ha detto Dennis, "ma non nel modo in cui il governo intendeva farlo. È passato alla storia come un esperimento governativo andato male. È stato un esperimento del Ministero della Giustizia che ha imitato un processo di propaganda politica a Mosca".

Ci sono almeno cinque conclusioni definitive che si possono trarre da questo processo, sulla base di tutti i documenti storici

1) Gli imputati erano essenzialmente sotto processo per aver espresso opinioni antiebraiche o anticomuniste, o entrambe. Le azioni degli imputati di avevano poco o nulla a che fare con l'effettivo incoraggiamento del dissenso o dell'insurrezione all'interno delle forze armate statunitensi. In breve, il processo per "sedizione" è stato una frode fin dall'inizio.

2) I principali istigatori delle cause erano gruppi di interesse privati che rappresentavano potenti organizzazioni ebraiche come la Anti-Defamation League (ADL) del B'nai B'rith, strettamente legate al regime di Roosevelt.

3) Di conseguenza, politici di alto livello (tra cui lo stesso Presidente) e burocrati simpatizzanti di questi interessi privati hanno usato la loro influenza per garantire che i poteri di polizia del governo fossero usati per favorire le richieste di questi gruppi di pressione privati che si stavano agitando per il processo di sedizione.

4) I principali media (come *il Washington Post*), collaborando con l'ADL e alleandosi con il regime al potere, hanno svolto un ruolo di primo piano nel promuovere e facilitare gli eventi che hanno portato al processo.

5) I poteri di polizia del governo possono essere usati (e abusati) e cittadini innocenti (nonostante le protezioni costituzionali) possono essere perseguiti e perseguiti dalla legge, anche se sono innocenti.

Sebbene appena un decennio dopo la fine del grande processo per sedizione, i principali media statunitensi abbiano iniziato a dedicare notevoli energie alla denuncia della cosiddetta "caccia alle streghe" anticomunista degli anni Cinquanta, i media (per non parlare degli storici mainstream) non hanno mai tracciato l'ovvio parallelo con il precedente costituito dalle attività dell'ADL e dei suoi alleati nell'amministrazione Roosevelt, che avevano orchestrato il processo per sedizione.

Gli eventi del "Grande Processo alla Sedizione" sono ormai parte della storia (e poco conosciuti), ma i libertari civili dovrebbero prenderne atto. C'è una lezione essenziale da imparare da questo evento: *può accadere qui... ed è accaduto.*

# CAPITOLO VI

Walter Winchell e il nemico interno: come una potente emittente e un editorialista servirono da facciata per gli interessi sionisti e britannici

Walter Winchell morì nel 1972, poco prima del suo 75° compleanno. La sua carriera si era conclusa diversi anni prima.

Al suo apice, tuttavia, Winchell era una delle figure più potenti della stampa americana. Alla sua morte, *il New York Times* dichiarò che era "il giornalista più noto e più letto del Paese, oltre che il più influente".

(Tutte le citazioni di questo capitolo sono tratte dall'autorevole biografia di Winchell, *Winchell: Gossip, Power and the Culture of Celebrity*, di Neal Gabler).

Lo stesso Gabler ha riassunto l'immensa influenza mediatica di Winchell: "Per più di quattro decenni, Walter Winchell è stato un'istituzione americana e probabilmente uno dei principali architetti della cultura. Secondo una stima, 50 milioni di americani - su una popolazione adulta di circa 75 milioni - ascoltavano il suo programma radiofonico settimanale o leggevano la sua rubrica quotidiana che, al suo apice alla fine degli anni '30 e '40, veniva pubblicata su più di 2.000 giornali; si trattava, secondo un osservatore, del "più grande pubblico continuo mai posseduto da un uomo che non era né un politico né un divo".

Che impatto ha avuto Winchell su questo enorme pubblico? Dopo la morte di Winchell, un amico disse: "Gli storici non saranno in grado di spiegare il XX secolo senza capire Winchell". Questo elogio non sembra essere un eufemismo. Le prove, presentate da Gabler nella sua autorevole biografia di Winchell, suggeriscono che l'editorialista giocò un ruolo chiave in quello che potrebbe essere l'evento più drammatico del XX secolo: l'intervento degli Stati Uniti in quella che divenne la Seconda Guerra Mondiale.

Sebbene Winchell sia ricordato come un personaggio fiammeggiante e combattivo, che "sputava bile, attaccava briga, distruggeva vite attraverso la sua rubrica" - il che era vero - Walter Winchell, "il giornalista di gossip", era più di quanto si sappia.

Gabler ha raccolto una massa di informazioni su Winchell che dimostrano al di là di ogni dubbio - anche se Gabler non lo suggerisce mai categoricamente (e forse non lo farebbe nemmeno lui) - che Walter Winchell - che si presentava come la quintessenza del patriota - spesso non era altro che una voce radiofonica e giornalistica nascente per la propaganda straniera.

L'editorialista che una volta disse a uno dei suoi subordinati: "Trovami un buon omicidio o un disastro ferroviario, così posso partire con il piede giusto", fu presto descritto come "il più rabbioso anti-Hitler d'America". Winchell era così virulento che nel 1934 l'Anti-Defamation League (ADL) del B'nai B'rith lo nominò uno dei cinque membri della sua "Hall of Fame dell'ebraismo americano", sostenendo che nessuno aveva "fatto di più per cancellare il nazismo dalla mappa di questo gentiluomo pettegolo ed editorialista".

Nipote di un rabbino ebreo di origine russa, Chaim Weinschel, che aveva stabilito la sua famiglia in America, Winchell - secondo il suo storico collaboratore Herman Klurfeld - aveva una "sensibilità da radar per qualsiasi forma di antisemitismo".

"Se c'era un filo conduttore nella sua folle vita, era il suo essere ebreo", ha detto Klurfeld. Un altro intimo di Winchell, Arnold Forster, uno dei principali "cacciatori di nazisti" della B'nai B'rith Anti-Defamation League (ADL), ha detto che Winchell "pensava come un ebreo". Era consapevole del suo essere ebreo". Era consapevole del suo essere ebreo".

Era quindi naturale che Winchell si opponesse a Hitler e al suo nazionalsocialismo. Tuttavia, l'opposizione di Winchell portò a frenetici attacchi ai patrioti americani che a loro volta si opponevano all'intervento degli Stati Uniti nei problemi europei. Gli oppositori americani all'intervento, chiamati "isolazionisti" dai loro critici, furono il bersaglio principale degli attacchi di Winchell.

Secondo il biografo di Winchell: "Per Walter l'isolazionismo era diventato inaccettabile, una forma di tradimento. Era determinato a dimostrare che gli isolazionisti non erano, come sostenevano, americani patriottici che avevano una visione diversa dalla sua; erano collaboratori del nazismo, antisemiti e razzisti che non si preoccupavano tanto di salvare vite americane quanto di assicurare la vittoria di Hitler. ... Ogni settimana, Walter lanciava nuove accuse che collegavano la destra radicale alla Germania nazista.

All'epoca, era opinione diffusa che l'FBI fosse la fonte principale di Winchell per molte delle sue affermazioni sensazionali. Secondo Gabler, non era così. Al contrario, Winchell stesso era una delle principali fonti di informazioni dell'FBI su "nazisti" e "simpatizzanti del nazismo", oltre che su altre persone prese di mira da Winchell.

Da dove Winchell trasse questa ricchezza di informazioni, che a sua volta trasmise all'FBI? Secondo Gabler, la "fonte più importante" di Winchell per queste informazioni era il già citato Arnold Forster, consigliere dell'ADL a New York. Gabler riferisce: "Quando si trattava di destra radicale, Forster aveva una delle migliori operazioni di raccolta di informazioni del Paese, con spie ovunque.

A metà del 1942, osserva Gabler, "Forster trascorreva tra le dieci e le quindici ore con Walter ogni settimana [ed era entrato a far parte] della cerchia ristretta dell'editorialista". Herman Klurfeld, partner di Winchell, ricorda che "ricevevamo montagne di informazioni da Forster", che Klurfeld poi riassumeva per gli articoli di Winchell. Tuttavia, osserva Gabler, "Forster a volte scriveva lui stesso intere colonne per Walter" e, ogni domenica, si presentava allo studio radiofonico "per prestare la sua esperienza al programma e controllare le parti antifasciste del copione, che crescevano continuamente".

Winchell svolse quindi un ruolo chiave come intermediario tra l'FBI di J. Edgar Hoover e l'ADL, cementando una stretta relazione che continua ancora oggi. L'ADL passava le informazioni a Winchell, che le utilizzava per le sue trasmissioni radiofoniche e le sue rubriche sui giornali, ma le trasmetteva anche all'FBI (agendo essenzialmente come "facciata" per l'ADL).

L'FBI seguì l'esempio e approfittò di questa insolita relazione segreta con Winchell e l'ADL. Secondo William Sullivan, a lungo vicedirettore dell'FBI, "Winchell è stato probabilmente il primo commentatore radiofonico di fama nazionale sviluppato dall'FBI. Inviavamo regolarmente informazioni a Winchell. Era il nostro portavoce.

Inutile dire che i tentacoli dell'ADL, come abbiamo visto, si estendevano in lungo e in largo e giocavano un ruolo importante nello spingere l'America verso l'intervento e la guerra, e per molti versi fungevano da ausiliari dell'intelligence britannica (con cui l'ADL lavorava a stretto contatto). Tuttavia, il portavoce dell'ADL Winchell fungeva anche da tramite per la propaganda pro-interventista proveniente direttamente dall'intelligence britannica.

I britannici avevano inviato negli Stati Uniti un uomo d'affari canadese, William Stephenson, nome in codice "Intrepid", per tenere i contatti con l'intelligence americana. Stephenson si rivolse a Ernest Cuneo, un avvocato del Partito Democratico che non solo era un membro della cerchia ristretta di FDR, ma anche il tramite del Presidente con Winchell stesso e quindi un membro della cerchia ristretta di Winchell.

Negli anni precedenti, Winchell aveva sviluppato una stretta relazione con l'amministrazione Roosevelt. Nel 1936, Winchell svolse un ruolo propagandistico così importante nel promuovere FDR per un terzo mandato che Cuneo disse in seguito di aver voluto dire a Winchell: "Ascolta, Walter, tu sei la campagna per il terzo mandato".

Per molti versi, Winchell era diventato la voce mediatica non solo dell'ADL, ma dello stesso FDR. Secondo Gabler, "ciò che il suo pubblico non sapeva era che, nel plasmare gli atteggiamenti americani verso la guerra, Winchell parlava spesso a nome dell'amministrazione Roosevelt, proprio come aveva fatto nelle aree di politica interna".

La posizione centrale di Cuneo tra FDR e l'ufficiale dei servizi segreti britannici Stephenson pose Winchell al centro delle operazioni di intelligence e propaganda britanniche negli Stati Uniti. Lavorando al Rockefeller Center di New York, Stephenson fungeva da collegamento tra l'intelligence britannica, l'FBI e (più tardi) l'Office of the Coordinator of Information.

Secondo Gabler, "Stephenson raccoglieva essenzialmente informazioni sulle attività nemiche e le passava a queste agenzie sorelle, ma non si limitava a questo. Gestì anche un'operazione segreta il cui scopo, secondo una storia ufficiale dell'intelligence britannica in tempo di guerra, era "fare tutto ciò che non era stato fatto e non poteva essere fatto con mezzi palesi per assicurare aiuti sufficienti alla Gran Bretagna e, in ultima analisi, per far entrare l'America in guerra". A questo scopo, Stephenson pubblicò articoli su giornali simpatizzanti per screditare gli isolazionisti e per infastidire i raduni dell'America First".

Winchell, secondo Gabler, era "uno degli elementi più importanti" nel piano dello spione britannico. "Da un lato, Cuneo forniva informazioni a Walter su ordine della Casa Bianca, che cominciava a credere nell'inevitabilità dell'entrata in guerra dell'America. Dall'altro, passava segretamente [a Winchell] la propaganda britannica e l'intelligence di alto livello attraverso Stephenson. L'effetto... era quello di distruggere l'opposizione ai preparativi e di ammorbidire l'opinione pubblica a favore dell'intervento". Secondo lo stesso Cuneo: "Winchell divenne il punto focale. I suoi blocchi stradali potevano aprire la strada al Presidente e ai preparativi per la guerra, ed è quello che fece".

Nel frattempo, alleato di FDR, anche J. Edgar Hoover e l'FBI avevano intrapreso la lotta contro i non-interventisti americani che si opponevano al coinvolgimento degli Stati Uniti all'estero - e, secondo Gabler, Winchell "inviava a Hoover risme di materiale su possibili sovversivi, alcune delle quali erano solo pettegolezzi, e altre provenivano dai file dell'ADL di Forster". Hoover, a sua volta, passava le informazioni a Walter in lunghe buste bianche.

Le fonti di Winchell presso l'ADL e l'intelligence britannica lo resero quasi un'agenzia di intelligence a sé stante, tanto che, scrive Gabler, "le stesse comunicazioni interne di Hoover all'FBI confermarono il fatto che Walter spesso sapeva più di Hoover, e Hoover assegnò presto degli agenti per monitorare lo show ogni settimana e stilare liste di articoli che il Bureau avrebbe potuto trovare interessanti. Era persino possibile che mettesse sotto controllo i telefoni di Walter".

È interessante notare che il rapporto tra Hoover dell'FBI e Winchell prende un'altra piega particolare. Secondo un biografo di Hoover, Winchell "ha fatto più di ogni altro uomo per perpetuare i miti di J. Edgar Hoover e dei suoi scagnozzi", promuovendo il mito di Hoover e rendendo il direttore dell'FBI una leggenda ai suoi tempi.

È interessante notare che Winchell agì come agente di pubbliche relazioni di Hoover. Winchell stesso era stato attivo negli ambienti della malavita per molti anni ed era vicino a molti boss mafiosi. Più di una pubblicazione ha suggerito che fu Winchell a presentare Hoover al mafioso newyorkese Frank Costello. Secondo la leggenda, fu Costello, amico di Winchell, a fornire a Hoover (appassionato di corse di cavalli) preziose soffiate su corse truccate, come ricompensa per aver "chiuso un occhio" sulle attività della mafia.

In realtà, per anni Hoover ha negato con forza l'esistenza stessa del crimine organizzato in America, preferendo dare la caccia a rapinatori di banche come John Dillinger e "Baby Face" Nelson e perseguire i "sovversivi" come definiti dall'amministrazione Roosevelt.

Lo stesso Winchell aveva buone ragioni per essere così vicino al crimine organizzato. Lo zio di Winchell per matrimonio, Billy Koch, era uno scagnozzo di alto rango nelle operazioni di gioco d'azzardo di Meyer Lansky, che negli anni '40 si era affermato come "presidente del consiglio" de facto del sindacato criminale nazionale.

Comunque sia, l'America era entrata in guerra e, insieme a FDR, all'ADL e ai servizi segreti britannici, Winchell aveva motivo di rallegrarsi.

In seguito, Winchell, insieme all'editorialista di Washington Drew Pearson, svolse un ruolo importante in una campagna diffamatoria coordinata contro l'allora Segretario alla Difesa James Forrestal.

Il "crimine" del Segretario alla Difesa agli occhi di Winchell e Pearson (che, tra l'altro, era mezzo ebreo) fu quello di aver incoraggiato il Presidente Harry Truman a evitare le pressioni dell'ADL e di altri elementi della lobby pro-Israele per riconoscere lo Stato di Israele che, alla fine, nacque il 14 maggio 1948. Forrestal aveva sostenuto che uno Stato ebraico si sarebbe inimicato gli Stati arabi, avrebbe minacciato le forniture di petrolio dell'Occidente e avrebbe creato il rischio di una crisi permanente negli anni a venire (cosa che si rivelò vera). Forrestal suggerì che gli ebrei sopravvissuti alla Seconda guerra mondiale, nati in Europa e sradicati, dovessero emigrare in Perù.

Incalzato dalle sue "fonti" ADL e spinto dai suoi stessi demoni, Winchell attaccò Forrestal come se fosse il vero Winchell. Un funzionario arabo palestinese ha descritto Winchell come "il più feroce scrittore sionista", superando persino Drew Pearson. Tuttavia, anche dopo che Winchell, Pearson e i loro sponsor stranieri ebbero prevalso e Israele divenne uno Stato e fu riconosciuto (anche contro il suo stesso giudizio) dal Presidente Harry Truman, i due editorialisti "mantennero un regolare tatuaggio di insulti", secondo il biografo di Winchell.

Il Presidente stesso non era un grande ammiratore di Forrestal, ma non sopportava l'assalto di Winchell e Pearson e lo vedeva come una resa dei conti. Un altro editorialista, il populista Westbrook Pegler, che non era un sostenitore di Forrestal, era ugualmente disturbato dalle farneticazioni propagandistiche di Winchell e Pearson. "Se la nostra stampa è degna di questo nome, dovrebbe distruggere questi bastardi", scrisse Pegler a Forrestal.

Winchell vince. Il 22 maggio 1949, Forrestal morì. Cadde o saltò - alcuni dicono ancora che fu spinto - dalla sua stanza d'ospedale al Bethesda Naval Medical vicino a Washington, dove era andato a riposare, profondamente traumatizzato dalla campagna mediatica contro di lui.

Lo stesso Winchell disse, anni dopo, che uno dei consiglieri di Forrestal gli aveva detto che Forrestal era stato gettato dalla finestra dell'ospedale per impedirgli di scrivere le sue memorie - il che, ovviamente, potrebbe essere vero. Le memorie di Forrestal avrebbero rivelato molto e messo Winchell e i suoi sponsor della propaganda estera al loro posto.

Il 20 febbraio 1972 Walter Winchell morì di cancro. Negli anni precedenti, aveva perso il suo programma radiofonico, la diffusione della sua rubrica era diminuita e lo stesso Winchell a volte sembrava anacronistico, come per molti versi era.

Eppure, nel suo periodo di massimo splendore, Winchell era stato una potenza con cui fare i conti, un attore importante negli intrighi politici del XX secolo, una voce mediatica essenziale per Il nemico interno.

Oggi, naturalmente, ci sono molti fornitori di propaganda sionista e di altre forme di spazzatura politica che provengono dai ranghi dell'élite plutocratica internazionale.

Forum come Fox News - che esamineremo in un capitolo successivo -

forniscono uno sbocco per questo materiale. Su giornali e riviste di tutto il Paese, così come su siti web come WorldNetDaily, le capre di Giuda possono essere trovate a promuovere la cosiddetta "agenda neo-conservatrice" (di cui parleremo più avanti).

Questi caproni di Giuda seguono le orme di Walter Winchell, spacciando per "informazione" la propaganda extraterrestre. L'elenco potrebbe continuare all'infinito - è lungo - ma tra i propagandisti più evidenti ci sono i seguenti: Mona Charen, Suzanne Fields, Clifford May, David Horowitz, Joseph Farah, Jonah Goldberg, Dennis Prager, Diana West, Helle Dale, Arnold Beichman, Linda Chavez, Frank Gaffney, Cal Thomas e, naturalmente, l'ex colonnello dei Marines Oliver North, la figura centrale dell'affare del traffico d'armi e di droga e del riciclaggio di denaro sporco legato a Israele noto come "Iran-contra".

E questi sono solo alcuni esempi. Ce ne sono altri, come George F. Will, Charles Krauthammer, Michael Ledeen, Robert Kagan e molti altri. Il filo conduttore che li lega tutti è la loro fedeltà - come quella del loro antenato ideologico, il giornalista voyeurista Walter Winchell - alla causa del sionismo internazionale.

Sebbene i crimini contro l'umanità di Winchell siano stati perpetrati durante il suo periodo di massimo splendore nella Seconda Guerra Mondiale, lo stesso tipo di tradimento si ritrova nelle opere di questi moderni capri di Giuda.

Ma le capre di Giuda si trovano ad ogni livello della società e in molti luoghi, compreso il Congresso degli Stati Uniti, come vedremo...

# CAPITOLO VII

Il capro di Giuda di Capitol Hill: una spia sionista che lavora per i servizi segreti sovietici all'interno del Congresso USA

Se il defunto deputato Samuel Dickstein (D-N.Y.) è oggi ricordato come uno dei "grandi liberali" americani e dei leader ebrei più in vista, alla fine degli anni '30 - poco prima del coinvolgimento dell'America nella Seconda Guerra Mondiale - era noto soprattutto per essere stato il primo esponente del Congresso a promuovere la "caccia ai nazisti" e la "lotta al fascismo" come una delle principali priorità dell'America. Dickstein si presentava come l'ultimo difensore dell'"americanismo". In realtà, era il capro di Giuda per eccellenza. Era un agente nemico: una spia controllata dai servizi segreti dell'Unione Sovietica.

Sebbene la stampa ebraica americana abbia reso omaggio a Dickstein definendolo "statista" e "umanitario", altre valutazioni del deputato - che ha ricoperto 11 mandati, a partire dal 1923 - non sono state altrettanto amichevoli. Un critico ha definito Dickstein un "infiltrato scaltro, corrotto, avido e assolutamente amorale", un modello precoce per molti dei capri di Giuda che oggi popolano i ranghi del Nemico Interno dell'America.

La verità sul ruolo di Dickstein come agente sovietico è stata rivelata alla fine degli anni '90 in messaggi e file dell'intelligence sovietica a lungo segreti, ora a disposizione degli storici americani. Stephen Gettinger, editore dell'eminentemente "mainstream" e totalmente apartitico Congressional *Quarterly*, ha affermato che l'affare Dickstein è stato probabilmente "il primo chiaro caso di spionaggio congressuale nella storia".

Il dossier mostra che Dickstein - che rappresentava un distretto congressuale notoriamente "ebraico" nel Lower East Side di Manhattan - fu reclutato come agente sovietico nel 1937 da Peter Gutzeit, un uomo che condivideva la religione di Dickstein e che era a capo della stazione di New York dell'NKVD, la polizia segreta sovietica. Per un compenso di 1.250 dollari al mese, Dickstein rubò quantità di documenti segreti dal Congresso e dal Dipartimento della Guerra, che passò ai suoi agenti sovietici.

Inoltre, cosa forse ancora più importante, Dickstein fungeva da agente di influenza di Mosca a Washington, attaccando a gran voce le potenze europee nazionaliste di Germania e Italia per la loro risoluta opposizione al comunismo sovietico. Dickstein fu forse uno dei primi e più rumorosi sostenitori della pressione degli Stati Uniti sulla Germania, con l'intento di scatenare l'intervento militare americano nella guerra in Europa che sarebbe diventata la Seconda guerra mondiale. Dickstein fece notizia accusando gli americani che si rifiutavano di appoggiare le sue intenzioni bellicose di essere "antiamericani" - un'accusa che elementi sionisti usano ancora oggi contro i buoni patrioti americani che si rifiutano di appoggiare l'infinito intervento americano in Medio Oriente per conto di Israele.

E mentre molti attribuirono l'isteria di Dickstein semplicemente al fatto che era ebreo, e quindi un ovvio nemico del governo di Adolf Hitler in Germania, il fatto è, come abbiamo visto, che Dickstein era anche un avido agente pagato dall'Unione Sovietica.

Ciò che è particolarmente interessante è che Dickstein fu uno dei primi promotori della creazione di quello che divenne noto come Comitato per le attività antiamericane della Camera (HUAC). *Il New York Times* ha addirittura definito Dickstein "il fondatore della HUAC". Tuttavia, quando l'HUAC iniziò le sue indagini e scoprì ben presto che i veri sovversivi sul suolo americano erano agenti sovietici e che molti veri patrioti americani semplicemente non vedevano la necessità di un intervento degli Stati Uniti in Europa in una guerra contro la Germania, Dickstein fece un dietrofront e denunciò proprio il comitato che aveva contribuito a creare.

Le richieste finanziarie di Dickstein ai suoi superiori sovietici erano così elevate che l'NKVD gli attribuì il nome in codice "Crook" nei suoi memorandum interni e negli scambi di informazioni. Nel 1938, Peter Gutzeit, intermediario di Dickstein a New York con l'NKVD, avvertì i suoi superiori in un promemoria che "Crook" giustificava pienamente il suo nome in codice. È un uomo senza scrupoli, avido di denaro... un truffatore molto astuto". (E questa valutazione non era certo il tipo di commento favorevole su Dickstein che appariva nei media all'epoca).

In ogni caso, alla fine del 1940, Dickstein e i suoi agenti sovietici si erano separati, ma Dickstein aveva già compiuto un'enorme quantità di lavoro sporco altamente efficace per conto dei suoi sponsor stranieri. Dickstein lasciò il Congresso dopo le elezioni del 1944 e divenne giudice della Corte Suprema dello Stato di New York, morendo nel 1954 come uomo molto ricco e onorato. I documenti di questo traditore - ma non le prove del suo tradimento - sono conservati con amore e riverenza negli Archivi ebraici americani dell'Hebrew Union College di Cincinnati.

Ovviamente, Dickstein sarebbe stato probabilmente molto filo-sovietico e anti-nazista anche senza il sostegno finanziario dei suoi agenti sovietici, ma il fatto che fosse pronto a prestare segretamente i suoi sforzi per conto di agenti segreti sovietici - in cambio di denaro - la dice lunga su questo cosiddetto "statista". In effetti, Dickstein è un classico modello di uno dei Capri di Giuda - il Nemico Interno - che hanno fatto tanto male all'America. Ed è per questo, se non per altro, che dobbiamo ricordare il suo sordido passato.

La verità è che oggi al Congresso ci sono molte più persone come lui. Il curriculum dei politici "al soldo" della lobby israeliana è altrettanto sordido, ma questi politici si vantano di aver ricevuto denaro straniero, mentre Dickstein, ovviamente, ha tenuto al caldo il suo tradimento.

*E questo la dice lunga su quanto l'America sia andata alla deriva.*

# CAPITOLO VIII

## Il ruolo segreto dell'ADL nel determinare chi viene assunto dalle agenzie federali statunitensi

Nonostante l'influenza della Anti-Defamation League (ADL) di B'nai B'rith nel dare forma ad attività scandalose e divisive, come il comportamento dell'FBI e del Dipartimento di Giustizia nel famigerato "caso di sedizione", e nella direzione della copertura mediatica dei dissidenti americani che si opponevano all'agenda sionista prima e durante la Seconda guerra mondiale (attraverso l'uso di volenterosi guerrieri legati all'ADL come l'editorialista Walter Winchell), il fatto è che le attività dell'ADL continuarono a prosperare negli anni successivi alla guerra. Ma all'epoca c'erano ancora dei veri patrioti ben posizionati, persino nel Congresso, che erano pronti ad affrontare l'ADL.

Nel 1947, una commissione del Congresso indagò su un segmento della rete di spionaggio nazionale della B'nai B'rith Anti-Defamation League (ADL). In questo caso particolare, gli investigatori del Congresso erano interessati a capire come l'ADL e uno dei suoi gruppi di facciata, gli "Amici della Democrazia", fossero riusciti a penetrare in un'agenzia federale e a inserire negli archivi dell'agenzia informazioni false, malevole e diffamatorie su obiettivi dell'ADL.

Il 3, 6 e 7 ottobre 1947, il deputato Clare E. Hoffman (R-Mich.), allora presidente della Commissione della Camera sulle spese del Dipartimento Esecutivo, convocò una sottocommissione per indagare sulla Commissione del Servizio Civile degli Stati Uniti (CSC), l'agenzia che supervisiona il personale federale. Il deputato Porter Hardy Jr. (D-Va.) si unì a Hoffman come membro della sottocommissione.

Hoffman e altri erano venuti a conoscenza dell'esistenza di fascicoli della SCC contenenti dichiarazioni sui punti di vista, le opinioni e le attività di alcuni membri del Congresso e delle loro mogli, nonché di una serie di altri americani di spicco, la maggior parte dei quali non aveva mai cercato una carica attraverso la SCC.

Secondo Hoffman, la maggior parte delle informazioni - alcune delle quali erano sprezzanti - sembravano essere "in gran parte voci, dicerie" scritte su schede conservate negli uffici della CSC. Hoffman ha rivelato durante l'udienza che gli investigatori hanno stabilito che su molte di queste schede c'era una nota che recitava:

> Quanto sopra è stato copiato dall'archivio sovversivo in possesso degli avvocati Mintzer & Levy, 39 Broadway, NYC, Room 3305. Questi file sono stati compilati in collaborazione con l'American Jewish Committee e l'Anti-Defamation League. In nessun caso le fonti di queste informazioni possono essere divulgate o citate. Tuttavia, ulteriori informazioni possono essere ottenute contattando gli uffici di Mintzer & Levy.

Secondo Hoffman, "questa menzione appare in fondo alle schede che contengono informazioni secondo le quali le persone citate, senatori e membri del Congresso, erano sleali, appartenevano a gruppi sovversivi e forse erano impegnati in attività di tradimento".

Ciò che è stato particolarmente scioccante, naturalmente, è che l'agenzia federale ha detto chiaramente nella sua nota privata che, sebbene includesse le diffamazioni dell'ADL nei propri archivi, le persone prese di mira dall'ADL non avevano il diritto di conoscere la fonte delle accuse calunniose, il che rappresentava una flagrante violazione del diritto tradizionale di ogni persona di poter affrontare il proprio accusatore.

È interessante notare che diversi commissari della SCC chiamati a testimoniare, tra cui James E. Hatcher, capo dell'Ufficio centrale della Divisione Investigazioni della SCC, hanno ammesso di non sapere come la propaganda dell'ADL fosse stata inserita negli archivi della commissione.

Inoltre, secondo Hatcher, "non solo penso, ma sono sicuro e certo che l'abbiano fatto senza l'autorizzazione della Commissione". Hatcher ha aggiunto: "Come americano, penso che sia del tutto inappropriato. E non credo proprio che cose del genere debbano essere messe a verbale". Questa dichiarazione, ovviamente, proviene da un funzionario pubblico incaricato di cercare fatti - e non bugie maligne - su futuri funzionari pubblici.

Tutto ciò suggerisce che sia stata una "spia" dell'ADL negli uffici del CSC a inserire le informazioni sprezzanti nei file. L'ADL, naturalmente, è nota per aver penetrato più di un'agenzia governativa nel corso degli anni, per non parlare di centinaia di associazioni private, case editrici e altre entità.

Per risolvere la questione, un membro della commissione, il deputato Fred Busbey (R-Ill.), ha chiesto a un altro testimone, Harry Mitchell, presidente di la CSC: "Quale sarà l'atteggiamento della Commissione per il Servizio Civile in futuro riguardo ai nomi depositati nei suoi registri dall'Anti-Defamation League o dagli Amici della Democrazia, dai registri di queste organizzazioni?".

Mitchell rispose: "Non saranno archiviate". Alla domanda di Busbey se considerasse le informazioni "indiscutibilmente affidabili", Mitchell ha risposto: "Non credo. Presumo che si tratti di organizzazioni comuniste, ma non lo so davvero.

Sebbene Busbey abbia dichiarato che, per quanto ne sa, l'ADL e il suo gruppo di facciata non sono organizzazioni comuniste, il deputato ha fatto commenti senza tenere conto delle conoscenze che la storia ci ha lasciato in eredità: infatti, l'ADL è stato uno dei principali controllori, insieme al Cremlino sovietico , del Partito Comunista Americano, anche quando il Partito Comunista era controllato ai vertici da una risorsa del Direttore dell'FBI J. Edgar Hoover, un alleato dell'ADL (per saperne di più in seguito). Edgar Hoover, un alleato dell'ADL (per saperne di più, più avanti in queste pagine).

Tuttavia, la particolare influenza dell'ADL sul Partito Comunista USA è stata ampiamente ignorata o dimenticata. La particolare influenza dell'ADL è stata riferita dal defunto dottor Bella Dodd, ex leader del CPUSA, il quale ha raccontato ai suoi intimi - dopo aver lasciato l'Orbita Rossa - che ogni volta che i comunisti americani avevano bisogno di finanziamenti o di consigli strategici, venivano istruiti a rivolgersi ai pezzi grossi dell'ADL a Manhattan.

Alcuni conservatori, che sono soggetti alla disciplina dell'ADL o che hanno avuto paura di menzionare qualsiasi cosa che potesse essere vista come un danno per l'ADL, hanno spesso citato l'intrigante rivelazione del dottor Dodd, ma sono sempre stati attenti a cancellare il suo riferimento all'ADL, riferendo solo che gli operatori dell'ADL erano "capitalisti americani estremamente ricchi". È quindi abbastanza chiaro che l'ADL era, come ipotizzato dal commissario della SCC, un'organizzazione comunista.

Comunque sia, il presidente della commissione, Hoffman, ha giustamente detto dell'ADL e degli Amici della Democrazia: "Vi dirò che si tratta di artisti diffamatori".

Una nota storica: nella campagna per il Senato del 1992 in Pennsylvania, l'ADL si vendicò del defunto rappresentante Porter Hardy, che si era coraggiosamente unito al rappresentante Hoffman per indagare sulle attività di spionaggio dell'ADL. Quando la figlia di Hardy, Lynn Hardy Yeakel, donna d'affari di successo, sfidò la rielezione del senatore in carica Arlen Specter (R-Penn.), uno dei principali sostenitori dell'ADL al Congresso, si scatenò una campagna di sussurri, con che accusò la signora Yeakel di essere "antisemita". Specter è stato rieletto.

Questo è solo un esempio di come l'ADL - che rappresenta il nemico interno - abbia giocato un ruolo centrale dietro le quinte nell'influenzare la politica pubblica americana, essendo letteralmente nella posizione di determinare chi poteva ottenere un lavoro nel governo degli Stati Uniti.

Se qualcuno crede davvero che ADL non svolga ancora un ruolo simile - soprattutto nell'era dell'informatizzazione e dello spionaggio high-tech - è davvero ingenuo.

Tutto questo è solo la punta dell'iceberg delle attività dell'ADL, e nei capitoli che seguono scopriremo molto di più sull'ADL e sul suo ruolo distruttivo nel distorcere l'agenda americana.

# CAPITOLO IX

## La Anti-Defamation League: una lobby straniera per Israele e un'agenzia di spionaggio privata per il nemico interno

Per anni Liberty Lobby, l'istituzione populista con sede a Washington che ha pubblicato *The Spotlight*, ha accusato la Anti-Defamation League (ADL) di B'nai B'rith di operare come agente straniero non registrato - e quindi illegale - per lo Stato di Israele. Tutto questo, naturalmente, si aggiunge al ruolo speciale che l'ADL svolge da tempo, ad esempio, a fianco dell'FBI, come canale principale per i dati di spionaggio e come sponsor di nefaste attività segrete volte a infiltrare e distruggere i legittimi (e assolutamente patriottici) gruppi dissidenti americani. L'ADL, in quanto istituzione peculiare - e per di più disdicevole - incarna per molti versi il male de Il nemico interno.

Ma il ruolo dell'ADL come agente estero di Israele - un ruolo che si è evoluto dopo la fondazione dello Stato di Israele nel 1948 - deve essere analizzato in profondità per comprendere appieno l'immenso potere che l'ADL ha accumulato nel plasmare la politica estera e interna degli Stati Uniti.

Il fatto che uno strumento di un governo straniero sia riuscito a esercitare una tale influenza sulle (e letteralmente all'interno delle) forze dell'ordine americane come l'FBI, ad esempio, è un fatto notevole e spaventoso.

Nel giugno 1981, Liberty Lobby ha pubblicato un dettagliato *libro bianco sulla Anti-Defamation League (ADL) di B'nai B'rith*. Questo libro bianco fu pubblicato con l'esplicito scopo di portare alla luce fatti che avrebbero richiesto all'ADL di registrarsi presso il Dipartimento di Giustizia degli Stati Uniti come agente del governo di Israele.

Rifiutandosi di registrarsi presso il Ministero della Giustizia, l'ADL ha violato - e continua a violare - il Foreign Agents Registration Act del 1938, che richiede la registrazione di tutti gli agenti stranieri.

Il Ministero della Giustizia ha ammesso, dopo aver esaminato il libro bianco, che Liberty Lobby aveva in effetti "stabilito una reciprocità di interessi tra l'ADL e il governo di Israele".

L'ammissione del Dipartimento di Giustizia è arrivata in risposta a un'inchiesta del Congresso sullo status dell'ADL, avviata in seguito a una lettera dei membri della Liberty Lobby che sollecitavano il Congresso a indagare sullo status dell'ADL come agente non registrato di un governo straniero. Il Dipartimento di Giustizia ha comunicato al deputato interessato che "se questa lettera o altre fonti forniranno prove sufficienti per stabilire una violazione del Foreign Agents Registration Act", il Dipartimento ha garantito che prenderà provvedimenti contro l'ADL.

Il Ministero della Giustizia ha dichiarato che la prova di un rapporto "contrattuale" tra l'ADL e il Governo di Israele era necessaria prima di poter intraprendere "azioni appropriate". Questa dichiarazione del Ministero della Giustizia era falsa. Anzi, contraddiceva la legge federale.

Ai sensi del Foreign Agents Registration Act (FARA), qualsiasi organizzazione che agisca come agente di una potenza straniera, "in base a un rapporto contrattuale o meno", è un "agente straniero" ai sensi della legge. La sezione 1, sottosezione (c) della legge definisce un agente di un governo straniero come segue:

> (1) Chiunque agisca in qualità di agente, rappresentante, impiegato o dipendente, o chiunque agisca in qualsiasi altra veste su istruzione, richiesta, direzione o controllo di un committente straniero o di una persona le cui attività siano direttamente o indirettamente supervisionate, dirette, controllate, finanziate o sovvenzionate in tutto o in parte da un committente straniero e che, direttamente o tramite un'altra persona, - sia un agente, rappresentante, impiegato o dipendente di un committente straniero.

> (i) svolge attività politiche negli Stati Uniti per conto o nell'interesse di tale committente straniero:

> (ii) agisce negli Stati Uniti come consulente per le pubbliche relazioni, pubblicista, dipendente di un servizio di informazione o consulente politico per o nell'interesse di tale committente straniero; (iii) sollecita, raccoglie, eroga o distribuisce negli Stati Uniti contributi, prestiti, denaro o altre cose di valore per o nell'interesse di tale committente straniero; (iv) rappresenta negli Stati Uniti gli interessi di tale committente straniero presso qualsiasi agenzia o funzionario del governo degli Stati Uniti; e (v) rappresenta gli interessi di tale committente straniero presso qualsiasi agenzia o funzionario del governo degli Stati Uniti.

> (2) Chiunque accetti, acconsenta, assuma o pretenda di agire come, o sia o si dichiari, nel corso di un rapporto contrattuale o meno, un agente di un preponente straniero come definito nella clausola (1) del presente comma.

In tutti i sensi, l'ADL svolge tutte le azioni di un agente straniero secondo la definizione del FARA. In effetti, una proposta di emendamento alla legge, approvata dal Senato nel 1964, ribadiva la disposizione della legge originale del 1938, secondo la quale esiste un rapporto di agenzia "quando l'agente agisce al di fuori di un accordo contrattuale, o si presenta semplicemente come agente di un mandante straniero".

Ancora una volta, la legge contraddice le affermazioni contrarie del Ministero della Giustizia. Presentandosi semplicemente come rappresentante del governo di Israele, l'ADL si pone come agente di una potenza straniera e deve quindi essere registrata presso il Ministero della Giustizia.

In risposta alla richiesta di un cittadino di indagare sull'ADL da parte del Ministero della Giustizia, quest'ultimo si è nuovamente precipitato a difenderla, affermando che l'ADL era esente dall'obbligo di registrazione come agente straniero perché non agiva "per ordine, su richiesta o sotto la direzione di... un mandante straniero...".

Il Ministero ha dichiarato: "In particolare, senza la prova che l'ADL operi su richiesta, o sotto la direzione o il controllo di questo governo [Israele], non vi è alcun obbligo di registrazione ai sensi della legge sulla registrazione degli agenti stranieri".

Nonostante ciò, il Ministero della Giustizia sa perfettamente che l'ADL è un agente del governo israeliano e che le sue attività sono illegali a causa del suo status non registrato.

Questa non è solo una conclusione di parte da parte di Liberty Lobby, ma l'opinione di un alto funzionario del Ministero della Giustizia che ha incontrato i rappresentanti di Liberty Lobby.

Durante una delle numerose sessioni private di Liberty Lobby con i funzionari del Ministero della Giustizia, un consigliere del Ministero ha chiesto: "Perché Liberty Lobby è così preoccupata di tutto questo?". Il portavoce di Liberty Lobby ha risposto: "Perché è contro la legge" (riferendosi, ovviamente, alle attività di ADL). Il funzionario del Ministero della Giustizia ha risposto: "Lo sanno tutti".

Questa non era ovviamente la posizione ufficiale del Ministero della Giustizia, ma era certamente l'opinione di un funzionario influente e ben informato del Ministero della Giustizia che parlava in modo non ufficiale (e che quindi era protetto dalle rappresaglie dell'ADL).

Quella che segue è una serie commentata di citazioni di fonti e documenti dell'ADL che illustrano, senza ombra di dubbio, che l'ADL opera (secondo la definizione della legge federale vigente) come agente straniero del governo di Israele.

Pertanto, poiché l'ADL opera effettivamente in questa veste e non è registrata presso il Dipartimento di Giustizia, viola la legge federale statunitense.

- Nel numero di dicembre 1973 del "Bollettino ADL", che celebrava il 60° anniversario dell'ADL, il gruppo di pressione annunciava l'intenzione di lanciare "una campagna educativa nazionale a favore della sopravvivenza di Israele come Stato libero e sicuro e per contrastare le reazioni antisemite in questo Paese ai problemi derivanti dal conflitto arabo-israeliano". (In questo caso, l'ADL "si presenta come... un agente di un mandante straniero", secondo la definizione della legge sulla registrazione degli agenti stranieri).

- Il verbale della sessione plenaria del gennaio 1969 del Consiglio Internazionale del B'nai B'rith riporta una richiesta pubblica del governo israeliano affinché l'ADL lavori per suo conto. Il presidente del B'nai B'rith (di cui l'ADL è il principale organo politico) ha dichiarato che il Ministro degli Esteri israeliano, Abba Eban, aveva detto che il budget per le relazioni pubbliche di Israele era così basso che Israele aveva bisogno di un aiuto esterno. Il presidente del B'nai B'rith ha detto: "Lui [Eban] ha implorato un aiuto esterno: "Lui [Eban] ha implorato [l'ADL] di sottolineare il suo bisogno di fondi in modo che la posizione di Israele potesse essere accuratamente interpretata in tutto il mondo. L'ADL ha ovviamente risposto con tutto il cuore alla richiesta di Eban.

- In un rapporto "confidenziale" del 15 maggio 1978, l'ADL ha mostrato dall'interno come l'ADL non solo esercitasse pressioni pubbliche a favore di Israele, ma anche come il gruppo rappresentasse gli interessi di Israele a Washington sotto la guida dello stesso governo israeliano. Il rapporto illustra vari aspetti di una serie di incontri tra funzionari dell'ADL e leader del governo israeliano. Questi incontri sono culminati con il ritorno dei rappresentanti dell'ADL negli Stati Uniti, dove hanno trasmesso il messaggio israeliano direttamente al presidente Jimmy Carter, al vicepresidente Walter Mondale e ad altri alti funzionari dell'amministrazione. L'ADL concluse il rapporto vantandosi del fatto che i suoi "suggerimenti" al governo statunitense dovevano aver "dato i loro frutti", viste le misure successivamente adottate dagli Stati Uniti a favore degli interessi israeliani (questa è la prova definitiva che l'ADL è un'organizzazione che si occupa di questioni di politica estera). (Questa è la prova definitiva che l'ADL lavora "sotto la direzione, la richiesta o il controllo di un mandante straniero". L'ADL è quindi, per definizione, un agente straniero - ma un agente non registrato, il che è contrario alla legge.

- Nel numero di dicembre 1976 del Bollettino dell'ADL, il Ministro degli Esteri israeliano Yigal Allon ha dichiarato, in occasione di un ricevimento dell'ADL (riferendosi all'ADL e alle sue relazioni con Israele): "Siamo una cosa sola, e attraverso la nostra unità vinceremo la battaglia per la pace".

Nella stessa newsletter, il presidente israeliano Ephraim Katzir ha dichiarato: "L'ADL protegge Israele. È un compito molto nobile, che sapete fare e che svolgete bene". Inoltre, Avraham Harmon, presidente dell'Università Ebraica di Israele, è stato citato dall'ADL per aver detto, in modo molto accurato, che l'ADL "agisce meglio" di qualsiasi altra organizzazione a favore di Israele.

Nella newsletter è stato anche rivelato che l'ADL è responsabile di una serie di programmi radiofonici e televisivi chiamati "Dateline Israel", narrati da Arnold Forster, membro dell'ADL. La serie è prodotta dall'ADL in Israele e mira a diffondere "un'immagine positiva degli ebrei e una comprensione delle problematiche ebraiche, in particolare in Israele".

- Nel numero di novembre 1977 del Bollettino ADL, l'ADL ha annunciato l'apertura di un ufficio a Gerusalemme. Secondo l'ADL: "L'ufficio di Gerusalemme è stato istituito per ottenere una migliore comprensione tra la comunità ebraica americana e il pubblico israeliano e per assistere il Dipartimento per gli Affari del Medio Oriente dell'ADL e i 26 uffici regionali di al negli Stati Uniti nell'interpretazione delle politiche, dei problemi e delle esigenze di Israele".

- I registri del servizio postale risalenti al 26 giugno e al 20 luglio 1967 hanno dimostrato che l'ADL ha inviato pubblicazioni ufficiali di propaganda israeliana sfruttando il suo status di organizzazione "senza scopo di lucro" per utilizzare i servizi di spedizione all'ingrosso sovvenzionati dalle tasse statunitensi (se l'ADL si fosse registrata come agente straniero, non avrebbe beneficiato di questo status di esenzione fiscale).

- L'ADL e la sua organizzazione madre, B'nai B'rith, hanno svolto un ruolo importante nel convogliare fondi al governo di Israele. Secondo un memorandum di Maurice Bisgyer, vicepresidente esecutivo del B'nai B'rith, al Consiglio dei governatori del B'nai B'rith, il B'nai B'rith ha destinato a Israele un totale di 425.000 dollari.

L'aspetto significativo di questa somma è che proveniva dal governo tedesco sotto forma di risarcimenti ai sopravvissuti ebrei del cosiddetto Olocausto. A quanto pare, il B'nai B'rith aveva già deciso che sarebbe stato il canale attraverso il quale sarebbero stati incanalati i pagamenti dei risarcimenti tedeschi e, negli anni successivi, iniziò a riconoscere le ramificazioni di questa azione: l'ADL e il B'nai B'rith stavano chiaramente violando non solo il Foreign Agents Registration Act, ma anche, molto probabilmente, la legge fiscale statunitense.

In una lettera confidenziale a Joseph Sklover del B'nai B'rith, Benjamin

Ferenz, un avvocato associato all'ADL, ha dichiarato: "Ho riflettuto sulla questione [dei risarcimenti] e ora credo che potremmo essere in grado di persuadere i tedeschi a concedere uno status preferenziale al B'nai B'rith senza prima rivolgerci direttamente al Tesoro degli Stati Uniti.

Di fatto, l'ADL ha cercato di configurarsi come un governo internazionale, facendo pressioni sui funzionari tedeschi, evitando le leggi statunitensi, raccogliendo e distribuendo fondi a Israele e contribuendo agli sforzi per sostenere l'aggressivo Stato mediorientale.

Queste prove delle manovre dell'ADL mostrano chiaramente che l'ADL è un agente straniero di Israele, nominalmente legato agli Stati Uniti, ma in realtà interessato agli interessi di Israele, e solo di Israele.

- Infine, l'ADL ha ammesso pubblicamente nella sua newsletter di "essere diventato l'unico distributore statunitense di film di interesse generale prodotti dall'Israel Film Service". (Questa è la prova inconfutabile che l'ADL ha stabilito un rapporto di agenzia de jure con il governo di Israele, soddisfacendo così le condizioni che secondo il Dipartimento di Giustizia degli Stati Uniti devono essere dimostrate prima che il Dipartimento possa indagare sulle accuse di Liberty Lobby contro l'ADL. È questo rapporto contrattuale che il Dipartimento non è riuscito a trovare).

Non dimenticate che tutte queste informazioni non provengono da fonti "antisemite" o "anti-israeliane" (come l'ADL potrebbe tentare di sostenere), ma dalle pubblicazioni dell'ADL stessa.

Non solo l'ADL si presenta come un agente del governo israeliano, su ordine e in nome di Israele, sollecitando fondi, diffondendo propaganda e facendo pressioni ai più alti livelli del nostro governo, ma è anche coinvolta in un rapporto diretto di agenzia con il crescente Stato mediorientale.

L'ADL è un agente di un governo straniero. Questo fatto è indiscutibile. È un fatto, come abbiamo visto, riconosciuto anche dal Dipartimento di Giustizia degli Stati Uniti. Eppure il Dipartimento di Giustizia si è rifiutato di agire, sia allora che oggi. Invece, il Dipartimento di Giustizia - e in particolare l'FBI - ha stabilito una relazione quasi incestuosa con questo agente straniero, permettendo all'ADL di gestire letteralmente le operazioni interne dell'FBI prendendo di mira gli americani patriottici per un "trattamento speciale".

Tuttavia, negli ultimi giorni del 1992, accadde qualcosa di straordinario: la stessa ADL fu indagata da una forza di polizia locale che lavorava in tandem con l'FBI. Si tratta di una storia sorprendente, che esamineremo in dettaglio nei capitoli successivi. Per ora, però, ci soffermiamo sull'esperienza personale dell'autore con il principale agente sotto copertura dell'ADL, Roy Edward Bullock.

# CAPITOLO X

## "Affascinante, abile e astuto" - Incontri diretti con la spia numero uno dell'ADL: Roy Bullock

Conoscevo una spia dell'agenzia di intelligence israeliana, il Mossad. Si chiamava Roy Edward Bullock. Sebbene non sia mai stato ebreo, Roy è stato per moltissimi anni un informatore sotto copertura per la principale agenzia di intelligence e propaganda americana del Mossad, la Anti-Defamation League (ADL) del B'nai B'rith.

Alla fine, ho svolto - e sono orgoglioso di dirlo - un ruolo chiave nel denunciare le attività di Bullock, anche se per certi versi mi sono pentito di averlo fatto. Vedete, Roy Bullock mi piaceva personalmente, ma non mi piaceva quello che stava facendo.

Sebbene non ci sia nulla che detesti di più di un autore che si inserisce nella narrazione del proprio libro non autobiografico, cosa che sto facendo in questo momento, è semplicemente impossibile raccontare l'intera storia di Roy Bullock e dello scandalo di spionaggio dell'ADL che lo ha colpito, senza raccontare la mia parte di storia. Ed è quello che devo fare. Credo che i lettori troveranno il mio racconto istruttivo e persino divertente.

Il mio primo incontro con Roy Bullock, per quanto posso ricordare, risale probabilmente al 1983. Come impiegato junior nel reparto editoriale del settimanale populista nazionale *The Spotlight*, pubblicato a Capitol Hill a Washington dalla Liberty Lobby, ero spesso responsabile di trattare con i lettori *di Spotlight* in visita alla sede centrale della Liberty Lobby. Questo mi ha dato l'opportunità di incontrare centinaia di lettori *di Spotlight* di ogni forma, dimensione e colore. Uno di loro si rivelò essere un uomo amichevole e coinvolgente di San Francisco, Roy Bullock.

Uomo di mezza età, con capelli neri e sottili e baffi sgargianti, Bullock parlava con una voce baritonale e misurata, con un pizzico di cinismo intrinseco. Basso, tarchiato, con un torace a botte e un fisico possente, con le spalle di un lottatore professionista, Bullock, che aveva un collo di toro, si portava con una posizione militare e diritta. Nonostante il mestiere di mercante d'arte, Bullock, ironia della sorte, potrebbe facilmente essere scritturato da un regista hollywoodiano come soldato di ventura che combatte in un angolo remoto del mondo.

Conversatore arguto, con un sorriso allegro, occhi scintillanti e una risata schietta, Bullock era una persona molto curiosa e un grande intrattenitore in qualsiasi festa. Era vegetariano e molto attento alla salute. Un giorno, mentre pranzavo con Bullock e un altro dei miei colleghi di *Spotlight*, notai che Bullock aveva con sé una grossa somma di denaro in banconote di grosso taglio. Ovviamente le sue spese erano coperte dai suoi superiori all'ADL. Insisteva sempre per pagare il conto della cena per le sue prede, il che era certamente un vantaggio per me, dato il mio patetico stipendio.

Se ricordo bene, quando incontrai Bullock per la prima volta, mi disse che si trovava in città per una riunione di un gruppo arabo-americano. All'inizio del 1984, Bullock tornò a Washington e visitò nuovamente la Liberty Lobby. Questa volta ha chiesto di me e ho avuto il piacere di riallacciare i rapporti con lui. Bullock era molto interessato al nuovo partito populista creato da Liberty Lobby.

Roy era pieno di domande, molte domande. In quel momento mi resi conto che era insolitamente pieno di domande, più della maggior parte dei lettori "abituali" di *Spotlight*.

Questo è un punto importante: come membro dello staff di Liberty Lobby, nel corso degli anni ho avuto regolarmente l'opportunità di incontrare centinaia, se non migliaia, di sostenitori di Liberty Lobby. Erano sempre pieni di domande e commenti e me lo aspettavo. I sostenitori della Liberty Lobby erano persone intelligenti in cerca di risposte.

Ma il 99,999% di loro, a differenza di Roy Bullock, non era alla ricerca di "gossip". Mi sono reso conto che le domande invadenti di Bullock non avevano nulla a che fare con i fatti degli eventi politici, con la posizione populista sulle questioni del giorno o con qualsiasi altra cosa del genere.

Bullock, infatti, era alla ricerca di pettegolezzi sui membri del movimento populista.

A quel punto mi è venuto in mente che Roy Bullock avrebbe potuto essere un informatore dell'ADL. Così, a modo mio, ho pensato di divertirmi con lui. Ho parlato dell'ADL. Anzi, mi lamentai con lui che l'ADL non aveva mai parlato di me.

"Dopo tutto quello che ho fatto per combattere l'ADL", ho commentato, "non mi prestano alcuna attenzione! Bullock rise con piacere. Dopo una breve visita, se ne andò di nuovo.

Non passò molto tempo, forse diversi mesi dopo, che Bullock ricomparve. Fui chiamato alla reception per ricevere un visitatore.

Seduto sul divano della hall c'era nientemeno che Roy Bullock. Lo salutai allegramente, gli strinsi la mano e gli diedi il benvenuto a Washington. "Ho qualcosa che le interesserà", mi disse Bullock. "È fresco di stampa", ha aggiunto, porgendomi un fascio di fogli. "L'ho appena comprato a New York".

Si trattava di un rapporto dell'ADL sul partito populista e il mio nome era citato tra quelli di altri collaboratori della Liberty Lobby coinvolti negli affari del partito.

Ho gridato con piacere: "Quei figli di puttana hanno finalmente pronunciato il mio nome". Era un segno di distinzione, pensavo allora, e lo penso ancora. (L'epiteto che ho applicato ad ADL, devo sottolineare, è piuttosto banale, per non dire altro). Notai che Bullock mi stava osservando con attenzione. Molto attentamente.

In quel momento mi resi conto che i miei sospetti potevano essere stati suscitati da : Roy Bullock era un agente dell'ADL! Se non lo era, pensai, allora avrebbe dovuto esserlo.

Francamente, in quel momento non ero sicuro di come reagire, ma ho espresso di nuovo la mia gioia. "L'ultima volta che ti ho visto", disse Roy, "ti lamentavi che l'ADL non aveva mai fatto il tuo nome. Ebbene, ora l'hanno fatto". *A questo punto ero certo che Bullock fosse molto probabilmente un agente dell'ADL.*

Per quanto posso ricordare, non ho rivisto Bullock fino all'inizio del 1985. Ero stato invitato a partecipare, insieme al presidente nazionale del Partito Populista, Bill Baker, e alla nostra collega, la corrispondente di *Spotlight* Trisha Katson, a un incontro promosso dall'Associazione degli studenti libici, con sede a Washington. Si preannunciava una serata divertente. Quando sono entrato nella sala del banchetto, ho sentito il suono di una musica esotica araba in sottofondo. Trish Katson e Bill Baker erano già presenti, insieme a un assortimento di amici e conoscenti, tra cui un certo Matthew Peter Balic, sul quale tornerò più avanti.

Bill Baker si affrettò a presentare all'assemblea diversi leader amerindi. Mi unii alla festa e presi posto al tavolo dove Baker teneva banco. Mentre Baker intratteneva i suoi ascoltatori con un divertente aneddoto, vidi entrare nella stanza un volto familiare. Si trattava di Roy Bullock. Mi alzai e gli feci cenno di sedersi al tavolo, compiaciuto del suo arrivo ma comunque incuriosito. Bullock era ovunque. Ovunque dovrebbe essere un agente dell'ADL.

Mi ha notato e si è avvicinato. "Sospettavo di trovare qui la folla di Freedom Lobby", ha esclamato stringendomi la mano. "Ho percepito l'atmosfera", ha osservato, sollevando le sopracciglia e lanciando un'occhiata da sinistra a destra con l'aria di un comico scavezzacollo. Si è unito a noi al tavolo e la conversazione, inevitabilmente, data l'occasione, si è spostata sulla questione del Medio Oriente.

Ho osservato Bullock con attenzione. Percepivo che qualcosa non andava. Ascoltava, rideva nei momenti giusti, osservava gli altri con la stessa attenzione con cui io osservavo lui.

A un certo punto mi sono lanciato in quella che speravo fosse una battuta piuttosto pungente che gettava ombre sullo Stato di Israele e sui suoi leader. Mentre gli altri ridevano divertiti, Bullock si è unito a me, ma la sua risata non era sincera. Ma la sua risata non era sincera: "Yessss.... ", ha detto in segno di approvazione.

Ma era ovvio che non era d'accordo. In effetti, mi resi conto che Bullock era silenziosamente - ma molto chiaramente - sarcastico. E non riusciva a contenersi. Vidi il lampo di disgusto nei suoi occhi. Stava recitando una parte - a malapena. Nessun altro se ne accorse, ma io sì.

Mi era sempre più chiaro che Roy Bullock era molto più di quanto sembrasse. Non avevo prove concrete, ovviamente , ma ero più che mai convinto che Roy Bullock fosse davvero un agente dell'ADL.

Per quanto ricordo, ho rivisto Bullock nel settembre 1985, sempre a Washington. Bullock si fermò alla Liberty Lobby e mi informò che avrebbe partecipato a una riunione del Comitato antidiscriminazione arabo-americano, e il caso volle che un mio amico arabo-americano mi avesse dato due biglietti per una colazione organizzata durante la conferenza.

Fu così che io e la mia collega e cara amica, la compianta Lois Petersen, ci trovammo accanto a Bullock e a molte altre persone a questa colazione organizzata nell'ambito dell'incontro arabo-americano.

(Solo anni dopo ho scoperto che al nostro tavolo c'era anche una spia americana dei servizi segreti dell'Arabia Saudita (!), anche se all'epoca non sapeva che Roy Bullock lavorava per l'ADL.

(Nel 2005, in una lettera personale a me indirizzata, la spia saudita mi parlò della sua affiliazione e mi ricordò che aveva cenato con Bullock, la signora Petersen e me).

Comunque, dopo la colazione, le nostre strade si separarono. Roy era stato molto entusiasta, come sempre, ma io ero sempre più convinto di avere a che fare con il diavolo

Naturalmente, si trattava solo del mio istinto e, all'epoca, ero ancora relativamente giovane e avevo poca esperienza delle capre di Giuda - il nemico interno. Non ero in grado di accusare Bullock, ma i miei sospetti erano forti.

Fu alla fine del 1985 o all'inizio del 1986 che Bullock si mise di nuovo in contatto con me, mentre si trovava a Washington. Voleva partecipare alla conferenza annuale di un'organizzazione storica californiana (fondata da Willis Carto della Liberty Lobby) e la sua domanda era stata respinta. Mi chiese se poteva usare il mio nome come referenza. Gli dissi "Fai pure", perché, dopo tutto, non volevo destare i suoi sospetti dicendo "no", dal momento che, ovviamente, lui e io eravamo sempre stati in rapporti amichevoli fino a quel momento.

Quello che non sapevo all'epoca è che Willis Carto era già stato informato dal dottor Edward R Fields di *The Thunderbolt* che Bullock era un agente dell'ADL. Per questo motivo la richiesta di Bullock di partecipare alla storica conferenza era stata respinta. Non ho mai più sentito Bullock a questo proposito, e Willis e io non ne abbiamo mai parlato, *fino a quando non è stato possibile...*

In ogni caso, fu poco dopo, nella primavera del 1986, che Bullock ricomparve a Washington. Mi chiamò e mi chiese se volevo cenare con lui. Benché sospettoso - ero ormai convinto che Bullock fosse quasi certamente un agente dell'ADL - accettai di incontrarlo a cena.

Ma ho pensato che fosse giunto il momento di parlare di Bullock con Willis Carto. Avevo in programma una cena con Bullock alle 18.00. Verso le 17, mentre l'ufficio della Liberty Lobby stava chiudendo per la giornata, mi sono fermato nel piccolo ufficio d'angolo di Willis. Quando lo incontrai per la prima volta, Bullock mi disse che conosceva Willis "da anni":

"Willis, tu conosci Roy Bullock, vero?".

Willis alza lo sguardo, gli occhi scintillanti e un accenno di sorriso. "Sì, come lo conosci?".

"Beh, viene qui da qualche anno", dissi, "infatti stasera sono a cena con lui".

Willis stava ancora sorridendo.

"Mi parli di lui", chiesi, intuendo - no, sapendo - che, sì, avevo ragione su Bullock. Sapevo cosa avrebbe detto Willis:

"È un ADL.

Questo è quanto. Annuii e sorrisi, ma dentro di me lo stomaco si agitava. Ero alternativamente arrabbiato, ma allo stesso tempo mi congratulavo mentalmente con me stesso per aver individuato il nemico sotto mentite spoglie.

"È quello che pensavo", dissi.

A quel punto, Willis mi fece la stessa domanda che mi ero posto io: "Cosa gli hai detto?".

"Non credo di avergli detto qualcosa che non avrei dovuto dire. Ma non ne sono sicuro", aggiunsi onestamente.

Dov'è ora?", chiese Willis.

"Arriverà molto presto. Dovremmo cenare dall'altra parte della strada. Pensi che dovrei disdire?". Chiesi, non sapendo, ovviamente, quale fosse la situazione.

"Non necessariamente", risponde. "Sai", dice Willis, pensando ad alta voce, "questa potrebbe essere l'occasione per scoprire esattamente cosa gli interessa".

"Cosa vuoi dire?", chiesi, un po' perplesso.

In risposta, Willis mi suggerì di andare a cena con Bullock e di dirgli francamente che mi era stato detto che aveva "rapporti" con "persone dell'ADL" e di chiedergli: "Cosa vuoi sapere esattamente?".

Bullock, ovviamente, sarebbe rimasto sorpreso da tutto questo - probabilmente - e io mi sarei offerto di dirgli tutto ciò che voleva sapere (entro certi limiti) in cambio del fatto che Bullock avrebbe usato le sue conoscenze presso l'ADL per determinare qualcosa di particolare interesse per Willis: vale a dire, chi era responsabile dell'attentato del 4 luglio 1984 all'ufficio di Willis (e al suo magazzino di libri storici di valore) a Torrance, in California.

La proposta di Willis mi è sembrata sensata e ho pensato che, come minimo, sarebbe stata una grande esperienza di apprendimento per me: affrontare il diavolo, letteralmente di fronte al tavolo da pranzo.

È così che sono arrivato alla mia cena con Roy.

Ci siamo recati in un popolare locale notturno di Capitol Hill, il Tune Inn, forse più noto a livello internazionale per essere stato acclamato dalla rivista *Esquire* come uno dei "migliori" bar della nazione (in particolare di Washington D.C.).

Il Tune Inn, un bar stretto e antiquato le cui pareti sono adornate con animali impagliati di e altre creature un tempo viventi, oltre ad alcuni pezzi di armamento scelti, è stato un "locale" brutale che si è trasformato in un ritrovo per yuppie, affollato di notte da personale di Capitol Hill desideroso di spendere i propri stipendi finanziati dai contribuenti in alcuni dei drink più economici della capitale.

Roy e io prendemmo un tavolo nel retro dell'ostello, ordinammo da bere e da mangiare e ci sistemammo per quella che sapevo sarebbe stata una serata interessante. Roy, ovviamente, ordinò una bibita.

Bevendo con entrambe le mani, ordinai qualcosa di più forte, anche se pensavo di dover mantenere la calma. Ma avevo bisogno di rilassarmi.

Guardando Roy Bullock dall'altra parte del tavolo, lo vidi sotto una luce diversa. Non era più il conoscente gioviale, amichevole, amante del divertimento e simpatico di tanti anni fa. Al contrario, era l'incarnazione del diavolo. Ricordo di aver pensato: "Mio Dio, ecco Mike Piper che cena a spese dell'ADL con uno dei suoi agenti segreti".

Pochi istanti dopo l'arrivo delle bevande, Bullock iniziò a farmi delle domande. Era un interrogatorio. Non una chiacchierata amichevole. Non avevo dubbi.

"Dimmi", chiede, citando il nome di un altro individuo che, come Bullock, è onnipresente, presentandosi a vari eventi politici simili. "Chi è questo tizio? È piuttosto interessante. Da dove viene?".

Bullock si riferiva a Matthew Peter Balic, un personaggio insolito, già menzionato in precedenza, che era apparso periodicamente presso la sede della Liberty Lobby nel corso degli anni e che, come Bullock, aveva un'affinità con gli incontri arabo-americani.

(In effetti, conservo ancora una foto di Bullock e del sottoscritto in presenza dello stesso signor Balic alla riunione dell'associazione degli studenti libici di cui sopra).

"Oh, lui? Ho sempre sospettato che potesse essere un agente dell'ADL", dissi, molto seriamente. (Dentro di me ero sorpreso dalla mia audacia. Avevo davvero affrontato l'argomento dell'ADL).

"Oh, lo pensi davvero?", disse Bullock.

"Penso che sia una buona possibilità", dissi. "Si mette sempre in mostra, mescolando con gli arabi. Viaggia molto. Spende un sacco di soldi". (O Balic era un agente dell'ADL o un agente di qualche tipo e Bullock lo sapeva - e stava cercando di scoprire se avevo qualche sospetto - oppure l'ADL si stava davvero chiedendo chi fosse Balic.

D'altra parte, mi è venuto in mente che Balic potrebbe essere un agente dell'ADL di cui i superiori di Bullock non gli hanno mai parlato. Questo sembrava del tutto possibile nel "deserto di specchi" clandestino che pervade lo strano mondo dell'ADL.

In ogni caso, Bullock era molto interessato a Balic e io gli avevo dato un bocconcino da portare ai suoi superiori sponsorizzati dal Mossad presso la sede dell'ADL a New York: Mike Piper della Liberty Lobby sospettava che Balic fosse un agente dell'ADL

La conversazione continua. Bullock passa al sodo. "L'attentato [all'ufficio di Carto] è stato piuttosto interessante", ha detto.

Sono praticamente saltato fuori dalla sedia. Sentivo il sangue ribollire. Ero sicuro che Bullock avesse visto la mia reazione - o era la mia immaginazione? In ogni caso, era stato un incidente? - Bullock aveva sollevato il tema della mia missione segreta. Scoprire cosa Bullock sapeva, o poteva scoprire, sull'attentato all'ufficio di Willis Carto.

("Mio Dio", ho pensato. "L'ufficio della Liberty Lobby è dotato di cimici? L'ADL ha ascoltato la conversazione che io e Willis abbiamo avuto prima? L'ADL ha fatto una soffiata a Bullock su quello che stava succedendo?").

Abbiamo parlato dell'attentato, ma nella mia mente Bullock mi aveva ostacolato. Era come se mi avesse deliberatamente anticipato, e lui lo sapeva. Decisi che non era il momento giusto per dire a Bullock della proposta di Willis. Non ero preparato, mi sentivo goffo, a differenza di Bullock, a impegnarmi in questo gioco del gatto e del topo, senza sapere cosa Bullock sapesse o non sapesse di ciò che io sapevo o sospettavo.

Abbiamo concluso la serata dopo cena con un paio di drink in un ristorante in fondo alla strada, dove ho incontrato un membro del Congresso che conoscevo per caso. Lo presentai a Bullock e viceversa, ben sapendo che Bullock aveva preso nota di dire al suo capo alla sede centrale dell'ADL a New York, Irwin Suall, che "Mike Piper conosce personalmente il deputato Tal dei Tali".

(Mi sono sempre sentito in colpa per questo. Non ho dubbi sul fatto che, nell'improbabile caso in cui l'ADL non avesse un fascicolo su questo deputato, un'anima innocua che nel frattempo ha lasciato l'incarico, lo abbia sicuramente oggi). Bullock e io ci siamo lasciati, stringendoci la mano e concordando di "tenerci in contatto". ("Infatti", pensai, chiedendomi quando avrei sentito di nuovo Roy Edward Bullock, straordinario agente dell'ADL, all'indirizzo ).

In effetti, non ho avuto notizie di Bullock per qualche tempo, poi in circostanze che saranno descritte in dettaglio tra breve. Ma alla fine è arrivato il momento in cui mi è sembrato opportuno denunciare pubblicamente l'affiliazione di Bullock all'ADL.

È arrivato in un momento in cui il Partito Populista - che Liberty Lobby aveva contribuito a creare nel 1984 - era stato spaccato in due dalle attività spietate e distruttive di un distruttore di lunga data di affari di terzi, un certo William K. Shearer di Lemon Grove, California.

Lo stesso Shearer è stato a lungo sospettato di essere una risorsa dell'ADL o di essere al servizio della CIA o dell'FBI, o addirittura del Partito Repubblicano, secondo alcuni. Resta da vedere se la verità su Shearer sarà mai conosciuta.

Tuttavia, il 30 giugno 1986, in un articolo per *The Spotlight*, ho descritto in dettaglio i legami di Bullock con Shearer, capo dell'ormai defunto American Independent Party, che all'epoca era l'affiliato del Populist Party nello Stato di Golden. La parte rilevante dell'articolo recitava:

> Alla cosiddetta "riunione del comitato nazionale" del partito populista organizzata da Shearer a Los Angeles, un delegato di nome Roy Bullock fu invitato a far parte del comitato per l'agricoltura.
>
> Bullock è da tempo conosciuto tra i leader del movimento populista come un affascinante, abile e intelligente agente professionista a tempo pieno dell'ADL. Fingendosi un populista, Bullock si è infiltrato in decine di organizzazioni diverse nel corso degli anni, raccogliendo informazioni che trasmette a Irwin Suall, suo superiore presso la sede dell'ADL a New York.
>
> All'incontro, la moglie di Shearer era stata avvertita dal populista californiano Charles Ulmschneider che Bullock era un noto agente dell'ADL. Ma invece di mostrare a Bullock la porta, lo avvicinò e gli disse dell'accusa. A Bullock fu permesso di rimanere.

Poco dopo la pubblicazione dell'articolo *di Spotlight* che smascherava Bullock come agente dell'ADL, ho ricevuto una telefonata da una persona che si è presentata al centralino come "CSC". Rispondendo alla chiamata, ho riconosciuto immediatamente la voce di Bullock - e sono rimasto sorpreso, non c'è bisogno di dirlo - ma sono rimasto ancora più confuso dall'acronimo che ha usato per identificarsi.

Riprendendomi dal mio momentaneo sussulto, dissi: "Beh, ciao Roy, sono sorpreso di sentirti. Ma cosa significa 'CSC'?". Lui rise e rispose: "CSC sta per affascinante, intelligente e furbo". Io risi: "Oh sì, Roy, proprio così. Pensavo che avrebbe apprezzato il complimento".

Mi disse: "Beh, devo dirle che quello che ha detto sul fatto che sono un agente dell'ADL non è vero. Infatti, giuro su una pila di *Mein* Kampfs [il famoso libro di Adolf Hitler] che non sono una spia dell'ADL".

Il riferimento di Roy a Hitler mi ha fatto ridere. Ma ha continuato con un tono più serio, dicendo: "Ne ho parlato con un avvocato".

"Beh, Roy, se vuoi fare causa", risposi, "non hai che da farlo, perché io sostengo l'articolo e so che la mia fonte è affidabile. Inoltre, io stesso lo sospettavo da tempo, molto tempo, prima che fosse pubblicato. Abbiamo dovuto aspettare e vedere per molto tempo".

Mi rispose chiedendo: "Chi era la tua fonte?". Ho risposto, onestamente, "Willis Carto". Bullock ridacchiò, facendo notare che Willis non era la fonte più affidabile. Ho risposto: "Non mi aspettavo che l'ADL considerasse Willis una fonte affidabile. Ma io l'ho sempre trovato affidabile".

Bullock ha risposto: "Mi dispiace che tu l'abbia scritto. Mi sei sempre piaciuto. Pensavo fossimo amici". Ho risposto: "Roy, mi sei sempre piaciuto, ma credo che tu sia un agente dell'ADL".

Dopo che Bullock ha riso e ha detto: "Oh, e a proposito, il mio nome è davvero Roy Bullock. Non viaggio solo con quel nome", chiudemmo la conversazione e lasciammo le cose come stavano. Non fu mai intrapresa alcuna azione legale. Alcune persone nel Paese si sono arrabbiate perché avevo osato chiamare "un grande patriota come Roy Bullock" un agente dell'ADL. E così è rimasto.

Ci sono voluti quasi otto anni perché il riferimento *all'*affiliazione della Bullock all'ADL in *Spotlight* si rivelasse vero: la Bullock era davvero un agente pagato dal Nemico Interno.

La storia della mostra finale di Bullock è la seguente...

# CAPITOLO XI

## Terremoto a San Francisco: lo scandalo dello spionaggio ADL smaschera il nemico interno

È stato a metà dicembre 1992 che ho appreso per la prima volta che la Anti-Defamation League (ADL) era nei guai. Ricevetti una telefonata alla sede della Liberty Lobby a Washington. L'interlocutore era un arabo-americano che viveva a San Francisco. Ha detto a uno dei nostri redattori che stava scoppiando uno scandalo su un agente di polizia di San Francisco di nome Tom Gerard, che avrebbe fornito informazioni riservate della polizia all'ADL. Il 10 dicembre, i giornali di San Francisco riportarono che il Dipartimento di Polizia di San Francisco e l'FBI avevano fatto irruzione negli uffici dell'ADL a San Francisco e a Los Angeles.

Il fatto che lo scandalo sia scoppiato a San Francisco mi ha fatto riflettere. Mi sono chiesto se il mio vecchio amico Roy Bullock fosse coinvolto.

Ho chiamato l'arabo-americano, mi sono presentato e gli ho detto che ero interessato. Gli spiegai i miei legami passati con il suo compatriota di San Francisco, Bullock, di cui non riconobbe il nome. Tuttavia, mi disse che Gerard aveva un contatto regolare con l'ADL.

"Aspetta", dissi, "e vedi se ho ragione. Cerca il nome 'Roy Bullock'", dissi. "Sono pronto a scommettere che Bullock è il contatto ADL di Gerard.

Così, qualche giorno dopo, il signore arabo-americano mi chiamò al quartier generale di *Spotlight*. "Avevi ragione", mi disse. "Il contatto di Tom Gerard all'ADL è Roy Bullock.

Ma a quel punto conoscevo già i dettagli. Un altro lettore di *Spotlight* di San Francisco aveva chiamato poco prima per darci la notizia: il nome di Roy Bullock era ormai di dominio pubblico ed era stato pubblicato proprio quel giorno sui giornali di San Francisco. Lo stesso Roy Bullock - super-spia dell'ADL - smascherato per la prima volta da *Spotlight*.

Il *San Francisco Examiner* confermò ciò che *The Spotlight* aveva riportato per la prima volta su il 30 giugno 1986, ossia che Bullock era effettivamente un agente dell'ADL, anche se Bullock, naturalmente, lo negò con forza all'epoca.

Molte persone che avevano definito "pazzo" *The Spotlight* per aver sostenuto che un "buon patriota" come Roy Bullock fosse un agente dell'ADL sono arrossite per l'imbarazzo.

A questo punto, vale forse la pena di riflettere su quella che sembrava una situazione del tutto inaspettata. Come mai l'FBI, che ha collaborato per anni con l'ADL, si è lasciata trascinare in una posizione ostile nei confronti del suo alleato di lunga data

Alcuni addetti ai lavori *hanno riferito a The Spotlight* che le incursioni negli uffici dell'ADL a Los Angeles e San Francisco erano state approvate ai massimi livelli, e non solo dal Dipartimento di Giustizia.

In breve, la decisione sembra provenire dallo Studio Ovale, suggerendo che sia stato il Presidente George Bush in persona a dare il via libera a questa misura controversa. L'azione di Bush contro l'ADL è arrivata poco più di un mese dopo che Bill Clinton aveva perso la sua candidatura alla rielezione.

"Questo è stato il modo in cui George Bush ha affrontato l'ADL e la lobby di Israele negli ultimi giorni della sua amministrazione zoppa", ha dichiarato Stephen A. Koczak, un diplomatico di carriera in pensione che ha prestato servizio in Medio Oriente sotto le amministrazioni repubblicane e democratiche

> Sebbene Bush abbia reso felici gli israeliani con la sua guerra contro Saddam Hussein, la lobby israeliana gli si è rivolta contro come un cane rabbioso dopo che ha osato sfidare il loro potere sulla questione delle garanzie di credito a Israele. Il Presidente ne aveva abbastanza delle pressioni della lobby israeliana ed era certamente a conoscenza delle accuse dell'ex agente del Mossad Victor Ostrovsky, secondo cui una fazione del Mossad avrebbe tramato l'assassinio di Bush dopo che quest'ultimo aveva osato sfidare il potere della lobby israeliana a Washington. Quando Bush ha visto la sua apertura, l'ha colta con entusiasmo. Da qui il raid.

Ma chiaramente c'era molto di più nella storia. L'ADL, colta in flagrante, ha cercato disperatamente di dare un'immagine positiva del suo coinvolgimento, proclamando che stava collaborando alle indagini. Un avvocato dell'ADL, Jerrold Ladar, ha divertito molti affermando scherzosamente che l'ADL non aveva legami con i servizi segreti israeliani.

Christine Botah, arabo-americana attiva nel Partito Democratico, ha dichiarato: "Vogliamo che l'ADL vada in fondo a questa storia. Cosa fa un'organizzazione che dovrebbe difendere i diritti umani raccogliendo informazioni su un altro gruppo?".

Richard Hirschautt, direttore regionale dell'ADL a San Francisco, ha dichiarato che "l'ADL non conserva in nessun caso dossier su individui o organizzazioni arabo-americane in questo Paese. Le nostre indagini e il nostro lavoro di accertamento dei fatti si concentrano esclusivamente su gruppi e organizzazioni estremiste che desiderano danneggiare gli ebrei e altre minoranze, compresi gli arabi-americani".

Si tratta, ovviamente, di un'altra palese menzogna, dato che l'ADL ha pubblicato, sotto il proprio marchio, un attacco pieno di insinuazioni contro gli arabo-americani e le organizzazioni arabo-americane. Questo volume scurrile era ovviamente basato su materiale proveniente dai file dell'ADL, gran parte del quale era stato raccolto nientemeno che da Roy Bullock.

Anche alcuni critici ebrei americani di Israele, tra cui il defunto Haviv Schieber e l'avvocato libertario Mark Lane, sono stati attaccati su . In effetti, un funzionario dell'ADL lo ha ammesso sotto giuramento durante una deposizione giurata che Lane ha fatto in un'occasione.

Sebbene l'ADL, fin dalla fondazione di Israele nel 1948, abbia operato come agente straniero non registrato - e quindi illegale - e come braccio di propaganda e di intelligence del governo israeliano, è stato solo dopo lo scoppio dello scandalo delle spie di San Francisco che le attività criminali dell'ADL nello spionaggio interno illegale sono state sottoposte a pubblico esame.

Sì, lo scandalo dello spionaggio di San Francisco che ha coinvolto l'ADL è solo "la punta dell'iceberg di una rete nazionale di spionaggio e di fughe di notizie sulla sicurezza", secondo gli editorialisti *del San Francisco Chronicle* Phillip Matier e Andrew Ross. *Il Chronicle* e il suo rivale, il *San Francisco Examiner*, si sono buttati sullo scandalo dello spionaggio dell'ADL e lo hanno riportato in dettaglio quando sono emersi nuovi fatti.

Matier e Ross hanno riferito che "le autorità ritengono che anche gli agenti di almeno un'altra mezza dozzina di dipartimenti di polizia federale e di grandi città siano stati coinvolti nello scambio o nella vendita di fascicoli riservati della polizia" a un giro di spionaggio nazionale creato dall'ADL.

L'*Examiner* ha riferito che un funzionario vicino alle indagini, parlando a condizione di anonimato, ha detto all'*Examiner* che "ci sono probabilmente sei o otto Roy Bullock" che operano in tutto il Paese per conto dell'ADL. L'*Examiner* ha notato che il funzionario ha confermato, , che un "piccolo gruppo di agenti sotto copertura in tutto il Paese" è stato pagato dall'ADL per spiare gli obiettivi dell'ADL.

Secondo l'*Examiner*, "gli agenti si affidano alla polizia locale e ai vicesceriffi per accedere a informazioni riservate sulle forze dell'ordine e sui veicoli a motore, probabilmente in violazione del diritto penale".

Il capitano John Willett della Divisione Investigazioni Speciali della polizia di San Francisco ha dichiarato ai giornalisti che le prove indicavano la presenza di file provenienti da 20 dipartimenti di polizia e da altre forze dell'ordine nella sola California. Inoltre, altre informazioni sono state intercettate illegalmente dalle reti informatiche della polizia di Stato. Tutte queste informazioni sono state poi trasmesse all'ADL.

Gli investigatori sono rimasti sbalorditi nello scoprire i nomi e i dati personali di circa 12.000 persone, principalmente della California ma anche di tutto il Paese, che l'ADL aveva stabilito, per un motivo o per l'altro, di inserire nella propria "lista di controllo".

Come ha sottolineato *The Spotlight:* dato che l'ADL ha una trentina di sedi regionali praticamente in ogni grande città, non è azzardato estrapolare e suggerire che i nomi di circa 360.000 americani potrebbero essere presenti negli archivi dell'ADL, sulla base delle cifre scoperte sulla costa occidentale.

Man mano che venivano alla luce sempre più rivelazioni sulle attività dell'ADL, lo scandalo delle spie dell'ADL a San Francisco cominciò ad attirare l'attenzione dei media di tutto il Paese. La maschera dell'ADL come organizzazione per i "diritti civili" era ormai smentita.

Le operazioni illegali di spionaggio della Anti-Defamation League (ADL) di B'nai B'rith sono state finalmente rivelate dai quotidiani del Paese.

Un articolo del *San Francisco Examiner* che descriveva lo scandalo delle spie è stato ristampato da numerosi giornali in tutto il Paese, tra cui il Little Rock, Arkansas *Democrat-Gazette,* il giornale della città natale del Presidente Bill Clinton. In precedenza, l'unica copertura nazionale dello scandalo delle spie era stata fornita dalla stampa di San Francisco e dalle pagine di *The Spotlight*.

(All'epoca, tuttavia, né *il Washington Post* né il *New York* Times, che si contendono il titolo di "giornale nazionale di riferimento", avevano pubblicato alcun dettaglio dello scandalo). L'articolo dell'*Examiner*, che è stato ristampato in tutta la nazione, ha notato che la Liberty Lobby era uno degli obiettivi della sorveglianza criminale da parte dell'ADL attraverso il suo informatore pagato Roy Bullock.

Da parte sua, l'ADL ha denigrato la stampa di San Francisco per aver riportato la verità sulle sue operazioni criminali. Cercando di impedire la pubblicazione dei file di intelligence dell'ADL sequestrati dalla polizia di San Francisco e dal Federal Bureau of Investigation, l'ADL ha denunciato quello che ha definito "il resoconto sensazionale e inaccurato della stampa di San Francisco".

Per rendere la situazione ancora più imbarazzante per l'ADL, l'editorialista Lars-Erik Nelson, un convinto liberale, ha pubblicato un articolo che condanna le tattiche di spionaggio dell'ADL. Il suo articolo è apparso anche su diversi giornali in tutto il Paese.

Notando che sapeva che l'ADL stava monitorando vari obiettivi, Nelson ha detto: "In effetti, non me lo ero mai chiesto fino ad ora. Poi mi sono chiesto come mi sarei sentito se i ruoli fossero stati invertiti: supponiamo che gruppi di estrema destra o di nazionalisti neri conservassero dossier di intelligence sugli ebrei e li trasmettessero a giornali simpatici e alla polizia. All'improvviso mi sono venuti i brividi.

Secondo Nelson, sono stati l'ADL e diversi altri gruppi pro-Israele a impedire che un'importante liberale nera, Johnetta Cole, presidente dello Spelman College della Georgia, a maggioranza nera, fosse nominata Segretario all'Istruzione nell'amministrazione Clinton. L'unica colpa della Cole era quella di aver scritto articoli per un'organizzazione che sosteneva la giustizia per il popolo palestinese, sradicato dalla sua terra ancestrale e mandato in esilio.

L'uccisione di Miss Cole ha illustrato chiaramente ciò che il principale bersaglio dell'inimicizia dell'ADL - la Freedom Lobby - sostiene da tempo: che l'ADL, un agente straniero non registrato - e quindi illegale - dello Stato di Israele , si sforza di distruggere tutte le istituzioni e gli individui percepiti (a torto o a ragione) come una minaccia al dominio di Israele sulla politica statunitense in Medio Oriente.

Dopo una o due settimane trascorse a guardare i giornali di San Francisco e il *Los Angeles Times,* ho pensato che fosse giunto il momento di chiamare direttamente Roy Bullock. E così ho fatto.

"Pronto, parlo con Roy Bullock?", dissi, un po' esitante, quando sentii il familiare baritono all'altro capo del filo.

"Parla", rispose con sicurezza.

"Ciao, Roy", dissi. "Sei ancora affascinante, capace e intelligente come quando ti ho conosciuto?".

"Mi piace pensare che sia così", ha risposto.

"Sai chi è questo, Roy?", chiesi. "È Mike Piper".

"Oh sì", ha ammesso. "Ho riconosciuto subito la sua voce.

Come stai?"

"Oh, molto occupato e suppongo che lo sia stato anche lei. Ho letto molto di lei sui giornali ultimamente", dissi, non con sarcasmo, ma con franchezza.

"Oh sì", sospira. "Ma non è tutto vero".

"Non pensavo che fosse così", ho commentato, riconoscendo che i media dell'establishment hanno la capacità di non essere al passo con la verità.

"Mi è sembrato", ho detto a Bullock, "che ci fossero molte congetture, molte supposizioni e che non fosse stata raccontata tutta la storia.

"Questo è certamente vero", rispose. Poi, dopo una pausa, Bullock osservò ironicamente e con una punta di rassegnazione: "Beh, Willis aveva ragione su una cosa, comunque": "Beh, Willis aveva ragione su una cosa, comunque", riferendosi, ovviamente, all'accusa di Willis sullo status di Bullock come agente segreto di lunga data dell'ADL.

"In realtà, Roy", sottolineai, piuttosto orgogliosamente, suppongo, "l'avevo capito prima ancora che Willis mi desse una dritta".

"Ohhhh? L'hai fatto, vero?", fa le fusa Bullock, un po' sarcasticamente.

Sa", ho detto, "ho avuto l'impressione che lei fosse interessato soprattutto ai gruppi arabi.

"Oh no", rispose. "Per niente". (Il che, ovviamente, si è rivelato molto, molto vero. Bullock e l'ADL erano effettivamente interessati a tutti).

"Pensavo che volesse sapere se avevamo legami con gli arabi, cosa che ovviamente non è", aggiunsi. "Devo dirti, Roy, che ho sempre avuto l'impressione che ti piacesse sguazzare con quelli come me, per così dire.

"Al contrario", ha aggiunto. "Anche se", aggiunse, "devo dire che lei è sempre stato un punto luminoso in un gruppo di persone altrimenti cupo.

Ho sempre apprezzato la tua compagnia. Speravo che avresti buttato via tutte quelle stronzate e avresti fatto qualcosa di positivo nella tua vita".

Ho riso ai commenti di Bullock. "No, Roy, credo di fare qualcosa di positivo", ho risposto. "Sono entrato in questa arena sapendo cosa comportava e non ho rimpianti".

"Beh, nessun rancore, spero?" disse, sinceramente, avevo l'impressione, anzi la speranza, di essere stato piuttosto ben disposto nei confronti di Roy.

"Per niente", ho detto. "Per niente. Tu stavi facendo il tuo lavoro e io il mio". (Il che era assolutamente vero).

"È stato un piacere parlare di nuovo con lei dopo tutti questi anni", ha detto.

"In realtà, sono contento che tu abbia chiamato".

"Sì, mi è piaciuto", ho detto. "È stato divertente. Quindi penso che forse dovrei concludere per ora. Spero" (aggiunsi, nel mio modo insincero) "che tu non ti metta nei guai per questo".

"Non credo che lo farò", ha detto. Ma era chiaro che Bullock non era contento della situazione.

"Beh, buona fortuna, Roy. È stato interessante", ho concluso.

"Stia bene", ha concluso. "È stato un piacere parlare con lei".

È stato interessante. Riattaccai il telefono e pensai alla situazione. Roy Bullock era un agente dell'ADL e io ero caduta nelle sue grinfie. Parlare del caso - per così dire, scoprire la verità - era stata una forma di terapia per me. Avevo affrontato il nemico.

Il giorno dopo informai Willis Carto che avevo chiamato Bullock. "Davvero?", chiese ridendo, un po' divertito dalla mia audacia. "Che cosa ha detto? Racconto la conversazione, mentre Willis ride.

È chiaro che c'è ancora molto da fare. Finora avevamo appreso solo ciò che si è rivelato essere la punta del proverbiale iceberg.

Mentre lo scandalo dell'ADL prendeva piede - una vicenda molto pubblica, ampiamente trattata dai giornali di San Francisco - i documenti declassificati del Dipartimento di Polizia di San Francisco rivelarono che *The Spotlight* e la sua casa editrice, Liberty Lobby, avevano in effetti svolto un ruolo chiave nel rivelare il giro di spionaggio illegale e la truffa dell'ADL. Interrogato, Roy Bullock disse all'FBI che era stato *The Spotlight* (nel numero del 30 giugno 1986) a smascherarlo per la prima volta come agente dell'apparato di spionaggio criminale dell'ADL. In realtà, *la* rivelazione *di Spotlight* ha messo in moto il processo che non solo ha iniziato a svelare il giro di spionaggio dell'ADL, ma ha anche portato a quello che Bullock ha descritto come l'attuale "imbroglio".

(Come precedentemente riportato, *The Spotlight* ha rivelato come il cosiddetto "statista californiano" William K. Shearer avesse permesso a Bullock di infiltrarsi alla convention nazionale del partito populista, nonostante Shearer fosse stato avvertito che Bullock era un *agente provocatore* dell'ADL).

Sotto interrogatorio da parte dell'FBI, Bullock ha anche ammesso che è stato uno dei tentativi dell'ADL di sabotare la Liberty Lobby a innescare la catena di eventi che ha portato Bullock e il suo complice, l'ex poliziotto latitante di San Francisco Tom Gerard, a vendere agli agenti sudafricani file rubati dell'intelligence della polizia. Durante l'interrogatorio, Bullock ha rivelato che quando ha saputo che un diplomatico sudafricano avrebbe dovuto parlare a un incontro che pensava fosse stato organizzato dal fondatore della Liberty Lobby Willis A. Carto, ha fatto in modo che la sua polizia si mettesse in contatto con lui. Carto, fece in modo che il suo contatto di polizia, Gerard, avvertisse il diplomatico. In realtà, il diplomatico ha annullato l'incontro.

Ironicamente, però, Bullock si sbagliava: la Liberty Lobby non aveva nulla a che fare con l'organizzazione dell'evento. È stato il defunto Robert White, famoso per il suo *libro sulle anatre*, a sponsorizzare l'evento.

Solo pochi mesi dopo che Gerard aveva preso contatto con i sudafricani, questi gli chiesero di stabilire un collegamento diretto tra loro e Bullock. Iniziò così un lucroso e continuo accordo tra l'informatore dell'ADL, il poliziotto e i sudafricani. È stato il contatto tra Bullock e i sudafricani che alla fine ha portato a due anni di indagini dell'FBI, comprese le intercettazioni telefoniche di Bullock. È stata quindi la campagna dell'ADL contro la Liberty Lobby a ritorcersi contro e a portare agli eventi che hanno intrappolato l'ADL in un'indagine penale che ha minacciato di mandare in prigione i suoi massimi dirigenti.

La vendita di queste informazioni da parte dell'ADL, di Bullock e Gerard ad agenti in Israele e in Sudafrica è un altro aspetto dello scandalo.

I servizi segreti sudafricani sono noti da tempo per avere uno stretto rapporto di collaborazione con la polizia segreta israeliana, il Mossad.

A quel punto, *The Spotlight* aveva ottenuto circa 700 pagine di file investigativi declassificati dal Dipartimento di Polizia di San Francisco (SFPD) e dall'FBI riguardanti le attività di Bullock, Gerard e dei superiori di Bullock all'ADL - Irwin Suall, l'ex sindacalista che dirigeva la divisione di accertamento dei fatti (cioè i trucchi sporchi) dell'ADL, e Mira Lansky Boland, il capo spia dell'ADL a Washington.

Ciò che emerge anche da un esame più sommario dei documenti della polizia di San Francisco su ADL è il quadro spaventoso di una vasta impresa di racket nazionale e internazionale organizzata con l'obiettivo di ottenere segretamente e illegalmente dati classificati da un'ampia gamma di archivi governativi ufficiali: casellari giudiziari, immatricolazioni di veicoli a motore, file di intelligence della polizia e così via.

Sebbene i file del computer di Bullock e quelli dell'ADL - sequestrati durante due incursioni consecutive della polizia e dell'FBI - non siano ancora stati resi pubblici, un elenco completo dei titoli dei vari file conservati da Bullock indica che la Liberty Lobby era in gran parte l'obiettivo delle operazioni di spionaggio illegale dell'ADL.

Secondo i documenti della polizia di San Francisco, Bullock ha conservato più di 20 file diversi sulla Liberty Lobby e sulle organizzazioni affiliate, come il Populist Action Committee, sotto la classificazione speciale "RIGHT".

Sono stati inclusi anche diversi file del Partito Populista. Il 15 febbraio 1993, *The Spotlight* aveva già riferito che un intermediario di Bullock, il defunto David McCalden, aveva aperto una linea di contatto con l'ufficio nazionale del Partito Populista a Ford City, in Pennsylvania, allora sotto la direzione di un certo Don Wassall, che in seguito ammise di aver parlato diverse volte con McCalden, Nel frattempo, mentre l'ADL era imbarazzata per la rivelazione delle sue attività criminali, una squadra di controllo dei danni interna all'ADL molto aggressiva, guidata da Barbara Wahl, un avvocato di Washington, si precipitò sulla costa occidentale in un disperato tentativo di insabbiamento dell'ultimo minuto. La signora Wahl ha denunciato pubblicamente i funzionari delle forze dell'ordine di San Francisco, facendo giustamente infuriare la polizia che aveva fatto il proprio lavoro indagando sulle attività criminali. Ma l'avvocato dell'ADL ha detto che il vero problema era la cattiva condotta della polizia, non quella dell'ADL.

Sebbene gli investigatori della polizia e del procuratore distrettuale di San Francisco avessero inizialmente considerato il caso di natura strettamente locale, si resero conto - e lo dichiararono pubblicamente - che era di portata nazionale. Le autorità hanno anche capito che dietro l'intera operazione c'era l'ADL, non Bullock o Gerard.

Il viceprocuratore distrettuale di San Francisco John Dwyer ha dichiarato: "La gente lo chiamava il caso Gerard. Ora è il caso ADL. Gerard era solo il loro uomo a San Francisco. ADL sta facendo la stessa cosa in tutto il Paese. Questo caso cresce ogni giorno. Più cerchiamo, più persone troviamo coinvolte".

La signorina Wahl ha anche cercato di allontanare l'ADL dal suo fedele, scrupoloso, competente e molto amato informatore di 40 anni, Bullock, sostenendo che era "il classico appaltatore indipendente" - questo nonostante il fatto che le autorità avessero un documento interno dell'ADL in cui Bullock è orgogliosamente descritto dal capo spionaggio dell'ADL Suall come "il nostro investigatore numero uno".

L'ADL sapeva che Bullock era in possesso di informazioni che avrebbero potuto portarli in prigione e Bullock, a differenza dell'ADL, stava collaborando con la polizia. Sebbene l'ADL abbia ripetutamente affermato che anch'essa stava "cooperando" con l'indagine e abbia falsamente annunciato di non essere sotto inchiesta, il funzionario della polizia di San Francisco Ron Roth ha dichiarato in un affidavit che "i dipendenti dell'ADL apparentemente non erano molto onesti" nei loro rapporti con la polizia. In breve, l'ADL ha mentito.

L'8 aprile 1993, la storia delle operazioni di spionaggio illegale della Anti-Defamation League (ADL) del B'nai B'rith è stata finalmente riportata con dettagli sorprendenti da una delle principali reti televisive.

Il programma "Nightly News" della ABC, in cui Sam Donaldson sostituisce il conduttore Peter Jennings, ha trasmesso un lungo e dettagliato servizio sullo scandalo, scoppiato per la prima volta a San Francisco ma con chiare implicazioni nazionali.

Ciò che ha sorpreso molti spettatori, intervistati in seguito da *The Spotlight*, è che il servizio della ABC ha messo in cattiva luce l'ADL, cosa a cui l'ADL non era abituata.

Il giornalista di ABC News James Walker ha presentato a milioni di telespettatori una storia che era stata essenzialmente raccontata da *The Spotlight* e dal suo editore, Liberty Lobby, fin dal 1955, cioè decenni prima: l'ADL aveva messo in piedi una vasta operazione clandestina di spionaggio e pedinamento in tutti gli Stati Uniti, operando come un'agenzia di intelligence straniera che forniva informazioni al governo israeliano.

È interessante notare che, secondo la polizia, non sono solo i gruppi patriottici come Liberty Lobby e i gruppi nazionalisti neri come Nation of Islam ad essere stati presi di mira dall'ADL.

L'ADL ha persino inviato agenti nelle file di organizzazioni tradizionalmente liberali come la National Association for the Advancement of Colored People e la United Farm Workers.

Sono stati presi di mira anche il gruppo anti-aborto Operation Rescue, il gruppo ambientalista Greenpeace e, curiosamente, il consiglio di amministrazione di KQED, una stazione televisiva pubblica di San Francisco. Ma queste sono solo alcune delle vittime dell'ADL.

Il servizio televisivo trasmesso dall'ABC news è stato significativo perché includeva non solo filmati dell'informatore dell'ADL Roy Bullock, ma anche filmati molto rari e un po' sfocati dell'inafferrabile Irwin Suall, l'"ex marxista" che dirigeva la divisione spionistica dell'ADL dai suoi uffici nella United Nations Plaza di Manhattan.

La ABC ha dichiarato di aver ricevuto notizie secondo cui Bullock - il cui nome in codice era "Cal" - era stato acclamato da Suall come la spia "numero uno" dell'ADL.

L'emittente ha anche riferito che un ex funzionario dell'ADL di Los Angeles ha dichiarato alla ABC che, oltre a Bullock, sapeva che l'ADL aveva almeno tre spie chiave che operavano a Chicago e almeno una ad Atlanta. Il funzionario dell'ADL ha anche ammesso che il suo lavoro consisteva nel mantenere i file delle spie dell'ADL nell'ufficio dell'ADL in cui era impiegato.

Altre prove indicano che l'ADL ha agenti anche a Washington, Saint Louis e New York, tra le altre grandi città. Questi agenti potrebbero essere dispiegati altrove, se necessario.

Walker della ABC si è recato in una remota isola delle Filippine e ha ottenuto un'intervista con l'ex poliziotto latitante Tom Gerard, contatto dell'ADL nel Dipartimento di Polizia di San Francisco, che ha rubato i fascicoli della polizia e li ha consegnati all'ADL.

Tuttavia, i funzionari dell'ADL hanno rifiutato di essere intervistati dalla ABC. Non è una sorpresa. Storicamente, quando è stata messa di fronte alla verità, l'ADL ha sempre rifiutato di essere intervistata o di partecipare a qualsiasi forma di dibattito (e questo è vero ancora oggi). (A peggiorare le cose per l'ADL, il servizio della ABC è arrivato sulla scia di una seconda irruzione della polizia negli uffici dell'ADL a San Francisco e a Los Angeles. Questa incursione, effettuata con mandati di perquisizione, ha fatto seguito alle scoperte fatte nella sede dell'ADL durante le precedenti incursioni (con l'aiuto dell'FBI) nel dicembre 1992.

Il 9 aprile 1993, il Los Angeles *Times* riportò che l'ADL non era solo indagata per essersi procurata illegalmente documenti segreti della polizia. L'organizzazione spionistica stava anche affrontando 48 capi d'accusa per non aver dichiarato correttamente l'impiego della sua spia, Bullock.

Secondo il *Times*, l'ADL ha mascherato i pagamenti a Bullock per più di 25 anni, versando ogni settimana 550 dollari a un avvocato di Beverly Hills, California, Bruce I. Hochman, che poi rimetteva il denaro a Bullock (senza dubbio questo veniva registrato come "spese legali"). (Senza dubbio questo è stato conteggiato come "spese legali" dall'ADL). (L'avvocato Hochman, figura di spicco dell'ADL, era uno dei principali avvocati fiscali della California ed ex procuratore degli Stati Uniti. Era anche membro di un gruppo nominato dall'ex senatore degli Stati Uniti (e poi governatore) Pete Wilson per formulare segretamente raccomandazioni sui nuovi giudici federali nel Golden State).

*Il Times* ha anche riportato che David Lehrer, direttore regionale dell'ufficio di Los Angeles dell'ADL, ha mantenuto un fondo segreto utilizzato per pagare le operazioni di spionaggio dell'ADL. Firmava assegni per il conto a nome "L. Patterson" per pagare le attività clandestine.

Secondo quanto riferito da un funzionario dell'ADL, il conto è stato utilizzato per pagare abbonamenti a riviste e giornali pubblicati da gruppi presi di mira dalla divisione "fact finding" (cioè "trucchi sporchi") dell'ADL.

A questo punto, però, il *New York Times* (che si autodefinisce "giornale dei record" d'America) aveva pubblicato solo un breve articolo sullo scandalo, sepolto in fondo all'ultima sezione del giornale. Il *Washington Post*, *giornale* internazionalista "liberale", e il suo rivale, il *Washington Times*, *giornale* internazionalista "conservatore", non avevano ancora pubblicato una sola parola.

Man mano che lo scandalo ADL cresceva, la verità diventava chiara: i funzionari ADL potevano essere perseguiti penalmente per le loro attività illegali di "raccolta di informazioni". "Quello che stiamo osservando è una violazione della legge che proibisce la vendita, l'uso e la diffusione di informazioni riservate", ha dichiarato il procuratore distrettuale di San Francisco Arlo Smith.

Le perquisizioni effettuate dall'FBI e dalla polizia di San Francisco presso gli uffici dell'ADL avevano naturalmente rivelato il fatto, prima sconosciuto, che gli agenti dell'ADL avevano apparentemente rubato documenti non solo dagli archivi della polizia di San Francisco, ma anche da quelli della polizia di Portland (Oregon) e della polizia di Los Angeles. Ironia della sorte, il Dipartimento di Polizia di Los Angeles si rifiutò di collaborare con le autorità di San Francisco, rifiutandosi di partecipare alla ricerca dei documenti rubati dagli uffici dell'ADL a Los Angeles. Secondo l'assistente procuratore distrettuale di San Francisco John Dwyer, che supervisionava il caso, "il dipartimento di polizia di Los Angeles ha ritenuto che si trattasse di una questione delicata e non ha voluto collaborare. È la prima volta che mi capita nella mia carriera".

Tuttavia, un membro della Commissione di Polizia della città di Los Angeles, Stanley K. Sheinbaum, ha contestato il rifiuto del dipartimento di polizia di indagare sulle attività criminali dell'ADL. "Voglio sapere su quali basi si basa la reazione del dipartimento di non collaborare", ha detto Sheinbaum.

"A meno che non mi venga data una buona ragione per non collaborare, penso che dovremmo farlo", ha detto.

*Il Los Angeles Times* ha riferito che Bullock, investigatore dell'ADL, "ha lavorato a stretto contatto con agenti di polizia di vari dipartimenti e ha raccolto informazioni riservate come fedine penali, file di intelligence, fotografie di patenti di guida, indirizzi di casa e immatricolazioni di automobili".

Alcune di queste informazioni avrebbero potuto essere utili per tracciare e monitorare le singole abitazioni. Altre informazioni riservate avrebbero potuto essere preziose per i governi stranieri preoccupati delle attività politiche dei visitatori degli Stati Uniti".

L'assistente procuratore distrettuale di San Francisco Dwyer, immediato supervisore dell'indagine sull'ADL, è stato molto duro nei confronti delle attività criminali dell'ADL. Secondo Dwyer, "La gente dice che nell'era del computer la privacy sta scomparendo, ma non si pensa al Dipartimento della Motorizzazione che dà la vostra patente di guida a un agente di polizia che la passa a un'organizzazione a cui non piacete. Questa pratica deve finire. Non possiamo permettere che il governo raccolga tutte queste informazioni e le dia a chi vuole.

Anche il capitano della polizia di San Francisco, John Willett, ha preso una posizione dura nei confronti della collaborazione del fratello ufficiale con la cospirazione criminale messa in piedi dall'ADL. "Le attività di Tom Gerard hanno superato il limite", ha detto Willett. "Erano illegali. Non avrebbe dovuto fare quello che ha fatto per un partito privato".

Nel frattempo, Richard Hirschhaut, direttore dell'ufficio di San Francisco dell'ADL, stava cercando di nascondere l'orribile verità sui crimini commessi dalla sua organizzazione. "Il nostro principio e credo nel nostro lavoro investigativo è sempre stato quello di condurre le nostre attività in modo etico e nel rispetto della legge", ha dichiarato Hirschaut.

L'"alto livello etico" di cui Hirschaut si vantava comprendeva l'ingresso surrettizio nelle case delle persone e la fotografia dei loro file personali. Nel suo libro *Square One*, il capo dell'ADL Arnold Forster si vanta di come uno dei suoi scagnozzi abbia violato la privacy di Joseph P. Kamp, corrispondente di *Spotlight* da lungo tempo, e abbia frugato nella sua corrispondenza per farne delle copie da inviare all'ADL all'indirizzo .

Ma più passava il tempo, più sembrava che l'ADL sarebbe uscita indenne da San Francisco, almeno per quanto riguardava il procedimento penale. Mentre lo scandalo continuava a gonfiarsi, un altro fattore contribuì a far pendere gli eventi a favore dell'ADL: il fatto che, il 20 gennaio 1993, George H. W. Bush - che aveva autorizzato (e probabilmente anche ordinato) l'irruzione negli uffici dell'ADL circa sei settimane prima - lasciò il suo incarico. Gli successe Bill Clinton.

Sotto la nuova amministrazione Clinton, una guerra contro l'ADL non era all'ordine del giorno, anche se l'amministrazione Bush uscente aveva usato il suo potere per mandare un fulmine in direzione dell'ADL, utilizzando proprio gli uffici dell'FBI che da tempo collaboravano così strettamente con l'ADL. Sotto il nuovo regime, l'FBI ha fatto un interessante dietrofront e si è rifiutata di continuare a collaborare con il procuratore distrettuale di San Francisco Arlo Smith nelle indagini di quest'ultimo sullo spionaggio illecito dell'ADL.

Nell'edizione del 19 gennaio 1994 del *San Francisco Bay Guardian, la* giornalista freelance Jane Hunter ha sottolineato che "l'FBI ha aperto l'indagine contro la spia della polizia Tom Gerard, ma ora sta bloccando l'azione penale" e ha posto una domanda semplice e logica:

"Perché? Sebbene la signorina Hunter abbia avanzato varie teorie sulle ragioni dell'inversione di rotta dell'FBI, è proprio perché la nuova amministrazione si era già rifiutata di proseguire il coinvolgimento dell'FBI nell'indagine - ancora una volta, un ordine emanato direttamente dalla Casa Bianca, ma questa volta dal nuovo presidente, William Jefferson Clinton.

Di fronte a tutto ciò, l'ufficio del procuratore distrettuale di San Francisco ha deciso di non presentare le prove delle operazioni illegali di spionaggio domestico dell'ADL a un gran giurì, in cambio di un accordo da parte dell'ADL di non continuare a usare mezzi criminali per spiare gli altri. Tuttavia, l'ADL ha continuato ad affrontare un numero crescente di azioni civili intentate da un'ampia gamma di gruppi e individui che sono stati vittime della perfidia criminale dell'ADL.

L'assistente procuratore distrettuale John Dwyer, che aveva fatto pressioni affinché l'ADL venisse incriminata, ha dichiarato: "Se il caso viene portato davanti a un gran giurì e viene condannato, saranno in libertà vigilata per tre anni. Questa è un'ingiunzione permanente". I funzionari dell'ADL hanno rivendicato la vittoria, dichiarando che "l'accordo raggiunto conferma la nostra posizione costante secondo cui l'ADL non ha commesso alcun tipo di illecito ", nonostante le prove sostanziali del contrario .

Anche il principale agente segreto dell'ADL, Roy Edward Bullock, non sarà perseguito, anche se il suo complice, l'ex agente di polizia di San Francisco Tom Gerard, è stato nominato "capro espiatorio". Gerard è ancora accusato di aver fornito illegalmente a Bullock e all'ADL informazioni riservate sulla polizia.

Incredibilmente, parte dell'accordo tra il procuratore distrettuale e l'ADL prevedeva che quest'ultima spendesse la misera cifra di 25.000 dollari (su un budget annuale di 25 milioni di dollari) per "formare" i dipendenti dell'ufficio del procuratore distrettuale alla lotta contro l'"intolleranza". L'ADL stava anche creando, come parte del suo accordo, un "fondo di ricompensa per i crimini d'odio" di 50.000 dollari per premiare le persone che l'avrebbero aiutata a prendere di mira gli "odiatori". (Ironia della sorte, è stato proprio lo stretto rapporto dell'ADL con la polizia e le forze dell'ordine a portare allo scandalo dello spionaggio a San Francisco).

Per correttezza nei confronti delle autorità di San Francisco, tuttavia, va notato che gli addetti ai lavori hanno affermato che l'ADL e i suoi benestanti finanziatori hanno esercitato enormi pressioni sull'ufficio del procuratore distrettuale per risolvere il caso senza che venisse presentata alcuna accusa penale. In passato, l'ADL è stata nota per aver usato tutte le forme di intimidazione, compreso il ricatto, per raggiungere i suoi scopi. Lo stesso assistente procuratore Dwyer contattò *The Spotlight* e richiese una copia dell'articolo di *The Spotlight* su Roy Bullock pubblicato il 30 giugno 1986 - il primo rapporto pubblicato a livello nazionale che indicava che Bullock era effettivamente un agente dell'ADL sotto copertura.

Alla fine c'è stata una nota a margine di questo scandalo. L'ex deputato Pete McCloskey (R-Calif.) ha vinto una sentenza di 150.000 dollari contro l'ADL per il suo spionaggio illegale. In qualità di avvocato dei tre querelanti rimasti dei diciannove che hanno intentato causa all'ADL presso la Corte Superiore di San Francisco nell'aprile 1993, McCloskey ha rivendicato la vittoria dopo che l'ADL ha finalmente ceduto e ha accettato di patteggiare la causa.

La Foundation to Defend the First Amendment (FDFA), con sede a Washington, ora presieduta dal veterano conduttore radiofonico Rick Adams, ha fornito un fondamentale sostegno finanziario e di ricerca a McCloskey durante il procedimento. Abbiamo considerato una grande vittoria", ha dichiarato Adams nel 2006, "e siamo onorati di aver contribuito a consegnare l'ADL alla giustizia".

Il caso McCloskey è una delle tre azioni civili intentate a San Francisco contro l'ADL dopo che è stato rivelato - a seguito di irruzioni a sorpresa da parte del Dipartimento di Polizia di San Francisco (SFPD) e dell'FBI negli uffici dell'ADL a San Francisco e a Los Angeles - che la cosiddetta divisione "investigativa" dell'ADL si era impegnata in un'ampia attività di spionaggio nazionale su un gran numero di individui e istituzioni in tutto il Paese.

Dopo che i fatti sulle attività illegali dell'ADL vennero alla luce, alcune vittime dell'ADL erano decise a processare l'ADL e ne seguirono tre cause civili (tra cui quella di McCloskey), anche se l'ADL riuscì a risolvere i suoi problemi legali con le autorità penali di San Francisco.

Mentre gli altri due casi sono stati risolti, con la sconfitta dell'ADL, il caso McCloskey ha continuato a trascinarsi in tribunale.

Nel caso McCloskey, l'ADL ha accettato di pagare 50.000 dollari ciascuno ai tre querelanti - Jeffrey Blankfort, Steve Zeltzer e Anne Poirier - che hanno continuato a portare avanti la causa McCloskey contro l'ADL, nonostante una serie continua di ostacoli legali che hanno costretto 14 degli imputati originari a ritirarsi (altri due imputati sono morti nel corso di questa lunga causa).

Sebbene l'ADL continuasse a sostenere di non aver fatto nulla di male nel monitorare le loro attività, Blankfort, Zeltzer e Poirier portarono il loro caso contro l'ADL a tutti i media che volevano ascoltarli, anche se pochi media erano disposti a ritrarre l'ADL e le sue attività in una luce diversa da quella favorevole.

Ironicamente, sebbene l'ADL si presenti come un gruppo che difende gli interessi del popolo ebraico, due delle tre vittime dell'ADL erano ebree. Blankfort e Zeltzer sono stati presi di mira dall'ADL perché critici nei confronti della politica di Israele nei confronti del popolo palestinese (politica ora rivelata al mondo alla luce degli eventi attuali).

È emerso che la terza vittima dell'ADL nel caso McCloskey, la signorina Poirier, non era coinvolta in alcuna attività anche solo vagamente legata a Israele o al Medio Oriente. Al contrario, la signorina Poirier gestiva un programma di borse di studio per gli esuli sudafricani che lottavano contro il sistema dell'apartheid in Sudafrica. Una rivelazione molto interessante...

Sebbene l'ADL amasse vantarsi della sua "alleanza" con la comunità afroamericana negli Stati Uniti (che era molto critica nei confronti del governo sudafricano), si scoprì che l'ADL e il suo mandatario straniero, il Mossad, lavoravano a stretto contatto con il governo sudafricano. In seguito a questa rivelazione, l'ADL si sforzò di spiegare perché stesse aiutando segretamente un regime a cui i neri americani si opponevano, ma pochi leader neri negli Stati Uniti osarono denunciare l'ADL per i suoi inganni e le sue evidenti bugie.

Sebbene l'Unione Americana per le Libertà Civili (ACLU) abbia da tempo fatto molto rumore sullo spionaggio domestico illegale dello stesso tipo di quello praticato dall'ADL, il suo ufficio di San Francisco non ha voluto commentare il caso McCloskey e non ha voluto dare una motivazione del suo silenzio.

Tuttavia, la conclusione del caso McCloskey non ha posto fine ai problemi legali dell'ADL.

Il 31 marzo 2001, il giudice distrettuale Edward Nottingham di Denver ha confermato la maggior parte della sentenza per diffamazione di 10,5 milioni di dollari che una giuria federale di Denver aveva emesso contro l'ADL nell'aprile 2000. La giuria aveva inflitto all'ADL un'enorme sentenza dopo aver constatato che l'autoproclamata "organizzazione per i diritti civili" aveva falsamente etichettato William e Dorothy Quigley, residenti a Evergreen, in Colorado, come "antisemiti" perché erano stati coinvolti in una disputa con dei vicini di casa che, guarda caso, erano ebrei. L'ADL ha fatto ricorso contro questo primo verdetto della giuria, ma il suo appello è stato respinto.

Lo scandalo dello spionaggio dell'ADL e i processi che ne sono seguiti - così come il ben più devastante affare del Colorado - hanno scosso l'ADL nel profondo. Eppure l'ADL persiste nelle sue pratiche malvagie e continua a farlo nel momento in cui scriviamo.

L'ADL dovrebbe essere considerata un'impresa criminale, e lo è, e tutti coloro che sono associati all'ADL o che ne sostengono le attività dovrebbero essere considerati criminali.

Qualsiasi politico o personaggio pubblico che presti la sua credibilità dovrebbe essere pubblicamente chiamato sul tappeto e qualsiasi editore di giornali che permetta alla propaganda dell'ADL di apparire sulle sue pagine dovrebbe essere contattato e informato del comportamento criminale dell'ADL.

L'ADL è una delle principali forze che attuano il programma malvagio del Nemico Interno. L'ADL è un agente straniero pienamente operativo e un canale di intelligence per Israele, nonché un'agenzia di pubbliche relazioni e un gruppo di pressione per conto degli interessi della dinastia Rothschild e di altre famiglie sioniste che rientrano nella sfera di influenza dei Rothschild.

# Guardando al passato...

## Introduzione alla seconda parte

**Intrigo da guerra fredda**

**Come il conflitto tra Stalin e i trotzkisti ha portato alla nascita delle Capre di Giuda - Il nemico interno in terra americana**

Nei capitoli precedenti abbiamo iniziato un'ampia indagine e analisi delle manovre dietro le quinte dei Capi di Giuda sul suolo americano. In effetti, è impossibile comprendere l'attuale influenza dei Capi di Giuda senza tenere conto dei conflitti dell'epoca della Guerra Fredda che hanno portato all'ascesa al potere di elementi sionisti-trotzkisti "neo-conservatori". Questi gruppi hanno svolto un ruolo importante, a partire dalla metà degli anni Cinquanta, nell'infiltrare e corrompere il tradizionale movimento "conservatore" o "nazionalista" in America.

I lettori devono comprendere fin dall'inizio che questa parte del libro conterrà elementi che potrebbero risultare sorprendenti e destabilizzanti per molti conservatori e anticomunisti tradizionali; ma questo libro non ha mai avuto lo scopo di nascondere la verità, per quanto inquietante e sgradevole possa essere.

Quindi continueremo...

# CAPITOLO XII

## La lotta tra il comunismo sovietico dell'epoca staliniana e il sionismo: un fenomeno politico poco compreso che contribuisce alla nostra comprensione dei nemici interni di oggi

Le due forze gemelle del bolscevismo e del sionismo hanno spesso collaborato su molti fronti nel corso del XX secolo, essendosi evolute negli ultimi anni del XIX secolo. Tuttavia, entrambe le filosofie hanno vissuto conflitti che rimangono poco compresi, anche da coloro che hanno dedicato molti studi a entrambe le forze.

Sebbene molti vedano il bolscevismo e il sionismo come due teste dello stesso serpente (e un serpente a due teste esiste, come hanno riferito i biologi), le realtà delle lotte geopolitiche del XX secolo suggeriscono che c'è molto di più nella storia.

In effetti, esistevano differenze marcate tra i nazionalisti russi (guidati da Josef Stalin) e gli internazionalisti ebrei guidati da Leon Trotsky, nemico giurato di Stalin.

All'epoca della Guerra Fredda, dopo la creazione dello Stato sionista di Israele nel 1948, molti trotskisti tradizionali iniziarono un processo di trasformazione, in particolare negli Stati Uniti, in leader di un elemento anti-stalinista che divenne il blocco intransigente pro-israeliano che oggi chiamiamo "neo-conservatori".

Si tratta, ovviamente, di una breve panoramica di una complicata e spesso confusa lotta internazionale tra elementi rivoluzionari, entrambi ostili agli interessi americani. Una storia dettagliata di questa lotta andrebbe ben oltre lo scopo di questo libro. Resta il fatto che i moderni discepoli del trotskismo sono figure chiave del Nemico Interno, che sta trasformando il conservatorismo vecchio stile in una forza divisiva e distruttiva che usa la potenza militare dell'America, il sangue dei suoi figli e il suo tesoro nazionale per imporre un imperium sionista globale - in breve, un Nuovo Ordine Mondiale.

Alla morte di Stalin nel 1953 - le cui circostanze suggeriscono a che fu certamente "aiutato" a morire - il leader sovietico era diventato apertamente e attivamente ostile al sionismo politico. Secondo un articolo dell'*American Examiner* del 27 luglio 1967, la Jewish Telegraphic Agency riferì quanto segue

> Josef Stalin è morto 14 anni fa per un raptus causato dall'opposizione del Politburo alla sua proposta di espellere tutti gli ebrei russi in Siberia, ha riportato *il Detroit News* da Washington ..... L'articolo sostiene che Stalin convocò una riunione segreta del Politburo per annunciare una campagna contro gli ebrei . Dichiarò che dovevano essere prese misure per deportare in massa gli ebrei a Biro Bidjan in Siberia...
>
> Lazar Kaganovich, l'unico membro ebreo del Politburo e cognato di Stalin, strappò la sua tessera di partito e ne gettò i pezzi in faccia a Stalin, racconta *The News*.
>
> Il rapporto afferma che Stalin è diventato viola dalla rabbia... Stalin si alzò dalla sedia, secondo il rapporto, iniziò a gridare in modo incoerente e cadde a terra privo di sensi. Un'ora dopo, i medici lo dichiararono morto.

Sebbene questo rapporto scritto in modo stuzzicante e provocatorio - rivolto al pubblico ebraico - non dicesse mai che Stalin era stato assassinato, l'intenzione del rapporto era molto chiara: in breve, gli interessi sionisti in Russia avevano assassinato l'uomo forte sovietico perché stava pianificando nuove offensive contro il sionismo.

Nel loro libro del 2003, *L'ultimo crimine di Stalin*, Jonathan Brent e Vladimir Naumov hanno pubblicato le prove che Stalin fu quasi certamente assassinato nel 1953 dopo aver iniziato a esorcizzare l'influenza sionista nei circoli del potere sovietico.

Descrivendo le azioni di Stalin contro gli elementi sionisti in Russia, Brent e Naumov scrivono che se Stalin non fosse stato rimosso dal potere, "gran parte della storia mondiale successiva avrebbe potuto essere molto diversa". Aggiungono:

> Molte figure di spicco del Cremlino sarebbero state epurate e probabilmente fucilate; i servizi di sicurezza e l'esercito sarebbero stati decimati dalle purghe; gli intellettuali e gli artisti sovietici, soprattutto gli ebrei, sarebbero stati repressi senza pietà; il resto dell'ebraismo sovietico e dell'Europa orientale sarebbe stato seriamente (se non fatalmente) minacciato, mentre gravi sofferenze sarebbero state inflitte a tutti i cittadini dell'Unione Sovietica. Un nuovo Grande Terrore, come quello della fine degli anni Trenta, fu evitato quando Stalin morì improvvisamente il 5 marzo 1953. La "soluzione finale" proposta da Stalin rimase lettera morta...

E mentre ancora oggi alcuni - tra cui molti legittimi e tradizionali anticomunisti americani - ritengono che Stalin fosse in realtà alleato con gli interessi sionisti, come dimostra il suo immediato riconoscimento dello Stato di Israele, Brent e Naumov sottolineano che nel 1948 "gli ebrei e Israele non erano ancora i nemici dello Stato sovietico che presto sono diventati". Il fatto è, quindi, che una frattura molto reale - a lungo studiata - tra Stalin e gli elementi sionisti (e trotskisti) era effettivamente una realtà, nonostante la leggenda popolare.

Infatti, nel 1952, mentre Stalin intensificava la sua campagna pubblica (e dietro le quinte) contro il sionismo in Russia, Brent e Naumov sottolineano l'ironia della situazione: molte spie ebree americane in Unione Sovietica avrebbero avuto difficoltà a immaginare di lavorare per "un Paese i cui leader si sarebbero presto rivoltati contro l'intera popolazione ebraica dell'Unione Sovietica e che, al più alto livello governativo, stava seriamente considerando l'idea della detenzione e della deportazione di centinaia di migliaia, se non milioni, di persone innocenti".

In effetti, nel numero di gennaio/febbraio 2003 di *The Barnes Review, la* rivista di storia revisionista diretta da Willis A. Carto, lo storico nazionalista russo Oleg Platonov ha offerto ai lettori un'affascinante storia dei problemi storici della Russia con l'agitazione ebraico-sionista ed ebraico-bolscevica, il proverbiale serpente a due teste. Platonov affermò senza mezzi termini che Stalin aveva effettivamente lanciato una grande offensiva contro il sionismo. Vale la pena ricordare le parole di Platonov, uno dei principali intellettuali russi di oggi, che è in prima linea nella lotta contro l'influenza sionista nella Russia del XXI secolo. Platonov scrisse

> La dominazione ebraico-bolscevica della Russia fu spezzata da Stalin che, nella seconda metà degli anni Trenta, guidò una controrivoluzione e tolse il potere ai portatori dell'ideologia sionista. Negli anni '30 e '40, sotto la guida di Stalin, furono spazzati via non meno di 800.000 bolscevichi ebrei, l'élite dell'organizzazione anti-russa che aveva progettato di trasformare la Russia in uno Stato ebraico. Quasi tutti i leader ebrei furono epurati e le possibilità di riconquistare il potere per quelli rimasti furono ridotte al minimo. Gli ultimi anni della vita di Stalin furono dedicati allo sradicamento del sionismo e alla liquidazione delle organizzazioni ad esso associate.

Il dottor Platonov ha aggiunto questi dettagli molto pertinenti

> Dopo la morte di Stalin, tutto cambiò bruscamente. Lo Stato fu preso in mano da persone che volevano ripristinare il bolscevismo ebraico... La rinascita del sionismo continuò durante il governo di N.S. Krusciov.

La situazione migliorò un po' sotto Breznev, che limitò segretamente il numero di ebrei nei posti di governo . In realtà, queste misure vennero raramente attuate e i sionisti, sia in modo segreto che palese, trovarono molti modi per aggirarle.

Dagli anni Cinquanta agli anni Settanta, in Russia è emersa una potente quinta colonna, guidata dai portatori dell'ideologia sionista. Molte delle sue figure di spicco erano figli o nipoti di rivoluzionari bolscevichi.

Queste stesse persone sono poi diventate gli elementi più attivi della cosiddetta perestrojka, che ha portato alla dissoluzione dell'Unione Sovietica, alla presa del potere politico da parte degli ebrei e al trasferimento di una parte considerevole della ricchezza nazionale russa a Paesi stranieri.

Oggi, naturalmente, la lotta contro l'influenza sionista in Russia si è notevolmente ampliata e l'attuale presidente russo, Vladimir Putin, è sempre più sotto il fuoco di elementi sionisti con sede negli Stati Uniti (e in tutto il mondo) che vedono il cosiddetto "uomo forte russo" come una potenziale minaccia (in un capitolo successivo parleremo ulteriormente di Putin). (Il punto su cui dobbiamo concentrarci - e sottolineare - è che la frattura tra Stalin e i sionisti, iniziata negli anni '30 e culminata nell'assassinio di Stalin nel 1953, ha specificamente portato a eventi negli Stati Uniti che hanno giocato un ruolo importante negli intrighi dietro le quinte della cosiddetta "guerra fredda". Ciò ha portato alla creazione del blocco di potere che oggi, nel XXI secolo, è noto come movimento "neoconservatore", ovvero i guerrafondai globali sionisti-trotzkisti che usano la ricchezza e il potere degli Stati Uniti per imporre il loro imperium globale.

Nel 1914, V.I. Lenin scrisse di Trotsky: "Il compagno Trotsky non ha mai avuto un'opinione precisa su una sola questione marxiana seria: si infilava sempre nella breccia aperta da questa o quella differenza, e oscillava da una parte all'altra". E questo riflette esattamente il modo in cui tanti trotskisti americani - che sono diventati i neoconservatori - hanno modificato la propria agenda per adattarsi ai tempi, in particolare quando elementi all'interno del governo sovietico continuavano, dietro le quinte, ad agitarsi contro l'influenza sionista .

Così, mentre molti anticomunisti americani (e veri e propri antisionisti e antisemiti) si sono lasciati prendere dalla teoria che il comunismo sovietico (anche sotto Stalin) fosse stato in gran parte un progetto "ebraico", per così dire, ci sono state alcune voci perspicaci che hanno riconosciuto che la lotta tra Stalin e Trotsky aveva un "orientamento ebraico" definitivo che doveva essere esaminato in un contesto attento.

Alla fine degli anni Cinquanta, John H. Monk, nazionalista americano e schiettamente antisemita, direttore della rivista texana *Grass Roots*, pubblicò un notevole saggio intitolato "Let Us Into Into This Thing Called 'Trotsky Communism'". Dopo un esame approfondito della storia del conflitto tra Stalin e Trotsky, conclude che, in parole povere, "il comunismo di Trotsky non ha senso":

Il comunismo trotskista e il comunismo sovietico sono nemici". Nella Russia sovietica, come ha notato Monk, a partire dalla fine degli anni '30 "gli ebrei di alto rango cominciarono a cadere dalle loro alte poltrone" e "la Russia aprì finalmente gli occhi [e] il buon lavoro iniziò nel 1928 con l'esilio di Trotsky" da parte di Josef Stalin. Aggiunse, in modo molto acuto

> Proprio di recente la Anti-Defamation League ha pubblicato un bollettino speciale in cui piangeva dolorosamente perché nel 1935 gli ebrei russi occupavano il dieci per cento delle alte cariche dell'impero, mentre oggi ne hanno solo "la metà dell'uno per cento", e questa percentuale è traballante. Non c'è da stupirsi che la banda americana di ebrei e Trotsky abbia inventato lo slogan: "Abbasso il comunismo!". Si riferiscono alla Russia.

Monk ha sottolineato che il movimento sionista e i gruppi affiliati, come l'ADL, si sono rapidamente allineati con il movimento trotskista che si era trasferito negli Stati Uniti - in particolare a New York - dopo l'esilio di Trotsky dalla Russia. Se seguiamo lo slogan comunista di Trotsky, "Abbasso i comunisti", diventiamo automaticamente sostenitori dell'organizzazione clandestina più ripugnante che sia mai esistita su questa terra: il comunismo di Trotsky: il comunismo trotskista".

I saggi di Monk su questo argomento controverso furono persino ristampati dalla famosa Lyrl Clark Van Hyning nella sua popolare newsletter *Women's Voice*, che nessuno ha mai accusato di essere un giornale "comunista".

Il 15 settembre 1969, sul popolare giornale nazionalista americano *Common Sense,* che nel corso degli anni ha spesso ospitato il lavoro del portavoce antisionista americano Benjamin Freedman, un certo Morris Horton (sotto il suo pseudonimo "Fred Farrell") scrisse un'affascinante valutazione della realtà del comunismo trotskista. In particolare, Horton scrive

> In origine, il "comunismo" non era altro che uno strumento dei ricchi ebrei americani di New York. Negli Stati Uniti, e in gran parte del resto del mondo, è ancora così. Passiamo ora a una domanda importante per chiunque voglia davvero capire il comunismo: "Qual è la differenza tra uno stalinista e un trotskista? Alcuni vi diranno: "Tutti i comunisti si assomigliano".

Questa è disinformazione pericolosa e superficiale. È accettabile solo se si è disposti a sostituire uno slogan superficiale con una conoscenza reale. Uno stalinista rappresenta il nazionalismo russo primordiale. Un trotskista rappresenta gli interessi ebraici di New York. Gli interessi ebraici di New York subirono una terribile battuta d'arresto un giorno di molti anni fa, quando un taciturno cappuccio conficcò un'ascia nel cranio di Leon Trotsky in una villa in Messico.

La cospirazione comunista mondiale non è una cospirazione russa, ma una cospirazione ebraica americana. Oggi sta cadendo nel più grande discredito in tutto il mondo. L'America è accusata di sostenere il comunismo nel mondo. Purtroppo, questa accusa è fondata. New York è il vero centro della cospirazione. Se alcuni dei nostri anticomunisti si alzassero a quattro zampe e dicessero questa semplice verità, potremmo ancora liberarci dalla morsa ebraica. Pochi lo fanno.

La maggior parte dei comunisti e molti anticomunisti sono sullo stesso libro paga, quello degli ebrei. Sono impegnati in una finta battaglia l'uno contro l'altro. La prima regola di base di questa finta battaglia è: "Non introdurre mai una vera verità nella questione, da entrambe le parti; racconta quello che vuoi, ma non dire mai la verità". Questa è la base della maggior parte dei falsi "esperti" di comunismo che da quarant'anni sono "esperti" dell'argomento e che non sono riusciti a farlo retrocedere.

Horton fu particolarmente categorico nel sottolineare che il movimento "anticomunista" americano stava cadendo sempre più nelle mani dei veri comunisti - i trotskisti - che, con il pretesto di "combattere il comunismo", stavano in realtà lavorando per introdurlo nel sistema americano. Questo è un punto che pochi anticomunisti capirono all'epoca e che ancora oggi faticano ad assimilare. Horton ha scritto

Queste persone producono la letteratura sul comunismo che è generalmente disponibile al pubblico americano. Non hanno alcun interesse a fornire informazioni realmente valide. Il loro scopo è manipolare l'opinione pubblica.

Per questo cercano di dividere i gentili. Cercano di far credere alla classe media che la classe operaia è alleata con la Russia rossa. Tutto questo è, ed è sempre stato, pura allucinazione, generata da intellettuali ebrei ciarlatani per promuovere la tirannia di una minoranza sulla maggioranza americana.

Nel suo saggio, Horton sottolinea che le antiche etichette di "destra" e "sinistra" non hanno più alcun significato reale - un punto che anche molti moderni, legittimi, autoproclamati "conservatori" americani del XXI secolo non hanno ancora capito:

> Le posizioni di "destra" o "sinistra" in politica non hanno alcuna validità reale. Sono posizioni artificiali, inventate dagli ebrei. Il controllo ebraico delle comunicazioni è assolutamente essenziale per il successo di questo sistema di potere. La ciarlataneria politica ebraica non sopravvivrebbe a lungo all'esposizione.

> L'era della sinistra-destra è l'era ebraica ed è un'era che si sta ritirando nel passato sulla scena mondiale. Se l'America continua a vivere in questo passato ebraico, non ha futuro.

Le parole di Horton, scritte quasi 50 anni fa, continuano a risuonare. Ma per rendere ancora più chiaro il concetto, vale la pena di rivedere la traduzione di un'analisi del sionismo pubblicata in spagnolo nell'edizione del 4 novembre 1979 del *Granma,* il giornale ufficiale del regime comunista di Fidel Castro a Cuba.

(Versioni simili erano apparse in precedenza in Unione Sovietica, in un momento in cui il sionismo veniva sempre più denunciato pubblicamente, con grande disappunto dei trotskisti americani che si stavano reinventando come "neo-conservatori").

Sebbene questa analisi da una prospettiva comunista sia stata superata dal crollo dell'impero sovietico, così come esisteva al momento della pubblicazione di questo documento, essa contiene spunti affascinanti sulle fonti di tensione tra sionismo e comunismo.

> Il movimento sionista, creato dalla grande borghesia ebraica alla fine del XIX secolo, è nato con un obiettivo decisamente controrivoluzionario. Dalla fondazione dell'Organizzazione sionista mondiale nel 1897 a oggi, il sionismo, come ideologia e pratica politica, si è opposto al processo rivoluzionario mondiale.

> Il sionismo è controrivoluzionario in senso globale, perché agisce in tutto il mondo contro le tre principali forze della rivoluzione: la comunità socialista, il movimento operaio nei Paesi capitalisti e il movimento di liberazione nazionale.

> La controrivoluzione sionista iniziò facendo breccia nel movimento operaio europeo. Nei primi anni, , quando la crescita del capitalismo monopolistico e l'espansione delle tendenze reazionarie che accompagnavano l'instaurazione della fase imperialista del capitalismo richiedevano l'unità e la solidarietà del proletariato, i sionisti si misero a dividere la classe operaia.

> Propagano la tesi che tutti i non ebrei sono e saranno sempre

antisemiti; affermano che l'unica possibilità per il benessere e la giustizia delle masse ebraiche è emigrare nella "terra promessa"; difendono la collaborazione di classe, distogliendo così il proletariato ebraico dalla lotta per la sua reale emancipazione e dividendo e indebolendo il movimento operaio. Non è un caso che gli archivi della polizia zarista contengano documenti che invitano a sostenere il movimento sionista per arginare la marea della rivoluzione proletaria.

Theodore Herzl, il fondatore del sionismo, scrisse nel suo diario di allora: "Tutti i nostri giovani, tutti quelli tra i 20 e i 30 anni, abbandoneranno le loro oscure tendenze socialiste e verranno da me.

Tuttavia, gli sforzi della controrivoluzione sionista non riuscirono a fermare le ruote della storia. La vittoria della Grande Rivoluzione Socialista d'Ottobre in Russia inaugurò un periodo di transizione dal capitalismo al socialismo su scala mondiale. La prima vittoria del proletariato, preludio di vittorie future, inferse un duro colpo al sionismo.

La maggior parte del denaro che riempiva le casse sioniste proveniva dalla Russia, dove lo zarismo aveva umiliato e oppresso gli ebrei per secoli. La Russia fornì un milione di immigrati per la colonizzazione sionista della Palestina. Quando la Rivoluzione russa pose fine allo sfruttamento dell'uomo da parte dell'uomo, distrusse anche le basi del sionismo in Unione Sovietica.

La politica leninista sulla questione nazionale ha ribaltato tutti i miti sionisti secondo cui gli ebrei non potevano essere pienamente integrati, con pari diritti, nella società e ha distrutto tutte le affermazioni razziste sull'inevitabilità dell'antisemitismo . I sionisti non hanno mai perdonato, e non perdoneranno mai, lo Stato sovietico e il suo partito leninista, non tanto per aver interrotto il flusso di denaro dalla Russia e per aver perso lavoratori nello sforzo di colonizzazione, ma perché i bolscevichi attuarono una politica corretta che integrava i talenti e gli sforzi degli ebrei sovietici nei compiti di costruzione di una nuova società, dimostrando così le origini di classe della discriminazione e dell'antisemitismo , rompendo con il passato e fornendo una soluzione reale al problema ebraico, una soluzione che non era e non poteva mai essere un esodo di massa in Palestina.

La controrivoluzione sionista prese una piega antisovietica. Prima dell'ottobre 1917, i sionisti collaborarono con Kerensky. In seguito, sostennero tutti i tentativi di controrivoluzione e parteciparono con entusiasmo ai vari "governi" bianchi istituiti in diverse parti del

Paese durante la guerra civile [in Russia]. Furono attivi in tutte le azioni contro l'Unione Sovietica dall'estero e la loro potente macchina di propaganda diffuse una valanga di bugie sul primo Stato operaio e contadino del mondo.

Nemmeno la vittoria sovietica sul fascismo tedesco, che salvò tante vite ebraiche, spinse i sionisti a cambiare la loro posizione antisovietica.

Con l'inizio della Guerra Fredda, i sionisti collaborarono a tutte le attività di sovversione e diversione contro l'URSS e altri Paesi socialisti. I servizi segreti dello Stato sionista di Israele coordinarono le loro attività di spionaggio con la CIA. Gli agenti sionisti hanno svolto un ruolo attivo nei tentativi controrivoluzionari in Ungheria e Cecoslovacchia.

Oggi il sionismo sostiene l'ipocrita campagna antisovietica sulle presunte violazioni dei diritti umani degli ebrei in Unione Sovietica e fa di tutto per spingere i cittadini sovietici di origine ebraica a lasciare la loro vera patria per andare in Israele. Questo sforzo della controrivoluzione sionista non può che portare a un ulteriore fallimento. E per completare il quadro, c'è l'azione controrivoluzionaria sionista contro i movimenti di liberazione nazionale.

Poco dopo la prima guerra mondiale, i coloni sionisti entrarono nel territorio palestinese, agendo come punta di diamante degli interessi imperialisti britannici in opposizione alle speranze di indipendenza dei popoli arabi. Il loro ruolo fu chiaramente definito dall'eminente leader sionista Max Nordau in una dichiarazione alle autorità britanniche:

"Sappiamo cosa volete che facciamo: difendere il Canale di Suez. Dobbiamo difendere la vostra rotta verso l'India attraverso il Medio Oriente. Siamo pronti ad assumerci questo difficile compito. Ma dovete permetterci di diventare sufficientemente potenti per portare a termine questo compito".

E, infatti, i sionisti sono diventati una potenza e sono riusciti a fondare il proprio Stato nel 1948: lo Stato sionista di Israele. Oggi il loro compito è difendere le rotte del petrolio, proteggere tutti gli interessi dell'imperialismo americano e bloccare l'avanzata della rivoluzione araba.

Sostenuti da enormi quantità di aiuti economici e militari imperialisti, i sionisti lavorano costantemente contro i movimenti di liberazione nazionale.

Un tempo la loro missione era penetrare nei movimenti indipendentisti africani e asiatici, per garantire che i nuovi Stati indipendenti seguissero percorsi accettabili per l'imperialismo, che non si allontanassero dai limiti del neocolonialismo. Israele ha offerto corsi, consulenti e ogni tipo di assistenza.

Ma questo stratagemma non ha avuto molto successo. Il ruolo crescente di Israele come gendarme dell'imperialismo in Medio Oriente, il suo razzismo e l'espansionismo dichiarato, hanno reso le giovani nazioni africane e asiatiche consapevoli dei pericoli degli "aiuti" israeliani, del tradimento della politica estera israeliana.

Tuttavia, lo Stato sionista ha assunto un nuovo ruolo nella lotta reazionaria globale contro il progresso. Supera i limiti geografici del Medio Oriente, stabilisce legami amichevoli con tutti i regimi reazionari e inizia a fornire armi, equipaggiamenti e consigli a coloro che cercano di reprimere le lotte di liberazione nazionale.

L'industria bellica israeliana è specializzata nella progettazione e produzione di tutti i tipi di armi per la guerra antiguerriglia urbana e rurale.

Il regime razzista sudafricano, le dittature del Guatemala e di El Salvador e il fascista Pinochet sono tra i migliori clienti dell'industria bellica israeliana. Le vendite di armi israeliane nel 1978 sono state stimate in 400 milioni di dollari. Uno dei loro migliori clienti era il dittatore nicaraguense Anastasio Somoza.

La controrivoluzione sionista era presente nel Nicaragua di Somoza sotto forma di cannoni Galil e aerei Pull-push, ma non riuscì a impedire la vittoria dei rivoluzionari sandinisti.

È un simbolo dei nostri tempi: né le macchinazioni della controrivoluzione sionista né le armi israeliane possono fermare la marcia vittoriosa dei popoli del mondo.

(FINE DELL'ARTICOLO DI GRANMA)

Qualunque cosa si pensi di Fidel Castro o dell'ex leader sovietico Josef Stalin, il fatto è che da tempo esiste una vera e propria spaccatura tra i trotskisti - che si sono trasformati (a livello di leadership della rete "neo-conservatrice" negli Stati Uniti) in tribuni del movimento sionista mondiale - e gli elementi di orientamento nazionalista guidati in Russia da Stalin dopo il suo consolidamento del potere.

Per comprendere queste sfumature e riconoscere il ruolo che hanno avuto negli eventi dell'ultima metà del XX secolo, è essenziale capire come e perché il Nemico Interno sia stato in grado di manipolare la tradizionale causa dell'"anticomunismo" e trasformarla in un meccanismo al servizio della causa sionista.

Sebbene esistano alcuni insignificanti movimenti trotzkisti - bande di agitatori di strada e simili - che continuano a operare indipendentemente (e spesso in opposizione) ai sionisti neo-conservatori, sono questi "neo-conservatori" che si sono vestiti della bandiera americana a essere il vero Nemico Interno.

Alla luce di tutto ciò, non è un caso che nella Russia di oggi i comunisti tradizionali (molti dei quali venerano la memoria di Josef Stalin) e gli anticomunisti siano uniti nell'opposizione al sionismo e al dominio plutocratico ebraico.

Nel capitolo seguente esamineremo alcuni fatti storici notevoli che sottolineano la realtà della scissione tra gli stalinisti e i trotskisti sionisti e che chiariranno ulteriormente la natura del Nemico Interno nei tempi moderni.

# CAPITOLO XIII

## L'infiltrazione sionista nel KGB sovietico e il suo impatto sui servizi segreti americani: la base poco conosciuta della nascita del neoconservatorismo in America

La più nota spia sovietica della storia è il defunto traditore britannico H. A. R. "Kim" Philby. Ma "il resto della storia" dell'intrigo di Philby è stato tenuto segreto per quasi mezzo secolo. La verità è che Philby non era solo un agente del KGB. Era anche un agente di un'altra agenzia di intelligence, il Mossad israeliano. Solo *The Spotlight*, il settimanale populista di Washington, ha raccontato questa storia sorprendente, che mette in luce una "storia nascosta" di intrighi deliberatamente soppressi dai media occidentali "mainstream".

Nel numero del 25 giugno 1984, *The Spotlight* ha riportato un riassunto altamente confidenziale delle operazioni di spionaggio del blocco orientale, compilato nell'aprile 1984 dagli analisti del Ministero della Difesa. (Una copia di questo rapporto è stata fornita da fonti ben posizionate ad Andrew St. George, capo corrispondente diplomatico di *The Spotlight*).

Il riassunto cita diversi casi in cui agenti segreti del KGB, la principale agenzia di intelligence dell'Unione Sovietica, hanno unito le forze con il Mossad, il servizio di intelligence israeliano, per penetrare negli obiettivi statunitensi. Philby fu uno di quelli che aiutarono il Mossad.

Lo studio rivela che William King Harvey, un alto funzionario della CIA, si era imbattuto nel KGB e nel Mossad già nel 1942, quando concluse un'indagine di alto livello con un rapporto che denunciava Philby, allora alto funzionario del controspionaggio britannico, come una "talpa" sovietica, cioè un agente clandestino di lungo corso della penetrazione sovietica.

All'epoca, Philby lavorava a Washington come capo dei collegamenti tra i servizi segreti britannici e americani, il che gli dava accesso ai segreti di sicurezza meglio custoditi dal governo statunitense.

Altre prove contenute nel sommario del Pentagono riguardanti Philby hanno rivelato - ma non sono state menzionate in tutti i resoconti dell'affare Philby da parte dei media "mainstream" - che Philby, mentre spiava per i sovietici, aveva anche lavorato come agente per la causa del sionismo politico fin dai primi anni Quaranta.

Questo avveniva molto prima della nascita di Israele come Stato sovrano e della formazione del Mossad che, secondo Victor Ostrovsky, ex ufficiale del Mossad, funziona come "il vero motore della politica" in Israele.

Il rapporto del Pentagono rivela che nel 1932 Philby sposò a Vienna, in Austria, Litzi Friedman, un'organizzatrice comunista attiva anche nella causa sionista. Al matrimonio erano presenti diverse personalità che avrebbero avuto un ruolo di primo piano nello spionaggio israeliano.

Tra loro c'erano "Teddy" Kollek, che divenne molto più noto come , il futuro sindaco di Gerusalemme, e Jacob Meridor, uno dei fondatori e direttori del Mossad.

Denunciando Philby come spia rossa, Harvey mise in dubbio anche l'amico intimo di Philby, James Jesus Angleton, direttore del controspionaggio della CIA, che era anche l'ufficiale di collegamento della CIA con il Mossad e un convinto sostenitore della causa sionista.

Angleton e il Mossad si sentirono minacciati dall'esposizione di Philby come talpa sovietica da parte di Harvey. Ben presto, a Washington cominciarono a circolare voci sul "bere eccessivo" e sul comportamento "scandaloso" di Harvey, voci che furono trasmesse direttamente alla Casa Bianca.

Nel 1967, il presidente Johnson licenziò Harvey dal suo incarico alla CIA ed egli si ritirò in disgrazia. Come scrisse *The Spotlight*: "Il principale esperto di spionaggio americano del secondo dopoguerra, che aveva smascherato Philby e altre importanti spie comuniste, trascorse gli ultimi anni lavorando per una casa editrice in un lavoro senza prospettive. Morì nel 1976 per un attacco di cuore, nell'oscurità, mal pagato e solo".

(Ironia della sorte, negli ultimi anni è stato fatto un tentativo fraudolento di collegare Harvey all'assassinio di JFK, suggerendo che Harvey abbia lavorato fianco a fianco con il suo nemico di sempre, Angleton, e con i luogotenenti della CIA di Angleton, per organizzare l'assassinio del Presidente. Niente potrebbe essere più lontano dalla verità).

In effetti, Harvey aveva ragione. Philby fu smascherato come uno dei principali agenti di penetrazione sovietici e alla fine confessò, fuggendo a Mosca dove morì.

Il destino di Angleton fu in qualche modo simile. In un rapporto top secret a lungo taciuto (citato nel riassunto del Pentagono descritto da *The*

*Spotlight*), un alto funzionario della sicurezza della CIA, C. Edward Petty, ha concluso che Angleton potrebbe essere stato un agente della penetrazione israelo-sovietica mentre si faceva strada ai vertici della burocrazia della CIA.

Il rapporto Petty suggerisce che Angleton, nel corso della sua carriera come figura di spicco del controspionaggio statunitense, abbia passato informazioni vitali all'Unione Sovietica e a Israele. Il rapporto fu presentato al Presidente Gerald Ford nell'aprile del 1975, ma fu presa la decisione politica che non c'erano prove sufficienti per incriminare e processare Angleton, soprattutto perché sarebbe stato impossibile tenere un processo pubblico a un ufficiale dell'intelligence a conoscenza di tanti segreti come Angleton.

Invece, l'allora direttore della CIA William Colby licenziò Angleton, facendo arrabbiare la lobby israeliana che aveva fatto affidamento per tanto tempo sulla posizione chiave di Angleton nella burocrazia del controspionaggio. Angleton si ritirò e morì da uomo distrutto l'11 maggio 1987.

Il 14 dicembre 1998, *The Spotlight* è stato l'unico giornale al mondo a pubblicare un fatto nascosto sui segreti di spionaggio del KGB, altrimenti ampiamente pubblicizzati, che sono stati rivelati con la pubblicazione dei leggendari cablogrammi diplomatici sovietici, decriptati segretamente a partire dal 1946 dall'Agenzia per la Sicurezza delle Comunicazioni dell'Esercito degli Stati Uniti e denominati in codice "Venona".

Lo storico militare Ulick Steadman ha descritto l'Operazione Venona come un "risultato storico", ma ha notato che c'è stato "un colpo di scena scioccante". Infatti, la stragrande maggioranza degli agenti stranieri smascherati dai cablogrammi sovietici decodificati si rivelò essere attiva nei circoli sionisti e non solo nella clandestinità comunista. Secondo H. Dexter Gamage, analista di crittografia al Pentagono, i file Venona rivelarono che i sionisti "costituivano i tre quarti delle spie nemiche reclutate dai sovietici" negli Stati Uniti.

Di conseguenza, all'epoca in cui il Progetto Venona era in corso, il generale Omar Bradley, presidente degli Stati Maggiori Riuniti, ordinò che le intercettazioni non fossero condivise con il Presidente Truman, perché - secondo Steadman - Bradley era "preoccupato che tutto ciò che era noto alla Casa Bianca sarebbe stato presto conosciuto dagli addetti ai lavori sionisti [che circondavano il Presidente] e poi dai sovietici", che avrebbero scoperto che i loro cavi erano stati intercettati.

Nel 1995-1996, parti delle decrittazioni di Venona sono state finalmente rese pubbliche con grande pubblicità. Tuttavia, parti importanti di questi documenti a lungo segreti non sono mai state pubblicate, né è stato pubblicato un elenco di spie del Cremlino, ognuna delle quali è stata identificata con nome e cognome in codice. L'identità di queste spie è davvero molto interessante.

Nei messaggi sovietici originali, molti agenti erano contrassegnati dalla lettera "K" per "KRYSY" (cioè "Ratti"). "KRYSY" era la sprezzante designazione in codice sovietica per gli agenti sionisti sotto il suo controllo. Nella versione di questi documenti resa pubblica negli Stati Uniti, *The Spotlight* ha rivelato che la designazione "K" era stata cancellata prima della pubblicazione, apparentemente dai censori del Dipartimento di Stato.

Un esame di 35 messaggi sovietici decodificati dall'inimitabile Andrew St. George *di The Spotlight* ha rivelato 20 nomi di agenti sionisti al servizio di Mosca. Gli stessi documenti hanno rivelato solo quattro agenti comunisti che non avevano alcun legame etnico con il sionismo.

Queste rivelazioni più recenti confermano certamente altre prove che abbiamo esaminato, ossia che c'è stata davvero una spaccatura ai massimi livelli tra sionisti e nazionalisti russi in URSS durante gli ultimi giorni dell'era Stalin e negli anni successivi.

È stato un elemento segreto importante nello sviluppo della Guerra Fredda - un difetto che ha gettato le basi per l'ascesa della rete "neo-conservatrice" filo-sionista, che alla fine si è rivelata uno dei più pericolosi nemici interni dell'America.

Finché i patrioti americani - i veri patrioti - non affronteranno e comprenderanno questi elementi nascosti della storia, che gettano una prospettiva radicalmente diversa sugli eventi della seconda metà del XX secolo, sarà impossibile iniziare il processo di recupero dell'America - nel XXI secolo - dalle mani dei capri di Giuda: il Nemico Interno.

Le vecchie etichette di "liberale" e "conservatore" non si applicano più e molte leggende del passato - in particolare quelle dell'epoca della Guerra Fredda - devono essere riconosciute come tali: "leggende".

Nei capitoli successivi esamineremo ulteriori prove del ruolo dei cosiddetti "anticomunisti" americani nel modificare, distorcere e distruggere i legittimi movimenti anticomunisti a favore dell'agenda sionista.

Come vedremo, la storia dell'"era McCarthy" e delle forze "conservatrici" che iniziarono ad allinearsi in quel periodo è molto più complessa di quanto siamo stati portati a credere.

# CAPITOLO XIV

## Il comunismo trotzkista - oggi chiamato "neoconservatorismo" - e la storia del senatore Joseph R. McCarthy

Il contenuto di gran parte di questo capitolo sconvolgerà gli anticomunisti americani di oggi (e in particolare coloro che hanno sostenuto attivamente il senatore Joseph R. McCarthy, il famoso cacciatore di comunisti), ma alcuni fatti devono far parte della storia registrata se vogliamo avere un profilo accurato del Nemico Interno.

Ma prima, la storia di una figura controversa che ha avuto un ruolo segreto (e in realtà piuttosto bizzarro) nell'aiutare John F. Kennedy a vincere la presidenza nel 1960 - una delle figure leggendarie e dietro le quinte del movimento nazionalista americano - DeWest Hooker, morto all'età di 81 anni a Washington, D.C., il 22 settembre 1999.

Hooker - "West" per gli amici - è ormai storia (storia nascosta) e la sua straordinaria storia merita di essere raccontata, soprattutto perché le esperienze di Hooker ci aiutano a documentare il lavoro delle capre di Giuda sioniste americane.

Su Hooker stesso: un uomo affascinante e memorabile che merita questo breve tributo. Nato in una famiglia ricca e privilegiata, poi sposato in una famiglia immensamente ricca, Hooker si era laureato alla Cornell ed era un veterano della Seconda guerra mondiale, una guerra che riteneva, allora e fino alla sua morte, non necessaria e che non avrebbe dovuto essere combattuta.

Hooker dedicò gran parte della sua fortuna personale a combattere per la causa nazionalista, una causa che non abbandonò mai.

In gioventù, il florido e affascinante Hooker non era solo un attore di Broadway, ma anche un modello pubblicitario, apparendo nelle pubblicità delle sigarette Chesterfield e indossando una benda sull'occhio nelle famose pubblicità delle camicie Hathaway.

Tuttavia, Hooker ha rinunciato a una promettente carriera sul palcoscenico dopo che gli è stato offerto il ruolo principale di Henry Fonda nella tournée della commedia di successo di Broadway *Command Decision*, preferendo lavorare dietro le quinte dell'industria dello spettacolo .

Alla fine Hooker lavorò come talent agent per la Music Corporation of America (MCA) e all'inizio degli anni Cinquanta era uno degli agenti più pagati d'America. Si concentrò sul fiorente settore della produzione televisiva.

Hooker era particolarmente orgoglioso dei suoi sforzi per promuovere l'"'intrattenimento nero" per il "pubblico nero", incoraggiando gli sforzi artistici di cantanti e attori neri. Allo stesso tempo, però, Hooker rifiutava totalmente il concetto che la musica e la cultura nera dovessero essere promosse per il pubblico bianco, il principio guida degli odierni promotori di musica e film "multiculturali".

(Hooker era particolarmente entusiasta del crescente protagonismo, a metà degli anni Ottanta, del leader della Nation of Islam, il ministro Louis Farrakhan; questo autore ha incontrato per la prima volta il ministro Farrakhan mentre accompagnava Hooker a un raduno della Nation of Islam su invito a Washington, nel 1985).

Per un certo periodo, uno dei contratti MCA di cui Hooker fu responsabile fu quello dell'ex attore di film di serie B diventato star televisiva Ronald Reagan - anche se questo dettaglio non viene menzionato nelle biografie ufficiali di Reagan alla luce della futura "infamia" di Hooker e della sua reputazione di "antisemita".

Tuttavia, una descrizione "segreta" del rapporto tra Hooker e l'ascesa di Reagan appare in un libro poco conosciuto intitolato *The King Maker*, pubblicato nel 1972, otto anni prima che Reagan diventasse presidente. Scritto da Henry Denker, un noto scrittore, produttore e regista newyorkese con una vasta conoscenza dell'industria dell'intrattenimento, *The King Maker* è un roman *a clef* (cioè un romanzo "di fantasia" basato su personaggi ed eventi reali e poco mascherati).

Tutti sapevano che si trattava della storia dietro le quinte dei rapporti politici e finanziari di Ronald Reagan con la MCA e di come questi rapporti avessero contribuito alla nomina di Reagan a governatore della California.

Il libro non è facile da trovare nelle biblioteche e nemmeno nelle librerie di seconda mano. Forse proprio perché, se si legge tra le righe (o non necessariamente tra le righe), si scoprono alcune cose spiacevoli su Reagan e sulle persone che lo hanno reso la potenza politica americana dell'ultimo quarto del XX secolo.

Hooker è stato il modello reale di uno dei personaggi del libro, "Carl Brewster", un dirigente dell'industria televisiva francamente antiebraico e, diciamolo, lo stesso West Hooker era molto antiebraico e non faceva alcuno sforzo per nasconderlo.

In *The King Maker*, Reagan è "Jeff Jefferson", un ex attore cinematografico che viene catapultato al governatorato della California grazie al suo sodalizio con il dottor Irwin Cone, il fondatore di un'agenzia di reclutamento legata alla mafia, la Talent Corporation of America (TCA), che diventa una forza politica a tutti gli effetti. Il "dottor Cone" di Denker è il vero dottor Jules Stein, e la TCA è in realtà - avete indovinato - la Music Corporation of America, meglio conosciuta come MCA, il gigante dei media (ora una sussidiaria dell'impero Bronfman in continua espansione). È chiaro che il libro era troppo rilevante, tanto che Lew Wasserman, il socio reale del dottor Stein, ha definito il romanzo "una schifezza", nonostante il fatto che Wasserman non sia affatto rappresentato nel romanzo.

Nel 1986, un altro scrittore, Dan Moldea, noto per la sua esperienza nella storia della criminalità organizzata, scrisse il suo libro che non era un *romanzo su* ma era, in realtà, una controversa opera di saggistica che raccontava la stessa storia di *The King Maker* di Denker. Tuttavia, il libro di Moldea aveva un titolo più esplosivo - e forse più accurato -: *Dark Victory: Ronald Reagan, MCA, and the Mob*.

Tuttavia, l'antisemitismo di Hooker non piacque ai suoi capi, Lew Wasserman e Jules Stein, e alla fine Hooker si separò dalla MCA (i suoi anni alla MCA saranno ricordati nel libro di Denker). Tuttavia, Hooker, grazie al suo ingegno, riuscì a lasciare la MCA da uomo molto ricco e fu in grado di superare Wasserman alla MCA, tanto che in seguito Hooker fu descritto dalla stampa dall'editorialista del mondo dello spettacolo Walter Winchell come l'unico dipendente della MCA ad aver superato Wasserman.

Nelle conversazioni personali, Winchell era noto per dire, più francamente, che Hooker era "l'unico goy" (cioè non ebreo) ad aver compiuto questa impresa, anche se il linguaggio aggiuntivo di Winchell era molto più gutturale nel descrivere ciò che Hooker aveva fatto al suo ex datore di lavoro.

A metà degli anni Cinquanta, Hooker si stava muovendo verso la creazione di una "quarta" rete televisiva, con grande disappunto dell'élite dei media. Hooker ammise candidamente che il suo progetto era stato concepito per essere la prima rete televisiva "non controllata dagli ebrei".

Sebbene abbia cercato attivamente il sostegno finanziario per il progetto da parte dell'ambasciatore Joseph P. Kennedy (padre del senatore John F. Kennedy), il fondatore della dinastia Kennedy si è rifiutato di partecipare (sebbene abbia appoggiato con convinzione l'idea su ). Kennedy disse che la sua partecipazione avrebbe irritato la comunità ebraica e messo a repentaglio le possibilità del figlio di vincere la presidenza. I ricordi di prima mano di Hooker sul suo incontro allora segreto con Kennedy sono stati raccontati in dettaglio nel libro di questo autore, *Final Judgment*.

In ogni caso, l'Anti-Defamation League (ADL) del B'nai B'rith venne a conoscenza degli sforzi di Hooker per organizzare una "quarta" rete e, nel 1954, l'ADL dedicò una doppia pagina del suo bollettino per "smascherare" Hooker con il titolo "Il caso dell'affascinante bigotto". Il titolo stesso era abbastanza rivelatore del dinamismo di Hooker: persino l'ADL, così incline a diffamare le persone e a gettare asperità sul loro carattere, fu costretta a riconoscere che Hooker possedeva una personalità accattivante che non si fermava mai.

Infine, il procuratore generale di New York (e in seguito senatore degli Stati Uniti) Jacob Javits, un ebreo corrotto e vizioso alleato dell'ADL, emise un'ingiunzione che impediva a Hooker di raccogliere fondi per la rete, uccidendo così il progetto per conto delle altre reti gestite dai sionisti.

Sebbene Hooker abbia poi lasciato gli Stati Uniti per l'esilio in Italia, dove ha fatto fortuna imbottigliando bibite, è tornato in Italia a metà degli anni Ottanta per riprendere le sue attività politiche.

Per molti anni, Hooker lavorò silenziosamente dietro le quinte per creare una rete internazionale di distribuzione del petrolio - di concerto con interessi simpatici nel mondo arabo - che avrebbe fornito fondi al movimento nazionalista americano. Purtroppo, gli sforzi di Hooker furono ostacolati da personaggi di un certo regime arabo che erano stati cooptati dall'agenzia di intelligence israeliana, il Mossad. Infatti, uno dei partner di Hooker nel progetto fu assassinato.

Hooker stesso aveva il vantaggio di vivere con le rendite di un fondo fiduciario fornitogli dalla madre e non desiderava in alcun modo trarre profitto dall'attività petrolifera che, se avviata con successo, secondo le sue stime avrebbe fornito un minimo di 10 milioni di dollari all'anno alla causa nazionalista.

Purtroppo, sebbene Hooker fosse fisicamente in forma, quasi fino al giorno della sua morte, la sua mente acuta è stata vittima dell'età e la sua memoria ha cominciato a cedere. Questa fu una grande tragedia, perché gli impedì di registrare tutta la sua straordinaria carriera per iscritto o in video, anche se fortunatamente alcuni dei suoi scritti sono sopravvissuti.

Incredibilmente, nonostante abbia sofferto per cinque anni di un cancro alla prostata che si era diffuso in tutto il corpo e che alla fine lo ha ucciso, Hooker è rimasto molto attivo e, pochi mesi prima della sua morte, è apparso a un incontro pubblico ad Arlington, in Virginia (dove ha parlato questo autore, Michael Collins Piper), guadagnandosi un ultimo attacco da parte dei suoi nemici in un rapporto pubblicato sull'incontro dal Southern

Poverty Law Center di Morris Dees. Hooker era francamente felice di sapere che le sue attività venivano ancora registrate dai suoi nemici giurati. "Gesù non era un pollo", diceva spesso Hooker. "Entrò e cacciò i cambiavalute dal tempio.

Tuttavia, Hooker era un uomo straordinario. E ciò che egli scoprì negli anni Cinquanta sugli sforzi sionisti per controllare il movimento "anticomunista" - informazioni che ora illustreremo nei dettagli - sarà una rivelazione sorprendente, che apre gli occhi e fa riflettere gli americani di oggi che non hanno mai conosciuto la vera storia.

Quello che segue è il testo (leggermente annotato per chiarezza) di una dichiarazione giurata che Hooker fece il 30 settembre 1954, descrivendo le sue scoperte sul ruolo della cosiddetta "Lega ebraica americana contro il comunismo" e su come essa manipolò l'allora senatore.

Gli sforzi di Joseph R. McCarthy per indagare sul comunismo nelle alte sfere del sistema americano. L'affidavit recita:

> Qualche tempo fa, ho avuto un'incredibile intervista di due ore con Norman L. Marks dell'American Jewish League Against Communism, Inc.
>
> In realtà, sono stato portato da un'altra persona e il signor Marks non sapeva nulla di me (per questo si è aperto davvero, perché la persona che mi ha portato aveva la sua "fiducia").
>
> L'AJLAC ha i suoi uffici al 220 West 42nd Street, New York. Il suo presidente nazionale è Alfred Kohlberg. Il direttore esecutivo è il rabbino Benjamin Schultz e il tesoriere è Harry Pasternak. I membri del consiglio di amministrazione nazionale sono i seguenti: Bern Dibner, Lawrence Fertig, Theodore Fine, Benjamin Gitlow, Hon. Walter R. Hart, Herman Kashins, Eugene Lyons, Norman L. Marks, Morris Ryskind, Rabbi David S. Savitz, Nathan D. Shapiro, George E. Sokolsky, Maurice Tishman, Rabbi Ascher M. Yager.
>
> Giuro sotto giuramento che quanto segue è quanto di più accurato possa essere scritto a memoria circa un'ora dopo. In inoltre, le informazioni possono essere verificate dall'altra parte anonima.
>
> Il signor Marks, il cui nome compare sopra e sulla carta intestata dell'AJLAC come membro del Consiglio di Amministrazione Nazionale, ha dichiarato: "Il maggior contributore finanziario dell'AJLAC è il signor Bernard Baruch: "Il maggior contributore finanziario dell'AJLAC è il signor Bernard Baruch". Alla domanda sulla percentuale del contributo del signor Baruch, ha risposto: "Circa l'85% o il 90% dei fondi".

Ho detto che pensavo che il signor Kohlberg fosse il principale contributore dell'AJLAC e il signor Marks ha risposto: "Beh, contribuisce un po', ma niente di paragonabile al contributo di Baruch". Ho chiesto a Marks perché il nome di Baruch non fosse sulla carta intestata. Mi rispose che Baruch aveva insistito perché il suo nome non comparisse sulla carta intestata e perché non si sapesse che aveva contribuito al finanziamento dell'AJLAC.

Il signor Marks ha detto che l'organizzazione era interamente ebraica, ma che era divertente che molti dei suoi fondatori avessero mogli "cristiane". Ha detto che si incontravano ogni giovedì all'Ambassador Hotel per pranzare e discutere della situazione mondiale. Marks ha detto che l'organizzazione non avrebbe accettato un "cristiano in mezzo a sé" o un "centesimo di sostegno cristiano" e che in passato non era mai stato accettato denaro cristiano - che si trattava di un'organizzazione interamente ebraica ed era finanziata da loro.

Dichiarò che la sua creazione aveva solo due obiettivi: L'obiettivo numero uno era quello di sdrammatizzare l'ebraicità del comunismo e l'obiettivo secondario era quello di far uscire gli ebrei dal comunismo e sostenere il sionismo. Ha detto: "Per un certo periodo, quasi tutte le spie dei comunisti che sono state scoperte erano ebree e si sono preoccupati e hanno pensato che bisognava fare qualcosa per calmare gli ebrei. Volevano dimostrare al mondo cristiano che non tutti gli ebrei erano comunisti".

Alla domanda su come hanno portato avanti questo progetto, il signor Marks ha risposto: "È impossibile per un cristiano cavarsela criticando gli ebrei: "È impossibile per un cristiano cavarsela criticando gli ebrei. Solo un ebreo può farlo.

Ha proseguito: "Così abbiamo riunito un forte gruppo di ebrei 'noti per essere anticomunisti' e abbiamo iniziato la nostra campagna di lobby dal nostro punto di vista".

*[Secondo la dichiarazione giurata originale di Hooker, il riferimento di Marks a coloro che si dicevano "anticomunisti" significava in realtà che i leader ebrei in questione erano, come disse Hooker, "antistalinisti"].*

Marks ha detto: "Siamo stati noi a scrivere i discorsi di McCarthy in West Virginia: "Siamo stati noi a scrivere i discorsi di McCarthy in West Virginia, che gli hanno permesso di diventare il noto anticomunista che è oggi. La pressione che abbiamo esercitato sulla stampa ha permesso a McCarthy di ottenere tutta l'attenzione che ha ricevuto. In cambio di questa ascesa alla ribalta, egli accettò di non interrogare o denunciare gli ebrei del movimento comunista nell'ambito delle indagini condotte dalla sua sottocommissione".

Marks ha detto che molti ebrei hanno definito McCarthy un antisemita, ma non sapevano che era "il miglior amico che gli ebrei abbiano mai avuto".

*[Hooker ha osservato di McCarthy che "alla fine lo hanno distrutto comunque quando ha iniziato a chiamare comunisti gli ebrei"].*

Marks ha proseguito affermando che "altre indagini avrebbero potuto scoprire ebrei e McCarthy ne sarebbe stato accreditato, ma se si tornasse indietro, si scoprirebbe che McCarthy non ha di fatto chiamato un solo ebreo durante il periodo in cui gli ebrei erano al centro dell'attenzione". Poi qualificò queste osservazioni affermando che "quando McCarthy lavorò come sottocommissione temporanea sotto l'amministrazione Truman, non chiamò nessun ebreo; quando fu eletto presidente della commissione d'inchiesta permanente , sotto la nuova amministrazione, iniziò a chiamare i testimoni "man mano che si presentavano".

*[In altre parole, se i testimoni erano "ebrei o meno", secondo Hooker-Ed].*

Il signor Marks ha proseguito: "Ma questo non fa molta differenza oggi, perché ha accettato che i nostri uomini lavorassero al suo fianco. Per esempio, ha accettato che il nostro uomo Roy Cohn fosse il suo manager di linea, cosa che è stata organizzata da un altro dei nostri uomini, George Sokolsky".

Se la memoria non mi inganna, Marks disse che Julius Kahn era anche il loro uomo nel Comitato McCarthy, ma che ora faceva parte del Comitato per le Relazioni Estere del Senato . Ha detto che David Schine non faceva parte dell'AJLAC, ma era stato messo lì da "qualche altro gruppo che non conosco".

Marks ha aggiunto che "non solo McCarthy è sotto il nostro controllo, ma anche Jenner e Velde, che hanno preso i nostri uomini per lavorare con loro. Benny Mandel e Robert Morris ci rappresentano nel comitato di Jenner". Cita Robert Kunzig come "il loro uomo" per Velde.

Marks ha anche affermato con certezza che il professor Louis Budenz era sotto il "loro controllo" e uno dei "loro uomini", e che stava lavorando per togliere il tappeto da sotto i piedi agli ebrei.

*[Budenz era un noto "ex-comunista" che divenne una figura di spicco del cosiddetto movimento anticomunista, i cui elementi*

*chiave erano passati sotto il controllo di elementi sionisti e trotzkisti. Le rivelazioni di Hooker spiegano perché...].*

Ha detto che è stato [Alfred] Kohlberg, il loro presidente nazionale, a "trovare" Budenz mentre testimoniava a Washington e che Kohlberg "lo ha accolto e praticamente sostenuto per un po' di tempo per farlo iniziare e diventare l'uomo che è oggi nel movimento anticomunista".

Marks disse anche che di recente avevano fatto eleggere "il loro uomo Robert Morris" come giudice a New York, e che Victor Lasky era un altro dei loro uomini che faceva molto "lavoro di stampa" per loro, e "faceva discorsi a favore dei loro uomini, per esempio Robert Morris". Aggiunge: "Tutte queste persone erano d'accordo nel sollevare gli ebrei dal loro fardello".

Ricordo ora un'altra dichiarazione di Marks, secondo cui "c'è una vasta raccolta di informazioni nell'area di New York e in tutto il Paese che è collegata alla nostra organizzazione".

Ho chiesto se J. B. Matthews e i suoi archivi fossero coinvolti nella "vicenda" e mi ha risposto: "Sì, abbiamo accesso a tutti i suoi archivi".

*[J. B. Matthews era all'epoca un importante "crociato anticomunista", ma era chiaramente sotto il controllo sionista-trotskista].*

Ha detto che hanno almeno "trenta comunisti sul nostro libro paga che ci portano informazioni" e che "sappiamo tutto quello che succede in questa zona".

Il signor Marks raccontò tutte queste informazioni come se non ci fosse nulla di "sbagliato" in quello che diceva. Invitò persino me e un altro sconosciuto a partecipare a un incontro il martedì sera successivo all'University Club, sponsorizzato da Norman Lombard.

Quando finalmente scoprirono chi ero, Norman Lombard e Norman Marks mi dissero di non venire alla riunione. Spero davvero che i veri nazionalisti patriottici in America riescano a raddrizzare alcuni di questi "pseudo-patrioti" che cercano di guidare il cosiddetto movimento "anticomunista".

Non fraintendetemi: sono anticomunista quanto voi, ma non voglio che il nostro Paese cada in trappole che permettano a questi pseudo-patrioti di "usare" i bellissimi istinti del popolo americano e del movimento anticomunista per i loro scopi diabolici.

In altre parole, alcuni di questi pseudo-patrioti sono "anticomunisti", cioè "anti-comunismo stalinista", ma sono a favore di un'altra forma di comunismo (di marca americana) che porta alla loro dittatura nel nostro Paese e nel resto del mondo sotto la guida di Bernard Baruch e della folla che rappresenta.

*[Il "marchio americano" del comunismo a cui Hooker si riferiva, anche se non lo disse direttamente, era proprio il marchio trotskista in evoluzione conosciuto oggi come "neo-conservatorismo". - [NOTA DELL'EDITORE].*

(Firmato) DeWest Hooker

### FINE DELLA DICHIARAZIONE GIURATA DI HOOKER

Dobbiamo quindi ringraziare DeWest Hooker per aver individuato per tempo che c'era dell'altro nell'ascesa dell'"anticomunismo" in America, almeno nella forma sostenuta da elementi sionisti e trotskisti. *È essenziale che le rivelazioni di Hooker siano oggi pienamente comprese.*

Ad aggiungere ulteriore credibilità alle scioccanti rivelazioni di Hooker sulla manipolazione del senatore McCarthy è il punto sollevato dal famoso scrittore di criminalità organizzata Hank Messick nel suo libro *John Edgar Hoover*, un ritratto poco lusinghiero dell'ex direttore dell'FBI che approfondisce i legami di Hoover con il sindacato del crimine organizzato. Messick ha scritto della fondazione della Lega Ebraica Americana contro il Comunismo di cui sopra:

I motivi della fondazione della Lega erano vari, ma uno di essi era l'autoprotezione.... Molti intellettuali americani sono ebrei. Durante il New Deal, alcuni di loro avevano raggiunto alte cariche. Inoltre, lo stesso Karl Marx era figlio di un ebreo diventato cristiano. Prendere una posizione sana, resistere alle calunnie ingiuste e ai tentativi dei bigotti di dipingere l'ebreo come favorevole ai rossi, rischia di far infuriare la gente. Meglio passare all'offensiva contro la stessa minaccia comunista. Questo è stato l'atteggiamento di alcuni ebrei - o almeno la scusa che hanno dato ai loro amici - mentre si sviluppava l'isteria nazionale nel 1948.

La possibilità che l'attacco anticomunista si trasformasse in una persecuzione degli ebrei era molto sentita dai funzionari governativi incaricati di perseguire le presunte spie della bomba atomica, Julius ed Ethel Rosenberg. Per questo motivo fu scelto un giudice ebreo e la squadra di procuratori selezionata per il processo era composta da ebrei. Uno dei loro membri era Roy Cohn.

Tuttavia, la creazione della Lega non fu dovuta esclusivamente alla preoccupazione per gli ebrei. L'anticomunismo offriva opportunità politiche e commerciali.

La Lega fu fondata a casa di Eugene Lyons, un noto scrittore di destra. Alla prima riunione parteciparono altri esponenti della destra, tra cui Louis Waldman, Lawrence Fertiz, Isaac Don Levine e George Sokolsky. Il principale promotore fu Alfred Kohlberg che, insieme a Lewis Rosenstiel, fornì la maggior parte dei fondi.

Secondo Messick, Kohlberg aveva interessi commerciali di lunga data in Cina e, in qualità di leader di quella che è diventata nota, in parte, come "The China Lobby", sperava di fomentare una guerra contro la Cina - in nome della "lotta al comunismo" - per riconquistare la sua fonte di lucro perduta.

Rosenstiel, un barone dei liquori con legami di lunga data con il sindacato della criminalità organizzata del boss ebreo Meyer Lansky, aveva in mente i propri interessi. Rosenstiel si era procurato grandi quantità di alcolici prima della Seconda Guerra Mondiale e ne aveva tratto enormi profitti (quando, durante la guerra, i limiti imposti dal governo alla produzione di alcolici gli avevano permesso di ottenere un monopolio altamente redditizio sulle forniture di alcolici). Quindi, con la possibilità di un'altra guerra contro la Cina (o addirittura la Russia, o entrambe), Rosenstiel sognava ovviamente di ripetere il suo precedente successo.

Così, Rosenstiel, Kohlberg e i loro alleati sionisti si schierarono inizialmente dietro il candidato repubblicano alle presidenziali del 1948, Thomas E. Dewey (che era stato a lungo tranquillamente alleato con il sindacato criminale di Lansky, nonostante la reputazione di Dewey di "scacciatore di bande"). Sebbene il Presidente Harry Truman sia ampiamente ricordato come il Presidente degli Stati Uniti che riconobbe Israele al momento della sua creazione nel 1948, la verità è che molti "addetti ai lavori" dell'amministrazione Truman, tra cui lo stesso Truman, non erano così entusiasti di dare il via libera a Israele, riconoscendo - in modo abbastanza preveggente - i pericoli della creazione di uno Stato sionista su una terra rubata agli indigeni palestinesi cristiani e musulmani. Di conseguenza, il movimento sionista non era molto entusiasta di Truman e lavorava in silenzio per conto di Thomas E. Dewey.

Tuttavia, con sorpresa di quasi tutti - ad eccezione forse dello stesso Truman - Dewey non batté Truman. Fu così che venne virtualmente "creato" il senatore Joseph R. McCarthy, che divenne involontariamente il portavoce di elementi sionisti e trotzkisti. Messick fornisce i dettagli:

L'inattesa sconfitta di Dewey nel 1948 sconvolse molti e costrinse la Lega ebraica americana contro il comunismo a ripensare il proprio programma. La Lega aveva bisogno di una nuova figura politica dietro la quale potersi schierare. Per coincidenza, la Lega era entrata in possesso di un rapporto di cento pagine dell'FBI sull'influenza comunista nel governo. Il rapporto era stato passato a un ufficiale dell'intelligence del Pentagono con l'istruzione di trasmetterlo ai leader della Lega... Secondo Roy Cohn, il documento segreto dell'FBI fu letto e furono organizzate conferenze a New York e Washington. Secondo Cohn, "un piccolo gruppo" si assunse "la responsabilità di portare la storia in America".

La Lega decise di rivolgersi a un senatore piuttosto che a un rappresentante. In una riunione tenutasi a Washington nel novembre 1949, un comitato speciale della Lega "esaminò attentamente l'elenco dei senatori degli Stati Uniti per trovare uno che potesse intraprendere con successo il compito di educare i suoi concittadini". L'elenco si restrinse a quattro possibilità, tutte repubblicane. Ogni senatore, a turno, lesse il rapporto dell'FBI. Ognuno di loro fu incoraggiato a intraprendere il sentiero di guerra. A ciascuno fu promesso un sostegno finanziario. I primi tre della lista rifiutarono. Il quarto portò a casa il documento e lo lesse attentamente. La mattina dopo chiamò un membro della Lega e gli disse che avrebbe "comprato il pacchetto". Il nome di questo quarto senatore era Joseph McCarthy.

Poco dopo, il 9 febbraio 1950, McCarthy si rivolse al Ohio County Women's Republican Club di Wheeling, in West Virginia, e annunciò che c'erano 205 "rischi per la sicurezza" nel Dipartimento di Stato. Iniziò così l'"era McCarthy" che i sionisti oggi denunciano con tanta ipocrisia. In realtà, come abbiamo visto, l'era McCarthy fu poco più che l'efficace opera del Nemico Interno.

E se McCarthy aveva ragione, a quanto pare, a sottolineare che c'erano effettivamente "comunisti nel governo", è probabilmente lecito affermare che la guerra che si scatenò a Capitol Hill durante le udienze di McCarthy e nei media fu in realtà poco più che una ricaduta, negli Stati Uniti, della guerra di lunga durata tra i superstiti elementi comunisti nazionalisti russi dell'Unione Sovietica (un tempo guidati da Josef Stalin) e i loro acerrimi nemici del movimento ebraico-sionista-trotzkista che si era ormai affermato sul suolo americano.

Ciò non significa che McCarthy fosse insincero nelle sue motivazioni, ma era chiaramente manipolato da forze che andavano ben oltre la sua comprensione.

E il fatto che il suo principale "consigliere" fosse l'onnipresente Roy Cohn, che continuava a svolgere un ruolo importante come "faccendiere" sionista (pur essendo un avvocato specializzato in criminalità organizzata) indica proprio le forze che stavano guidando McCarthy verso la sua distruzione finale.

Il libro dello scrittore ebreo Stuart Svonkin, *Jews Against Prejudice: American Jews and the Fight for Civil Liberties (Ebrei contro il pregiudizio: gli ebrei americani e la lotta per le libertà civili)*, dimostra che, nonostante ciò che l'Anti-Defamation League e l'American Jewish Committee vorrebbero farci credere oggi, la verità è che queste due organizzazioni erano molto coinvolte nel tipo di "maccartismo" che oggi decantano. Svonkin ha notato che

> In quanto liberali impegnati nella guerra fredda, i membri dello staff dell'ADL e dell'AJC collaborarono con l'FBI, l'HUAC (House Un-American Activities Committee) e altri agenti del programma federale di lealtà e sicurezza alla fine degli anni Quaranta e Cinquanta, condividendo file su organizzazioni politicamente sospette all'interno e all'esterno della comunità ebraica.

> Questa politica di cooperazione, che si basava sulla partnership stabilita durante la campagna antifascista degli anni Trenta e dei primi anni Quaranta, mirava a minimizzare l'associazione degli ebrei con il comunismo, a proteggere i liberali dalla persecuzione e a garantire che il governo federale rimanesse attento alle attività degli estremisti di destra.

> Mentre l'AJC e l'ADL speravano di moderare i metodi dell'HUAC, questi tentativi di riformare la crociata anticomunista dall'interno riflettevano una fondamentale acquiescenza ai presupposti e alle strategie della guerra fredda interna e contribuivano inevitabilmente alla violazione dei principi della libertà civile.

Inoltre, probabilmente vale la pena di notare ciò che il famoso critico "conservatore" del maccartismo, Peter Viereck, disse nel 1954 su McCarthy. Le sue parole sono piuttosto interessanti se collocate nel contesto attuale in cui McCarthy e il "maccartismo" sono più spesso discussi. Viereck affermò:

> McCarthy non è il tipo di fascista, ma il tipo di agitatore anarchico di sinistra che, per istinto infallibile e non "per caso", sovverte proprio le istituzioni più conservatrici e organiche, tutto ciò che è venerabile e patrizio, dalla Costituzione e proprio i generali più decorati o paterni (Marshall, Eisenhower, Taylor, Zwicker), fino ai leader della nostra religione più radicata e proprio la più antica delle nostre università.... Soddisfa i risentimenti dei suoi sostenitori, perché il suo odio più sincero è sempre diretto contro le famiglie patrizie più antiche, più radicate e più istruite - le Logge Cabot, gli Acheson, i Conant, Adlai Stevenson.

Invece di attaccare le grandi famiglie sioniste americane (come gli Schiff, alleati di Rothschild, ad esempio, su ), note per aver finanziato la rivoluzione bolscevica in Russia, McCarthy attaccò alcune vecchie famiglie americane e i loro associati nell'establishment della politica estera.

E probabilmente non è una coincidenza che uno dei bersagli più importanti di McCarthy - l'ex generale George C. Marshall - era infatti uno dei più accesi critici americani (durante l'amministrazione Truman) della creazione dello Stato sionista di Israele.

Ciò che è particolarmente interessante è che Ann Coulter - una dei "neoconservatori" di oggi, i cui sponsor e patroni ideologici sono i moderni portabandiera della vecchia bandiera trotskista (che ora si presenta come "neoconservatorismo") - è sostanzialmente d'accordo con la valutazione di Viereck, affermando nel suo recente libro, *Treason*

> Le vere "vittime" di McCarthy non erano testimoni simpatici, frivoli sceneggiatori di Hollywood o professori universitari vanagloriosi e irrilevanti. Erano politici dell'élite WASP... Erano ben nati e indossavano bene le loro giacche da sera... .

In altre parole, sebbene Viereck sia stato un critico di McCarthy e Coulter una sua difensore, entrambi sostengono (correttamente) che, contrariamente all'immagine popolare di McCarthy come "feroce odiatore antisemita che perseguitava innocenti sceneggiatori ebrei di Hollywood", McCarthy puntava invece - in senso lato - in una direzione completamente diversa, offuscando l'immagine delle vere fonti di sovversione in America.

Queste rivelazioni sull'era McCarthy non intendono suggerire che non ci fossero traditori comunisti sleali all'interno del sistema americano. In realtà, per molti versi, il defunto senatore McCarthy prese di mira un gran numero di comunisti nel governo, nei media e nel mondo accademico. *Ma la storia di McCarthy è molto più complessa di quanto si sia mai saputo.*

Nel complesso, possiamo constatare che la "guerra fredda" - come viene generalmente definita - non fu esattamente come la ricordiamo oggi. La Guerra Fredda era il riflesso di un conflitto di lunga durata che si svolgeva dietro le quinte tra gli elementi sionisti in Russia e i loro avversari stalinisti, una guerra che alla fine si è trasferita, per molti versi, sul suolo americano.

I sionisti e i trotzkisti si sono effettivamente fusi, avendo trovato una causa comune, e hanno iniziato a prendere il controllo e a manipolare - come nemico interno - il vero movimento "anticomunista" in America, agendo come capri di Giuda, portando i veri patrioti alla distruzione.

# CAPITOLO XV

## L'FBI e il Partito Comunista Americano: la verità sulla "minaccia comunista".

Per quasi 30 anni, J. Edgar Hoover e la sua FBI hanno gestito efficacemente il Partito Comunista Americano. Questo dettaglio poco conosciuto solleva nuovi interrogativi sulla "realtà" della cosiddetta Guerra Fredda.

Hoover divenne una leggenda nel suo tempo e un eroe per gli anticomunisti americani per il ruolo svolto nella "lotta alla sovversione comunista" in America. Tuttavia, Hoover mantenne una grande segretezza sul movimento comunista, che tenne nascosta per i 20 anni precedenti la sua morte, avvenuta nel 1974.

Il fatto è che dal 1954, e per i successivi 27 anni, l'FBI ha essenzialmente diretto le attività del Partito Comunista Americano. Queste informazioni rivelatrici sono state pubblicate nel libro "*The Secret History of the FBI*" (*La storia segreta dell'FBI*) del veterano giornalista mainstream Ronald Kessler. Nonostante il titolo sensazionale, il libro di Kessler non è una vera "storia segreta". Ma la rivelazione sul "regno" segreto di Hoover sul Partito Comunista è certamente qualcosa che non è stato pubblicizzato come avrebbe meritato. Secondo Kessler

> Nel 1954, l'FBI iniziò a condurre un'operazione top-secret con il nome in codice SOLO, che prevedeva l'utilizzo di Morris Childs, l'assistente anziano di Gus Hall, il leader del Partito Comunista Americano, come informatore. In realtà, Childs - che l'FBI chiamava Agente 58 - era il secondo in comando del partito.

> Carl N. Feyman, un agente dell'FBI di Chicago, reclutò Childs, ebreo ucraino ed ex redattore del giornale di partito *The Daily Worker*, dopo averlo visitato nel suo appartamento di Chicago. Childs era in cattive condizioni di salute, così l'agente fece in modo che venisse curato alla Mayo Clinic di Rochester, nel Minnesota. Freyman riuscì a convincere Childs che Josef Stalin aveva tradito gli ideali marxisti.

In realtà, il rapporto di Kessler non era una ricerca originale e lo ha ammesso, sottolineando che in un libro precedente, *Operation SOLO - pubblicato* su nel 1996 - l'autore John Barron aveva descritto gli intrighi comunisti dell'FBI. Kessler ha osservato che:

> Per ventisette anni, Childs ha riferito sulle attività e sulla strategia del partito. Compì anche cinquantadue viaggi clandestini in Unione Sovietica, Cina, Europa orientale e Cuba. I sovietici si fidavano così tanto di lui che per il suo settantacinquesimo compleanno, , il leader sovietico Leonid Brezhnev gli organizzò una festa di compleanno al Cremlino. Nel frattempo, per conto dei sovietici, Childs e suo fratello Jack Childs distribuirono 28 milioni di dollari in contanti per le attività comuniste negli Stati Uniti.

> L'FBI tenne l'Operazione SOLO così strettamente segreta che i funzionari della CIA, della National Security Agency, del Dipartimento della Difesa, del Dipartimento di Stato e del Consiglio di Sicurezza Nazionale poterono leggere i rapporti dell'operazione solo quando gli agenti erano in attesa di inviarli alla sede centrale del Bureau. Solo nel 1975 l'FBI informò il Presidente e il Segretario di Stato della vera fonte delle informazioni.

La natura ingannevole e fuorviante della relazione segreta dell'FBI con l'élite al potere del Partito Comunista è illustrata dal fatto che il direttore dell'FBI Hoover una volta disse al presidente Richard Nixon che il Bureau sospettava, ma "non poteva ancora provare", che il gruppo contro la guerra Students for a Democratic Society riceveva "milioni di dollari dall'Unione Sovietica attraverso il Partito Comunista USA".

Chiaramente, se l'SDS era effettivamente finanziata dai sovietici, se qualcuno ne era a conoscenza, era Hoover. Il fatto che sia stato un informatore dell'FBI a distribuire il denaro del Cremlino a varie cause dovrebbe far sorgere qualche dubbio, perché mentre l'FBI si supponeva combattesse la "sovversione comunista", il denaro del Cremlino veniva distribuito (sotto l'occhio vigile dell'FBI e probabilmente sotto la sua direzione).

La questione di chi abbia effettivamente ricevuto il denaro merita un'indagine più approfondita, in quanto indicherebbe senza dubbio alcune "cause" privilegiate di un certo orientamento.

Infatti, il controllo segreto dell'FBI sulla distribuzione di denaro del Cremlino da parte del Partito Comunista USA spiega perché la Commissione elettorale federale si è rifiutata di perseguire il capo del partito, Gus Hall, per aver accettato illegalmente aiuti stranieri.

Il 1° marzo 1992, *il Washington Post* riportò che il Partito Comunista USA (CPUSA) e il suo commissario veterano, Gus Hall, avevano ricevuto almeno 21 milioni di dollari dai dittatori sovietici del Cremlino per un lungo periodo di tempo. Solo nel 1987, Hall ha ricevuto 2 milioni di dollari in denaro sovietico. La prova di ciò è arrivata quando i documenti top secret del Cremlino sono stati resi pubblici dal nuovo governo russo.

Hall di solito ritirava le mazzette di contanti da un corriere del KGB. In un caso, Hall ha firmato una ricevuta per 2 milioni di dollari in contanti. Le prove dimostrano che, al suo apice, il leader sovietico Mikhail Gorbaciov organizzava personalmente i pagamenti.

Sebbene il Cremlino abbia tagliato i ponti con Hall nel 1990, egli sfruttò appieno l'accordo . Un editorialista ha raccontato lo stile di vita del futuro leader della rivoluzione proletaria negli Stati Uniti:

> [Hall possiede e vive in una grande villa, completa di sauna, costose opere d'arte originali e garage sotterraneo, in un sobborgo benestante di New York. Ha un amabile difetto: gli piace riempire il portafoglio di banconote di grosso taglio. Vola in prima classe e alloggia in alberghi di prima categoria. Ha una limousine con autista (ovviamente con telefono cellulare) che sostituisce ogni due anni. Possiede una tenuta e un motoscafo a Long Island, nell'elegante Hampton Bay.

Quando Liberty Lobby, l'istituzione populista che pubblicava *The Spotlight*, venne a conoscenza dell'accordo di Hall con il Cremlino, entrò in azione e, l'11 marzo 1992, presentò una denuncia alla Commissione elettorale federale (FEC), chiedendo che l'agenzia facesse causa al CPUSA, oltre che a Hall e Gorbaciov, per la loro flagrante violazione della legge elettorale statunitense.

*The Spotlight* ha raccontato ai suoi lettori tutta la sorprendente storia. A differenza del resto dei media, che hanno trattato la storia come una reliquia della soffitta della Guerra Fredda, *The Spotlight* ha messo in evidenza la clamorosa incoerenza nel modo in cui la FEC e il Dipartimento di Giustizia degli Stati Uniti hanno voltato la testa di fronte a questa violazione non solo della legge elettorale, ma anche delle leggi che mirano alle attività degli agenti stranieri che operano sul territorio statunitense.

La FEC lasciò che il caso si trascinasse per oltre un anno prima di annunciare, il 10 dicembre 1993, di aver "deciso di esercitare la propria discrezione e di non intraprendere alcuna azione" contro Hall, il CPUSA o Gorbaciov. La FEC insabbiò il caso in mezzo a una serie di casi archiviati in un colpo solo, distogliendo l'attenzione dalle questioni più "sensibili" del caso.

In realtà, la FEC regola le elezioni solo per garantire il dominio dei partiti maggiori e degli interessi acquisiti e non persegue mai coloro il cui obiettivo è distruggere i movimenti "terzi" dall'interno.

La FEC permette inoltre alle lobby israeliane di raccogliere fondi per mettere insieme illegalmente le loro risorse e sostenere i candidati alle elezioni statunitensi. La Anti-Defamation League (ADL) è uno dei principali attori di questa attività criminale, ma la FEC non prende provvedimenti.

D'altra parte, la FEC ha perseguito la Liberty Lobby per aver organizzato il nascente "terzo" partito, il Populist Party, nel 1984, quando il budget nazionale totale del partito, quell'anno, era pari a circa un decimo della media dei candidati al Congresso sostenuti dalla lobby di Israele. Questo piccolo partito è stato infine distrutto dall'interno.

Si noti anche che l'"ex" ufficiale della CIA Mira Lansky Boland, capo dell'ufficio di Washington dell'ADL, ha trasmesso alla FEC "informazioni" sulla Liberty Lobby, comprese fotografie di membri dello staff della Liberty Lobby ottenute clandestinamente.

Secondo la defunta Bella Dodd, ex dirigente del CPUSA, l'ADL era un agente di controllo chiave (anche se segreto) dietro il CPUSA. La collaborazione della FEC con l'ADL (e il suo rifiuto di perseguire il CPUSA) non sorprende quindi.

Alla luce dell'alleanza di lunga data dell'ADL con J. Edgar Hoover e l'FBI, che risale a prima della Seconda Guerra Mondiale, sembra che l'ADL e l'FBI abbiano agito come partner nel dirigere Morris Childs, un alto funzionario del CPUSA, per influenzare gli affari del CPUSA e distribuire le ricchezze del Cremlino.

I difensori dell'FBI possono suggerire che il fatto che l'FBI controlli efficacemente il Partito Comunista è in realtà un tributo alla capacità dell'agenzia di penetrare nelle forze nemiche. Tuttavia, le conseguenze della strana "alleanza" segreta dell'FBI con il Partito Comunista hanno giocato un ruolo importante nell'influenzare la politica estera e interna degli Stati Uniti nel mezzo secolo successivo.

Mentre J. Edgar Hoover e l'FBI pubblicizzavano i pericoli del Partito Comunista e della Guerra Fredda, l'industria americana delle munizioni realizzava enormi profitti costruendo una massiccia difesa americana contro l'aggressione sovietica.

Allo stesso tempo, i sostenitori americani di Israele - compresi molti "anticomunisti" americani del movimento "conservatore responsabile" - iniziarono a promuovere Israele come "baluardo contro il potere sovietico in Medio Oriente".

# CAPITOLO XVI

## La Guerra Fredda e le prime origini dei "neo-conservatori" trotskisti come avanguardia sionista del Nemico Interno

Non è una coincidenza che l'acquisizione del Partito Comunista Americano da parte dell'FBI sia avvenuta proprio nello stesso periodo in cui un gruppo di "ex-comunisti" ha preso il controllo del movimento "conservatore" negli Stati Uniti.

Il metodo con cui Hoover e l'FBI hanno "trasformato" Morris Childs, un alto funzionario del Partito Comunista Americano, in un agente dell'FBI sotto copertura, ricorda la poco nota "lotta di famiglia" tra gli elementi stalinisti antisionisti della Russia sovietica e i loro avversari trotskisti, molti dei quali oggi controllano il cosiddetto movimento "neo-conservatore" negli Stati Uniti.

Nel suo libro *The Secret History of the FBI*, Ronald Kessler riferisce che l'FBI convinse Childs a diventare un informatore sostenendo che il leader sovietico Josef Stalin (appena morto) aveva abbandonato gli ideali marxisti.

In realtà, l'argomento dell'FBI è uno degli argomenti usati contro Stalin dagli eredi politici e dai seguaci dell'odiato rivale Leon Trotsky, ucciso in esilio in Messico per ordine di Stalin nel 1928.

Il fatto che l'FBI abbia adottato la retorica trotzkista per influenzare Childs rafforza il sospetto di lunga data e crescente che alcuni elementi "anticomunisti" nel movimento "conservatore" americano fossero in realtà trotzkisti sotto copertura che lavoravano per "rivoltare" dall'interno il movimento conservatore anticomunista.

Sebbene nel periodo in questione (la metà degli anni Cinquanta) il leader "anticomunista" emergente fosse l'"ex" agente della CIA William F. Buckley Jr, gli elementi futuri che emergevano dalla sfera d'influenza di Buckley hanno acquisito importanza negli ambienti politici americani. E, come vedremo più avanti in questo e nei successivi capitoli, i membri della sfera d'influenza di Buckley hanno svolto un ruolo importante nel portare al potere gli odierni "neo-conservatori".

Alla fine, le cosiddette élite neo-conservatrici si sono solidificate sotto la guida di un'onnipresente coppia padre-figlio, Irving e William Kristol, che hanno creato una rete influente e di vasta portata nella Washington ufficiale. Il maggiore Kristol, un "ex trotzkista" e veterano del Comitato internazionale per la libertà di cultura finanziato dalla CIA, iniziò a infiltrarsi e a rimodellare il movimento "conservatore", prima a metà degli anni Cinquanta sotto il patrocinio di Buckley Jr. e poi più apertamente nell'era di Ronald Reagan, quando il conservatorismo repubblicano era in ascesa.

In realtà, molti dei problemi che affliggono l'America di oggi sono una diretta conseguenza di ciò che è accaduto durante la presidenza di Ronald Reagan, quando i neoconservatori sono diventati sempre più importanti e sono stati collocati in posizioni di influenza nella Washington ufficiale grazie agli sforzi del sindacato sionista "neoconservatore" sponsorizzato da Kristol.

Un esempio notevole è il famigerato affare Iran-Contra, in cui gli Stati Uniti, alleati con Israele, si impegnarono in un traffico globale di armi e droghe illegali per sostenere la loro politica estera in America centrale e in Medio Oriente.

L'affare Iran-Contra - che secondo i critici avrebbe dovuto essere descritto più direttamente come affare "Israele-Iran-Contra" - ha creato una rete di imprese corrotte e di politici comprati e pagati (tra cui Bill e Hillary Clinton in Arkansas), nonché di intrallazzatori di alto livello di Washington (tra cui il famigerato tenente colonnello Oliver North) legati a trafficanti di armi israeliani e a signori della droga latinoamericani. Il col. Oliver North) in collegamento con i trafficanti d'armi israeliani e i baroni della droga latinoamericani, che hanno tutti cospirato per arricchirsi e al contempo promuovere gli obiettivi di politica estera dell'élite sionista. Non si può esaminare l'eredità di Ronald Reagan "Iran-contra" senza riconoscere questo fatto essenziale.

Eppure, nella maggior parte dei resoconti, il ruolo di Israele e dei suoi complici americani sembra sempre essere ignorato. È stata questa rete Iran-Contra che, per molti versi, ha gettato le basi per la cricca di cospiratori "neo-conservatori" che, negli anni successivi, sono saliti a posizioni di influenza all'interno dell'establishment politico repubblicano di Reagan a Washington, per poi consolidare la loro influenza nell'amministrazione di colui che è stato salutato come "il nuovo Ronald Reagan": George W. Bush.

Lo stesso si può dire dell'altro scandalo repubblicano dell'era Reagan, meno noto ma altrettanto importante, spesso indicato come "Iraq-gate", l'armamento dell'Iraq di Saddam Hussein. La stessa cabala dell'era

Reagan che ha aiutato ad armare Saddam, avendo anche aiutato ad armare il suo nemico, l'Iran, ha gettato benzina sul fuoco in Medio Oriente, creando una struttura sulla quale Israele ha potuto estendere la propria influenza al costo di milioni di vite e di orribili distruzioni che hanno gettato le basi per le future tensioni geopolitiche in quella regione. Un esame dell'Iraq-gate rivela anche che le stesse forze - e le stesse personalità (compresi i Clinton e, ancora una volta, Oliver North) - sono in gioco.

Infine, naturalmente, gli americani ricordano Ronald Reagan con affetto, non tanto per le sue politiche quanto per la sua personalità allegra e la sua immagine patriottica. Ma la parola chiave è "immagine", non realtà. Il fatto è che durante l'era Reagan, una cricca di caproni di Giuda molto reali ha esteso la propria influenza, e le conseguenze sono ancora oggi tra noi, più dannose che mai, in particolare nell'era di George W. Bush.

È William Kristol, figlio del già citato "padrino" neo-conservatore Irving Kristol, che forse incarna al meglio il volto malvagio dei neo-conservatori di oggi. Beniamino dei media e membro del potente Gruppo Bilderberg, Kristol è editore e caporedattore della rivista *Weekly Standard* del miliardario Rupert Murdoch, che usa la piattaforma per invocare l'intervento imperialista degli Stati Uniti all'estero, in particolare per promuovere gli interessi dello Stato di Israele.

Il principale angelo finanziario di Kristol, Murdoch, è da tempo il portavoce delle forze combinate delle famiglie Rothschild, Bronfman e Oppenheimer che, insieme a Murdoch, sono spesso descritte come "la banda dei quattro miliardari". Questa cricca di miliardari è legata non solo da un'associazione reciproca nella finanza internazionale, ma anche da legami etnici e dal desiderio di promuovere gli interessi dello Stato di Israele. Stanno anche estendendo il loro controllo e la loro influenza sui media statunitensi, con le operazioni di Murdoch forse più visibili. (I compagni di viaggio neo-conservatori sponsorizzati da Kristol sono rappresentati nei circoli decisionali dell'attuale amministrazione di George W. Bush da figure come Richard Perle, da sempre fedele a Israele ed ex presidente del Defense Policy Board, l'alleato di lunga data di Perle, il vicesegretario alla Difesa Paul Wolfowitz (ora a capo della Banca Mondiale), e il capo dello staff del vicepresidente Dick Cheney, I. Lewis Libby. Tutti erano tra le figure chiave che battevano il tamburo per la guerra contro l'Iraq, l'Iran, la Siria, la Libia e qualsiasi altra nazione ritenuta pericolosa per la sopravvivenza di Israele.

Sebbene Libby sia stato accusato penalmente per alcune delle sue malefatte e il resto dei neocons sia stato smascherato come bugiardo seriale della peggior specie, questi trotzkisti sionisti esercitano ancora una grande influenza a Washington. Per certi versi, si potrebbe dire che i trotzkisti hanno trionfato in America mentre hanno fallito in Russia.

Per tutta la sordida storia dei neo-cons, e in modo molto più dettagliato, si veda *I sommi sacerdoti della guerra*, del presente autore. Non è una bella storia, ma deve essere raccontata, perché aiuta a spiegare la natura insidiosa del Nemico Interno.

Tuttavia, molto prima che i neoconservatori raggiungessero il rilievo e il potere che detengono oggi, nel corso del XXI secolo, un influente gruppo di autoproclamati "conservatori responsabili" ha gettato le basi per l'ascesa al potere dei neoconservatori. Questi conservatori "responsabili" operavano nell'ambito di una figura chiamata William F. Buckley Jr. che analizzeremo nelle pagine seguenti, insieme ai suoi più stretti collaboratori.

# Un intermezzo...

## Introduzione alla Parte III

**L'ascesa dei "conservatori responsabili**

**La sovversione del movimento nazionalista americano nell'era della Guerra Fredda**

All'apice della Guerra Fredda, a metà degli anni Cinquanta, emerse in America un "nuovo" movimento cosiddetto "conservatore", i cui leader, in particolare William F. Buckley Jr. erano determinati a "vincere" la Guerra Fredda - anche a costo di una guerra calda - e non avevano alcun desiderio di riportare a casa le truppe americane per proteggere il suolo americano.

In realtà, si stavano avventurando in un imperium globale, per schiacciare il comunismo e gli elementi della vecchia tradizione americana - i conservatori tradizionali, i nazionalisti, quelle forze "screditate" che costituivano il movimento "America First" che si batteva contro l'intervento americano nella guerra europea che divenne la Seconda Guerra Mondiale - e dichiaravano a gran voce la loro intenzione di schiacciare qualsiasi elemento "nativista" che osasse sollevare dubbi sulla necessità di mandare i ragazzi americani nel mondo. Dichiaravano a gran voce la loro intenzione di schiacciare qualsiasi elemento "nativista" che osasse sollevare dubbi sulla necessità di inviare ragazzi americani in guerre mondiali di fuoco o in conflitti in Medio Oriente derivanti dalla creazione dello Stato di Israele.

Una schiera di "ex-comunisti" - sì, gli onnipresenti trotzkisti - circondava William F. Buckley Jr. quando il giovane laureato a Yale - figlio di un petroliere il cui padre alla fine si scoprì avere interessi petroliferi, in particolare in Israele - lanciò la sua crociata.

La rivista *National Review* di Buckley divenne "la" voce di quello che Buckley e i suoi colleghi arrivarono a descrivere come la voce del "conservatorismo responsabile", e i suoi scrittori "ex-comunisti" divennero l'avanguardia intellettuale del "nuovo" conservatorismo americano, grazie alla pubblicità amichevole dei media mainstream (controllati) americani.

Il più importante tra quelli promossi da Buckley era nientemeno che James

Burnham che, a un certo punto della sua carriera, sarebbe stato considerato il "principale portavoce" di Leon Trotsky nei circoli "intellettuali" americani.

Poi, naturalmente, quando Josef Stalin iniziò ad attaccare i trotzkisti, Burnham divenne un cosiddetto "liberale anticomunista" che, di fatto, per certi versi era un eufemismo per il termine più dan goso (e forse più accurato) "trotzkista".

Negli anni successivi, durante la Seconda guerra mondiale, Burnham lavorò per l'Office of Strategic Services, un organismo infestato da sionisti e trotzkisti, precursore della Central Intelligence Agency.

Burnham, il tanto decantato "intellettuale", non era solo un critico della Russia stalinista e dei nazionalisti americani e di altri politici che volevano "contenere" il gigante sovietico.

Al contrario, Burnham invocava una guerra totale contro la Russia. Harry Elmer Barnes, eminente storico nazionalista americano, una volta descrisse uno degli appelli di Burnham alla guerra come "molto pericoloso e antiamericano".

Nonostante questo record - o piuttosto a causa di esso - Burnham il trotskista divenne "Burnham il leader conservatore" sotto il patrocinio della rivista *National Review* di William F. Buckley Jr, di cui Burnham fu forse il principale editore teorico per poco più di due decenni. Burnham stesso morì nel 1987, ma la sua influenza rimane ancora oggi nei circoli sionisti-trotskisti-neo-conservatori.

Di conseguenza, quelli che qui chiamiamo "la banda di Buckley" emersero rapidamente come la forza guida del movimento "conservatore", anche se i nazionalisti americani della vecchia scuola furono messi da parte. Oggi molti sostengono che *la National Review* di Buckley fosse una proprietà della CIA, una "facciata" della CIA, fin dall'inizio. Come minimo, era una fonte per il pensiero "ex" trotskista, che si stava evolvendo in quello che oggi chiamiamo "neoconservatorismo". Durante questa evoluzione, la devozione all'Internazionale sionista è rimasta costante.

Alla fine, c'è stata davvero una nuova svolta nella filosofia conservatrice americana - almeno quella dettata da Buckley - e molti bravi americani attratti dalla pretesa di Buckley di essere "conservatori" sono caduti in linea, condotti al macello come gli agnelli innocenti che erano, guidati dalle capre di Giuda - il Nemico Interno.

Nei capitoli che seguono, esamineremo il fenomeno del cosiddetto "conservatore responsabile" - meglio descritto come "sovversione" - emerso sulla scia dell'improvviso protagonismo (e potere) di Buckley, promosso dai media. È stata l'ascesa di Buckley e della sua sfera d'influenza a gettare le basi per l'emergere moderno dei "neo-conservatori" trotzkisti e sionisti che oggi regnano sovrani sul movimento "conservatore" americano.

Inoltre, vedremo che anche un gruppo conservatore "indipendente" che non faceva nemmeno parte della sfera d'influenza di Buckley è stato, a tutti gli effetti, incoraggiato, spinto e manipolato per funzionare come una delle "capre di Giuda" - il nemico dall'interno.

# CAPITOLO XVII

## Corruzione precoce della causa nazionalista e anticomunista americana da parte dei sionisti

Per anni, molti membri del movimento "conservatore" degli Stati Uniti hanno considerato la rivista *Soldier of Fortune*, pubblicata dal tenace Robert K. Brown, come la voce dell'anticomunismo e del patriottismo. Per questo motivo molti si sono sorpresi quando *Soldier of Fortune* ha pubblicato calunnie malevole contro Liberty Lobby, l'istituzione nazionalista di Washington.

Tuttavia, il vilipendio di Liberty Lobby da parte di *Soldier of Fortune* non ha sorpreso chi ha familiarità con il background dell'oscura figura che è stata definita "il mentore di Bob Brown": Marvin Liebman, un finanziatore politico di lunga data la cui carriera può essere caritatevolmente descritta come notevolmente movimentata. La carriera di Liebman è un classico caso di uno dei più influenti nemici all'interno della metà del XX secolo, e per di più particolarmente grave.

Come vedremo, l'influenza di Lieberman sul movimento cosiddetto "conservatore" fu notevole. Ha svolto un ruolo importante nel minare il tradizionale nazionalismo americano durante la Guerra Fredda e nell'ascesa del movimento anticomunista negli anni Cinquanta e Sessanta.

Nato a New York nel 1923 e attivo nel Partito Comunista e nella nascente Lega dei Comunisti negli anni '30 e '40, Liebman trovò la sua nicchia politica subito dopo la fine della Seconda Guerra Mondiale. In quel periodo, Liebman si offrì volontario presso l'American League for a Free Palestine (ALFP) e divenne rapidamente uno dei più energici raccoglitori di fondi, il suo "piccolo eroe", secondo le parole di Leibman.

L'ALFP era il braccio americano per la raccolta di fondi dell'Irgun Zvai Leumi, il gruppo terroristico ebraico clandestino che all'epoca lottava per cacciare gli inglesi e gli arabi cristiani e musulmani indigeni dalla Palestina.

(Pochi anni prima, durante la Seconda guerra mondiale, i membri dell'Irgun avevano collaborato attivamente con la Germania nazista, fornendo camion, petrolio e altro materiale bellico ai nazisti in cambio della liberazione di ebrei "selezionati" dai campi di concentramento nazisti in

Europa - un piccolo sporco segreto che gli odierni sostenitori di Israele preferirebbero tenere nascosto). Il leader dell'Irgun era Menachem Begin, che in seguito divenne Primo Ministro di Israele. Il gruppo giovanile violento dell'Irgun-ALFP era noto come Betar ed è ancora attivo oggi, compiendo attacchi terroristici contro presunti critici di Israele. Quando fu creato lo Stato di Israele nel 1948, alcuni elementi dell'Irgun divennero la spina dorsale del servizio di intelligence della nuova nazione, il Mossad.

(Quando lavorava per l'Irgun-ALFP, Liebman riferiva direttamente a un certo Hillel Kook, meglio conosciuto con lo pseudonimo di "Peter Bergson". Tra i suoi colleghi dell'Irgun, Bergson, c'era l'onnipresente trafficante di armi da fuoco e di rifugiati con sede in Ungheria Ernst Mantello.

Fu Mantello che, alla fine degli anni Cinquanta, insieme a Louis M. Bloomfield, leader della lobby pro-Israele e tirapiedi della famiglia Bronfman in Canada, creò un'oscura "società commerciale" internazionale nota come Permindex. L'operazione Permindex ebbe un ruolo centrale nel complotto congiunto CIA-Mossad israeliano che portò all'assassinio del presidente John F. Kennedy. Per maggiori dettagli, vedere *Giudizio finale*, di questo autore).

Dal 1946 fino alla creazione di Israele nel 1948, Liebman e i suoi collaboratori hanno contrabbandato armi per l'Irgun e hanno finanziato e organizzato il trasporto di rifugiati ebrei dall'Europa alla Palestina. Queste reti divennero la base del Mossad israeliano.

Tra i protagonisti di queste attività a New York c'erano Teddy Kollek, futuro sindaco di Gerusalemme, e Meyer Lansky, boss del sindacato criminale americano e presto internazionale.

I protagonisti della parte europea delle reti di traffico di armi e rifugiati erano James Jesus Angleton, membro dell'OSS e in seguito agente della CIA, il lealista israeliano che dirigeva l'ufficio di collegamento della CIA con il Mossad, e il rabbino Tibor Rosenbaum, che divenne il primo direttore delle finanze e degli approvvigionamenti del Mossad e che, come i già citati Mantello e Bloomfield, ebbe un ruolo centrale nella misteriosa operazione Permindex.

Nel 1948, dopo la creazione dello Stato di Israele, Liebman è stato coinvolto nell'United Jewish Appeal di New York e, dice, "è lì che è iniziata la mia carriera professionale di raccolta fondi". Poco dopo, Liebman si trasferì a ovest, a Hollywood, dove creò la sezione locale dell'American Fund for Israel Institutions .

Nel 1951 Liebman lavorava per l'International Rescue Committee (IRC), che nelle sue memorie descrive come "un'organizzazione liberale, socialdemocratica e antistalinista". L'IRC non solo era diretto da Leo Cherne, da tempo figura di spicco del B'nai B'rith, ma collaborava anche attivamente con la CIA.

Nei due decenni successivi, Liebman si è affermato come uno dei raccoglitori di fondi "conservatori" di maggior successo, organizzando una moltitudine di organizzazioni e di individui che hanno dominato quello che Liebman e i suoi associati hanno spesso descritto, in termini di stenografia politica, come un movimento di "conservatori responsabili" che, in realtà, erano principalmente responsabili dei capricci della lobby pro-Israele e dei suoi alleati nell'élite internazionale.

L'amico di Liebman, William F. Buckley, Jr, fondatore della rivista *National Review*, è l'epitome dei "conservatori responsabili" nella sfera di influenza di Liebman per la raccolta di fondi.

(Buckley, che ha prestato servizio come agente della CIA in Messico sotto la tutela del suo "padrino" della CIA, E. Howard Hunt, ha fatto sollevare delle sopracciglia anche ad alcuni "conservatori responsabili" quando non solo ha accettato di essere un membro del Council on Foreign Relations, finanziato da Rockefeller, ma è anche apparso alla conferenza internazionale segreta Bilderberg a Cesme, in Turchia, nel 1975).

Nel 1961, Liebman fece da mentore a un altro operatore ormai noto nella raccolta di fondi conservatori, Richard A. Viguerie (di cui si parlerà più avanti). Nel 1962, Liebman entrò evidentemente in contatto per la prima volta con il futuro editore di *Soldier of Fortune*, Robert K. Brown, secondo una lettera scritta da Brown a Liebman che è stata scoperta solo dieci anni fa.

Il giovane Brown, che aveva lasciato il corpo di controspionaggio dell'esercito statunitense, scrisse a Liebman vantandosi di essere un agente sotto copertura del Fair Play for Cuba Committee (FPCC) e chiese al finanziatore newyorkese se Liebman avesse qualche consiglio su come lui (Brown) potesse aggirare la legge sulla neutralità degli Stati Uniti e diventare un mercenario all'estero. (All'epoca, Liebman gestiva il cosiddetto American Committee to Aid Katanga Freedom Fighters, che è stato descritto come un altro "gruppo di facciata della CIA"). Il fatto che Brown fosse un agente sotto copertura - a quanto pare per la Squadra sovversiva della polizia di Chicago - all'interno dell'FPCC è quantomeno interessante, visto che un anno dopo il presunto assassino di John F. Kennedy, Lee Harvey Oswald, era il "fondatore" della sezione di New Orleans dell'FPCC.

Sebbene ci siano ancora molte speculazioni su cosa facesse esattamente Oswald come organizzatore dell'FPCC, molti ritengono che Oswald fosse anche un informatore sotto copertura dell'FPCC che lavorava per un'agenzia di intelligence del governo federale.

In ogni caso, Liebman si era già affermato come "l'uomo da vedere" quando si trattava di raccogliere fondi per i conservatori e stava già dimostrando la sua ostilità alle iniziative nazionaliste che non rientravano nella sua sfera d'influenza - la Freedom Lobby, in particolare.

Con la creazione di Liberty Lobby nel 1955, Liebman divenne immensamente ostile all'istituzione populista, in particolare dopo che l'ex governatore del New Jersey Charles Edison (figlio del famoso inventore americano Thomas Edison) e altri membri della famiglia Edison divennero entusiasti sostenitori e generosi finanziatori di Liberty Lobby (prima di questa data, i vari piani di raccolta fondi di Liebman si erano basati molto sulla generosità di Edison).

Nelle sue memorie, Liebman afferma che nel 1962 fu vittima di una "virulenta campagna antisemita" condotta dai rivali per il potere all'interno del movimento conservatore . "La prima storia", racconta, "apparve su Spotlight, una pubblicazione antisemita e razzista della Liberty Lobby". "La prima storia", afferma, "è apparsa su *Spotlight*, la pubblicazione antisemita e razzista di Liberty Lobby, che lo ritraeva come parte di una 'cabala ebraico-sionista'.

Ma c'è un grosso problema con questa accusa: *Spotlight* è stato creato solo nel 1975, tredici anni dopo il presunto reato.

Liebman si è anche lamentato che "anche la risposta del mio buon amico [Charles] Edison è stata deludente. Sebbene gli piacessi molto", ha detto Liebman, "era difficile per lui staccarsi dalle sue convinzioni sugli ebrei".

Nelle sue memorie, Liebman ha candidamente ammesso che, dopo aver saputo che il governatore Edison era gravemente malato, continuava a pensare: "Se muore, mi chiedo cosa mi lascerà". In effetti, Liebman era presente alla lettura del testamento quando Edison morì. "Quando fu chiamato il mio nome", scrive, "ascoltai con attenzione. Invece del milione, dei centomila o anche dei diecimila, il testamento diceva che il defunto "condonava a Marvin Leibman tutti i debiti che poteva avere nei confronti della proprietà".

In realtà, Liebman non aveva alcun debito con Edison all'epoca. Secondo Liebman, al funerale di Edison, William F. Buckley Jr. avrebbe sussurrato a Liebman che, secondo lui, "sei stato davvero fregato".

Sebbene Liebman sia scomparso dall'orbita dei "conservatori responsabili" dopo la scomparsa di Edison, è tornato a far parlare di sé quando ha dichiarato pubblicamente la sua omosessualità di lunga data, scrivendo in seguito la sua autobiografia *Coming Out Conservative: A Founder of the Modern Conservative Movement Speaks Out on Personal Freedom*,

*Homophobia and Hate Politics.*

Liebman stesso è morto diversi anni fa, ma la sua eredità vive nelle buffonate dei suoi associati e protetti, come William F. Buckley Jr, Robert K. Brown e Richard Viguerie, che continuano ad agire, in un modo o nell'altro, fino ad oggi. Ma Buckley stesso ha eclissato il suo mentore, Liebman, ed è diventato, a suo modo, una figura centrale nello sventramento del nazionalismo americano tradizionale.

# CAPITOLO XVIII

## William F. Buckley, Jr. Autoproclamatosi "conservatore responsabile" e da sempre portavoce del nemico interno

Quasi esattamente nello stesso periodo in cui l'FBI arruolava Morris Childs, un alto funzionario del Partito Comunista Americano, come descritto sopra, una schiera di "ex-comunisti" si riunisce sotto la guida di William F. Buckley, Jr. per formare il baluardo editoriale della rivista quindicinale di Buckley, *National Review.*

Negli anni successivi, Buckley - in alleanza con il suo stretto amico e collaboratore, l'agente sionista Marvin Liebman - condusse una guerra muscolare contro i nazionalisti americani della linea dura, cercando di isolarli e di privarli della loro rispettabilità. Nel fare ciò, Buckley fu attivamente aiutato e favorito dal monopolio dei media mainstream americani.

In *The New Jerusalem*, l'opera precedente di questo autore, è stata fatta un'osservazione su Buckley che probabilmente non era mai stata pubblicata prima e che, nel contesto di ciò che stiamo per considerare, vale probabilmente la pena di ripetere qui: Sebbene Buckley sia ampiamente riconosciuto come cattolico irlandese e sia noto come un cattolico devoto, le sue origini cattoliche romane non provengono da parte del padre scozzese-irlandese, come generalmente si crede, ma piuttosto da parte della madre.

Sebbene la madre di Buckley fosse nata a New Orleans da una famiglia cattolica tedesca di nome Steiner, l'editorialista *del Chicago Tribune* Walter Trohan disse privatamente ad amici intimi che, a suo avviso, la famiglia Steiner era originariamente ebrea e si era convertita al cattolicesimo romano, come molte famiglie ebree di New Orleans nel XVIII e XIX secolo.

In ogni caso, a prescindere dal suo vero retaggio etnico, il giovane Buckley - incoraggiato con entusiasmo dalle sue coorti e dai suoi simpatici promotori nei media mainstream - iniziò a "tracciare le linee" e a determinare ciò che era "corretto" e lecito discutere per i conservatori americani e ciò che non lo era. Buckley annunciò che chiunque avesse osato sollevare questioni come il sionismo di o il potere di gruppi d'élite come il Bilderberg e il Council on Foreign Relations era "al di là del limite" e stava sprofondando in una "palude di febbre".

Buckley, i suoi alleati "ex-comunisti" e i loro tirapiedi si dichiaravano "conservatori responsabili" e muovevano attivamente guerra a tutti coloro che ritenevano non esserlo.

Uno dei bersagli preferiti di Buckley era il crescente movimento populista che ruotava intorno alla Liberty Lobby, fondata da Willis Carto (più o meno nello stesso periodo in cui Buckley fondò la *National Review*) nel 1955. Non solo Buckley intraprese un'azione legale contro Liberty Lobby, ma anche il suo caro amico ed ex collega della CIA, E. Howard Hunt.

Nel corso degli anni, le quattro principali cause intentate contro la Liberty Lobby hanno avuto una cosa in comune: i responsabili avevano tutti chiari legami con la CIA e la Anti-Defamation League (ADL) del B'nai B'rith, il braccio di intelligence e propaganda con sede negli Stati Uniti dell'agenzia di spionaggio israeliana Mossad, uno stretto collaboratore della CIA.

- La prima di queste cause è stata intentata da un "ex" agente della CIA, E. Howard Hunt, noto soprattutto per il suo ruolo nell'irruzione nel Watergate che portò alle dimissioni forzate del Presidente Richard M. Nixon (oggi si sospetta che l'affare Watergate sia stato in gran parte un'orchestrazione della CIA volta a spianare la strada a *un colpo di Stato* contro Nixon). Hunt portò Liberty Lobby in tribunale poco dopo che *The Spotlight pubblicò* un articolo esplosivo nel numero del 14 agosto 1978 in cui l'autore, Victor Marchetti, un ex alto funzionario della CIA, sosteneva che la CIA intendeva incastrare Hunt per il coinvolgimento nell'assassinio di John F. Kennedy.

Sebbene Hunt abbia ammesso sotto giuramento che la storia poteva essere vera - che i suoi colleghi della CIA potevano davvero essere il capro espiatorio del crimine del secolo - ha continuato a portare avanti la sua azione legale. Quando il caso andò in giudizio, Hunt vinse una sentenza potenzialmente devastante di 650.000 dollari contro Liberty Lobby per diffamazione. Tuttavia, a causa di errori nelle istruzioni del giudice alla giuria, Liberty Lobby è riuscita ad appellarsi con successo e il caso è stato rinviato per un nuovo processo.

Durante questo secondo processo, nel gennaio 1985, il famoso investigatore sull'assassinio di JFK, Mark Lane, divenne l'avvocato difensore di Liberty Lobby. Con grande disappunto di Hunt, Lane produsse prove che rivelavano, contrariamente alle smentite di Hunt, che si era recato a Dallas poco prima dell'assassinio di JFK in compagnia di esuli cubani sostenuti dalla CIA. La giuria ha respinto le argomentazioni di Hunt e si è pronunciata contro di lui: una vittoria importante per Liberty Lobby.

Alla fine del processo, Leslie Armstrong, il presidente della giuria, annunciò pubblicamente che lei e i suoi colleghi avevano concluso che la difesa di Lane era fondata e che la CIA era effettivamente coinvolta nell'assassinio del Presidente Kennedy.

- Nel periodo precedente la vittoria finale nel caso Hunt, fonti della Liberty Lobby informarono l'establishment populista che il caso Hunt era attivamente sostenuto dalla CIA, al punto che quest'ultima aveva persino fornito avvocati e altri soggetti per assistere Hunt. Inoltre, si scoprì che anche il pupillo di Hunt, il dilettante milionario William F. Buckley Jr. forniva a Hunt assistenza tattica e finanziaria.

Buckley, che all'inizio degli anni Cinquanta era il vice di Hunt presso la stazione della CIA a Città del Messico, aveva da tempo nutrito rancore nei confronti del giornale della Liberty Lobby, *The Spotlight*, che aveva rapidamente superato la pubblicazione dello stesso Buckley, *National Review*, in termini di diffusione e di portata.

Quando Buckley pubblicò una denuncia scurrile della Liberty Lobby nel 1971, in una testimonianza giurata emerse che una delle fonti principali della denuncia era l'editorialista Jack Anderson. Insieme al suo mentore, il defunto Drew Pearson, Anderson si è vantato per anni che molte delle loro calunnie contro la Liberty Lobby provenivano direttamente dalla Anti-Defamation League (ADL) del B'nai B'rith, un noto intermediario dell'agenzia di spionaggio israeliana, il Mossad. La stessa ex suocera di Pearson, l'editrice di giornali Cissy Patterson, una volta ha descritto Pearson come "un agente segreto e portavoce dell'ADL".

Dopo che Liberty Lobby aveva avviato un'indagine approfondita su Buckley e i suoi affari, alcuni (ma non tutti) i cui dettagli furono pubblicati su *The Spotlight*, Buckley intentò una causa per diffamazione contro Liberty Lobby nel 1980, quasi direttamente dopo quella dell'amico Hunt. Anche in questo caso, dopo un notevole dispendio di denaro per Liberty Lobby, il processo si è svolto nel 1985, solo pochi mesi dopo l'archiviazione del caso Hunt.

Durante il processo, Buckley dichiarò che la sua "missione" era quella di denunciare la Liberty Lobby, ma nonostante le grandi aspettative di Buckley e dei suoi sicofanti che si aspettavano una vittoria, una giuria del Distretto di Columbia riservò all'ex ufficiale della CIA una grande sorpresa.

Nonostante Buckley abbia chiesto milioni di dollari di danni e interessi, la giuria gli ha assegnato solo un dollaro (più 1.000 dollari di danni punitivi). All'annuncio del verdetto, un sostenitore di Buckley presente in aula scoppiò in lacrime. Buckely, come il suo mentore della CIA Hunt, non era riuscito a distruggere la Liberty Lobby.

Comunque sia, la sordida carriera dell'anziano *enfant terrible* William F. Buckley Jr. sta volgendo al termine. Tuttavia, le sue manipolazioni - dagli anni Cinquanta fino ai primi anni del XXI secolo - hanno contribuito a gettare le basi per lo sventramento del nazionalismo americano tradizionale. Buckley può essere considerato uno dei capri più distruttivi di Giuda.

La strana cerchia di accoliti, truffatori e compari che ha popolato il mondo di "WFB" e la sua sfera d'influenza come "conservatore responsabile" continua a portare avanti il suo tradimento, come i capitoli seguenti mostreranno in dettaglio.

# CAPITOLO XIX

## Il nemico interno del Vaticano: il ruolo segreto del socio di Buckley Malachi Martin come sovversivo che agisce per conto degli interessi sionisti

È stata rivelata l'identità di un agente della Anti-Defamation League (ADL) di B'nai B'rith all'interno della Chiesa cattolica durante il Concilio Vaticano II, all'inizio degli anni Sessanta: il defunto ex sacerdote diventato autore di best-seller Malachi Martin, da tempo stretto collaboratore di nientemeno che William F. Buckley, Jr, egli stesso cattolico romano dichiarato.

In seguito alle rivelazioni sull'amico di Buckley, Martin è stato etichettato da alcuni importanti critici cattolici tradizionalisti come un "doppiogiochista sionista *di fatto*" e un "prete spia sionista" - etichette che sorprenderanno molti buoni cattolici tradizionalisti che consideravano Martin, almeno negli ultimi anni, un loro alleato.

Ora si scopre che questo stesso "doppiogiochista" - Martin - era il finanziatore di un gruppo cospirativo che lavorava per distruggere la Liberty Lobby, l'istituzione populista con sede a Washington.

È stato Lawrence W. Patterson, con sede a Cincinnati, che pare sia stato il primo editore nazionale a smascherare Martin come il cosiddetto "sacerdote-spia" all'interno del Vaticano che, secondo Patterson, è stato la figura chiave nel "salvataggio dei documenti del Vaticano II che da allora sono stati usati per iniziare il tentativo di fusione tra sionismo e cattolicesimo".

Nel numero di aprile 1991 della sua rivista *Criminal Politics*, Patterson ha etichettato Martin come "un falso Tory del mese, sostenitore della causa trilateralista e sionista", e ha presentato le prove esplosive che incolpano Martin.

Ma Patterson non è l'unica figura di spicco a denunciare Martin. Il famoso storico revisionista Michael A. Hoffman II ha definito Martin un "occultista bifronte" e un "Giuda del XX secolo". (Si veda il sito web di Hoffman: hoffman-info.com).

Inoltre, Hutton Gibson, un laico cattolico tradizionalista, ha detto di Martin in un programma di *Radio Free America* (con il conduttore Tom Valentine): "Penso che Martin fosse una specie di capro di Giuda. Era presente al Concilio Vaticano II e una delle cose che fece fu convocare i vescovi un po' ostinati e minacciarli di mettersi in riga. Malachia Martin non è la mia idea di cattolico.

Il compianto Revilo P. Oliver, uno dei grandi intellettuali nazionalisti, ha scritto che "se Martin ha avuto un ruolo importante nel tradimento della Chiesa [cattolica] nelle mani dei suoi inveterati nemici, certamente sapeva quello che stava facendo". (Vedi il saggio di Oliver, "Come hanno rubato la Chiesa", su revilo-oliver.com)

Hoffman ha affermato che Martin "ha salvato la giornata agli ebrei/massoni infiltrati nella Chiesa". In *Criminal Politics*, Patterson spiega come Martin abbia fatto proprio questo, delineando l'incredibile storia del complotto di Martin.

Basandosi su un articolo indubbiamente "mainstream", "Come gli ebrei hanno cambiato il pensiero cattolico" di Joseph Roddy - pubblicato nel numero del 25 gennaio 1966 dell'ormai defunta rivista *Look* - Patterson ha sottolineato che l'articolo di *Look* rivelava francamente che un sacerdote che lavorava all'interno del Vaticano faceva la spola tra Roma e New York durante i lavori del Vaticano II.

Il sacerdote ha fornito informazioni privilegiate sulle proposte di "riforma" della Chiesa cattolica non solo al *New York Times*, ma anche alla Anti-Defamation League (ADL) del B'nai B'rith e all'American Jewish Committee e alla sua rivista *Commentary*.

In secondo luogo, come sottolinea l'articolo, queste informazioni riservate provenienti dall'interno del Vaticano sono state utilizzate per esercitare pressioni sul Vaticano affinché apportasse importanti cambiamenti alla politica della Chiesa.

L'autore di *Look* ha rifiutato di identificare il sacerdote con il suo vero nome, riferendosi a lui semplicemente come "Timothy Fitzharris-O'Boyle", ma ha anche spiegato che il sacerdote ha anche scritto per *Commentary* con il nome di "F. E. Cartus" e che aveva scritto un libro, *The Pilgrim*, con il nome di "Michael Serafian".

("*The Pilgrim*" era un libro del 1964 stampato in fretta e furia, secondo Michael A. Hoffman II, proprio per pubblicizzare gli sforzi dei tradizionalisti in Vaticano per contrastare la proposta di rivoluzione nell'insegnamento della Chiesa).

Come ha stabilito l'indagine di Lawrence Patterson, quando Malachi Martin (allora scrittrice di fama internazionale) pubblicò il suo libro del 1974, *The New Castle*, una pagina di riempimento che elencava "libri di

Malachi Martin" indicava che Martin aveva scritto il suddetto libro, *The Pilgrim*, "sotto lo pseudonimo di Michael Serafian".

E come se le rivelazioni di Patterson (basate sul riconoscimento pubblicato dallo stesso Martin) non fossero sufficienti a dimostrare che egli era davvero il "sacerdote-spia" all'interno del Vaticano, un necrologio del *Milwaukee Journal Sentinel* del 31 luglio 1999 menziona che Martin aveva pubblicato *The Pilgrim* con lo pseudonimo di "Michael Serafian".

Quasi subito dopo aver completato le sue imprese sovversive all'interno del Vaticano, Martin lasciò il sacerdozio e si trasferì a New York, dove iniziò a scrivere per l'American Jewish Committee's Commentary (con il suo vero nome) e a fare da "redattore religioso" per la *National Review* di William F. Buckley, Jr.

Negli anni successivi, i romanzi e le altre opere di Martin sono stati ampiamente promossi a livello internazionale dai media tradizionali, rendendolo quasi certamente multimilionario.

Secondo Michael A. Hoffman II, Martin "era il discendente di un banchiere ebreo rifugiatosi in Irlanda", dove Martin è nato nel 1921. Hoffman critica Martin per essersi paragonato, nel 1997, a Maimonide, che egli identifica come "il principale interprete del Talmud ebraico e uno dei più implacabili nemici di Cristo negli annali del giudaismo", che una volta "ordinò lo sterminio dei cristiani".

Questo è interessante perché Martin ha effettivamente studiato all'Università Ebraica di Gerusalemme, dove si è concentrato sulla conoscenza di Gesù Cristo trasmessa dalle fonti ebraiche. Poco dopo, secondo l'*Independent* di Londra del 6 agosto 1999, Martin fu "individuato come una scommessa sicura" e promosso a un incarico vaticano come consigliere teologico del cardinale Augustin Bea, il quale, come molti altri suoi consiglieri, era di origine ebraica.

Fu Bea ad emergere all'interno del Vaticano come il principale istigatore dei cambiamenti nella politica della Chiesa durante il Vaticano II, e Martin agì come suo agente nei rapporti con la comunità ebraica di New York durante questo periodo. Revilo Oliver si spinse fino a suggerire che Martin potesse essere il "corriere" di grandi quantità di tangenti in denaro trasferite da New York a Roma e altrove durante il periodo del Vaticano II.

Il fatto che Martin abbia instaurato una stretta relazione con William F. Buckley, Jr. - che è durato per decenni, è notevole se si considera che Buckley e il suo ex supervisore della CIA, E. Howard Hunt, hanno entrambi intentato una lunga serie di cause (anche se senza successo) contro *The Spotlight* nel tentativo di demolire il settimanale populista. Ci si chiede quindi se Martin abbia poi agito come agente della squadra vendicativa di Buckley e Hunt, assistendo altri agenti nei loro sforzi per mettere a tacere *The Spotlight*.

In sintesi: il ruolo di Malachi Martin nel finanziare una cospirazione per distruggere The *Spotlight* indica l'origine di tale cospirazione, ed è lecito affermare che Martin era chiaramente un esempio del Nemico Interno, in questo caso coinvolto nella sovversione della Chiesa Cattolica Romana.

Il danno arrecato alla Chiesa dal conclave rivoluzionario noto come Vaticano II non potrà mai essere cancellato e Malachi Martin sarà ricordato come un perfido capro di Giuda della peggior specie.

*"Il fumo di Satana è entrato nel Tempio di Dio attraverso una fessura.*

**-GIOVANNI BATTISTA MONTINI È meglio conosciuto con il suo titolo di Papa Paolo VI - con il quale attuò le controverse "riforme" del Vaticano II che riorientarono e distorsero la tradizionale dottrina cattolica romana - in un periodo in cui la capra di Giuda Malachi Martin (vedi capitolo allegato) agiva come agente all'interno della conferenza del Vaticano II per conto degli interessi sionisti. In diverse occasioni, Montini (sopra) indossò pubblicamente l'emblema massone noto come "efod", il simbolo indossato da Caifa, il sommo sacerdote ebreo che ordinò la morte di Gesù Cristo. L'efod di Montini è visibile (cerchiato) nella parte inferiore del suo ritratto. A destra, un efod con lettere ebraiche ben visibili nella parte superiore. Di origine ebraica, Montini fu sepolto alla maniera ebraica, in una semplice cassa di legno, in una cerimonia in Vaticano dove *non c'era nemmeno un crocifisso*. Molti cattolici tradizionalisti considerano Montini un capro di Giuda. Gli interessi sionisti si sono anche infiltrati con forza nelle chiese protestanti fondamentaliste, promuovendo la dottrina "dispensazionalista", sviluppata per la prima volta da John Darby negli anni '40 del XIX secolo e poi ampiamente promossa nel XX secolo da Cyrus Scofield, la cui famosa "Bibbia di riferimento Scofield" era finanziata dalla Oxford University Press di Londra, finanziata dalla famiglia sionista Rothschild . Oggi, il "dispensazionalismo" sponsorizzato dai Rothschild detta la posizione filo-sionista della cosiddetta "destra cristiana", che esercita una grande influenza sul Partito Repubblicano. Così, un'alleanza**

tra giudaismo radicale e cristianesimo radicale è responsabile dell'errato orientamento della politica estera americana a favore dell'imperium sionista sotto la presidenza di George W. Bush, un fervente discepolo del dispensazionalismo circondato da fanatici sionisti.

# CAPITOLO XX

## Il racket della raccolta fondi dei "conservatori": saccheggiare i patrioti americani in nome del nemico interno

Il 26 agosto 1985, *The Spotlight* metteva in guardia i suoi lettori sulle controverse attività di raccolta fondi per corrispondenza di Richard Viguerie, un protetto dell'onnipresente intrallazzatore sionista Marvin Liebeman, di cui abbiamo parlato in un capitolo precedente. Con il titolo appropriato "Scandal hallmark of direct mail king Viguerie's rise to power", *il* rapporto di *The Spotlight* descriveva in dettaglio la particolare arte di Viguerie e i suoi metodi di raccolta di fondi con la mano pesante.

Per anni, Viguerie ha essenzialmente depredato milioni di patrioti americani di centinaia di milioni di dollari donati a varie cause "conservatrici" che Viguerie propagandava - e in alcuni casi creava - anche se in alcuni casi Viguerie e le sue società associate avrebbero intascato fino al 75% del denaro raccolto, un racket molto redditizio.

Tuttavia, circa sette anni dopo, nel numero del 12 novembre 1992 - con il movimento conservatore moribondo e svuotato di risorse ed energie - l'establishment del *New York Times* ha finalmente vuotato il sacco, confermando quanto riportato da *The Spotlight* sul modus operandi di Viguerie.

In un articolo che iniziava in prima pagina e poi occupava un'intera pagina della sezione nazionale del quotidiano, il *Times* informava i suoi lettori dell'ultima impresa di raccolta fondi di Viguerie.

Operando attraverso un'organizzazione senza scopo di lucro, esente da imposte, chiamata United Seniors Association (USA), Viguerie ha raccolto milioni inviando lettere agli anziani e chiedendo contributi, in un caso, per continuare a "lottare duramente nella capitale della nazione per assicurare che i diritti e i benefici degli anziani d'America siano protetti".

(In realtà, Viguerie ha diretto diverse organizzazioni "senior" - gli Stati Uniti sono solo una di queste).

Le "lettere di spavento" di Viguerie - che annunciavano, ad esempio, la fine della previdenza sociale - hanno spaventato i contributi di anziani malintenzionati, che sono stati indotti a credere che l'organizzazione di Viguerie stesse davvero lottando per la loro sicurezza. In realtà, la maggior parte del denaro raccolto da Viguerie è stato immediatamente reindirizzato in nuovi invii ad altri potenziali contribuenti.

Come riporta il *Times*, Viguerie e i suoi vari gruppi di facciata "hanno distribuito ingenti somme di denaro tra chi noleggiava le liste, chi scriveva le lettere, chi stampava, chi imbucava e altri subappaltatori, compreso lo stesso Viguerie".

Ciò che è particolarmente intrigante è che uno dei collaboratori di Viguerie è un certo Dan C. Alexander, Jr, che ha scontato 51 mesi di una condanna a 12 anni di carcere per aver estorto tangenti in relazione a progetti di costruzione di scuole a Mobile, in Alabama.

È interessante notare che l'ultimo trucco di Alexander per la raccolta di fondi, ideato all'epoca insieme a Viguerie, era un'organizzazione chiamata Taxpayers Education Lobby.

Ma non è la prima volta che Viguerie si allea con strani uccelli.

Mentre le sue aziende guadagnavano milioni grazie ai patrioti e ai conservatori, Viguerie una volta ha ammesso candidamente: "Non sono una persona che pensa all'America", come ha dimostrato la sua lunga e stretta collaborazione con il leader del culto coreano Sun Myung Moon. È stato con l'aiuto di Viguerie che Moon e il suo culto sono diventati un'influenza chiave all'interno del movimento conservatore. Moon stesso, naturalmente, ha annunciato da tempo di voler conquistare il mondo.

Il primo ingresso di Viguerie nel settore delle mailing list avvenne nel 1960, quando il giovane texano si presentò a New York con un elenco di contribuenti che avevano dato soldi al candidato repubblicano al Senato nello Stato della Stella Solitaria.

Viguerie ha trovato un gentile mecenate in Marvin Liebman. All'epoca in cui Viguerie stava imparando il mestiere sotto la tutela di Liebman, il suo mentore dirigeva un'organizzazione nota come Young Americans for Freedom (YAF), un gruppo di giovani conservatori fondato da Buckley. Avvertendo lo spiccato senso degli affari di Viguerie, Liebman affidò al giovane texano la guida di YAF.

Viguerie si ritirò da YAF nel 1965 e si trasferì a Washington dove fondò una propria azienda, da cui si svilupparono le attività di Viguerie.

Negli anni successivi, Viguerie iniziò a costruire una massiccia mailing list di contributori a cause patriottiche e conservatrici. Viguerie mise insieme anche un gruppo di collaboratori la cui dote principale sembra essere stata la capacità di mettere le ali della paura e di spaventare i patrioti, spingendoli a donare milioni di dollari per ogni sorta di dubbia causa inventata nella cucina di Viguerie.

A metà degli anni Ottanta, tuttavia, l'impero delle mailing list di Viguerie cominciò a sgretolarsi quando i conservatori americani, che stavano vivendo l'era di Ronald Reagan, si convinsero che Reagan aveva "salvato il Paese" e smisero di contribuire ai programmi di raccolta fondi di Viguerie.

Di conseguenza, Viguerie fu costretto a smantellare l'impero della raccolta fondi che aveva costruito. Vendette l'edificio che da tempo ospitava la sua sede e licenziò gran parte del personale.

Viguerie ha anche venduto la sua rivista interna, *Conservative Digest*, al corrotto promotore di denaro William Kennedy, Jr. che per anni ha vittimizzato gli investitori conservatori con il sostegno attivo di una vasta rete di sedicenti leader conservatori.

Comprando la rivista di Viguerie in bancarotta con i suoi guadagni illeciti, Kennedy ha essenzialmente arricchito Viguerie con denaro rubato.

Non sorprende che, visti i suoi precedenti di onesto reportage sulle attività del Nemico Interno, sia stato *The Spotlight* a mettere in guardia i suoi lettori, in una nuova esclusiva, sulle pratiche criminali di Kennedy. Naturalmente, alla fine Kennedy è stato incriminato e condannato per molteplici capi d'accusa legati alle sue attività e mandato in una prigione federale.

È stato dopo il fallimento del suo racket Tory che Viguerie ha deciso di iniziare a truffare gli anziani.

È chiaro che ancora oggi sta avendo un certo successo, anche se è stato in gran parte messo da parte dall'ascesa al potere dei "neo-cons" filo-israeliani che, nello spirito del mentore di de Viguerie, Liebeman, hanno preso il controllo assoluto del cosiddetto movimento "conservatore" e lo hanno usato per prendere il controllo dello stesso Partito Repubblicano.

# CAPITOLO XXI

## Come il nemico interno manipola la causa "anticomunista" per favorire l'agenda sionista

Il principale contributo di Richard Viguerie alla distruzione del movimento "conservatore" americano potrebbe essere stato il suo ruolo centrale di mentore (così come l'agente sionista Marvin Liebman è stato il mentore di Viguerie) di un gruppo eterogeneo di abilissimi raccoglitori di fondi per corrispondenza, il cui talento principale sembra essere stato la capacità di raccogliere enormi quantità di denaro dai buoni patrioti americani, per poi sperperarlo in cause condannate, arricchendo nel contempo i raccoglitori.

Tuttavia, in almeno un caso che analizzeremo, sembra che un protetto di de Viguerie abbia trovato il modo di estrarre i patrioti per finanziare un progetto personale volto a promuovere l'agenda del Nemico Interno.

Lee Edwards, un veterano della cucina del mago del direct mail Richard Viguerie, ha davvero preparato qualcosa di buono. E questa volta non è una sorpresa che abbia ricevuto l'imprimatur dell'Anti-Defamation League (ADL).

Non lasciate che gli ambiziosi obiettivi dell'ultima campagna di raccolta fondi di Lee Edwards vi invoglino ad aprire il portafoglio. La trovata di Lee Edwards ha un aspetto insolito (e un'agenda interessante) che sconvolge molti veterani dell'anticomunismo. Patriota mendicante da circa quarant'anni, Edwards è la mente - si è dato per la prima volta l'impressionante titolo di "presidente" - della Fondazione per la Memoria delle Vittime del Comunismo.

Sembra una cosa nobile. Edwards ha persino ottenuto il sostegno del Congresso, che ha concesso alla sua fondazione una sede sul Mall. Ora l'impresario di direct mail sta cercando di raccogliere 100 milioni di dollari per creare un museo commemorativo in onore delle vittime del comunismo nel mondo.

Ai veterani anticomunisti americani piace l'idea di un monumento alle vittime del comunismo. Dopo tutto", sostengono, "dal momento che gli Stati Uniti hanno già un memoriale finanziato dai contribuenti per le vittime ebree dell'"olocausto" della Seconda Guerra Mondiale, non dovremmo avere anche un memoriale per onorare le vittime reali del comunismo nel mondo

Tuttavia, secondo il *Forward*, un influente settimanale ebraico con sede a New York, che ha dato impulso all'idea di Edwards, l'obiettivo del museo sarà leggermente diverso da quello che gli anticomunisti americani potrebbero aspettarsi. Infatti, *il Forward* riferisce che il museo si concentrerà sulla dimostrazione che il popolo ebraico è stato in gran parte vittima del comunismo, e non carnefice.

In breve, il museo sarà una variazione sul tema - un'altra versione del museo dell'Olocausto (che mostra le sofferenze del popolo ebraico ), ma questa volta con un tocco anticomunista.

Il Museo Edwards, secondo *Forward*, cercherà di combattere attivamente la convinzione di molti europei dell'Est che la maggior parte dei leader dei movimenti comunisti nelle nazioni dell'Europa orientale fossero ebrei. In realtà, quando i vecchi regimi rossi dell'Europa orientale sono stati rovesciati e gli elementi nazionalisti hanno iniziato a riaffermarsi, molti nella regione hanno sottolineato l'importante ruolo svolto dagli ebrei nel comunismo e nel suo progresso, fin dai tempi della rivoluzione bolscevica in Russia.

Ora, però, Edwards sta per dimostrare a tutte queste persone che le loro idee sono sbagliate. Nei suoi sforzi è aiutato da una serie interessante di persone che, in passato, non avrebbero mai avuto a che fare con un professionista della raccolta fondi "conservatore" come Edwards.

Il primo di questi è stato Carl Gershman, un "socialdemocratico" di lunga data, noto soprattutto per il suo lavoro come responsabile nazionale della Lega Antidiffamazione (ADL) del B'nai B'rith. (Gershman è poi diventato presidente del cosiddetto National Endowment for Democracy, un "think tank" internazionalista che promuove l'agenda globalista). Il fatto che Gershman abbia prestato il suo "prestigio" allo sforzo di Edwards ha dimostrato, senza ombra di dubbio, che le più alte sfere dell'élite hanno dato il loro timbro di approvazione all'impresa di raccolta fondi di Edwards.

Oltre alla presenza decisiva di Gershman dell'ADL, una schiera di altri elementi pro-Israele di lunga data ha appoggiato l'iniziativa di Edwards, da Albert Shanker, il sedicente "liberale anticomunista" che per lungo tempo ha diretto l'American Federation of Teachers, allo storico di Harvard Richard Pipes, affiliato al Jonathan Institute che è stato descritto come "un braccio virtuale dello Stato di Israele".

Il rabbino Daniel Lapin e Grover Norquist, stretto collaboratore dell'ex presidente della Camera Newt Gingrich, rappresentavano i "conservatori" nel consiglio di amministrazione di Edwards.

(Nota: all'inizio del 2005, il rabbino Lapin è stato coinvolto in un terribile scandalo che ha coinvolto un importante lobbista di Washington, Jack Abramoff, un ebreo ortodosso dichiarato e schietto, che ha trasferito denaro, apparentemente ottenuto illecitamente da tribù di nativi americani, a una scuola ebraica dell'area di Washington gestita dal fratello di Lapin, David, un altro rabbino. Abramoff ha anche finanziato una scuola per cecchini ebrei in Cisgiordania, nella Palestina occupata. Al momento in cui scriviamo, l'affare Abramoff-Lapin non è ancora stato rivelato, ma si pensa che Abramoff possa aver corrotto una mezza dozzina di membri del Congresso). Ma torniamo al socio di Lapin, Lee Edwards: chi conosce la storia di Edwards non è rimasto sorpreso nel vederlo riapparire negli ambienti sionisti. Nel 1974, un gruppo di anticomunisti messicani che si erano inavvertitamente trovati in una delle iniziative di raccolta fondi di Edwards, lo descrisse come un "sionista fanatico" le cui attività stavano danneggiando la causa anticomunista americana.

Lo stesso Edwards, che per anni si è guadagnato da vivere con progetti di raccolta fondi conservatori (e legati al sionismo), come abbiamo notato, ha iniziato la sua carriera come satellite del famoso - alcuni direbbero "famigerato" - mago della pubblicità diretta per corrispondenza Richard Viguerie, pupillo del capo della banda Stern israeliana Marvin Liebman.

Nella cerchia di Viguerie, Edwards ha collaborato con il leader del culto coreano (e prestanome della CIA) Sun Myung Moon e ha gestito un'operazione nota come Fondazione coreana per la libertà culturale, un gruppo "anticomunista" altamente redditizio che ha dato alla rete di Moon un'ulteriore legittimazione nei circoli conservatori in un momento in cui Moon stava appena iniziando a diffondere le sue ricchezze illecite tra i "leader" conservatori.

In effetti, Edwards è stato uno dei primi sicofanti di Moon, scrivendo per le sue pubblicazioni molto prima che il culto antifamiliare di Moon diventasse una fonte di finanziamento fondamentale per i conservatori americani. Edwards era redattore della rivista di Moon, *The World & I*, quando non raccoglieva fondi.

(Nelle pagine seguenti scopriremo molto di più su Moon stesso e sulla strana storia di questo agente legato alla CIA e al Mossad, una storia che merita davvero di essere raccontata).

Edwards stesso rimase nell'ombra, ma ottenne una certa (dis)fama nel 1972, a seguito di una delle sue più memorabili iniziative di raccolta fondi su - un'organizzazione nota come "Amici dell'FBI".

In collaborazione con un certo Pat Gorman, un altro satellite di de Viguerie, e un avvocato di Chicago, Luis Kutner, Edwards inviò lettere di raccolta fondi promettendo di utilizzare il denaro raccolto per migliorare l'immagine pubblica dell'FBI di J. Edgar Hoover. Edwards riuscì persino ad assicurarsi il sostegno del popolare attore Efrem Zimbalist Jr, protagonista della serie televisiva "The FBI".

Edwards e i suoi amici hanno raccolto circa 400.000 dollari. Tuttavia, secondo i rapporti pubblicati all'epoca, 155.000 dollari sono stati pagati a un certo Pat Gorman per l'uso delle sue mailing list; 77.000 dollari sono stati pagati a Gorman per "onorari"; 27.500 dollari sono stati pagati allo stesso Edwards; e 47.000 dollari sono stati pagati a Kutner.

La situazione era talmente scandalosa che Zimbalist chiese che il suo nome fosse rimosso dalla carta intestata del gruppo. In un telegramma, gli avvocati di Zimbalist accusarono Edwards, Gorman e Kutner di "frode e false dichiarazioni".

Il partner di Edwards, Kutner, è un personaggio interessante. Amico di lunga data di Jack Ruby, il gestore di locali notturni della criminalità organizzata che uccise Lee Harvey Oswald, il presunto assassino del Presidente John F. Kennedy, Kutner conosceva Ruby almeno dal 1936, quando Ruby aiutò Kutner nella sua fallimentare campagna per il Congresso. Nel 1950, Kutner rappresentò Ruby quando il suo cliente fu chiamato davanti allo staff della Commissione Kefauver del Senato sul racket per discutere delle attività malavitose a Chicago.

In seguito, come dimostra la storia, Kutner fu coinvolto in operazioni di intelligence internazionali su larga scala, dai colpi di Stato in America Latina alla difesa del deposto leader congolese Moise Tshombe.

Kutner è stato anche attivamente coinvolto negli sforzi per promuovere gli interessi di Israele, come "consulente onorario" del Center for Global Security, Inc, un gruppo di pressione pro-israeliano.

Quindi, ovunque si guardi, sembra che Lee Edwards abbia legami intimi con alcune persone molto insolite, sempre pronte a dargli una mano per "passare il cappello". La sua attuale impresa di onorare le "vittime ebree del comunismo" è solo un altro esempio della natura corrotta del Nemico Interno.

# CAPITOLO XXII

## La John Birch Company: un primo caso di studio della capra di Giuda

Sebbene William F. Buckley, Jr. e i suoi colleghi "conservatori responsabili" fossero molto critici nei confronti della John Birch Society, fondata dal produttore di caramelle del Massachusetts Robert Welch nel 1958, questo ha portato molti a credere che la Birch Society e Buckley fossero in qualche modo in contrasto nel loro approccio alle questioni del giorno (sebbene sia i buckleyani che i bircheri rivendicassero il mantello dell'"anticomunismo" e della "democrazia"), Nonostante il fatto che sia i Buckleyani che i Birchers si dichiarassero "anticomunisti" e "conservatori", ci sono molti elementi intriganti nella storia della John Birch Society che sono passati inosservati a molti americani che ritengono che il movimento Birch nel suo complesso abbia dato un contributo prezioso alla causa dell'anticomunismo.

La verità è che gli attacchi di Buckley alla John Birch Society - che riprendono gran parte della retorica sulla Società apparsa nei principali media statunitensi - hanno portato al movimento Birch una pubblicità massiccia che altrimenti non avrebbe ricevuto. Il fatto stesso che i media tradizionali abbiano prestato tanta attenzione alla Società è un punto interessante. Infatti, il risultato diretto di tutta questa attenzione fu che la Birch Society crebbe in modo esponenziale e di fatto "radunò" un gruppo molto ampio di anticomunisti americani nei ranghi di un'organizzazione che, come vedremo, era in realtà molto sospetta.

L'autore di *The Juda Goats - The Enemy Within* racconta *nel* seguente saggio il suo breve viaggio nello strano mondo della John Birch Society. Sebbene sia di natura molto personale, il saggio riflette in gran parte il pensiero di molti altri che hanno avuto le loro esperienze come membri - e infine ex membri - della JBS. Il saggio, pubblicato originariamente nel numero di luglio-agosto 2005 di *The Barnes Review*, rivista storica bimestrale con sede a Washington, parla da sé. Il saggio era originariamente intitolato "My One-Minute Membership in the John Birch Society ".

Molte domande sulla John Birch Society (JBS) mi sono passate per la testa da quando, sedicenne, ne sono venuto a conoscenza. Onestamente, sono ben consapevole che molte persone benintenzionate si infurieranno per le mie osservazioni, ma lasciamo che le cose vadano come devono andare.

Ho scoperto JBS in un periodo in cui mi stavo interessando (nel bene e nel male) alle questioni politiche. Avendo praticamente stabilito (da solo, senza l'aiuto di amici o familiari) di essere un "conservatore", iniziai subito a cercare di imparare quanto più possibile sulle varie organizzazioni politiche di "destra" sul sito . Questo mi ha portato nelle biblioteche locali, dove ho assaporato tutti gli scritti conservatori standard disponibili. Questo mi portò nelle biblioteche locali dove assaporai tutti gli scritti conservatori standard disponibili. Tuttavia, non limitai la mia lettura alla letteratura che rifletteva il mio punto di vista. Sempre di mentalità aperta, ero curioso di vedere cosa aveva da dire "l'altra parte".

Di conseguenza, ho sfogliato un'ampia varietà di volumi di quella che potrebbe essere definita la "sinistra liberale" e ho trovato continuamente riferimenti a una misteriosa e controversa "John Birch Society" e al suo fondatore, Robert Welch. In fondo alla mia mente pensavo: "Se i liberali pensano che la JBS e il suo fondatore siano così cattivi, allora devono essere piuttosto bravi".

Non appena decisi di cercare l'indirizzo della John Birch Society e di contattarla, nella mia biblioteca pubblica notai una copia della pubblicazione della JBS, *American Opinion*, seduta sullo scaffale accanto alle pubblicazioni cosiddette "mainstream".

Fu con grande eccitazione che iniziai a sfogliare il giornale della JBS, prodotto professionalmente, felice di avere accesso ai fatti proibiti e alle informazioni nascoste che sapevo di non poter ottenere da *Time* o *Newsweek* e nemmeno dalle pagine del settimanale cosiddetto "conservatore", *U.S. News & World Report*.

Questo numero di *American Opinion* conteneva un grafico che ha attirato la mia attenzione. Si trattava di una panoramica - Paese per Paese - dell'"influenza comunista" (in percentuale, su una scala da 0 a 100) nei vari Paesi del mondo.

Sapevo, naturalmente, che i comunisti controllavano l'Unione Sovietica e l'Europa orientale e che esercitavano una grande influenza anche su tutto l'Occidente. Sapevo bene che l'influenza comunista, in una forma o nell'altra, aveva preso il sopravvento nei miei Stati Uniti d'America.

Tuttavia, fui sorpreso di scoprire che, secondo il JBS, la forza comunista in America era molto più potente di quanto avrei stimato. Non ricordo la percentuale esatta, ma ricordo che era straordinariamente alta.

Grazie a Dio", mi sono detto studiando la tabella, "ci sono alcuni Paesi, come l'Argentina e il Cile, che sono nelle mani di leader militari anticomunisti. Ma quando ho esaminato queste due repubbliche, ho scoperto che il JBS indicava un'influenza comunista tra il 70% e il 90%. Inutile dire che sono rimasto sorpreso. "Forse sanno qualcosa che io non so", ho pensato. Ma ho continuato a leggere.

Mi sono quindi rivolto allo Stato di Israele. Sulla base delle mie ricerche precedenti, sapevo che l'economia israeliana era basata su un modello strettamente socialista , finanziato da miliardi di dollari dei contribuenti statunitensi. Inoltre, ero anche a conoscenza dell'influenza predominante degli ebrei russi e dell'Europa orientale nel movimento comunista mondiale e che molti ebrei marxisti avevano partecipato alla creazione dello Stato ebraico. Inoltre, sapevo anche che non solo Israele aveva ricevuto assistenza strategica negli anni della sua fondazione sotto forma di armi e sostegno dal blocco comunista, ma che il piccolo Israele era l'unica nazione del Medio Oriente con un fiorente partito comunista.

Con tutto questo in mente, immaginate quanto mi abbia sorpreso sapere che - almeno secondo la tabella JBS dell'*opinione americana* - l'influenza comunista in Israele era poco più del 10-20%

In quel momento, mentre tenevo in mano per la prima volta una pubblicazione di JBS, in realtà per meno di qualche minuto, ho capito che c'era qualcosa di molto sbagliato.

Osservando il resto del quadro, mi resi subito conto che, nella visione del mondo di Birch, Israele era probabilmente l'unico serio bastione dell'anticomunismo sulla faccia della terra. Nemmeno i regimi anticomunisti dell'Argentina e del Cile sembravano avere i requisiti necessari.

Fu allora che capii, puramente e semplicemente, che coloro che si trovavano ai più alti livelli della JBS erano caduti sotto l'influenza - forse addirittura sotto il controllo - della forza insidiosa del sionismo politico. Questo mi bastava. Sapevo allora che la JBS non faceva per me. La mia "adesione" a JBS, a dire il vero, non durò molto più di un minuto.

All'epoca non sapevo che avevo imparato, in modo rapido e semplice, ciò che migliaia di bravi e onesti membri di JBS devono aver imparato con molta più difficoltà in un periodo di tempo considerevolmente più lungo.

Non avevo idea che in tutti gli Stati Uniti ci fossero ex membri della JBS disillusi che in qualche modo avevano scoperto quello che avevo scoperto io da soli, senza essere mai stati membri della JBS.

Tra gli ex Birchers spicca forse il defunto dottor Revilo P. Oliver, un importante classicista ed ex ufficiale dei servizi segreti statunitensi che per molti anni è stato molto attivo nel JBS e si è identificato pubblicamente con il gruppo. Tuttavia, Oliver lasciò i Birchers proprio perché sapeva che il capo dei Birch Welch era impegnato nella causa sionista e Oliver non voleva averci nulla a che fare (i notevoli commenti di Oliver sui Birchers, estratti dai suoi scritti, si trovano sul vivace e affascinante sito web di John "Birdman" Bryant, thebirdman.org).

Comunque, circa quattro anni dopo, quando andai a lavorare a Washington per *The Spotlight*, venni a conoscenza della storia completa dell'infiltrazione e della manipolazione sionista del JBS. Presso *The Spotlight*, ho avuto accesso ad affascinanti archivi accumulati nel corso degli anni, che hanno evidenziato le strane origini e gli orientamenti del JBS. Fu lì che scoprii i fatti sulla poco conosciuta "connessione Rockefeller" con il JBS. Nell'edizione di agosto 1965 di *Capsule News*, Morris Bealle la mise a nudo. Scrisse

> Robert Welch (e suo fratello Jimmy) hanno ricevuto due anni fa un'ingente somma di denaro dalla Casa Rockefeller, per aver organizzato la John Birch Society e per essersi seduti sul coperchio comunista negli ultimi sette anni. La ricompensa totale è stata di 10.800.000 dollari, meno il valore dell'attività dolciaria della famiglia, che si ritiene si aggiri intorno ai 100.000 o 200.000 dollari.

> Il 1° ottobre 1963, la National Biscuit Company di Rockefeller annunciò l'"acquisto" della James O. Welch Candy Company di Cambridge, Massachusetts. Nel *Moody's Manual of Industrials* e nello *Standard-and-Poor's Business Index*, la NBC indicò il presunto prezzo di acquisto in "200.000 azioni ordinarie della National Biscuit". Secondo il *Wall Street Journal* del 1° ottobre 1963, le azioni ordinarie della NBC venivano vendute a 54 dollari alla Borsa di New York. Oggi vengono vendute a 58 dollari. I fratelli Welch di ricevettero quindi 10.800.000 dollari "proprio così".

> Secondo gli amanti delle caramelle, l'intera azienda di famiglia, con le sue fabbriche e i cinque uffici di vendita, valeva poco più di 200.000 dollari. Welch dirà a tutti gli idioti che vogliono credergli che la National Biscuit non è un'azienda di Rockefeller.

> Ancora una volta, *il manuale di Moody's* lo mette in difficoltà. Esso elenca Roy E. Tomlinson e Don. G. Mitchell. [Entrambi sono membri del Council on Foreign Relations. Inoltre, sono entrambi "direttori professionali" di Rockefeller. Tomlinson è anche direttore di Prudential Life e American Sugar Refining.

> È stato lo zucchero americano a essere direttamente coinvolto nel finanziamento e nell'arrembaggio della Russia comunista a Cuba nel 1959. Hanno fatto l'accordo con Castro che ha messo fine alla libertà sull'isola di Cuba e ha reso possibile le basi missilistiche dell'Avana progettate per spazzare via le città della costa orientale

degli Stati Uniti.

Sembra anche che la Rock Mob abbia finanziato e promosso l'organizzazione John Birch Society. In quale altro modo avrebbe potuto ottenere milioni di dollari di pubblicità sui giornali attraverso i falsi "attacchi" a Welch che apparivano con drammatica rapidità.

E, per la cronaca, negli ultimi anni il famoso storico populista Eustace Mullins, autore di *The Federal Reserve Conspiracy, The World Order* e altri classici, ha dichiarato pubblicamente - più di una volta - che le sue ricerche lo hanno portato a concludere che la Birch Society era effettivamente una creazione dell'impero Rockefeller, basandosi proprio sugli stessi dati che hanno portato Bealle alla sua valutazione. Bealle non era certo il solo a fare queste affermazioni.

Quando si trattava del monopolio bancario privato della Federal Reserve, JBS assumeva posizioni molto particolari. Nel numero di settembre 1964 di *American Opinion,* uno degli economisti preferiti di Birch, Hans Sennholz, scrisse un articolo sul Federal Reserve System. L'articolo diceva della Fed quanto segue:

> Il controllo è assolutamente e indivisibilmente nelle mani del Presidente degli Stati Uniti.... Essi [le persone che dirigono il Federal Reserve System] sono agenti del governo, non rappresentanti di una società con i diritti di proprietà e i poteri solitamente conferiti agli azionisti di una società. Il Federal Reserve System non è, e non è mai stato, un "istituto bancario privato" che riempie le tasche dei banchieri, né è il prodotto malvagio di una cospirazione internazionale di banchieri stranieri...

Il compianto Norbert Murray, patriota del Montana, giornalista di carriera dei media mainstream ed ex pubblicista di New York per importanti interessi commerciali, ha descritto sinteticamente l'articolo come un "tessuto di bugie" che "proteggeva la frode del sistema".

La pubblicazione di un tale articolo era destinata a fuorviare i bravi membri del JBS che cercavano di districare i miti dai fatti sulla natura della Federal Reserve privata, dominata dai banchieri, e delle potenti banche internazionali che svolgono un ruolo importante nella manipolazione della politica estera degli Stati Uniti.

In ogni caso, lavorare per *The Spotlight* mi ha insegnato molto di più su JBS di quanto avessi mai immaginato.

Fu a questo punto - tra la fine degli anni '70 e l'inizio degli anni '80 - che la JBS iniziò a promuovere attivamente gli interessi dello Stato di Israele e a proporre i portavoce della sua potente lobby a Washington, eliminando ogni ambiguità sulla posizione dei controllori della Birch Society sulla questione della politica statunitense verso il Medio Oriente.

Con grande disappunto dei lealisti di vecchia data di JBS, il giornalista principale di *The Spotlight*, il leggendario Andrew St. George, ha riferito a lungo sulle misteriose manovre di un certo John Rees, un britannico dal passato piuttosto torbido, che si era intrufolato nei circoli interni di JBS, affermandosi come il vero "potere dietro il trono" durante i giorni di fine mandato di Robert Welch. *I riflettori* hanno evidenziato l'inquietante ruolo di Rees nella gestione della propria operazione di intelligence e spionaggio, che per molti versi assomigliava a quella della Anti-Defamation League, l'onnipotente appendice americana dell'agenzia di intelligence israeliana, il Mossad.

Da parte mia, come studente dell'assassinio di JFK, ho scoperto che, come Robert Welch ai suoi tempi d'oro, la John Birch Society sostiene ancora l'affermazione screditata della Commissione Warren secondo cui "un pazzo solitario" avrebbe ucciso il Presidente Kennedy.

Morris Bealle riferì presto (19 giugno 1965) nella sua newsletter, *Capsule News*, che Robert Welch aveva detto che il libro di Bealle, *The Guns of the Regressive Right (Le armi della destra regressiva) - che* puntava il dito contro la CIA - era "tutto sbagliato" e aveva detto ai suoi sostenitori che non era la CIA ma Lyndon Johnson a essere dietro l'assassinio di JFK.

Secondo Bealle, "abbiamo esaminato tutte le sue newsletter del 1964 [...]. [che] erano piene di attacchi a Earl Warren e di curiose espressioni di sincero accordo con lui sul mito che 'un comunista [cioè l'esca Oswald] ha ucciso Kennedy'".

In realtà, come ho sottolineato in *Giudizio finale,* il mio libro sull'assassinio di JFK, Welch ha svolto un ruolo fondamentale nel deviare l'attenzione dei conservatori da un possibile ruolo della CIA nell'assassinio di JFK al KGB sovietico. *Si trattava della stessa linea propagandistica di James J. Angelton, figura di spicco della CIA e ufficiale di collegamento filo-israeliano con il Mossad di Israele.*

Così, mentre i Birchers credono che Lee Harvey Oswald fosse un comunista solitario sotto la direzione del KGB sovietico - una teoria avanzata da Angleton, un fedele del Mossad - si guardano bene dal puntare il dito contro la CIA e di certo non osano mai menzionare che - come documenta il mio libro - anche il Mossad ha giocato un ruolo chiave nella cospirazione dell'assassinio.

Il 21 novembre 1988, la rivista *New American* della Birch Society elogiò il rapporto della Commissione Warren, sostenendo che "le prove dimostrano al di là di ogni ragionevole dubbio" che Lee Harvey Oswald - un pazzo comunista isolato - uccise JFK.

Comunque sia, l'accettazione da parte del JBS dell'affermazione palesemente dubbia che un pazzo comunista solitario abbia ucciso JFK rimane in vigore. Nel 1995 ho inviato una copia della seconda edizione del mio libro a un gran numero di persone, invitandole a discutere con me le tesi del libro, alla radio, in qualsiasi forum pubblico o per iscritto. Ho dato loro la possibilità di confutare il libro in qualsiasi modo desiderassero. Una delle persone a cui inviai una copia del libro fu Bill Jasper, editore del *New American* della Birch Society. A tutt'oggi, dopo più di dieci anni e dopo che quasi 50.000 copie di *Giudizio Finale* sono state vendute a lettori entusiasti in tutto il mondo, non ho ancora avuto notizie del signor Jasper.

Le mie esperienze con la JBS - in relazione alla questione dell'assassinio di JFK - sono state certamente istruttive. Ma (anni prima) avevo già capito che la Birch Society era alquanto dubbia, sulla base delle mie ricerche e di quelle di altri, nonché di uno studio delle pubblicazioni Birch. Senza dubbio ci sono molti bravi americani che sostengono la JBS, ma la mia "adesione di un minuto" era sufficiente per me.

Per concludere questo saggio sul ruolo dei Birchers nel "cambiare" la filosofia di molti bravi americani, sembra opportuno ricordare ciò che Richard Gid Powers, nel suo libro *Not Without Honor: A History of American Anti-Communism*, disse di Robert Welch e della John Birch Society:

> La John Birch Society era, in verità, più un club di studio dedicato alla lettura e alla discussione della produzione letteraria di Welch che una minaccia per il Paese... La notorietà di Welch era in gran parte fasulla, inventata dai nemici della sinistra e dell'élite rispettabile.

> Sapevano per esperienza che un personaggio strano come Welch, con i suoi bizzarri giri di parole, poteva essere usato per screditare la destra anticomunista e l'intero movimento anticomunista. Nel 1961, i liberaldemocratici... avevano bisogno di qualcuno come Robert Welch.

> Se Robert Welch avesse deliberatamente deciso di ridurre all'assurdo tutto ciò che gli anticomunisti validi avevano mai detto sul comunismo, per trasformarsi in una dimostrazione di tutte le ridicole illusioni che avevano screditato l'anticomunismo in passato, per far apparire tutti gli anticomunisti come pericolosi sciocchi, non avrebbe potuto fare di meglio.

Così, mentre da un lato il cosiddetto "conservatore responsabile" William F. Buckley Jr. denunciava la Birch Society, i "grandi" media americani facevano una pubblicità massiccia alla JBS e radunavano molti americani in questo dubbio movimento.

Si potrebbe scrivere molto di più. Tuttavia, se ci limitiamo a ciò che abbiamo esaminato, possiamo davvero dubitare che l'America sarebbe stata molto meglio se Robert Welch fosse rimasto nel settore dei dolciumi e fuori dalla politica

# CAPITOLO XXIII

## L'ascesa e la caduta di *Human Events:* Gli autoproclamati "conservatori responsabili" che hanno contribuito a distruggere il conservatorismo tradizionale americano

Un gruppo selezionato di portavoce di lunga data dei "conservatori responsabili" d'America - satelliti e alleati volenterosi di William F. Buckley, Jr, Gran Poohbah del "Movimento Conservatore Responsabile" - ha cominciato a sbattere la testa contro il muro quando si è reso conto che alcuni di quei "compagni conservatori" che lui aveva fatto entrare nel campo dei conservatori (e che aveva contribuito a promuovere in veri conservatori di base) non erano poi così conservatori.

Per anni, il giornale nazionalista *Spotlight*, con sede a Washington, ha avvertito che i "neo-conservatori" trotzkisti stavano cercando di impadronirsi del movimento conservatore per attuare la loro insidiosa agenda (in particolare sionista). Eppure, durante questo periodo, una pubblicazione autoproclamatasi "conservatrice responsabile" nell'ambito di William F. Buckley Jr. - Human *Events* - era impegnata a dire ai suoi lettori di ignorare *Spotlight* e/o di sostenere questi stessi "neo-conservatori" che venivano ampiamente dipinti come "ex liberali che hanno visto la luce", ecc.

Tuttavia, dopo aver ignorato gli avvertimenti *di The Spotlight,* secondo cui il movimento conservatore sarebbe stato conquistato dall'interno da un cavallo di Troia internazionalista, i "conservatori responsabili" si sono improvvisamente resi conto che il loro potere e la loro influenza stavano scivolando via a una velocità incredibile. Gli invasori neo-conservatori stavano prendendo il controllo del movimento conservatore.

Infine, nel 1996, i redattori di *Human Events* hanno denunciato pubblicamente - come ha fatto *The Spotlight - che* William Kristol, editore del nuovo *Weekly* Standard, finanziato dal miliardario filo-sionista Rupert Murdoch, stava cercando di prendere il controllo del movimento conservatore e di distorcerne le opinioni. Secondo *Human Events :* La triste verità è che il *Weekly* Standard è sempre più visto da molti conservatori di lunga data qui a Washington e in tutto il Paese come una sorta di cavallo di Troia neoconservatore. Avvolto in bandiere conservatrici, naturalmente, è comunque visto come un mezzo per spostare il [GOP] a sinistra, in particolare nell'area dei valori familiari.

È vero che ogni numero dello *Standard* contiene normalmente diversi articoli interessanti scritti da un punto di vista decisamente conservatore. Ma quelli che hanno più peso, quelli che sembrano sempre essere proposti per attirare l'attenzione dei media liberali di cui Kristol evidentemente gode, sono quelli che vanno nettamente contro il mainstream conservatore.

Nonostante queste parole coraggiose, ci sono alcune cose interessanti su Kristol e la sua pubblicazione che *Human Events* non ha menzionato:

- Kristol, che è sbucato dal nulla per diventare quello che i media definiscono ancora "uno stratega repubblicano conservatore di primo piano", è stato inserito nel gruppo segreto Bilderberg durante la riunione del 1995 a Burgenstock, in Svizzera, come ha riferito per la prima volta il giornalista populista Jim Tucker, che nel corso degli anni ha fornito resoconti approfonditi sulle attività del Bilderberg, prima su *The Spotlight* e ora su *American Free Press*. Il vivace *diario* di Tucker, *Bilderberg Diary*, è il primo libro in lingua inglese sugli affari del Bilderberg (*Human Events*, invece, ha sempre evitato accuratamente di menzionare il Bilderberg o i gruppi affiliati, come il Council on Foreign Relations o la Commissione Trilaterale).

- L'unica pretesa di Kristol di avere potere e influenza (prima di essere inserito nel Bilderberg) è di essere il figlio di Irving Kristol, un importante trotzkista diventato "liberale", autoproclamatosi "neo-conservatore" e figura di spicco della lobby pro-Israele. I redattori di *Human Events* sono riluttanti a menzionare i legami di Kristol con il Bilderberg e la lobby di Israele, per paura di essere etichettati come "antisemiti" o "teorici della cospirazione".

- Rupert Murdoch, l'editore miliardario che ha finanziato la rivista di Kristol, è da tempo il prestanome delle forze combinate delle famiglie Rothschild, Bronfman e Oppenheimer.

Come riportato all'epoca da *The Spotlight*, la motivazione che spingeva Murdoch a entrare prepotentemente nei media statunitensi era quella di acquisire potere politico in questo Paese per conto dei suoi sponsor dietro le quinte. Inoltre, attraverso il suo potere mediatico, Murdoch cercava di dominare il movimento "conservatore".

Nel 2006, si può dire che Murdoch (e i suoi finanziatori nell'élite sionista internazionale) sia riuscito a fare entrambe le cose, acquisendo influenza sul movimento "conservatore" e usandolo per raggiungere il potere.

In effetti, la codardia di *Human Events* di fronte al golpe internazionalista non sorprende, dato che *Human Events* ha avuto un ruolo significativo nel golpe finale. I dati parlano da soli: PUNTO: Fu soprattutto un articolo di *Human Events* che criticava le possibilità del populista Pat Buchanan di candidarsi alle primarie presidenziali repubblicane del 1988 a costringere Buchanan a ritirare la sua candidatura, allora non annunciata, aprendo la strada a George H.W. Bush che si assicurò la nomination presidenziale del GOP senza alcuna seria sfida da parte della "destra" populista.

Ironia della sorte, gli argomenti *usati* da *Human Events* contro Buchanan sono gli stessi usati dai media dell'establishment contro l'eroe di lunga data *di Human Events*, Ronald Reagan, quando Reagan cercava la nomination del GOP nel 1968, nel 1976 e persino nel 1980. I media dell'establishment dissero allora che Reagan era "troppo conservatore", troppo duro e troppo schietto.

Tuttavia, quando *Human Events* minacciò Buchanan e favorì il suo candidato preferito nel 1988, il segretario dell'HUD dell'amministrazione Reagan Jack Kemp, *Human Events* usò gli stessi argomenti contro Buchanan. All'epoca *Spotlight* avvertì che Kemp era in realtà, secondo le sue parole, un "cavallo di Troia". *Spotlight* sottolineò che tra i sostenitori più influenti di Kemp c'era Irving Kristol, il padre di William Kristol, che alla fine si rivelò un cattivo agli occhi di *Human Events*.

ARTICOLO: Nel numero dell'11 marzo 1991, *The Spotlight* riportava che *Human Events* aveva pubblicato un articolo che attaccava *The Spotlight* per aver pubblicato quelli che *Human Events* sosteneva essere articoli "anti-israeliani" e "pro-iracheni" prima e durante la Guerra del Golfo Persico. In realtà, *The Spotlight* aveva semplicemente evidenziato il ruolo della lobby pro-Israele nell'avvio della guerra e il coinvolgimento segreto di Israele nella guerra stessa.

Le accuse di *Human Events* si basavano sulle dichiarazioni di un cosiddetto "specialista della disinformazione" presso l'Agenzia di Informazione degli Stati Uniti, che *The Spotlight* ha poi stabilito essere associato alla B'nai B'rith Anti-Defamation League, affiliata al Mossad.

*Human Events* non ha notato che, molto prima dell'invasione del Kuwait da parte dell'Iraq, *The Spotlight* non solo ha attaccato il dittatore iracheno Saddam Hussein per la sua brutalità, ma ha anche denunciato il governo degli Stati Uniti (in combutta con Israele) per aver contribuito a sostenere il regime di Saddam, mentre l'asse USA-Israele sosteneva tranquillamente Saddam nella sua guerra contro l'Iran. Il fatto che *Human* Events prenda una tale posizione non sorprende. Dopo tutto, nel numero del 23 luglio 1977, *Human Events* ha descritto l'allora primo ministro israeliano Menachem Begin come "il Ronald Reagan di Israele". (Begin era un ex terrorista con un passato così riprovevole che persino molti fanatici pro-

Israele lo rifiutarono furiosamente negli anni Cinquanta quando venne negli Stati Uniti come rappresentante di Israele).

ITEM: Con la storia che praticamente si ripete, il 30 dicembre 1991, *The Spotlight* riportava che *Human Events* aveva stabilito che le opinioni nazionaliste di Pat Buchanan potevano essere un motivo per "squalificare" Buchanan per il sostegno dei conservatori nella sua sfida alle primarie del 1992 contro l'allora presidente George Bush. Secondo il numero del 21 dicembre 1991 di *Human Events*, c'erano tre "problemi" con Buchanan che "conservatori" non identificati trovavano "preoccupanti, persino squalificanti: le sue opinioni sull'isolazionismo, la protezione e lo Stato di Israele".

È interessante notare che nello stesso periodo lo stesso tipo di critiche feroci nei confronti di Buchanan sono apparse su *Time* e *Newsweek*, per non parlare di un attacco simile su un'altra rivista conservatrice , *The American Spectator*. L'autore di questo attacco particolarmente virulento a Buchanan è David Frum. È interessante notare che proprio Frum ha recentemente scritto un altro attacco a Buchanan, questa volta pubblicato sul *Weekly Standard* di Kristol.

L'articolo di Frum sosteneva giustamente che Buchanan stava abbandonando l'internazionalismo imposto al GOP nei quarant'anni precedenti. Con grande dispiacere del Bilderberg Weekly, le posizioni populiste e nazionaliste di Buchanan si stavano rivelando popolari tra gli elettori del GOP all'epoca, ma alla fine, naturalmente, la candidatura di Buchanan (nel 1996 e poi come candidato presidenziale del Reform Party nel 2000) non approdò a nulla.

(Frum si è poi ritrovato nello staff della Casa Bianca di George W. Bush, lavorando a stretto contatto con la rete neoconservatrice della famiglia Kristol nell'annunciare l'imminente guerra all'Iraq. Alla fine, Frum lasciò la Casa Bianca di Bush dopo che sua moglie si vantò del fatto che il marito aveva coniato la frase del Presidente "Asse del Male", usata per diffamare i nemici percepiti da Israele che ora venivano presi di mira dagli Stati Uniti. Frum è stato poi coautore, insieme a , l'intrigante neo-conservatore ed ex trafficante d'armi israeliano Richard Perle, di un virulento libello d'odio anti-musulmano intitolato *The End of Evil (La fine del male)*, che chiedeva una guerra totale contro il mondo musulmano. Anche la *National Review*, pubblicata da William F. Buckley Jr, un "ex" agente della CIA e amico intimo di lunga data dei principali conduttori *di Human Events*, Tom Winter e Alan Ryskind, attaccò Buchanan durante la campagna per le primarie del 1992, suggerendo che Buchanan fosse un "antisemita". Buckley si era più volte vantato pubblicamente che il suo "lavoro" era quello di allontanare i populisti e i nazionalisti dai ranghi repubblicani. Buchanan, all'epoca, era l'obiettivo numero uno.

Così, mentre *Human Events* ha svolto un ruolo fondamentale nell'aiutare le forze che hanno cercato di stroncare la crescita del populismo e del nazionalismo nei ranghi del Partito Repubblicano, i redattori di *Human Events* stanno ora denunciando quelle stesse forze mentre vedono la propria influenza diminuire.

È stato *The Spotlight* a gridare giustamente al lupo quando il lupo era alla porta, ma ora che il lupo era dentro la porta e divorava il cibo alla tavola del GOP, *Human Events* e i suoi redattori gridavano al terrore. Accondiscendendo per decenni a forze sovversive e antiamericane mascherate da "nuovi" conservatori americani, *Human* Events si è reso strumento volontario del Nemico Interno, un capro di Giuda della peggior specie.

**Questa vignetta del gennaio 1953, tratta da una rivista sovietica, mostra uno dei medici accusati nel famigerato "Processo ai medici" di aver preso parte a un complotto sionista per uccidere Josef Stalin. Mentre viene arrestato da una potente mano russa, la maschera e il costume del cospiratore (un medico sorridente e benevolo) cadono per rivelare un intrallazzatore gonfio e ringhioso in abito nero (nascosto dietro occhiali scuri). Dalle grinfie del cospiratore cadono delle monete, il denaro da pagare. Sullo sfondo, gli elementi sionisti accusati di aver sponsorizzato il complotto per uccidere Stalin si stagliano contro un cappello a cilindro rovesciato - che rappresenta la ricca aristocrazia ebraica di New York - con il segno del dollaro americano impresso sopra. Nessuna immagine**

rappresenta meglio la frattura tra Stalin e i sionisti, una lotta che si è riversata nell'arena americana, aprendo la strada all'ascesa dei neoconservatori trotzkisti che oggi sono l'avanguardia del sionismo. Tre mesi dopo la pubblicazione della vignetta, Stalin morì, assassinato, si dice, da altri che volevano porre fine alla nascente spinta di Stalin a smantellare il potere sionista.

# A parte questo...

## Introduzione alla quarta parte

### Il ruolo della CIA come meccanismo di distruzione
### Lavorare per il nemico interno

Nei capitoli precedenti abbiamo esaminato il ruolo insidioso di alcuni sedicenti "anticomunisti" nel distorcere e deformare il tradizionale nazionalismo americano e nell'impegnare l'America in una crociata globale che non aveva a cuore i veri interessi dell'America. Uno dei protagonisti di questi intrighi era un ex ufficiale della CIA, William F. Buckley, Jr.

In effetti, come vedremo più dettagliatamente nei capitoli successivi, la CIA ha svolto un ruolo particolarmente pernicioso come uno dei capri espiatori di Giuda - il nemico interno in più di un senso.

Tutto ciò non significa che la CIA - o l'FBI o qualsiasi altra agenzia di intelligence statunitense - sia totalmente controllata o popolata da persone con agende extraterrestri.

Al contrario

Alcuni dei più schietti nazionalisti americani e critici dell'agenda globalista e sionista si trovano nei ranghi della CIA e dell'FBI, e hanno svolto un lavoro notevole nel tentativo di combattere gli intrighi del Nemico Interno.

Ma la storia dimostra che la CIA, come istituzione, è stata al centro di molti intrighi pericolosi che hanno portato l'America alla triste condizione in cui si trova oggi.

Di conseguenza, ora esploreremo alcuni dei dati che conosciamo sul ruolo della CIA nel minare il tradizionale nazionalismo americano, infiltrando, corrompendo e lavorando per distruggere quegli individui e quelle istituzioni che sono rimasti fermi, osando dire "no" alle forze straniere quando queste hanno acquisito potere e influenza nel sistema americano.

# CAPITOLO XXIV

## La manipolazione da parte dei servizi di intelligence della scienza del controllo mentale e lo sfruttamento del fenomeno settario: una tattica molto reale del nemico interno

Alla luce delle speculazioni secondo cui Timothy McVeigh, l'attentatore di Oklahoma City, sarebbe stato sottoposto, in un momento o nell'altro, a una qualche forma di "controllo mentale", vale la pena di rivedere alcune delle solide prove che dimostrano che vasti esperimenti di controllo mentale sono stati condotti non solo dalla CIA e dai suoi alleati dell'agenzia di intelligence israeliana Mossad, ma anche dal KGB sovietico e da altre agenzie.

Il tema del controllo mentale disturba molte persone, che lo considerano una forma di "fantascienza" o di "teoria della cospirazione".

Tuttavia, la verità è che il controllo mentale, forse nella sua forma più semplice, non è altro che l'ipnosi vecchio stile e pochi negherebbero che sia possibile indurre stati ipnotici.

Alla storia degli esperimenti e delle tecnologie di controllo mentale sono stati dedicati numerosi libri ben scritti e ben studiati.

Uno dei primi "esperti" conosciuti della strana scienza del controllo mentale è stato George Estabrooks, presidente del dipartimento di psicologia della Colgate University, giunto a Washington per lavorare per il Dipartimento della Guerra durante la Seconda Guerra Mondiale. Nel suo libro *Hypnosis*, Estabrooks descrive l'importanza del controllo mentale nelle operazioni di intelligence. "Innanzitutto", scrive:

> Non c'è il rischio che l'agente si venda. Ciò che è più importante è la convinzione di innocenza che l'uomo stesso ha, e questo è un grande aiuto in molte situazioni. Non si comporterebbe mai da colpevole e, se accusato di aver cercato informazioni, sarebbe onestamente indignato. Questa convinzione di innocenza da parte di un criminale è forse la sua più grande protezione quando viene interrogato dalle autorità. Infine, sarebbe impossibile incastrarlo in terzo grado e quindi risalire agli anelli di una catena.

Estabrooks ha affermato che le persone sottoposte al controllo mentale possono essere incoraggiate a impegnarsi nelle cosiddette attività della "quinta colonna". "Attraverso di loro", scrive, "ci aspettiamo di essere informati delle attività dei loro 'amici', informazioni ottenute, ovviamente, in stato di trance.

Dopo il lavoro pionieristico di Estabrooks, negli anni Cinquanta la nuova CIA (e i suoi alleati del Mossad israeliano) e il KGB sovietico iniziarono ricerche approfondite in questo campo.

Forse l'esame più autorevole delle attività della CIA è *The Search for the Manchurian Candidate*, sottotitolato "La CIA e il controllo mentale: la storia degli sforzi segreti dell'Agenzia per controllare il comportamento umano". Pubblicato per la prima volta nel 1979, questo libro era molto raro e solo recentemente è stato ripubblicato. Il libro, che non è certo un "trattato estremista", è stato pubblicato per la prima volta da una sottodivisione del prestigioso *New York Times*. L'autore era John Marks, meglio conosciuto come coautore, insieme al fiammeggiante ex alto funzionario della CIA Victor Marchetti, di *The CIA and the Cult of Intelligence*, il primo libro mai censurato prima della pubblicazione dalla CIA.

(Il titolo del libro di Marks era un gioco di parole con il titolo di un famoso romanzo del 1958 di Richard Condon, che in seguito divenne un film popolare, The *Manchurian Candidate*. Nel terribile scenario di Condon, un soldato americano subisce il lavaggio del cervello da parte dei comunisti durante la guerra di Corea, viene falsamente dipinto come un "eroe di guerra" e poi manipolato in un piano di assassinio al suo ritorno negli Stati Uniti.

(Si scopre che la madre del protagonista è in realtà un agente segreto comunista - nonostante sia una delle più famose "anticomuniste" d'America - e sta usando suo figlio come parte di un complotto comunista per conquistare gli Stati Uniti con il pretesto di combattere il comunismo - veramente Il nemico interno. La vittima del controllo mentale non sa mai di essere manipolata finché non è troppo tardi).

Il libro di Marks non era un romanzo. Lo studio di Marks si basa in gran parte su circa 16.000 pagine di documenti che Marks ha ottenuto dalla CIA in base al Freedom of Information Act.

Diversi anni prima della pubblicazione del libro di Marks, i primi dettagli delle avventure della CIA in questo strano campo apparvero sulle pagine dei quotidiani a seguito di una controversa serie di audizioni del Senato guidate dal senatore Frank Church (D-Idaho) sulle attività della CIA.

Fino ad allora, gli americani pensavano che solo i "comunisti" e i "nazisti" si fossero impegnati in spiacevoli esperimenti per studiare il processo di manipolazione del comportamento umano.

In realtà, la CIA ha intrapreso il controllo mentale poco dopo la sua creazione, nel 1947. Il progetto di controllo mentale della CIA era inizialmente noto con il nome di "Bluebird" e fu poi esteso a "Artichoke" a partire dal 1953.

Il nome in codice generale dell'operazione divenne MK-ULTRA.

L'impulso per le operazioni di controllo mentale della CIA venne da Richard Helms, che divenne capo dell'intero programma di operazioni clandestine della CIA, prima di diventarne direttore. L'idea di Helms fu approvata dall'allora capo della CIA, Allen Dulles, che diede il via libera al progetto. Il capo delle operazioni per gli esperimenti era il capo della Sezione Servizi Tecnici (TSS) dell'agenzia, il dottor Sidney Gottlieb, , anche se era supervisionato da James Jesus Angleton, capo del controspionaggio della CIA e ufficiale di collegamento del Mossad israeliano con la CIA.

Secondo Marks, nel giugno 1960, i funzionari del TSS [di Gottlieb] lanciarono un programma ampliato di esperimenti operativi di ipnosi in collaborazione con il personale del controspionaggio [CI] della CIA

> I funzionari del controspionaggio scrissero che il programma di ipnosi poteva essere una "potenziale svolta nella tecnologia clandestina". L'accordo con il TSS prevedeva che gli uomini dell'MK-ULTRA sviluppassero la tecnica in laboratorio, mentre loro avrebbero effettuato "sperimentazioni sul campo". Il programma di controspionaggio aveva tre obiettivi: (1) indurre l'ipnosi molto rapidamente in soggetti ignari; (2) creare un'amnesia duratura; (3) impiantare suggestioni post-ipnotiche durature e operativamente utili.

Marks ha notato che il luogo preferito dalla CIA per gli esperimenti di controllo mentale era Città del Messico. La capitale messicana era, durante il periodo della Guerra Fredda, a detta di tutti, il principale nido di intrighi per l'intelligence internazionale nell'emisfero occidentale. A Città del Messico, come abbiamo notato, E. Howard Hunt era il capo della stazione della CIA e uno dei suoi luogotenenti era nientemeno che William F. Buckley, Jr. che si rivelò una figura di spicco negli sforzi per spostare il conservatorismo tradizionale americano verso l'internazionalismo. Città del Messico era anche un'importante base operativa del Mossad israeliano.

Secondo documenti segreti della CIA rilasciati in base al Freedom of Information Act, gli agenti di Gottlieb hanno studiato, tra l'altro, "radiazioni, elettroshock, vari campi della psicologia, psichiatria, sociologia e antropologia, grafologia, sostanze moleste e dispositivi e materiali paramilitari".

Il 20 settembre 1977, *il New York Times* riportava che "i documenti mostrano che i test sono stati condotti a New York e San Francisco tra il 1953 e il 1966, in "case sicure" della CIA, principalmente appartamenti e stanze di motel, affittate segretamente per l'agenzia da un funzionario dell'ex Federal Bureau of Narcotics, da allora soppiantato dalla Drug Enforcement Administration".

"È possibile che siano state usate prostitute, possibilmente uomini e donne, per attirare i soggetti nei nascondigli, dove venivano offerti loro cocktail con varie sostanze chimiche mentre gli agenti della CIA osservavano, fotografavano e registravano le loro reazioni".

La CIA è anche nota per aver condotto esperimenti su tossicodipendenti detenuti in una struttura federale. Nel 1975, la CIA ha ammesso ufficialmente che presso il Centro federale di ricerca sull'abuso di droghe di Lexington, nel Kentucky, erano stati condotti esperimenti che prevedevano la somministrazione di droghe, tra cui allucinogeni, a prigionieri volontari.

Un prigioniero, James H. Childs, ha testimoniato davanti a una commissione d'inchiesta del Senato che i prigionieri che partecipavano al programma della CIA venivano pagati da quest'ultima sotto forma di droghe che davano dipendenza.

Un altro ex detenuto che ha testimoniato, Edward M. Flowers, ha detto che l'LSD era stato dato ai prigionieri in biscotti come parte di esperimenti. Dal 1952 al 1955, ha detto, i prigionieri potevano prendere il loro stipendio per partecipare a programmi sotto forma di droga o di riduzione della pena.

Una delle figure chiave dell'operazione della CIA a Lexington, nel Kentucky, era il cappellano della base, il rabbino Maurice Davis, che in seguito si è rivelato un noto agente della Anti-Defamation League, il braccio di intelligence e propaganda politicamente influente del servizio segreto israeliano con sede negli Stati Uniti, il Mossad.

Altri esperimenti di manipolazione mentale con l'uso di droghe furono condotti nella prigione di Vacaville, in California. Secondo un testimone, Donald DeFreeze, in seguito leader del violento gruppo terroristico Symbionese Liberation Army, disse a un altro detenuto che anche lui faceva parte degli esperimenti di controllo mentale della CIA.

DeFreeze e la sua banda rapirono Patty Hearst, dell'impero editoriale Hearst, e la collegarono alle loro attività criminali. In seguito, gli avvocati della signora Hearst dissero di ritenere che la donna mostrasse segni di tossicodipendenza.

Alla luce di tutto ciò, non sorprende che la CIA e il Mossad siano da tempo interessati al fenomeno dei culti, che da tempo esistono praticamente in ogni cultura, in una forma o nell'altra. I membri delle sette sono generalmente molto flessibili e disposti a fare tutto ciò che i loro padroni dicono loro.

Questo è uno dei motivi per cui la CIA e il Mossad sono stati particolarmente determinati ad assumere il controllo dei gruppi settari ai massimi livelli e a utilizzare queste sette e i loro membri per promuovere i propri obiettivi.

Inoltre, è opinione diffusa che alcuni dei culti più noti di oggi - come la famigerata Chiesa dell'Unificazione di Sun Myung Moon, per citarne uno - siano in realtà creazioni dei servizi segreti statali. In un altro caso, è noto che un gruppo di avvocati sionisti, con sede principalmente in California, ha preso il controllo, ai più alti livelli, dietro le quinte, di un'altra nota organizzazione "religiosa" - chiamata "chiesa" dai suoi membri, ma spesso definita "setta" da suoi critici - e ha usato le vaste risorse finanziarie (e di manodopera) di quella setta per i propri fini.

Ecco come funzionano le operazioni di controllo mentale della CIA e del Mossad (che utilizzano gruppi di culto): Mentre queste agenzie di intelligence controllano efficacemente i culti, i membri inferiori del culto sono, ovviamente, inconsapevoli di essere parte di un'operazione di controllo mentale altamente sofisticata condotta dall'intelligence.

Mentre i membri delle sette sono totalmente sottomessi ai loro superiori, soggetti alla loro disciplina, i membri delle sette provengono naturalmente da tutti i ceti sociali e alcuni raggiungono alte posizioni di influenza all'interno delle aziende e delle organizzazioni in cui lavorano nella loro vita quotidiana al di fuori della setta. Tuttavia, rimangono sempre fedeli a causa del processo di "lavaggio del cervello" a cui sono stati sottoposti.

A volte i membri delle sette non nascondono la loro appartenenza alla setta. Altre volte, per ragioni strategiche, non rivelano la loro appartenenza alla setta, se questo potrebbe ostacolare l'"operazione nera" in corso.

Che i membri della setta siano impiegati da gruppi politici, istituti di ricerca storica revisionista, banche, compagnie assicurative, agenzie governative o persino ristoranti fast-food, saranno sempre disponibili per l'impiego quando i loro superiori all'interno della setta (che agiscono su ordine della CIA o del Mossad) prenderanno la decisione di condurre una particolare operazione di intelligence.

Per esempio: supponiamo che un membro di una setta controllata dal Mossad sia impiegato da un gruppo politico dissidente e anticonformista considerato pericoloso per l'establishment. Se il Mossad desidera minare questa organizzazione, userà il suo controllo sulla setta per manipolare questo individuo affinché lavori per distruggere l'organizzazione dall'interno.

Liberty Lobby, l'istituzione populista che ha pubblicato *The Spotlight* fino a quando non è stata costretta alla bancarotta e distrutta da un giudice federale corrotto nel 2001, ha avuto le sue spiacevoli esperienze con gli agenti di una setta.

I membri ammessi della setta sono stati in contatto amichevole con la Liberty Lobby per molti anni.

I membri della setta fornivano a Liberty Lobby informazioni concrete e di grande impatto sulle attività corrotte all'interno del governo federale. Dietro le quinte, tuttavia, i cultisti stavano lavorando per disturbare il lavoro di Liberty Lobby su altri fronti.

Un membro della setta ("Mr M") - che non ha rivelato la sua appartenenza alla setta - partecipava spesso alle riunioni di Liberty Lobby, visitava la sede di Liberty Lobby e socializzava con i dipendenti di Liberty Lobby, guadagnandosi così la loro fiducia.

(Questo è lo stesso *modus operandi* del famigerato Roy Edward Bullock, che ora sappiamo essere un agente di lunga data della Anti-Defamation League, alleato della CIA e controllato dal Mossad israeliano).

Dopo un po', però, è diventato chiaro che "Mr M", apparentemente amico di Liberty Lobby, stava in realtà cercando di minare l'istituzione populista e il suo settimanale in vari modi. Solo in seguito i sospetti di Liberty Lobby sono stati confermati e l'affiliazione di "Mr M" alla setta è stata rivelata.

Liberty Lobby ha appreso che "Mr M" era un ex alcolista che si era unito alla setta e poi si era riformato. Nel corso del processo, "Mr M" è stato sottoposto alla disciplina della setta (e dei suoi controllori) ed è diventato uno dei principali agenti di intelligence nazionale della setta, in questo caso schierato contro Liberty Lobby.

È stato proprio quando Liberty Lobby ha saputo che il "signor M" era un agente della setta che gli altri membri della setta (che avevano apertamente riconosciuto la loro affiliazione) hanno bruscamente interrotto ogni contatto con Liberty Lobby.

In seguito, la setta ha svolto un ruolo speciale in una vasta cospirazione che ha portato alla distruzione della Liberty Lobby.

Ma il ruolo dei culti nel mondo degli intrighi dell'intelligence è qualcosa che poche persone capiscono o conoscono.

In un altro caso, è stato rivelato che una squadra speciale del Ministero della Giustizia stava indagando sulle accuse che una famigerata setta nota come "The Finders" fosse stata utilizzata dalla CIA come gruppo di facciata negli anni '80.

Il legame tra l'agenzia di intelligence e questa setta è tanto più preoccupante in quanto i Finders sono stati accusati di praticare rituali satanici, abusi su minori e pornografia. Le autorità federali hanno anche cercato di stabilire se la CIA abbia ostacolato le indagini locali e nazionali sugli abusi sui minori all'interno della setta per proteggere le proprie operazioni di intelligence.

La CIA, che non è mai nota per ammettere le proprie malefatte, ha risposto alle accuse dicendo: "Il più delle volte ci aspettiamo di ricevere la nostra parte di domande insolite, ma questa è chiaramente fuori dall'ordinario. Qualsiasi insinuazione che abbiamo ostacolato la giustizia in questa vicenda è un'assurdità".

Tuttavia, un portavoce della CIA, David Christian, ha ammesso che la CIA aveva inviato alcuni dei suoi agenti in una società chiamata Future Enterprises, Inc. per la formazione informatica. Tuttavia, secondo Christian, l'agenzia di intelligence nazionale non era a conoscenza dei legami tra l'azienda informatica e la setta dei "Trovatori".

Christian ha dichiarato che la società "non era in alcun modo una copertura per la CIA e non è mai stata posseduta o gestita da nessuno per conto della CIA".

Tuttavia, il presidente della Future Enterprises, Joseph Marinich, ha ammesso che la sua società era sotto contratto con la CIA per la formazione informatica . Marinich ha anche ammesso che il suo commercialista, R. Gardner Terrell, era un membro dei Finders.

I membri del culto Finders hanno affermato che il lavoro di Terrell per la Future Enterprises non aveva nulla a che fare con la sua appartenenza al culto.

Infine, un rapporto del 13 aprile 1987 di un agente del Servizio Doganale che indagava sul culto dei Finders afferma che la CIA "ha ammesso di possedere l'organizzazione dei Finders come copertura per un'operazione di addestramento informatico nazionale, ma che è "andata male"".

(In altre parole, la CIA aveva usato i Finders come copertura, ma i membri della setta si erano impegnati in attività al di fuori del controllo della CIA e, come tali, erano "diventati cattivi"). È chiaro che l'uso del "controllo mentale" in generale, e il controllo e la manipolazione segreti dei culti da parte della CIA, del Mossad e di una miriade di altri malfattori, hanno una storia molto reale (e ingloriosa) che molte persone sono fin troppo desiderose di screditare come "fantascienza" o "teoria della cospirazione".

La manipolazione mentale è un dato di fatto.

Questo è un altro meccanismo utilizzato dal Nemico Interno per condurre una guerra contro i dissidenti politici in America. La prossima volta che sentirete qualcuno affermare di avere un "impianto" inserito nella testa dalla CIA, non scartatelo a priori. Potrebbe essere vero.

Quanti "pistoleri solitari", "attentatori solitari", "pistoleri razzisti di destra" e altri esempi simili sfruttati dal monopolio dei media in America siano stati sottoposti a una qualche forma di controllo mentale è una domanda che forse non troverà mai risposta, ma il punto è questo: il controllo mentale esiste.

# CAPITOLO XXV

Il leader di culto coreano Sun Myung Moon: uomo di facciata dell'impero Rockefeller e portavoce della rete sionista all'interno del movimento "conservatore" americano

Dopo aver combattuto per anni contro i conservatori americani e i nazionalisti tradizionali per il controllo del Partito Repubblicano, il vasto impero internazionale della famiglia del governatore repubblicano liberale di New York, Nelson Rockefeller, ha deciso che se non poteva *seppellire* politicamente i conservatori, *li avrebbe comprati* e influenzati in questo modo. Ed è esattamente quello che ha fatto l'impero Rockefeller.

Il modo in cui le forze globali dell'internazionalismo di Rockefeller hanno cooptato il movimento conservatore americano è una delle più sorprendenti storie "non raccontate" del nostro tempo - una storia che è stata riportata in esclusiva da *The Spotlight*, per un periodo di diversi anni a partire dalla metà degli anni Ottanta.

In effetti, l'impero Rockefeller non riusciva a battere i conservatori che avevano sconfitto con successo le ambizioni presidenziali del governatore di New York Nelson Rockefeller, così i Rockefeller escogitarono un piano bizzarro per prendere il controllo del movimento conservatore.

Per farlo, si sono serviti del particolare e improbabile veicolo del leader del culto coreano Moon e della sua rete internazionale che circonda il mondo intero. La rete di Moon è stata utilizzata come imbuto attraverso il quale gli interessi di Rockefeller hanno letteralmente comprato il controllo del movimento conservatore.

Questo scenario sembra effettivamente bizzarro e improbabile, finché non si conoscono e si comprendono alcuni dettagli essenziali.

Il fatto è che Sun Myung Moon era un agente della Central Intelligence Agency coreana, la KCIA, creata a sua volta sotto la direzione della CIA americana.

Il primo direttore della KCIA fu il colonnello Kim John Pil, un'oscura figura di che era il vero potere dietro la dittatura del dittatore coreano di lunga data Park Chung Hee. Sun Myung Moon era un luogotenente del capo della KCIA coreana ed era responsabile dell'uso della persuasione religiosa e della retorica anticomunista per portare diversi gruppi sotto l'ala della KCIA.

Nel 1962, Kim portò il suo protetto Moon negli Stati Uniti, dove furono invitati a una cena ufficiale dai fratelli Rockefeller, Nelson (allora governatore di New York) e David (capo della Chase Manhattan Bank, l'ammiraglia dei Rockefeller).

Secondo il politologo coreano Lee Han Won, intervistato dal compianto Andrew St. George per *The Spotlight:* "Fu un incontro forse strano. Moon si vedeva come un dio, un essere divino destinato a "completare il compito iniziato da Cristo" e a unificare il cristianesimo mondiale sotto la propria bandiera. In privato, Nelson Rockefeller aveva una visione altrettanto esaltata del proprio destino: portare le nazioni del mondo sotto il dominio di un governo globalista. I due uomini andarono subito d'accordo. Un incontro epocale

Chase Manhattan è diventato il principale banchiere del governo coreano e il depositario delle attività bancarie del movimento di Moon.

Durante questo periodo, Moon - con il sostegno della KCIA e della CIA americana - iniziò a utilizzare il credito e le agevolazioni fornite dagli interessi dei Rockefeller per creare il suo mini-impero internazionale.

Il culto multiculturale di Moon, popolato da "zombie" virtuali - forse un milione di persone in tutto il mondo cadute sotto l'incantesimo di Moon - lavorava per salari da schiavo in negozi di alimenti salutari, per una flotta di pescherecci del New England, per una società di importazione e per varie altre imprese lucrative, tra cui un'azienda produttrice di armi e un'azienda produttrice di candele e ornamenti religiosi, che si autoalimentavano e fornivano profitti per l'obiettivo finale di Moon e dei suoi gestori: l'invasione e l'acquisizione del movimento anticomunista americano.

Dagli anni '60 ai primi anni '80, Moon rimase una figura politicamente marginale, anche se in silenzio, per quasi due decenni, diffuse la sua generosità creando una serie di gruppi di facciata interconnessi che distribuirono il denaro di Moon nelle mani di migliaia di volenterosi destinatari: conservatori politici in tutti gli Stati Uniti e all'estero.

Inoltre, almeno tre ex presidenti degli Stati Uniti, Harry Truman, Dwight Eisenhower e Richard Nixon, hanno ricevuto, una volta o l'altra, sostanziosi onorari per comparire davanti a comitati e organizzazioni finanziati dalla rete Moon.

Secondo un calcolo, c'erano più di cento gruppi diversi sotto il controllo diretto di Moon o nella sua sfera di influenza, con centinaia di scienziati, giornalisti, politici ed ex capi militari effettivamente a disposizione di

Moon.

Nel frattempo, l'impero finanziario di Moon cresceva, stringendo legami con i regimi dittatoriali dell'America Latina e con il governo di Israele e il suo servizio di intelligence, il Mossad.

In effetti, l'agente israeliano di lunga data Joseph Churba, americano, è stato una figura chiave dell'Orbita Lunare ed è stato presentato dalla Rete Lunare come "un importante teorico anticomunista" ed è diventato influente nelle alte sfere della John Birch Society.

La creazione del *quotidiano Washington Times* da parte dell'impero Moon nel 1982, durante i primi giorni di gloria dell'amministrazione "conservatrice" di Ronald Reagan appena insediata, ha spianato la strada all'impero Moon per diffondere i suoi tentacoli nel movimento anti-com munista a passi da gigante. Il caporedattore del giornale "Moonie" era il giornalista veterano conte Arnaud de Borchgrave, parente per matrimonio della famiglia europea Rothschild, alleata dei Rockefeller, il che suggerisce che dietro l'impero Moon operano altri poteri.

Un ex redattore *del Washington Times* ha fornito a *The Spotlight* un eccellente esempio di come l'impero Moon abbia giocato un ruolo importante nell'influenzare favorevolmente il lavoro di un leader conservatore, Richard Viguerie, un veterano della raccolta fondi "di destra": "Moon ha salvato Richard Viguerie dalla bancarotta dandogli un assegno di 10.000.000 di dollari". È successo che una facciata di Moon, con l'innocuo titolo di "U.S. Property Management", ha acquistato parte di un edificio per uffici di proprietà della "7777 Leesburg Pike Associates Inc." (una società di Viguerie). (una società di Viguerie), mantenendo Viguerie in attività e di fatto dipendente da Moon e dai suoi finanziatori dietro le quinte.

Allo stesso tempo, altri leader e gruppi conservatori osservavano attentamente questi eventi, consapevoli che anch'essi avrebbero potuto rivolgersi a Moon per ottenere finanziamenti, a condizione di promuovere la linea di Moon sulle questioni che contavano davvero.

Secondo Paul Weyrich, autorevole figura conservatrice a Washington, tali accordi "hanno trasformato ampie fasce del movimento conservatore in filiali a tutti gli effetti della setta di Moon", che ha visto il denaro di Moon diffondersi ampiamente all'interno del movimento conservatore, finendo - come sappiamo - per corromperlo.

Secondo Gunnar Bofglid, economista svedese che ha svolto consulenze per le Nazioni Unite, il giornale di Moon e i suoi affiliati "hanno promosso il cosiddetto libero scambio, le importazioni illimitate e il finanziamento del debito - nozioni che avrebbero dovuto essere un anatema per i conservatori, ma che sono diventate la dottrina economica ufficiale dell'era Reagan. Il risultato fu che i mercati americani furono inondati da importazioni a basso costo dalla Corea e dal Giappone".

Bofglid ha spiegato perché i Rockefeller hanno trovato l'impero Moon, i suoi media e le sue affiliazioni con i conservatori americani così importanti per i loro obiettivi:

> Dopo la Seconda guerra mondiale, i Rockefeller avevano segretamente acquisito importanti partecipazioni in Giappone e volevano vederle crescere. A tal fine, volevano che gli Stati Uniti mantenessero ed espandessero la loro politica dominante di libero scambio. I coreani condividevano senza riserve questi obiettivi, consapevoli che il libero accesso al vasto mercato americano sarebbe stato sinonimo di crescita e ricchezza per le loro industrie.

Fino all'avvento dell'"era Moon", i leader conservatori tradizionali si erano essenzialmente opposti a quasi tutte le misure internazionaliste promosse dai Rockefeller e dai loro alleati del Gruppo Bilderberg, del Council on Foreign Relations e della Commissione Trilaterale, tra i tanti gruppi di pressione finanziati dai Rockefeller.

I conservatori tradizionali - nazionalisti, non internazionalisti, almeno fino all'avvento dell'Impero Lunare - si sono opposti agli aiuti esteri, alle interferenze militari ed economiche globali, alle politiche di libero scambio che esportano posti di lavoro e industrie americane e ad altre misure di distruzione della sovranità che sono parte integrante dell'agenda globalista.

I Rockefeller optarono quindi per una nuova strategia: "Se non puoi leccarli, comprali". E così fecero. I Rockefeller hanno adottato il leader del culto coreano e agente della KCIA Moon e l'hanno fatto diventare "Mr Moneybags" per il movimento conservatore, spesso in difficoltà economiche.

Il fatto che abbiano scelto il leader di un movimento così bizzarro non è poi così strano, dato che proprio la stranezza di Moon è servita da distrazione. Chi, dopo tutto, avrebbe pensato che una simile alleanza fosse possibile? Ma era reale, nonostante la percezione dell'opinione pubblica. In ogni caso, i conservatori di hanno iniziato a guardare a Moon per ottenere denaro e, nel processo, hanno iniziato ad abbandonare le loro posizioni tradizionali su molte questioni chiave, in particolare sul commercio.

Inoltre, come abbiamo visto, l'Impero della Luna si è rapidamente dimostrato un prezioso alleato per la causa sionista, con il suo quotidiano *Washington Times* che è diventato un foglio di propaganda per quella che oggi è conosciuta come l'agenda "neo-conservatrice" (cioè sionista). Le pagine di opinione del giornale, così come la sua sezione di notizie, sono piene di difensori incondizionati della causa sionista, facendo sembrare persino il *Washington Post*, il giornale liberale rivale pro-Israele, quasi moderato e ragionevole nei toni. Il *Times* non solo "detta" l'agenda "conservatrice", ma svolge anche un ruolo importante nel plasmare la politica del Partito Repubblicano grazie alla sua influenza sui leader del GOP nella Washington ufficiale.

Come risultato diretto, l'agenda "conservatrice" è stata distorta e sulle principali questioni mondiali si discosta poco dalle posizioni assunte dagli internazionalisti liberali. Il movimento conservatore è stato così sovvertito da un altro meccanismo di infiltrazione, proveniente da un altro ramo del Nemico Interno.

# CAPITOLO XXVI

## Un grande media americano: uno strumento di propaganda per il nemico interno

Sebbene il Nemico Interno abbia trovato molti modi per manipolare i media statunitensi - come dimostra l'immenso potere della Anti-Defamation League, i cui comunicati stampa sono spesso pubblicati testualmente dai principali organi di informazione - esistono prove inconfutabili del fatto che alcuni media sono poco più che spudorati (e volenterosi) canali di propaganda e disinformazione per agenzie di intelligence federali come la CIA e l'FBI, a volte entrambe contemporaneamente. Un buon esempio è la Copley Press, un gigante dei media di lunga data della California meridionale.

Quando, il 25 ottobre 2000, *il San Diego Union-Tribune* ha pubblicato un attacco virulento alla Liberty Lobby, l'istituzione populista con sede a Washington, ha omesso di dire ai suoi lettori che, già nel 1977, il giornale e il suo editore, la Copley Press, erano stati smascherati come poco più che una copertura per la CIA. Inoltre, si scopre che la Copley Press e l'*Union-Tribune* sono stati anche un intermediario (e un servizio di intelligence) per l'FBI.

Il fatto che un fronte della CIA stesse attaccando la Liberty Lobby in quel momento non era una coincidenza: la diffamazione, accuratamente orchestrata, era chiaramente intesa a interferire con l'appello della Liberty Lobby contro un'ingiusta decisione del tribunale, risultante da un processo orchestrato contro la Liberty Lobby da un noto agente della CIA (in definitiva, questo processo ha portato alla scomparsa della Liberty Lobby e, nelle pagine che seguono, esamineremo questa tragedia in dettaglio).

Tuttavia, mentre l'*Union-Tribune* pubblicava la diffamazione, la Corte d'Appello dello Stato della California stava esaminando l'appello di Liberty Lobby contro la sentenza. Sebbene la decisione non fosse prevista prima di sei settimane, appena cinque giorni dopo la pubblicazione dell'articolo, la corte ha improvvisamente emesso la sua decisione, respingendo l'appello di Liberty Lobby.

Ironia della sorte, il giornalista che per primo ha rivelato pubblicamente il legame a lungo segreto tra la Copley *Press/Union-Tribune* e la CIA è stato

Joe Trento, un "liberale" che non era affatto un sostenitore della Liberty Lobby e che anzi, in passato, aveva più volte prestato il suo talento letterario per pubblicare attacchi all'istituzione populista.

Tuttavia, nel numero di agosto 1977 della rivista maschile *Penthouse*, Trento fu coautore di un articolo sui legami di Copley con la CIA, intitolato "The Spies Who Came in from the Newsroom". Tra le altre cose, Trento riferiva che la Copley Press e il giornale *Union-Tribune* (che in precedenza erano due giornali separati, entrambi pubblicati da Copley):

- Ha fornito referenze, informazioni e articoli per la CIA e l'FBI.

- Scambio di informazioni con la CIA per ottenere "scoop" e pubblicazione di articoli ed editoriali della CIA e dell'FBI.

- Ha ospitato agenti della CIA sul libro paga del Copley News Service e ha fornito storie ai clienti del servizio stampa su richiesta della CIA e dell'FBI.

L'indagine di Trento ha anche stabilito che il Copley News Service (che in realtà fu un fallimento finanziario) fu creato da James S. Copley su suggerimento dell'allora presidente Dwight Eisenhower per integrare le attività della CIA.

Una serie di incontri e telefonate tra Eisenhower e Copley, descritti nei documenti esaminati da Trento, rivelano che Copley offrì il suo nuovo servizio stampa come "gli occhi e le orecchie" dei "nostri servizi di intelligence" e che Eisenhower disse all'editore che i suoi favori erano apprezzati e sarebbero stati "ricambiati per quanto possibile".

Sebbene la CNS perda soldi ogni anno, Gene Gregston, ex direttore del *San Diego Union* (poi fuso con l'*Union-Tribune*), ha ammesso a Trento che la CNS "non è mai stata gestita per fare soldi; era una questione di ego per Jim Copley, e la CIA voleva che fosse così".

Secondo Trento, non meno di 23 dipendenti del Copley News Service lavoravano contemporaneamente per la CIA. Sebbene nello stesso periodo 194 giornalisti americani avessero legami con la CIA, secondo Trento la CNS fu l'unico servizio di informazione a collaborare pienamente con la CIA per circa trent'anni. I legami dell'impero Copley con la CIA erano tali che, secondo Trento

I giornalisti della CNS spesso si comportavano come se stessero facendo pubbliche relazioni con la CIA. Quando la CIA decideva di rovesciare un governo latinoamericano, la CNS iniziava a scrivere articoli sfavorevoli su di esso. Sulle pagine del *Tribune* e dell'*Union di* San Diego apparvero editoriali che mettevano in guardia dalle conseguenze disastrose della presenza dei comunisti in America

Latina. Poi sui feed della CNS apparvero articoli sui "combattenti per la libertà" e sull'"opposizione anticomunista". Quando il colpo di Stato ebbe luogo, gli editorialisti di Copley esultarono.

Trento ha anche rivelato che "il rapporto della Copley Press con l'FBI è intrigante quanto i suoi legami con la CIA". L'indagine di Trento ha rivelato che i giornalisti della Copley erano spesso trasformati in informatori virtuali per l'FBI, al punto che la Copley Press di fatto "gestiva un sistema di raccolta di informazioni per l'FBI".

Secondo Trento, i reporter di Copley venivano inviati a coprire manifestazioni contro la guerra e altri incontri pubblici di dissidenti politici. In seguito, quando i reporter restituivano i loro articoli e le loro fotografie, il materiale veniva spesso consegnato direttamente all'FBI e non veniva nemmeno pubblicato sui giornali di Copley.

Trento ha citato il fotografo *dell'Union-Tribune* Thane McIntosh, secondo il quale consegnare le fotografie all'FBI era qualcosa che "tutti i fotografi sospettavano". Alcuni ne erano turbati, altri no, ma non si poteva fare a meno di partecipare. Avevi l'incarico, quindi dovevi farlo".

Secondo Trento, a un fotografo è stato chiesto di fornire foto alla polizia di Los Angeles, ma si è rifiutato di collaborare e si è dimesso. Inoltre, ai dipendenti della Copley è stato ordinato di scrivere dei promemoria sugli eventi che avevano coperto, che la direzione della Copley ha poi consegnato all'FBI.

Trento ha anche rivelato che: l'FBI usava Copley anche per pubblicare dati "grezzi" e spesso non verificati su persone che non approvava. In altre parole, la Copley Press pubblicava di fatto calunnie non provate su individui che venivano presi di mira per un trattamento speciale da parte della comunità dei servizi segreti. Trento ha anche appreso che l'FBI pubblicava sulla Copley Press editoriali contro gruppi dissidenti che non approvava.

Quando una redattrice della Copley, Vi Murphy, cercò di ottenere dalla Copley la piena divulgazione dei nomi dei giornalisti della Copley che lavoravano con la CIA, le fu detto che non avrebbe potuto "mai più fare una dichiarazione pubblica o pronunciare un'altra parola di tre lettere con lo spelling CIA finché fosse stata una dipendente *dell'Unione*".

In realtà, come abbiamo dimostrato, il Nemico Interno potrebbe anche essere una combinazione di media affermati, che lavorano per controllori segreti dietro le quinte.

# CAPITOLO XXVII

## Drew Pearson e Jack Anderson - Mediatori per la Lega Antidiffamazione: propagandisti del nemico interno

Mentre l'elenco degli editorialisti e dei cosiddetti "reporter" che hanno prestato i loro "talenti" ai servizi del Nemico Interno potrebbe, purtroppo, allungarsi di molte pagine, il tradimento di due editorialisti in particolare, il defunto Drew Pearson e il suo protetto, Jack Anderson, merita un attento esame.

Per una generazione, i media tradizionali hanno detto agli americani che l'espressione "intrepido giornalista investigativo" era sinonimo del nome dell'editorialista Jack Anderson. Ma i lettori del giornale della Liberty Lobby, *The Spotlight*, sapevano il contrario. Sapevano - come ha osservato una volta *The Spotlight* - che "Jack Anderson è un bugiardo - un bugiardo professionista, spudorato e calunnioso". Nel formulare questa accusa, *The Spotlight* ha aggiunto che "se volesse dimostrare di non essere un bugiardo", Anderson potrebbe citare in giudizio l'istituzione populista per diffamazione.

Infatti, cinque anni prima, nel 1981, la Liberty Lobby aveva intentato un'azione legale per diffamazione contro Anderson dopo che questi aveva pubblicato articoli diffamatori sulla lobby nella prima edizione della sua rivista (fortunatamente di breve durata), *The Investigator*. Dopo aver perso in tribunale, l'editorialista si appellò alla Corte Suprema che, nel 1986, respinse il caso di Anderson. Questa sentenza - un trionfo per Liberty Lobby - è un precedente giuridico fondamentale noto a tutti gli studenti di legge del primo anno negli Stati Uniti.

Anderson era stato ben addestrato ad attaccare la Liberty Lobby dal suo defunto mentore, l'editorialista Drew Pearson, critico di lunga data della Liberty Lobby. Tuttavia, nonostante l'imbarazzante sconfitta alla Corte Suprema, Anderson alla fine se l'è cavata meglio di Pearson. Il mentore di Anderson è morto in un ospedale di Washington dopo che un ufficiale giudiziario della Liberty Lobby ha notificato documenti a "Smearson" nel suo letto d'ospedale, all'inizio di una causa per diffamazione intentata contro Pearson dall'istituzione populista.

Dato che la stessa ex suocera di Pearson, l'editrice *del Washington Times-*

*Herald* Cissy Patterson, una volta ha descritto il mentore di Anderson come "un agente segreto e un portavoce dell'Anti-Defamation League", l'ostilità di Pearson nei confronti di Liberty Lobby non sorprende. Per anni, l'ADL ha lavorato con Pearson per distruggere Liberty Lobby a causa dell'opposizione dell'istituzione populista agli aiuti esteri statunitensi a Israele e della sua costante preoccupazione che il favoritismo degli Stati Uniti nei confronti di Israele crei inutili fratture tra gli Stati Uniti e i miliardi di brave persone nel mondo arabo e musulmano.

Secondo Oliver Pilat, ammirato biografo di Pearson: "Nel corso degli anni, l'ADL ha aiutato enormemente Pearson. Gli ha fornito informazioni che non poteva ottenere altrove, ha sostenuto i suoi tour di conferenze e ha persino aiutato a distribuire la sua newsletter settimanale ".

Inoltre, come parte di un accordo segreto di lunga data con Pearson, l'ADL pagava le spese di viaggio del suo investigatore capo, John Henshaw. In cambio, Pearson pubblicava la propaganda dell'ADL nella sua rubrica. Henshaw ruppe con Pearson a metà degli anni Sessanta e denunciò le malefatte di Pearson, Anderson e dell'ADL nelle pubblicazioni della Liberty Lobby.

Era inevitabile che Anderson utilizzasse la sua stessa rivista per attaccare Liberty Lobby. È chiaro che Anderson aveva poco riguardo per la verità quando ha pubblicato il suo attacco. Uno dei redattori di Anderson ha ammesso non solo di aver detto ad Anderson che l'articolo era "ridicolo", ma anche che Anderson aveva detto che il secondo fine della pubblicazione dell'articolo era quello di compiacere i "distributori ebrei" per ottenere una migliore distribuzione della nuova rivista. Lo stesso Anderson si è pubblicamente vantato del fatto che gran parte degli argomenti utilizzati per attaccare Liberty Lobby gli sono stati forniti dall'ADL.

Joe Spear ha partecipato alla preparazione dell'articolo diffamatorio. Nel 1969 (quando era alle dipendenze di Anderson), aveva denigrato Liberty Lobby in un articolo freelance pubblicato sulla rivista *True*. Contrastato da Liberty Lobby, *True* si accordò in via extragiudiziale, pagando i danni e pubblicando un'intervista con il presidente di Liberty Lobby, il colonnello Curtis B. Dall. Dall. Tuttavia, molte delle menzogne di Anderson sulla Liberty Lobby sono state riprese dalle sciocchezze di Spear, risalenti a 12 anni fa.

Liberty Lobby ha anche scoperto che nel 1971 Anderson e un altro dei suoi scagnozzi hanno cospirato con un redattore dell'"ex" agente della CIA William F. Buckley Jr. per creare una confusa diffamazione della Liberty Lobby pubblicata sulla *National Review* di Buckley. Dieci anni dopo, alcuni di questa spazzatura furono pubblicati sull'*Investigator* di Anderson.

Il giudice riconobbe che c'erano molte discrepanze negli articoli di

Anderson, ma archiviò comunque il caso. Tuttavia, l'avvocato di Liberty Lobby, Mark Lane, fece ricorso contro l'archiviazione e, nel 1984, la Corte d'Appello degli Stati Uniti per il Distretto di Columbia si pronunciò a favore di Liberty Lobby.

La corte ha rifiutato di accettare la scusa di Anderson che i suoi commenti su Liberty Lobby erano stati pubblicati in precedenza. Nel parere della corte, il giudice Antonin Scalia (che presto sarà elevato alla Corte Suprema) ha scritto:

> "Non siamo ancora pronti ad adottare per la legge sulla diffamazione il principio secondo cui 10.000 ripetizioni valgono quanto la verità. Non vediamo nulla di sbagliato nella regola secondo cui la diffamazione consapevole e dolosa non è perseguibile se è stata preceduta da precedenti affermazioni della stessa falsità".

Anderson ha quindi fatto ricorso alla Corte Suprema. Prevedibilmente, i principali media si sono affrettati a presentare memorie "amichevoli" in suo favore, tra cui CBS e NBC, *New York Times*, *Washington Post*, *Newsweek*, *Time*, *Wall Street Journal*, *Chicago Tribune*, *Los Angeles Times* e *Miami Herald*.

Il 3 dicembre 1985, la Corte Suprema ascoltò il caso. Mark Lane, avvocato di Liberty Lobby , disse alla Corte che Liberty Lobby chiedeva solo di poter presentare il proprio caso a una giuria per difendersi dalle menzogne di Anderson.

Il 25 giugno 1986, con grande sorpresa dei media, l'Alta Corte si pronunciò a favore di Liberty Lobby e ordinò che il caso contro Anderson fosse giudicato dalla Corte distrettuale degli Stati Uniti a Washington, D.C. In seguito a questa sconfitta, Anderson e i suoi sostenitori cercarono di limitare i danni, proclamando falsamente che Anderson aveva "vinto", anche se la verità non era lì.

Nonostante questa decisione, il caso è rimasto in sospeso per quattro anni. Poi, il 2 maggio 1990, il giudice capo della Corte distrettuale intervenne e ordinò ad Anderson di presentarsi al processo. Di fronte a uno spettacolo pubblico, con le sue tattiche di pirateria sotto esame, Anderson si offrì di patteggiare in via extragiudiziale, il che fu una vittoria clamorosa per Liberty Lobby. Anderson si è scusato pubblicamente per le idee negative che aveva diffuso su Liberty Lobby e ha annunciato che, poiché Liberty Lobby e Anderson sostengono "la franca affermazione di punti di vista diversi e una solida libertà di espressione", lui e Liberty Lobby avrebbero versato un contributo congiunto di 1.000 dollari al Reporters Committee for Freedom of the Press. Anderson non disse al pubblico che la sua quota di contributo era di 999,99 dollari. La quota di Liberty Lobby era solo un centesimo.

Anderson e il suo mentore non si limitarono a fare da tirapiedi per l'ADL. Facevano anche il lavoro sporco per l'alleato dell'ADL, il capo del controspionaggio della CIA James Angleton, il lealista israeliano che fungeva da collegamento tra la CIA e il Mossad israeliano.

Nel 1967, appena due settimane dopo che l'opinione pubblica aveva appreso che il procuratore distrettuale di New Orleans Jim Garrison aveva aperto un'indagine sul coinvolgimento della CIA nell'assassinio di John F. Kennedy, Pearson e Anderson diffusero la disinformazione di Angleton, secondo cui l'ex procuratore generale Robert Kennedy aveva "approvato un complotto per l'assassinio [di Castro] che poi si è rivolto contro il suo defunto fratello [con conseguente assassinio di JFK]". Secondo questo fantasioso resoconto, Castro aveva catturato i sicari sponsorizzati dagli Stati Uniti che lo stavano prendendo di mira e poi li aveva "girati" per colpire JFK. Puntando il dito contro Castro, il duo distoglieva l'attenzione dall'indagine di Garrison che, se portata avanti, avrebbe scoperto la collaborazione tra la CIA e il Mossad nell'assassinio di JFK.

Il 17 dicembre 2005, Jack Anderson è morto all'età di 83 anni e senza dubbio si è unito al suo mentore "in quel luogo che il Signore ha preparato per loro", per ricordare le pittoresche parole del defunto reverendo Kenneth Goff, un ex comunista diventato un dichiarato anticomunista e critico dell'odioso duo Pearson-Anderson.

Tuttavia, nonostante la loro discesa all'inferno, la fiaccola incendiaria di questa squadra malvagia è stata raccolta da altre prostitute mediatiche che non si fanno scrupolo di utilizzare le loro "abilità" letterarie, a volte piuttosto dubbie, per promuovere l'agenda de L'Ennemi intérieur.

# CAPITOLO XXVIII

Un agghiacciante resoconto di prima mano: Come il Nemico Interno recluta "persone di destra" per gli omicidi politici

Nell'estate del 1963, Ralph P. Forbes - un ex marine statunitense ben noto per le sue idee politiche "di destra" - ebbe un'esperienza inquietante, che racconta nel seguente resoconto personale, intitolato "Il giorno in cui la CIA mi reclutò per diventare un cecchino assassino".

Le esperienze personali di Forbes, qui raccontate, sono coerenti con le testimonianze di altri - sia a destra che a sinistra - che, come Forbes, ritengono a ragione di essere stati visti come potenziali assassini (o "capri espiatori") negli eventi che si svolsero a Dallas il 22 novembre 1963 - un evento che continua a interessare milioni di americani che ritengono che l'assassinio del Presidente Kennedy abbia segnato una svolta nella storia moderna.

Forbes - ora corrispondente per l'*American Free Press* - *è stato* attivo politicamente per tutta la sua vita adulta, più recentemente nel suo stato di adozione, l'Arkansas, dove ha condotto una serie di campagne politiche molto efficaci prima di cadere vittima di "votescam" di alto livello e di altri colpi bassi di bassa lega.

Comunque sia, i ricordi di Forbes sulla sua esperienza nelle famigerate operazioni COINTELPRO dell'FBI contro i dissidenti politici americani, condotte in collaborazione con la Anti-Defamation League of B'nai B'rith, potrebbero riempire un intero volume. Segue il notevole resoconto di prima mano di Forbes sulla sua esperienza del 1963.

> Non mi hanno mai detto il nome dell'operazione nell'estate del 1963, ma da quanto ho appreso in seguito, credo che si trattasse della squadra ZR/Rifle della CIA.
>
> Se cammina come un'anatra e parla come un'anatra, deve essere un'anatra. Per capire la situazione, lasciatemi dare un po' di informazioni di base. La Baia dei Porci e la crisi dei missili di Cuba erano ancora questioni scottanti . La guerra fredda si stava intensificando. C'erano punti caldi in tutto il Sud America, in Asia,

in Africa, in Medio Oriente, in Europa e così via. Ero un patriota quando il patriottismo non era di moda. Poiché volevo combattere il comunismo, rifiutai gli incarichi a West Point e all'Accademia dell'Aeronautica per arruolarmi nei Marines.

Quando il mio arruolamento è terminato e mi è stato chiesto di riarruolarmi, ho posto come condizione di essere mandato in missione di combattimento in Vietnam. Mi risposero: "Mi dispiace, il Vietnam sarà finito da un pezzo prima di poter esaminare la sua richiesta di trasferimento".

Sebbene molti americani non fossero ancora pienamente consapevoli dell'esistenza del Vietnam, i nostri ragazzi stavano già tornando a casa in sacchi per cadaveri. I notiziari radiofonici erano da incubo e orwelliani.

Questa settimana sono stati uccisi due consiglieri americani, portando il numero totale di vittime americane a undici". La settimana successiva, il testo potrebbe recitare: "Questa settimana sono stati uccisi tre consiglieri americani, portando il numero totale di vittime americane a sette".

Le cifre riportate erano scelte a caso e non avevano alcun rapporto con la realtà o con i rapporti precedenti. I miei amici venivano pugnalati alle spalle e mandati al macello in un'altra guerra senza speranza. Ecco perché, insieme ad altri veterani che la pensano come me, ho fatto tutto ciò che era in mio potere per combattere il tradimento, ovunque si trovasse.

Nell'estate del 1963, molti di noi furono avvicinati da spie che offrivano di "fare qualcosa" per il nostro Paese. Gli interessi americani avevano bisogno di "oche selvatiche" o di mercenari che agissero come surrogati in località esotiche del mondo.

Non solo avremmo contribuito a salvare l'America e il mondo, ma saremmo stati ricompensati con grandi bonus in conti bancari svizzeri numerati e una vita eccitante e avventurosa. Fu così che io, ex marine, cecchino ed esperto, fui invitato a una riunione di reclutamento in un hotel di Hollywood.

Le vibrazioni erano tutte sbagliate. L'agente, che pensava che avrei abboccato, mi ha fatto venire i brividi. A quanto pare pensava che fossi stato molto più informato di quanto avessi . Mi suggerì che la mia missione sarebbe stata quella di "eliminare" Castro "con estremo pregiudizio". Era molto orgoglioso dei "pezzi d'acciaio" nella sua valigetta.

In pochissimo tempo, meno di un minuto, assemblò un fucile di precisione con un cannocchiale. Voleva che lo maneggiassi. Prima di toccarlo, presi un asciugamano per assicurarmi di non lasciare impronte digitali latenti. Mi disse che era stato molto intelligente da parte mia, ma sembrava estremamente deluso o turbato. Mi spiegò la rigatura, il peso e il caricamento delle cartucce, l'azione, si vantò del mirino, del peso, della velocità di montaggio e smontaggio.

Era estremamente misterioso e vago. A volte suggeriva che si trattava di un'operazione "aziendale" (della CIA). Altre volte suggeriva che fosse stata finanziata dal barone del petrolio texano H. L. Hunt o da altri ricchi anticomunisti. O forse si trattava di un'azione segreta congiunta sponsorizzata da persone di alto livello all'interno e all'esterno del governo degli Stati Uniti, magari da agenzie di intelligence di Paesi "amici" . Non potevano dirmi di più finché non erano sicuri che fossi coinvolto.

La riunione è durata meno di un'ora. In quel momento non avevo idea di quale fosse l'ordine del giorno vero e proprio, ma non superava il test dell'odore. Pulendo il pezzo, per sicurezza, lo riconsegnai e dissi che glielo avrei fatto sapere. Non vidi mai più quel reclutatore, ma non fu certo l'ultima volta che cercò di incastrare me e altri patrioti come capro espiatorio per l'infame crimine di Dallas.

Se non avessi sventato i tentativi di reclutamento, oggi si sarebbe sentito dire che "l'estremista di destra Ralph Forbes" era stato uno degli assassini di John Kennedy - ma come Lee Harvey Oswald, io ero semplicemente uno dei potenziali capri espiatori.

FINE DEL RESOCONTO DI PRIMA MANO DI FORBES.

Questa è solo la storia di un uomo, ma se il dossier ben documentato di The Enemy Within è qualcosa da cui partire, è sicuro che ci sono molte storie come questa da riempire l'archivio.

Ciò che appare nelle pagine di questo volume è solo la punta dell'iceberg: un mondo profondo, oscuro e nascosto di intrighi che sconvolgerebbe l'americano medio se conoscesse la verità.

# CAPITOLO XXIX

L'infiltrazione della CIA nel movimento contro la guerra durante la guerra del Vietnam: Bill e Hillary Clinton e John Kerry come capri espiatori del Nemico Interno

Mentre gran parte del nostro studio de Il nemico interno si concentra sull'infiltrazione, la sorveglianza e l'interruzione di quelli che sono generalmente percepiti come gruppi "di destra" e "nazionalisti" da parte di una varietà di agenzie e istituzioni sotto il controllo dell'élite al potere, è importante sottolineare che tre dei più importanti politici democratici di oggi - Bill e Hillary Clinton e John Kerry, il candidato del Partito Democratico alle elezioni presidenziali del 2000 - sembrano chiaramente essere stati i primi esempi di infiltrazione della CIA nel movimento contro la guerra durante il tragico periodo del coinvolgimento americano in Vietnam e, in seguito, protagonisti di intrighi della CIA in patria e all'estero. In seguito, sono stati protagonisti di intrighi della CIA in patria e all'estero.

Tuttavia, prima di tornare agli intrighi poco conosciuti di questi noti politici democratici, vale la pena dare una breve occhiata alle operazioni di spionaggio interno della CIA, che hanno raggiunto il loro apice negli anni '60 e '70, quando i Clinton e Kerry sono saliti al potere politico.

Nel numero di luglio-settembre 1995 di *NameBase NewsLine*, Daniel Brandt ha fornito alcuni importanti dettagli sullo spionaggio interno della CIA:

> Le operazioni interne della CIA furono rivelate per la prima volta da Seymour Hersh sul *New York Times* il 22 dicembre 1974. Entro due settimane, il Presidente Ford istituì la Commissione Rockefeller per esaminare la questione e il suo rapporto fu pubblicato nel giugno successivo. Il rapporto descrive il programma della CIA di intercettazione della posta da e per l'Unione Sovietica, l'Operazione CHAOS (il programma di spionaggio interno della CIA guidato da Richard Ober), un programma separato di spionaggio interno gestito dall'Ufficio di Sicurezza della CIA chiamato Progetto Resistenza, e un programma dell'Ufficio di Sicurezza che organizzava seminari

di scassinatura e sorveglianza e addestramento per alcuni dipartimenti di polizia locali.

(Va notato che il suddetto Ober era il vice di James Jesus Angelton, il capo del controspionaggio della CIA e l'ufficiale di collegamento della CIA con il Mossad, l'agenzia di intelligence estremamente filo-israeliana).

Il rapporto Rockefeller afferma che "in un periodo di sei anni [1967-1972], l'Operazione [CHAOS] ha compilato circa 13.000 file diversi, compresi quelli su 7.200 cittadini statunitensi. I documenti contenuti in questi fascicoli e il materiale correlato includevano i nomi di oltre 300.000 individui e organizzazioni, che sono stati inseriti in un indice computerizzato". Questo dato si confronta con l'indice della CIA di circa 7 milioni di nomi di tutte le nazionalità, gestito dalla Direzione delle operazioni, di cui si ritiene che 115.000 siano cittadini statunitensi.

Ma queste cifre potrebbero essere inferiori alla realtà; il CHAOS era strettamente compartimentato all'interno della CIA e non era soggetto a una revisione interna periodica. Ad esempio, i rapporti successivi sul numero di dipartimenti di polizia statali, locali e di contea assistiti dalla CIA sono stati stimati in 44, molto più della manciata menzionata nel rapporto Rockefeller.

Il Center for National Security Studies, un gruppo di vigilanza liberale della fine degli anni '70 diretto da Morton Halperin, ha ottenuto 450 documenti che descrivono il Project Resistance della CIA. Questi documenti dimostrano che lo scopo di questo programma dell'Ufficio per la sicurezza era molto più di uno sforzo per proteggere i reclutatori della CIA nei campus raccogliendo ritagli di giornale, come descritto nel rapporto Rockefeller.

L'ufficio di sicurezza fu autorizzato per la prima volta ad assistere la divisione di reclutamento "in ogni modo possibile" e furono rimosse le restrizioni sui contatti con l'FBI a livello locale. Vennero inoltre stabiliti contatti con i funzionari della sicurezza dei campus, con gli informatori della comunità universitaria, con i servizi segreti militari e con la polizia locale e statale. Particolare attenzione fu rivolta alla stampa clandestina.

È chiaro che la CIA stava conducendo enormi operazioni interne attive, ben al di là di quanto fosse legale o anche solo sospettato. E come vedremo nelle pagine che seguono, le prove suggeriscono fortemente che Bill e Hillary Clinton - così come John F. Kerry - erano pesantemente coinvolti nelle operazioni di spionaggio della CIA. In effetti, nel periodo in cui Bill Clinton è emerso per la prima volta come candidato alla presidenza, sono emersi dettagli sulle relazioni segrete di Clinton, sebbene siano stati ampiamente ignorati dai cosiddetti media "mainstream".

Nell'estate del 1992, mentre i media tradizionali si concentravano sulla relazione di Bill Clinton con Gennifer Flowers, il giornale populista *The Spotlight*, con sede a Washington DC, era più interessato alla grande storia: i legami profondi e di lunga data di Clinton con la CIA e il suo coinvolgimento nel contrabbando di armi e droga legato all'ormai noto scandalo che coinvolgeva la Bank of Credit and Commerce Internationale (BCCI).

Nel numero del 2 marzo 1992, *The Spotlight* è stato il primo media nazionale a riferire che, mentre la campagna presidenziale di Clinton era in crisi finanziaria, la Worthen Bank di Little Rock aveva esteso una linea di credito di 2 milioni di dollari alla campagna. La Worthen era di proprietà congiunta del miliardario di Little Rock Jackson Stephens e dell'imprenditore arabo Abdullah Taha Bakhsh, entrambi strettamente legati alla BCCI.

Stephens ha fatto da intermediario nella transazione che ha permesso alla BCCI di assumere il controllo di due banche americane. Bakhsh non solo era uno stretto collaboratore del fondatore della BCCI, Agha Hasan Abedi, ma era anche socio di un giovane uomo d'affari texano, George W. Bush, nella Harken Energy, la società che ha reso milionario il figlio del vicepresidente (e poi presidente) George Bush.

Il 31 agosto 1992, *The Spotlight* è stato il primo media nazionale a rivelare i legami di Clinton con le operazioni di contrabbando di armi e droga dell'Iran-contra della CIA attraverso il piccolo aeroporto di Mena, in Arkansas, finanziate da un massiccio riciclaggio di denaro attraverso istituzioni finanziarie controllate da amici di Clinton. Sebbene l'Iran-Contra sia ricordato come uno scandalo "repubblicano" (che coinvolgeva George Bush), il governatore democratico dell'Arkansas era fortemente coinvolto.

Inoltre, le prove suggeriscono che la moglie di Clinton, Hillary Rodham, un avvocato molto influente di Little Rock, era anche coinvolta negli scandali della CIA dell'era repubblicana - noti come "Iraq-gate" - che riguardavano l'armamento dell'Iraq finanziato dalla BCCI e dalla filiale di Atlanta della Banca Nazionale del Lavoro (BNL).

Già il 25 marzo, il 3 giugno e il 19 agosto 1991, *The Spotlight* riportava che gli scandali che coinvolgevano le due banche erano collegati, ma questo non fu mai riconosciuto da nessun'altra parte fino al 16 novembre 1992, quando *il Washington Post* finalmente riconobbe ciò che *The Spotlight* aveva detto: "È ora chiaro che i due [scandali] sono collegati. Ciò che non è chiaro è il motivo della cospirazione che li ha collegati".

*The Spotlight* è stata l'unica voce a rivelare che "il movente della cospirazione tra loro" era che le due banche erano coinvolte in accordi petroliferi segreti, privati e non governativi tra George Bush e i suoi associati, in partnership con Saddam Hussein, il leader dell'Iraq, e che hanno avuto un ruolo nell'armamento segreto dell'Iraq da parte della CIA.

Questi accordi della CIA per armare l'Iraq coinvolgono Hillary Clinton. Il suo studio legale Rose ha negoziato l'accordo con la filiale di Atlanta della BNL per mascherare i fondi agricoli statunitensi e contribuire ad armare segretamente l'Iraq. I fondi della BNL venivano convogliati attraverso la BCCI.

In ogni caso, *The Spotlight* (16 agosto 1993) fu la prima pubblicazione a rivelare le prove che Bill Clinton era stato un agente della CIA fin dai tempi in cui militava nel movimento contro la guerra di Oxford.

I conservatori accusarono allora Clinton di essere un "traditore" a causa di un suo viaggio a Mosca. Tuttavia, la CIA aveva agenti nel movimento contro la guerra e *The Spotlight* ha citato un ex analista sovietico di alto livello della CIA, Victor Marchetti, che ha commentato:

> Nel periodo in cui Clinton avrebbe dovuto recarsi a Mosca, la CIA stava attivamente reclutando studenti americani e di altre nazionalità per andare a Mosca [e] a Helsinki e partecipare ad attività pacifiche per contrastare le azioni sovietiche.

> Senza rivelare alcun segreto, non sarei sorpreso di scoprire che Clinton lavorava in qualche modo per la CIA.

Il 27 settembre 1993, *The Spotlight* ha fornito nuove informazioni che suggeriscono che, durante il suo viaggio a Mosca, Clinton era coinvolto in un'operazione ben più importante dello spionaggio dei suoi compagni di università: l'appropriazione dei documenti dell'ex leader sovietico Nikita Krusciov per la CIA.

Infatti, Strobe Talbott, amico di Clinton a Oxford e poi nominato da Clinton al Dipartimento di Stato, è noto per aver svolto un ruolo nell'acquisizione dei documenti di Kruscev da parte della CIA. Cord Meyer, capo della stazione londinese della CIA, era il responsabile dei due giovani, sebbene Meyer lo neghi.

In seguito, Clinton frequentò Yale, un importante centro di reclutamento della CIA, dove conobbe Hillary Rodham. La giovane donna entrò presto a far parte del team della commissione parlamentare sul Watergate, una controversia in cui la CIA ebbe un ruolo importante. Alcuni hanno suggerito che Hillary potrebbe aver monitorato la commissione per conto della CIA, soprattutto in considerazione delle sue successive attività con lo studio legale Rose.

Nel 1996, lo scrittore Roger Morris pubblicò il libro *Partners in Power* e, sulla base di informazioni fornite da fonti ben informate, concluse che Clinton, come suggerito *da The Spotlight*, era stato segretamente affiliato alla CIA fin dai tempi dell'università.

Il numero di ottobre-dicembre 1996 di *NameBase Newsline,* che fornisce ulteriori informazioni che dimostrano che Clinton è un agente della CIA da lungo tempo, attribuisce a *The Spotlight* il merito di essere stata la prima pubblicazione a stabilire il legame tra Clinton e la CIA.

Dopo l'elezione di Clinton a Presidente, la morte del suo amico di sempre e consigliere della Casa Bianca, Vince Foster, è stata collegata al coinvolgimento di Clinton con la CIA e agli scandali "Iraq-gate" che hanno coinvolto George Bush. Il 6 dicembre 1993 *Spotlight* rivelò che le fonti dell'investigatore Sherman Skolnick avevano scoperto che Foster aveva avuto un ruolo nel convincere il Presidente Clinton a fermare un complotto della CIA il 17 luglio 1993 per assassinare il leader iracheno Saddam Hussein. Il complotto fu poi rivelato pubblicamente nel numero del 1° novembre 1993 del *Chicago Tribune*. Secondo Skolnick

> Perché la Casa Bianca ha interrotto questo piano? Beh, Saddam ha un fratellastro a Ginevra che ha detto che se Saddam fosse stato assassinato dalla CIA, avrebbe rilasciato documenti bancari che dimostravano che Saddam aveva rapporti d'affari privati con George Bush.

> Sembra esserci una sovrapposizione tra i rapporti di Saddam con Bush e quelli con i Clinton. I Clinton, Bush e Saddam - per dirla in parole povere - sono tutti soci in affari.

Poi, il 3 luglio 1994, *The Spotlight* riportò un'altra storia che era apparsa sul *Sunday Telegraph* di Londra il 21 maggio 1994, ma che non era mai stata riportata dai media "mainstream" statunitensi: gli investigatori scoprirono che nei cinque anni precedenti la sua morte, Vince Foster aveva compiuto viaggi internazionali segreti, tra cui almeno due viaggi virtuali di una notte a Ginevra.

I viaggi di Foster sono stati acquistati a una tariffa preferenziale riservata agli alti funzionari pubblici o agli agenti a contratto che lavorano per il governo federale . Utilizzava queste tariffe quando apparentemente era solo un avvocato che esercitava privatamente. Probabilmente sponsorizzato da Bill (e/o Hillary) Clinton, Foster lavorava chiaramente per la CIA.

Nel luglio 1993, dodici giorni dopo aver annullato un imminente viaggio a Ginevra, Foster fu trovato morto. Non si trattò chiaramente di un "suicidio", poiché Foster non fu assassinato dai Clinton - come suggeriscono i loro detrattori - ma dai nemici di Saddam, furiosi per il successo dell'intervento di Foster nel complotto per uccidere il leader iracheno.

In fin dei conti, il mondo di Bill e Hillary Clinton è chiaramente molto più grande e intricato e coinvolge molto più di quanto siamo stati portati a credere. Ma solo *The Spotlight* ha avuto il coraggio di raccontarlo.

Che dire del senatore John Kerry (D-Mass.) che, a differenza della Clinton, ha iniziato come "eroe" della guerra del Vietnam, poi apparentemente ha fatto una svolta di 180 gradi ed è diventato un critico molto importante della guerra dalla sua posizione di veterano decorato? La verità è che il servizio del senatore John Kerry in Vietnam e le sue successive attività contro la guerra sono probabilmente molto più complesse di quanto non sembri. Lo "scandalo Swiftboat" di John Kerry ha fatto scalpore tra gli attivisti del Partito Repubblicano, su Internet, ed è stato oggetto di un libro che ha sollevato dubbi sul fatto che Kerry fosse davvero un "eroe" e meritasse le medaglie (e i riconoscimenti) ricevuti per il suo servizio in Vietnam.

Mentre una manciata di veterani che avevano prestato servizio con Kerry - almeno per un breve periodo - hanno girato il Paese durante la campagna del 2000 a favore di Kerry, un numero considerevole di altri ex ufficiali e marinai Swift Boat ha fatto campagna contro Kerry e ha contestato le sue affermazioni sul suo curriculum di guerra.

La domanda era: a quale gruppo di veterani gli elettori avrebbero dovuto credere? Se un gruppo mentiva, perché mentiva? Kerry era un eroe o un impostore? E che dire delle attività antibelliche di Kerry dopo il ritorno dal Vietnam

A questo punto, è necessario tracciare un parallelo tra le battute d'arresto di Kerry e l'analogo "scandalo" che coinvolse Bill Clinton durante la campagna presidenziale del 1992, quando fu rivelato che Clinton aveva lavorato attivamente per evitare il servizio di leva.

Nel 2004, la campagna di Bush ha avuto poco da dire sulle possibili distorsioni della verità storica di Kerry riguardo a ciò che ha fatto - o non ha fatto - in Vietnam, il che si spiega con il fatto che il curriculum del Presidente era di per sé piuttosto lacunoso e che Bush non voleva ricordarlo agli elettori. Ciò non ha impedito agli attivisti politici "indipendenti" di sollevare un polverone sulle attività di Kerry durante la guerra.

Va ricordato, tuttavia, che nel 1992 il padre di Bush e la sua campagna di rielezione ebbero poco da dire sugli sforzi di Bill Clinton per evitare il servizio di leva. In effetti, nel 1992 - e negli anni successivi - alcuni hanno suggerito che il motivo per cui l'ex direttore della CIA George Bush (allora in corsa per la rielezione contro il suo avversario democratico Bill Clinton) non attaccò attivamente Clinton e non lo definì un "evasore" era proprio perché l'ex direttore della CIA sapeva che Clinton - da studente - stava quasi certamente lavorando come risorsa della CIA, infiltrandosi in gruppi contro la guerra in Gran Bretagna e altrove.

Così, mentre molti veterani e repubblicani di rango definivano Clinton un "evasore" e suggerivano che fosse in qualche modo "sleale verso il suo Paese", la verità è che Clinton aveva chiaramente trovato un modo per evitare il servizio militare, pur avendo un "aggancio" con l'élite di potere del Paese: agire come studente-sorvegliante per la CIA.

Sebbene, come abbiamo indicato, The Spotlight sia stata la prima pubblicazione a mettere in luce i primi servizi di Clinton per la CIA (che ovviamente né Clinton né la CIA hanno mai riconosciuto), una vasta gamma di autori - tra cui l'ex membro del Consiglio di Sicurezza Nazionale Roger Morris, il corrispondente britannico Ambrose Evans-Pritchard e il giornalista Daniel Brandt, Il corrispondente britannico Ambrose Evans-Pritchard e il giornalista Daniel Brandt, tra gli altri, hanno da allora riempito alcuni pezzi mancanti del puzzle e hanno sostanzialmente confermato che Clinton, all'epoca in cui si sottrasse al servizio di leva, lavorava effettivamente per conto del governo statunitense come informatore della CIA.

Questo ci porta a John Kerry. Molti hanno criticato Kerry per le sue attività contro la guerra dopo il suo ritorno dal Vietnam, suggerendo che fosse coinvolto in elementi "radicali" contro la guerra. Tuttavia, ciò che i critici meno perspicaci di Kerry non hanno notato è che una lettura attenta dei resoconti dei giorni di Kerry contro la guerra, presentati in resoconti abilmente formulati in quotidiani d'élite come il New York Times e il Washington Post, porta alla conclusione molto chiara (almeno per il lettore perspicace) che Kerry era in realtà una delle forze più "moderate" nel movimento contro la guerra e che, per certi aspetti, ha agito quasi come se volesse frenare il movimento.

Questo è ciò che i due principali giornali che si sono concentrati sulle manifestazioni contro la guerra di Kerry - il New York Times e soprattutto il Washington Post, che è vicino alla CIA - hanno voluto far capire nei loro lunghi e molto simili articoli sull'argomento.

In breve, si può iniziare a sospettare che il breve servizio e le "imprese" di Kerry in Vietnam facessero parte di una classica "leggenda" della comunità dei servizi segreti creata per Kerry, un neolaureato di Yale - un luogo di reclutamento della CIA da lungo tempo - e un membro (come George W. Bush) di Skull & Bones, l'esclusiva società segreta di Yale (un altro campo di addestramento d'élite).

Dato il background della CIA di Clinton (e i suoi legami con Yale), è davvero una forzatura suggerire che anche Kerry sia sempre stato un agente della CIA

Non si tratta di un'esagerazione: i documenti dimostrano che molti militari di spicco (e non) - ad esempio il famoso generale dell'aeronautica Ed Lansdale - erano anche agenti segreti della CIA durante il servizio militare.

È possibile che il breve periodo trascorso da Kerry in Vietnam sia servito a stabilire la sua bona fides come "eroe di guerra" e poi a riportarlo indietro per diventare un "critico" della guerra

Come si è detto nelle pagine iniziali di questo volume, sappiamo che almeno uno dei principali critici della guerra del Vietnam, Allard Lowenstein (poi membro del Congresso), era segretamente pagato dalla CIA quando protestava contro la guerra e che anche una delle principali organizzazioni contro la guerra, la National Student Association, era finanziata dalla CIA.

Probabilmente non è una coincidenza che, quando Kerry ha annunciato di essere in preda a una frenesia antibellica, abbia detto - forse alludendo ampiamente a coloro che erano abbastanza "informati" da cogliere il succo di ciò che stava dicendo - di voler seguire le orme di Allard Lowenstein. Anche in questo caso, probabilmente non è una coincidenza che il figlio di Lowenstein sia diventato uno dei principali consiglieri di Kerry in politica estera.

Com'è il vecchio detto? "Gli uccelli di una stessa piuma si uniscono".

Forse il servizio di Kerry in Vietnam non è stato affatto eroico, come suggeriscono i suoi detrattori, ma, d'altra parte, è anche del tutto possibile - forse probabile - che il suo viaggio in Vietnam fosse parte di un'impresa pre-pianificata organizzata da alcuni mentori di Yale (o dovremmo dire della CIA)

I capri espiatori di Giuda si presentano in una varietà di forme politiche, come dimostrano chiaramente i casi dei Clinton, di Kerry e del suo mentore Lowenstein.

Nel capitolo che segue, esaminiamo come la fallita candidatura di John Kerry alla presidenza nel 2004 sembra essere stata orchestrata dietro le quinte come una candidatura, se non destinata al fallimento, certamente progettata per sostenere l'agenda generale dell'élite sionista - per garantire che il Nemico Interno rimanga saldamente in controllo dell'apparato di politica estera degli Stati Uniti, qualunque sia il risultato delle elezioni.

# CAPITOLO XXX

## La soluzione era ovvia: come i capri di Giuda sionisti hanno portato il GOP alla sconfitta nel 1940 e hanno fatto perdere i Democratici nel 2004.

Anche se i parallelismi non sono del tutto esatti, la campagna elettorale per le presidenziali americane del 2004 è stata notevolmente simile - per alcuni aspetti particolarmente importanti - alla battaglia del 1940 tra il democratico in carica, Franklin D. Roosevelt, che era al suo terzo mandato, e il suo avversario repubblicano, Wendell L. Willkie.

Come nel 1940, anche nel 2004 le élite plutocratiche in carica erano determinate a controllare (e hanno controllato) "entrambi i cavalli in corsa", soprattutto perché sapevano che il vincitore delle elezioni sarebbe stato in grado di orientare il futuro corso dell'impegno degli Stati Uniti sulla scena mondiale, che è sempre vitale per gli elementi bancari e industriali internazionali che traggono profitto dalla manipolazione della politica estera e interna degli Stati Uniti.

Durante le elezioni del 1940, Franklin D. Roosevelt continuava a ripetere a gran voce agli americani che i loro figli non sarebbero stati coinvolti in guerre straniere. Nel frattempo, naturalmente, dietro le quinte, in termini di politica americana verso l'Europa e l'Estremo Oriente, Roosevelt stava facendo tutto il possibile per coinvolgere gli Stati Uniti in una guerra che oltre il 90% del popolo americano riteneva non necessaria e da non combattere.

Ma nonostante i sondaggi indicassero una massiccia opposizione americana al coinvolgimento degli Stati Uniti nella guerra in Europa, il Partito Repubblicano - rifiutando il senatore nazionalista Robert Taft (Ohio) - scelse di non mettere in discussione la politica guerrafondaia internazionale di FDR, che era evidente, nonostante la retorica pubblica ufficiale di Roosevelt. Al contrario, il Partito Repubblicano nominò Willkie, un avvocato di Wall Street che non solo si era recentemente convertito al Partito Repubblicano, ma che era anche, come FDR, un fervente internazionalista e un accanito sostenitore della teoria secondo cui l'America avrebbe dovuto intervenire, a nome dell'Impero britannico, nella guerra in Europa.

In effetti, questo è ciò che è accaduto durante la campagna elettorale del 2004 negli Stati Uniti, sul sito . Sebbene un presidente repubblicano, George W. Bush, stesse cercando di essere rieletto alla Casa Bianca (e, naturalmente, una guerra era già in corso), il suo presunto successore democratico stava essenzialmente dicendo "anch'io" riguardo alla debacle in corso in Iraq.

Il senatore John Kerry (D-Mass.) non solo ha votato a favore della guerra, ma ora chiede che vengano dispiegate più truppe statunitensi in Iraq, la sua versione di "migliore gestione della guerra". In effetti, Kerry ha portato all'estremo il tema della "leale opposizione".

E dato (come abbiamo già visto) il probabile ruolo di Kerry come agente segreto della CIA  per molti anni, è possibile che Kerry sia stato in definitiva poco più di un volenteroso "capro espiatorio", pronto a sacrificarsi in nome dell'agenda globalista, anche se ciò significava perdere le elezioni.

Questa situazione ricorda la campagna per le primarie presidenziali repubblicane del 1940, quando gli elettori del GOP scelsero un candidato da opporre a FDR. Nel 1940, il candidato preferito dagli elettori del GOP era Bob Taft dell'Ohio, un fervente critico della politica estera di FDR.

Taft, nel 1940, giocò essenzialmente lo stesso ruolo nelle primarie repubblicane di Howard Dean, governatore del Vermont, nelle primarie presidenziali democratiche di 64 anni dopo: sebbene Dean - come Taft prima di lui - avesse preso il comando della campagna elettorale per la sua schietta opposizione all'impegno degli Stati Uniti in una guerra straniera insensata, l'élite mediatica americana iniziò a prendersela con Dean - come aveva fatto con Taft - e a minare la sua campagna.

Non è quindi una coincidenza - anche se i media non si sono mai soffermati sulle sue affermazioni - che durante la campagna per le primarie lo stesso Dean abbia ripetutamente sottolineato come un numero sempre più esiguo di interessi finanziari d'élite stesse assumendo il controllo dei mass media in America. In questo modo la campagna di Dean è stata sabotata e, come hanno sottolineato alcuni giornali, in particolare *Forward*, uno dei principali quotidiani ebraici, la *situazione si è ribaltata contro Dean e a favore di Kerry quando molti leader della piccola ma influente comunità ebraica dell'Iowa si sono schierati a favore di Kerry e hanno salvato la sua campagna vacillante in quello Stato critico per i caucus.*

Sebbene la moglie di Dean sia ebrea, l'opposizione di Dean alla guerra in Iraq - sostenuta da importanti leader e gruppi di leader della comunità ebraica americana - ha scatenato l'opposizione più significativa (e l'ostilità dei media) alla sua candidatura. Così, con Dean fuori dai giochi, un democratico "fedele all'opposizione" - che in realtà aveva votato a favore della guerra di Bush in Iraq - era pronto a vincere la nomination.

Il destino del favorito del GOP Taft fu simile. Ma ora sappiamo che la famosa "corsa al cavallo nero" di Wendell Willkie alla Convenzione nazionale repubblicana di Filadelfia nel 1940 non ha nulla a che fare con questo.

Al contrario, come ha accuratamente dimostrato Thomas E. Mahl nel suo libro *Desperate Deception: British Covert Operations in the United States, 1939-1941*, la campagna di Willkie alla convention del GOP fu essenzialmente comprata e pagata da ricchi interessi americani che favorivano la politica estera di FDR e volevano assicurarsi che il GOP nominasse un candidato che non si opponesse seriamente alle posizioni di FDR. Era quindi essenziale distruggere la candidatura di Taft.

Inoltre, la ricerca meticolosamente documentata di Mahl rende abbondantemente chiaro che i servizi segreti britannici e coloro che lavoravano con i servizi segreti britannici - stavano lavorando sia per sabotare Taft che per promuovere Willkie, riuscendo in entrambi i casi.

Così Taft - come Dean che è venuto dopo - è stato sacrificato all'interno del suo stesso partito (nonostante il fatto che la sua posizione contro la guerra fosse notevolmente più popolare) e sostituito da un candidato (Willkie - sostituito nel 2004 da John Kerry) che essenzialmente si è schierato al fianco del Presidente uscente sulla questione dell'intervento degli Stati Uniti all'estero.

Significativamente, quasi un anno dopo le elezioni del 1940, mentre ancora infuriava il dibattito sull'intervento degli Stati Uniti in Europa, il famoso aviatore americano Charles Lindbergh, in un discorso molto criticato al comitato contro la guerra America First, dichiarò pubblicamente che tre gruppi stavano spingendo l'America verso la guerra: "gli inglesi, gli ebrei e l'amministrazione Roosevelt".

Infatti, sostituendo il nome "Roosevelt" con il nome "Bush", si potrebbe essenzialmente descrivere gli stessi gruppi che hanno spinto per la guerra in Iraq. Quindi, come si dice, più le cose cambiano, più rimangono uguali. O, più semplicemente, la storia si ripete. Il nemico interno non scomparirà senza combattere.

In questo contesto, vale la pena di notare, come corollario, come, nel periodo precedente l'invasione statunitense dell'Iraq e il successivo dibattito su quella debacle durante le elezioni presidenziali del 2004, il movimento sionista abbia fatto gli straordinari per impedire al movimento contro la guerra di avventurarsi fino a sottolineare che Israele e la sua lobby americana erano i principali istigatori della guerra proposta .

Nella primavera del 2003, mentre l'opposizione popolare alla guerra in Iraq cresceva negli Stati Uniti e in tutto il mondo, mentre cresceva la consapevolezza del sostegno di Israele alla guerra e mentre una potente cricca di "neoconservatori" filo-israeliani nell'amministrazione di George W. Bush svolgeva un ruolo di primo piano nel promuovere la guerra, un manipolo di "liberali" filo-israeliani (che sostenevano di opporsi alla guerra) si è in realtà adoperato per minare i critici di Israele all'interno del movimento contro la guerra. L'amministrazione Bush ha svolto un ruolo di primo piano nel promuovere la guerra, un manipolo di "liberali" filo-israeliani (che sostenevano di opporsi alla guerra) si è in realtà impegnato a minare i critici di Israele all'interno del movimento contro la guerra.

Il fatto che molti comincino ad accusare Israele di essere dietro la guerra in Iraq è motivo di crescente preoccupazione per i sostenitori di Israele. Il 16 febbraio 2003, *il Washington Post* ha espresso la sua opinione su quali fossero i motivi validi per opporsi alla guerra. Secondo il *Post*, "le argomentazioni degli oppositori sono a volte", secondo le sue parole, "incoerenti o prive di fondamento", compresi "i suggerimenti che la campagna americana sia motivata da un'agenda non rivelata per difendere Israele o impadronirsi del petrolio iracheno". L'unica ragione valida per opporsi alla guerra - in questa fase - secondo il *Post*, è che qualsiasi azione unilaterale degli Stati Uniti senza la previa approvazione delle Nazioni Unite sarebbe un errore.

Oltre ai commenti del *Post*, gli sforzi per sabotare il movimento contro la guerra dall'interno di sono venuti alla ribalta dopo che il rabbino liberale Michael Lerner ha affermato che gli era stato vietato di parlare a un raduno contro la guerra a San Francisco perché il principale organizzatore del raduno, International ANSWER (Act Now to Stop War and End Racism) era totalmente antisionista mentre lui (Lerner) era a favore della creazione di uno Stato palestinese accanto a Israele. ANSWER ha negato tutto ciò, affermando che a Lerner non era stato permesso di parlare perché aveva già attaccato ANSWER e che i vari organizzatori della manifestazione avevano già concordato che non avrebbero accettato oratori che avessero criticato uno dei due gruppi. In realtà, Lerner aveva attaccato ANSWER sostenendo che, nell'organizzare manifestazioni contro la guerra in tutto il Paese, ANSWER aveva incluso troppi oratori che accusavano la guerra degli Stati Uniti all'Iraq di essere stata stimolata principalmente dal desiderio di Israele di vedere l'Iraq distrutto.

In ogni caso, sulla scia dello sfogo di Lerner, un gruppo di circa 150 altri sedicenti "intellettuali progressisti" (la maggior parte dei quali erano ebrei sostenitori di Israele che si dichiaravano contrari alla guerra) ha fatto rumore e ha inviato una lettera aperta per condannare il rifiuto di ANSWER di permettere a Lerner di parlare, arrivando a dire che ANSWER non era adatta a "guidare mobilitazioni di massa contro la guerra in Iraq".

Dato l'immenso successo di ANSWER - a prescindere dal suo orientamento politico - nell'organizzare manifestazioni di massa contro la guerra, i critici hanno messo in dubbio le motivazioni delle forze filo-israeliane nel tentativo di minare la leadership del movimento contro la guerra in questo momento critico.

Nel frattempo, mentre elementi sionisti tramavano per dividere il movimento contro la guerra, un importante speculatore finanziario sionista di lunga data, George Soros, è emerso come "critico" dichiarato del presidente George W. Bush e della guerra in Iraq. Ritraendosi come il "portavalori" di molti gruppi progressisti e unità di attivisti contro la guerra, Soros ha effettivamente assunto il controllo dell'opposizione, bloccando molte possibili fonti di opposizione all'influenza sionista in America. Finanziando una tale varietà di organizzazioni, Soros - un ebreo - si è posto come "dittatore" virtuale del movimento progressista americano per gli anni a venire.

Tutto questo significa, molto semplicemente, che ancora una volta il popolo americano è stato manipolato e fuorviato. Le elezioni presidenziali del 2004 sono state la "farsa" definitiva e la verità sulla guerra in Iraq - uno dei principali argomenti di dibattito di quella corrotta campagna presidenziale - non è mai stata pienamente rivelata al popolo americano. Un'altra vittoria per *The Juda Goats - The Enemy Within*.

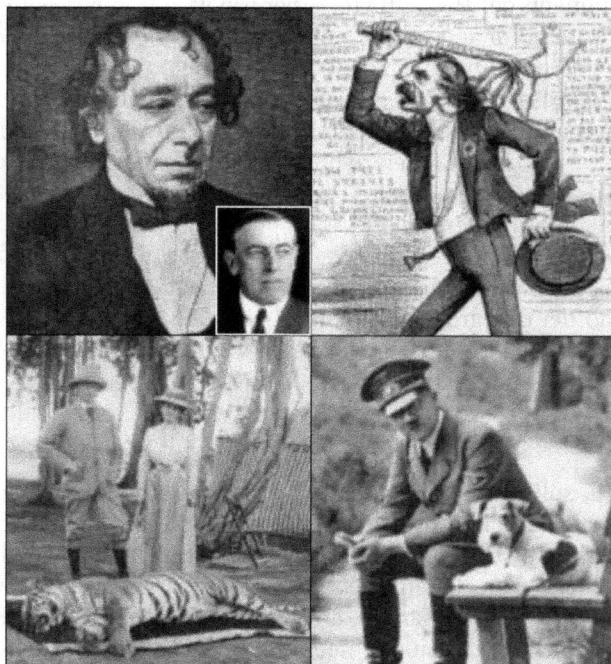

Il nazionalista americano Whitelaw Reid (in alto a destra) attacca i "liberi commercianti britannici" e i "farisei" in questa vignetta del 1884. Il primo ministro britannico Benjamin Disraeli (in alto a sinistra) - uno strumento della dinastia bancaria Rothschild - abbandonò la sua iniziale opposizione al libero scambio e sotto Disraeli (morto nel 1881) l'imperialismo britannico raggiunse il suo apice, con l'impero "britannico" che emerse come una roccaforte Rothschild. Il presidente degli Stati Uniti Woodrow Wilson (nella foto), discepolo di Disraeli *e del* libero scambio britannico, cercò di smantellare il tradizionale nazionalismo americano, per cui (come Disraeli) è molto ammirato dai moderni neoconservatori sionisti che promuovono il Nuovo Ordine Mondiale. Nell'ambito dell'agenda imperiale dei Rothschild, i coloni britannici (come quelli raffigurati qui sopra, in posa trionfale con un trofeo) hanno stabilito un curriculum che ha portato molti nel "terzo mondo" a simpatizzare con Adolf Hitler (a destra, con un amico).

Sebbene Hitler avesse sperato di stringere un'alleanza con la Gran Bretagna contro la Russia sovietica, l'opposizione ebraica vanificò i suoi piani, il che è ironico, dato che *alcuni* elementi sionisti cercarono in realtà di accattivarsi il favore di Hitler perché le sue politiche interne avevano l'effetto di stimolare l'immigrazione ebraica in Palestina.

# Erano agnelli o capre di Giuda

## Introduzione alla quinta parte
## Due grandi nomi, due pessimi dischi:
## Lasciate che le pepite cadano dove possono

I due capitoli che seguono sono veri e propri casi di studio di personalità che, pur adorate dai conservatori americani, agivano in realtà come agenti del Nemico Interno.

Le due personalità in questione sono considerate da molti "titani" del movimento "conservatore" americano. Ma uno sguardo più attento al loro background rivela purtroppo una storia molto diversa.

Si tratta del senatore della Carolina del Nord Jesse Helms e dell'ex presidente della Camera dei Rappresentanti Newt Gingrich.

Nel caso del senatore Helms, sembra che sia stato cooptato, costretto a rinunciare al suo passato attaccamento al tradizionale nazionalismo americano.

Nel caso di Newt Gingrich, sembra che Gingrich non sia mai stato quello che sembrava.

In entrambi i casi, tuttavia, le carriere dei due "giganti" repubblicani del Congresso sono tristemente parallele.

# CAPITOLO XXXI

## La triste storia di Jesse Helms: come un patriota americano è diventato il capro di Giuda per il Nemico Interno

Il più noto "critico" americano delle Nazioni Unite era davvero un critico dell'organizzazione mondiale? Il caso dell'ex senatore della Carolina del Nord Jesse Helms, a lungo beniamino di molti conservatori americani, è forse la svolta più sorprendente per un politico americano. È una storia rivelatrice che si è evoluta nel corso degli anni e che ha causato grande sofferenza in molti ammiratori di Helms. Il sorprendente "aggiustamento" di Helms, non solo in relazione alle Nazioni Unite, ma anche in relazione alla sua posizione sulla politica statunitense in Medio Oriente, mostra come anche un nazionalista americano apparentemente "duro" possa oscillare nella direzione opposta - chiaramente influenzato da The Enemy Within.

Mentre per tutta la carriera di Helms i media hanno pubblicizzato gli insulti scambiati tra Helms e gruppi "sociali" come femministe, abortisti, omosessuali, oppositori della preghiera nelle scuole e altre minoranze - con Helms e i suoi detrattori che raccoglievano tonnellate di denaro per combattersi a vicenda - l'inaspettata alleanza di Helms con l'élite plutocratica rimane in gran parte sconosciuta.

All'inizio della sua carriera al Senato, Helms è stato un feroce critico degli aiuti all'estero, la maggior parte dei quali andava, allora come oggi, a Israele. Di conseguenza, Helms era considerato "sospetto" dalla potente lobby pro-Israele di Washington.

Poi, il 27 marzo 1979, Helms si alzò in Senato per dichiarare che gli accordi di pace appena firmati tra Israele ed Egitto non proteggevano gli interessi degli Stati Uniti.

Helms è stato l'unico membro del Congresso che ha osato dire (pubblicamente) che il principale ostacolo sulla strada della pace in Medio Oriente era il rifiuto di Israele di cedere il controllo della Cisgiordania occupata, che Israele ha preso alla Giordania nella guerra del 1967.

Helms è stato senza dubbio la voce principale al Congresso per una politica estera "America First" . Nel 1982, Helms chiese persino di interrompere le relazioni diplomatiche con Israele dopo la sua sanguinosa invasione del Libano.

Ma due anni dopo, nel 1984, quando era in corsa per un terzo mandato e la lobby israeliana stava versando denaro nelle casse del suo avversario democratico, Helms fece una sorprendente inversione di rotta: scioccò "la sinistra e la destra" chiedendo il trasferimento dell'ambasciata americana in Israele da Tel Aviv a Gerusalemme. Dichiarò inoltre che gli Stati Uniti avrebbero dovuto continuare a sostenere l'occupazione israeliana della Cisgiordania.

È chiaro che Helms è stato cooptato dalla lobby di Israele. Grandi nomi dell'élite pro-Israele hanno raccolto fondi per la sua campagna, apparentemente sotto la direzione del miliardario sionista dei media S.I. Newhouse, la cui famiglia è da tempo uno dei principali patrocinatori della lobby israeliana e di gruppi come , la Anti-Defamation League (ADL) del B'nai B'rith.

Particolarmente inquietante è stato il fatto che Helms abbia accettato fondi per la campagna elettorale da un uomo d'affari di New York, Bob Jacobs, che ha ammesso pubblicamente di sostenere un gruppo terroristico di tipo miliziano violento - la Lega di Difesa Ebraica (JDL) - che è stato associato a numerosi omicidi, attentati e altri crimini.

In un articolo pubblicato su *The Village Voice* il 6 maggio 1986, il giornalista ebreo americano Robert I. Friedman ha descritto Jacobs come uno dei "più fanatici sostenitori" del rabbino Meir Kahane, fondatore della LDJ, nel frattempo assassinato, e ha rivelato quanto segue:

> Jacobs avrebbe dato a Kahane 20.000 dollari per la sua campagna elettorale alla Knesset nel 1984 e avrebbe raccolto fondi per conto di terroristi ebrei condannati in Israele. Jacobs ha anche raccolto fondi per il suo caro amico, il senatore della Carolina del Nord Jesse Helms, che ha fatto il suo primo viaggio in Terra Santa con Jacobs [nell'estate del 1985].

Uno dei protetti di Kahane, Victor Vancier, capo della LDJ di New York, ha raccontato al giornalista Friedman in un'intervista che Jacobs, amico intimo di Helms, "disse che la LDJ doveva colpire gli arabi americani e gli ebrei di sinistra, specialmente i giornalisti, che sostengono l'OLP. Questo è ciò che [il fondatore della JDL Kahane] gli disse essere la priorità della JDL".

Fu proprio grazie al sostegno critico di personaggi come Jacobs e del miliardario sionista Newhouse - che, secondo quanto riferito, intervenne a favore di Helms e sollecitò altri sostenitori di Israele a finanziare Helms o a smettere di finanziare il suo avversario democratico - che Helms fu rieletto nel 1984 su .

Dopo che la lobby israeliana era riuscita a sconfiggere il senatore Charles Percy (RIll.), che - a differenza di Helms - era un critico irriducibile di Israele, Helms succedette a Percy come presidente del GOP del Comitato per le Relazioni Estere del Senato e dimostrò subito la sua lealtà ai suoi nuovi alleati.

Nel 1985, Helms ha sostenuto pubblicamente la continua occupazione militare di Israele delle terre arabe, facendo la notevole affermazione che l'occupazione israeliana non era "una questione al centro del conflitto arabo-israeliano".

Helms ha anche svolto un ruolo insolito in una serie di circostanze che hanno portato all'acquisizione del gigante dei media CBS da parte di un consorzio di "nouveau riche", manipolatori finanziari filo-israeliani.

*Spotlight* è stato l'unico giornale americano a raccontare la storia del presunto tentativo di Helms di acquistare la CBS e trasformarla in una rete televisiva conservatrice. Helms aveva lanciato un appello ai conservatori affinché si unissero per acquistare il controllo della CBS, sostenendo che questo avrebbe permesso a di sfuggire ai pregiudizi liberali della rete. Sembrava una buona idea, ma la verità è che un'acquisizione di successo da parte di Helms avrebbe richiesto un capitale di circa 5 miliardi di dollari.

Eppure, sulla scia della campagna di Helms, il valore delle azioni della CBS è salito di oltre il 30%. Il miliardario sionista Ivan Boesky, uno speculatore azionario che ha acquistato una quota sostanziale della CBS, ha realizzato enormi profitti. In realtà, Boesky faceva parte di un consorzio di miliardari filo-israeliani guidati da Lawrence Tisch, che alla fine ha preso il controllo della rete.

Secondo le fonti di *Spotlight* a Wall Street, la campagna di Helms aveva effettivamente "distratto" la dirigenza della CBS e spianato la strada al consorzio Tisch per l'acquisizione della rete. E oggi, naturalmente, la CBS rimane liberale come sempre.

Nel 1996, Helms stupì nuovamente molti dei suoi sostenitori di lunga data scrivendo un articolo per il numero di settembre/ottobre 1996 di *Foreign Affairs*, la rivista del Council on Foreign Relations, il gruppo di pressione internazionalista, in cui parlava di "riformare" le Nazioni Unite, accettando di fatto il ruolo dell'ONU negli affari degli Stati Uniti - davvero un'altra svolta.

L'evoluzione politica di Helms - che alcuni potrebbero definire una "rivoluzione" - è proseguita. Nel 2000, due anni prima del suo pensionamento, Helms pronunciò un discorso infuocato al Consiglio di Sicurezza delle Nazioni Unite criticando l'ONU. I giornali "conservatori" acclamarono Helms.

Ma ancora una volta, c'era dell'altro nella storia che i giornali conservatori hanno preferito non menzionare. Infatti, il discorso di Helms faceva parte di un piano attentamente orchestrato dallo staff delle Nazioni Unite del presidente Bill Clinton.

L'ambasciatore Richard Holbrooke aveva il compito di sviare le critiche all'ONU durante l'anno elettorale. Poiché Holbrooke era membro non solo del gruppo di potere internazionalista noto come Bilderberg, ma anche del Council on Foreign Relations (CFR) e della Commissione Trilaterale, il suo piano era chiaramente diretto e approvato ai massimi livelli.

Il 3 febbraio 2000, sul *Washington Post*, *l*'editorialista Jim Hoagland, collega di Holbrooke ai Bilderberg, ha rivelato i retroscena della vicenda.

I fan di Helms che hanno letto la rubrica si sono sentiti disgustati.

Commentando che "[il commentatore populista e candidato alla presidenza] Pat Buchanan e il suo cinismo allarmistico" hanno suscitato poco interesse, ha detto: "[I commenti di Pat Buchanan] non sono molto interessanti".

Hoagland ha affermato che il discorso di Helms alle Nazioni Unite è "un importante barometro del cambiamento" e ha rivelato che è stato Holbrooke a invitare Helms a parlare.

Prendendo in giro il fatto che "il senatore repubblicano ultraconservatore abbaiava prevedibilmente sulle carenze dell'ONU", Hoagland ha lanciato la vera notizia bomba: Helms aveva "tranquillamente proposto un dialogo continuo per cercare di migliorare le relazioni USA-ONU". Hoagland ha aggiunto che "l'apparizione di alto profilo" di Helms era stata "organizzata da Holbrooke per enfatizzare la necessità di una politica bipartitica degli Stati Uniti all'interno dell'ONU e per proteggere le relazioni dai colpi dell'anno elettorale".

L'intero esercizio era una farsa pensata per assicurare ai conservatori che c'erano ancora "critici dell'ONU" all'interno del GOP; che non c'era bisogno di rivolgersi a Pat Buchanan, che stava conducendo una campagna presidenziale in cui dichiarava di voler "portare gli Stati Uniti fuori dall'ONU e l'ONU fuori dagli Stati Uniti".

L'impresa forse più sorprendente di Helms, che allude all'abbandono della sovranità degli Stati Uniti e all'apparente fusione dei governi statunitense e messicano, è avvenuta nel 2001.

Dal 17 al 19 aprile 2001, Helms ha portato l'intera Commissione per le Relazioni Estere del Senato (da lui presieduta) in Messico. La visita è stata descritta come "calorosa" e "senza precedenti" dai media d'élite, e Helms ha "rivalutato" il suo atteggiamento critico nei confronti del regime, notoriamente corrotto e infestato dal denaro della droga.

Mentre i principali quotidiani come *il Washington Post* e il *New York Times* hanno fornito una copertura del viaggio di Helms nei giorni precedenti, la copertura si è stranamente fermata durante il viaggio stesso. Né il *Post* né il *Times* (che si definisce "newspaper of record") hanno fornito alcuna copertura in loco del soggiorno di Helms in Messico o di ciò che vi è accaduto. Era come se i media avessero imposto un blackout su ciò che Helms e i legislatori statunitensi avevano detto e fatto in compagnia dei loro colleghi a sud del confine.

In realtà è successo questo: Helms ha compiuto un passo senza precedenti, convocando una riunione congiunta in Messico tra la Commissione Affari Esteri del Senato e la sua controparte al Senato messicano.

Il 4 aprile *il Washington Times* riportava che lo stesso Helms si era vantato dell'imminente sessione, affermando: "Questa sarà, a mia conoscenza, la prima volta nella storia che una commissione del Congresso degli Stati Uniti ha tenuto una riunione congiunta in territorio straniero con una commissione del Congresso o del Parlamento di un altro Paese".

Il senatore liberale Christopher Dodd (D-Conn.), membro dell'elitario Gruppo Bilderberg e che ha fatto parte con Helms della Commissione Affari Esteri, ha accolto con favore l'iniziativa di Helms: "Questo è un modo entusiasmante di iniziare il XXI secolo, per cercare di raggiungere e costruire legami più stretti con queste democrazie emergenti più forti.

Mentre l'osservatore medio, forse ingenuo, potrebbe considerare l'azione di Helms come niente di più che un atto simbolico di amicizia, dietro le quinte stava accadendo molto di più. Uno sguardo più attento ai fatti (e alla storia) che circondano l'avventura messicana di Helms dipinge un quadro più preoccupante. La stampa d'élite ha riportato che Marc Theiessen, portavoce del Comitato per le Relazioni Estere del Senato, ha dichiarato che la visita di Helms in Messico è stata ispirata dal precedente viaggio di Helms alle Nazioni Unite.

Tuttavia, l'inaspettato ruolo di Helms come efficace cheerleader della globalizzazione cominciò ad essere salutato dai media d'élite. Un portavoce del Council on Foreign Relations (CFR) ha riconosciuto pubblicamente, in un commento pubblicato nel numero del 22 aprile 2001 del *New York Times*, che Helms si era ormai affermato come un attore chiave del processo.

Walter Russell Mead, descritto come "senior fellow" del CFR, ha scritto un notevole articolo per spiegare ai lettori *del Times* "Perché il mondo è un posto migliore per Jesse Helms".

Descrivendo Jesse Helms come "l'uomo che gli internazionalisti americani amano odiare" e notando ironicamente che "odiare Jesse Helms rimane uno sport da salotto a Georgetown, Cambridge e Manhattan", l'uomo del CFR ha commentato in modo eloquente che "una visione più lunga della storia americana mostrerebbe che Jesse Helms è una parte necessaria del processo: se non esistesse, l'America dovrebbe inventarlo".

Mead ha citato il professor Douglas Brinkley dell'Eisenhower Center dell'Università di New Orleans, secondo il quale se Helms "rispetta la sua linea dura" (cioè i suoi sostenitori populisti in tutto il Paese), "è disposto a esplorare possibilità centriste". È questo che lo rende così importante per il processo di politica estera".

Non è una coincidenza che il nuovo fan di Helms, Brinkley, si trovasse all'Eisenhower Center, che prende il nome dal presidente del GOP che tagliò fuori il Partito Repubblicano dai suoi tradizionali ancoraggi nazionalisti dopo essere stato il "candidato di blocco" dell'élite globale per impedire al senatore Robert Taft (R-Ohio) di vincere la nomination presidenziale del GOP nel 1952.

Pur riconoscendo che Helms "parla a nome delle decine di milioni di americani che non si fidano dell'establishment della politica estera", l'analista del CFR ha proseguito affermando che Helms "apre anche la porta a un autentico consenso nazionale su importanti obiettivi di politica estera". Usando il termine "consenso", l'analista del CFR intendeva dire che la nuova posizione di Helms stava contribuendo a sfumare le differenze tra una politica estera nazionalista e una internazionalista, con la posizione nazionalista che si avvicinava all'internazionalismo.

Così, noti nazionalisti come Helms sono diventati gli strumenti degli internazionalisti per smontare l'opposizione populista alla globalizzazione. In altre parole, i patrioti dovevano pensare: "Se Jesse è d'accordo, deve essere un bene per l'America". Mead, membro del CFR, ha descritto il ruolo di Helms in questo processo:

> Questo ruolo di intermediario tra un'opinione pubblica scettica e un'insistente élite internazionalista è uno dei più importanti della politica estera americana. È il ruolo svolto dal senatore [Arthur] Vandenberg [R-Mich.] negli anni Quaranta.

Mead non ha menzionato che Vandenberg, un tempo uno dei principali critici nazionalisti dell'interventismo globalista di Franklin Roosevelt, fu in realtà vittima di un complotto da parte di tre agenti dei servizi segreti britannici che fecero leva sul fatto che Vandenberg era un donnaiolo alla Bill Clinton per fargli cambiare idea, portando il senatore del Michigan a sostenere pienamente l'internazionalismo.

Perché Helms si sia ispirato a Vandenberg è forse uno dei grandi misteri del nostro tempo. La drastica inversione di rotta di Helms, da principale critico dell'imperialismo israeliano al Senato a principale portatore d'acqua per la lobby israeliana al Senato, è uno scenario che rimane aperto alle speculazioni.

La dura verità è che, a prescindere dalla qualità della retorica di Helms su una serie di questioni, su scala più ampia il senatore del Tarheel, un tempo affidabile, era diventato una risorsa preziosa nella ricerca di un nuovo ordine mondiale.

Le oscillazioni politiche di Helms riflettevano in molti modi il declino del repubblicanesimo tradizionale, e alla fine della sua carriera si poteva dire che l'ex titano del nazionalismo americano non solo era stato influenzato dal Nemico Interno, ma era di fatto diventato uno dei nemici del Nemico Interno.

# CAPITOLO XXXII

## La capra di Giuda fin dall'inizio: Newt Gingrich: la voce del conservatorismo corrotto - Il repubblicano preferito dal nemico interno

Un'esclusiva pubblicata sulla prima pagina del numero del 28 gennaio 1985 di *The Spotlight* ha rivelato - con grande costernazione di molti sedicenti "conservatori" - che Newt Gingrich, deputato della Georgia, all'epoca un poco noto "arretrato" alla Camera dei Rappresentanti, era la mente dietro una cricca di repubblicani internazionalisti che lavoravano per demolire la storica posizione nazionalista del GOP in politica estera.

Purtroppo, questo onesto sforzo di smascherare la tendenza internazionalista di Gingrich è stato accolto con un misto di sdegno e disprezzo da molti conservatori che sono stati fuorviati dai media mainstream e hanno seguito il particolare marchio di "leadership" del deputato della Georgia.

*I riflettori* hanno rivelato che Gingrich, insieme a molti altri repubblicani della Camera (i deputati Vin Weber [Minn.], Connie Mack [Fla.] e Robert Walker [Pa.]), aveva partecipato a un incontro segreto con l'editore del *Washington Post* Donald Graham e la direttrice della pagina editoriale *del Post* Meg Greenfield.

Gingrich e i suoi colleghi legislatori del GOP si erano soprannominati Conservative Opportunity Society (COS), mentre i loro critici li chiamavano Conservative Opportunists' Society.

In questo incontro, riporta *The Spotlight*, Gingrich e i suoi colleghi hanno effettivamente concordato di lavorare per rimodellare l'ala cosiddetta "conservatrice" del partito repubblicano e di usare la loro influenza per spostare il GOP nel campo dell'internazionalismo.

In cambio, il *Post* accettò di dare a Gingrich e ai suoi colleghi una grande quantità di pubblicità favorevole sulle pagine dell'influente quotidiano della capitale. Fino a quel momento, Gingrich e i suoi colleghi erano stati relegati dai media al rango di "banchieri", talvolta addirittura dipinti come "estremisti" e "disturbatori".

Gingrich e i suoi colleghi hanno dichiarato al *Post* che sarebbero favorevoli a sanzioni economiche contro il regime anticomunista e filoamericano del Sudafrica. Si tratta, ovviamente, di un'inversione di 180 gradi rispetto alla posizione tradizionale dei "conservatori", che sostengono il Sudafrica e si oppongono alle sanzioni.

In breve tempo, hanno effettivamente chiesto sanzioni, portando l'editorialista Pat Buchanan a dichiarare Gingrich e compagnia "rinnegati" colpevoli di "pugnalare il Sudafrica alle spalle". Adottando questa nuova posizione, Gingrich e la sua cricca del COS hanno effettivamente unito le forze con gli internazionalisti liberali del Congresso che da decenni conducono una guerra contro il Sudafrica.

Poco dopo, il *Washington Post* pubblicò un profilo entusiasmante di Gingrich. Questa pubblicazione aprì la strada a molti altri articoli di questo tipo, volti a promuovere Gingrich e a metterlo in una buona posizione per la sua elezione finale a capogruppo di minoranza della Camera (seconda posizione nella gerarchia del GOP).

Poi, tra l'indignazione dei repubblicani nazionalisti, Vin Weber, collega di Gingrich alla COS, ha scritto un articolo sul *Post* (mai ammesso come forum per i conservatori del GOP), invitando il GOP a diventare "il nuovo partito internazionalista dell'America".

Alla fine, l'esclusiva mondiale di *The Spotlight* sull'incontro segreto tra Gingrich e il *Post* è stata confermata dal *Post* stesso, ma solo dopo che Gingrich aveva raggiunto una posizione di influenza. In breve, la "teoria del complotto" di *The Spotlight* - come alcuni l'hanno definita - si è rivelata non una "teoria del complotto", ma un fatto.

Come ha sottolineato *The Spotlight*, Gingrich stesso è un convinto internazionalista, riconosciuto come tale dal movimento autoproclamatosi "new age". Una rivista internazionalista, *New Options, ha* addirittura salutato Gingrich come un legislatore "globalmente responsabile".

In linea con il suo orientamento, nel 1983 Gingrich si unì al deputato Albert Gore Jr. (D-Tenn.), il futuro vicepresidente, presentando una proposta di legge per "consigliare il presidente su 'tendenze critiche e futuri alternativi'". - uno sforzo annunciato da un noto giornale "one world", *Leading Edge.*

Tutto ciò non dovrebbe sorprendere gli osservatori di Gingrich di lunga data. Nel 1968, quando Ronald Reagan, allora governatore della California, e Richard Nixon si contendevano l'appoggio dei "conservatori" nelle rispettive candidature alla nomination presidenziale del Partito Repubblicano, Gingrich scelse di arruolarsi come coordinatore regionale del Sud-Est per uno dei loro avversari, il governatore di New York Nelson Rockefeller. In seguito, prima della sua elezione al Congresso, Gingrich insegnò alla Emory University di Atlanta, Georgia, finanziata da Rockefeller e avamposto dell'impero di Rockefeller.

La realtà di ciò che Gingrich realmente rappresenta si riflette nel suo ruolo critico nel passaggio del NAFTA al Congresso. Gingrich ha assicurato quasi da solo il passaggio dell'accordo di libero scambio nordamericano (NAFTA), che uccide posti di lavoro e distrugge la sovranità. Ha raccolto i voti del GOP necessari per far passare il NAFTA, consegnando la vittoria al suo collega del Council on Foreign Relations, finanziato da Rockefeller, il Presidente Bill Clinton.

Il 3 settembre 1995, *il Washington Post* assicurava ai suoi lettori che Gingrich si stava comportando bene, nonostante le numerose critiche pubbliche rivoltegli da alcuni liberali. *Il Post* non tardò a prendere le difese del nuovo Presidente della Camera dei Rappresentanti, sottolineando in un titolo che "Per l'ultradestra, Gingrich è solo uno strumento della cospirazione del governo mondiale". *Il Post* affermava che "chiunque dia un'occhiata a *The Spotlight*, il settimanale della Freedom Lobby di estrema destra , sa che... Gingrich è tutt'altro che il leader del loro movimento; ai loro occhi, sta lavorando attivamente per sovvertirlo". (*Il Post* si è guardato bene dal dire che è stato *The Spotlight* a denunciare per primo l'accordo segreto tra Gingrich e il *Post*). Secondo il commento sarcastico e poco concreto del *Post*, "i paranoici sono convinti che il georgiano sia in combutta con il presidente Clinton, i Rockefeller, i massoni, il Council on Foreign Relations e l'intero establishment orientale per abrogare la Costituzione e forgiare un nuovo ordine mondiale sotto il controllo dei banchieri centrali ebrei e delle Nazioni Unite".

Il *Post* conclude: "È importante che gli opinionisti nazionali comprendano l'abisso che separa la maggior parte dei repubblicani della Camera dalla destra demenziale. Gingrich e la sua rivoluzione del GOP possono essere controversi e provocatori, ma non sono la fonte dell'estremismo violento".

Quanto a Vin Weber, amico intimo di Gingrich e collega repubblicano alla Camera dei Rappresentanti, è stato costretto ad abbandonare una promettente carriera alla Camera dei Rappresentanti dopo essere stato colto in flagrante nello scandalo degli assegni della Camera.

Sebbene abbia dedicato molto tempo ed energie a promuovere le richieste di della lobby pro-Israele, compresi gli sforzi per disturbare gli sforzi per costringere il Congresso a indagare sull'attacco navale e aereo non provocato di Israele alla *U.S.S. Liberty* il 7 giugno 1967, che stava navigando pacificamente nel Mediterraneo e che uccise 34 americani e ne ferì altri 171, le malefatte finanziarie di Weber lo hanno raggiunto.

Inutile dire che, in cambio dei suoi sforzi, Weber ricevette sostanziosi finanziamenti per la campagna elettorale da parte di elementi pro-Israele.

Tuttavia, dopo che Weber lasciò il Congresso, i suoi amici dell'élite sionista gli assicurarono la futura sicurezza finanziaria. Weber è stato nominato membro del prestigioso gruppo globalista Council on Foreign Relations e successivamente è stato nominato dal Presidente George W. Bush a capo del National Endowment for Democracy, un'istituzione che promuove la "democrazia globale", che fa parte dell'agenda neoconservatrice.

Lo stesso Gingrich rinunciò al suo seggio al Congresso in seguito al clamore suscitato dalla relazione del presidente Bill Clinton con la stagista della Casa Bianca Monica Lewinsky. Poiché in seguito è stato rivelato che Gingrich aveva avuto una relazione extraconiugale alle spalle della sua seconda moglie, Marianne, molti hanno ipotizzato che la relazione di Gingrich (e la possibilità che diventasse una questione politica nell'aspra lotta per cercare di estromettere Clinton dalla carica) sia stata la ragione per cui ha lasciato l'incarico, forse convinto dai suoi colleghi repubblicani che fosse la soluzione migliore per il partito. In seguito, sposò la sua amante, che durante la relazione con il leader del GOP era cantante in un coro della chiesa.

Inoltre, vale la pena notare che mentre Gingrich era impegnato a Capitol Hill a difendere gli interessi israeliani, sua moglie Marianne era sul libro paga di un gruppo noto come Israel Export Development Company (IEDCO), che difendeva gli interessi finanziari di Israele in lucrosi accordi commerciali con gli Stati Uniti. In realtà, sembra che il lucroso accordo della signora Gingrich con la IEDCO sia stato interrotto nell'agosto 1994 dopo che lei e il marito si erano recati in Israele a spese dell'American Israel Public Affairs Committee, una lobby straniera pro-Israele.

Sebbene riceva uno stipendio mensile di 2.500 dollari, più le "commissioni", la signora Gingrich si è rifiutata di rivelare l'ammontare di queste "commissioni". E mentre la signora Gingrich ha risposto alle critiche sulla sua posizione vantaggiosa dicendo che "se dovessi ricevere tangenti politiche, non sarebbe per la quantità di denaro che guadagno", il fatto è che la cifra annuale di 30.000 dollari è proprio il tipo di cifra che vediamo spesso collegata alle tangenti politiche. interessante è che il presidente della IEDCO, Larry Silverstein, ha ammesso al *Wall Street Journal* che Gingrich è stato uno dei numerosi membri del Congresso che hanno esercitato pressioni per sostenere la proposta della sua società.

Sebbene i legami della moglie con Israele siano chiaramente un palese conflitto di interessi per Newt Gingrich, gli amici del deputato non vedono alcun problema, dal momento che è coinvolto "il nostro alleato Israele". Immaginate le proteste se la signora Gingrich avesse lavorato per interessi arabi

Oggi, Gingrich continua a fare rumore a favore di Israele e si dice che si stia preparando per una futura corsa alla presidenza, nonostante i suoi scandali passati. Si presenta persino - e i media lo aiutano a farlo - come un sostenitore della "riforma", nonostante i suoi precedenti di corruzione.

Alla fine, Gingrich non è solo un portavoce del Nemico Interno. È un nemico interno.

È un classico esempio di come i media mainstream abbiano creato e promosso un politico spudorato e assetato di potere, la cui lealtà non è chiaramente rivolta agli interessi del popolo americano - nonostante la sua retorica - ma piuttosto alle forze plutocratiche dell'élite sionista e globalista. Gli americani farebbero bene a respingere Gingrich ora e in futuro.

**Questa vignetta del 1849, intitolata "The Sword Crushing Lender" (Il prestatore che frantuma le spade), è una frecciata ai profitti di guerra della dinastia Rothschild (e, per essere corretti nei confronti dei Rothschild, di altre case bancarie ebraiche) che prestavano il denaro (spesso a entrambe le parti) che forniva alle teste coronate d'Europa i fondi per intraprendere guerre apparentemente senza fine contro regni rivali (spesso governati da membri della loro stessa famiglia). Sullo sfondo, una figura simile a un topo (presumibilmente un agente dei Rothschild) sussurra all'orecchio di un re sorridente che indossa una corona, presumibilmente per "consigliarlo" sulla necessità di intraprendere una guerra futura. Approfittando dello spargimento di sangue, i Rothschild costruirono la più grande fortuna del mondo, che a sua volta alimentò altre grandi fortune familiari sioniste. Queste élite plutocratiche alleate - che traggono sempre profitto dalla guerra - usano ogni mezzo a loro disposizione per distruggere chi si oppone a loro e per promuovere chi obbedisce loro.**

# Una storia più recente...

## Introduzione alla Parte VI

**EVENTI ESPLOSIVI...**

Nelle pagine precedenti abbiamo esplorato una vasta storia di intrighi ingloriosi che abbraccia molti luoghi. Abbiamo coperto un terreno a dir poco vasto.

Nei capitoli successivi, tuttavia, entreremo più nel dettaglio, descrivendo le attività delle Capre di Giuda e del Nemico Interno che sono state intimamente legate ad alcuni degli eventi più devastanti - veri e propri olocausti, secondo qualsiasi definizione - che abbiano mai avuto luogo sul suolo americano.

Dal primo attacco al World Trade Center, alla bizzarra tragedia di Waco, all'orribile attentato di Oklahoma City, vedremo quanto sia stato esteso (e tuttavia ancora nascosto) il ruolo delle capre di Giuda, anche in alcuni degli eventi di più alto profilo del nostro tempo.

# CAPITOLO XXXIII

## Il legame tra FBI, ADL e Mossad durante il primo attacco al World Trade Center: Una storia poco conosciuta (e spaventosa)

Probabilmente non è una coincidenza che un ex funzionario dell'FBI, che ha contribuito a nascondere i legami del Mossad con il primo attentato al World Trade Center nel 1993 - così come la precedente conoscenza dell'FBI della pianificazione del crimine - sia stato poi nominato, per un breve periodo, capo della famigerata divisione "fact-finding" (spionaggio) della Anti-Defamation League (ADL) del B'nai B'rith.

Neil Herman, un veterano dell'FBI da 27 anni, è succeduto a Gail Gans, nominata alla carica dopo la morte dell'esperto di spionaggio dell'ADL Irwin Suall. Ex capo della Joint Terrorist Task Force dell'FBI, Herman non solo ha svolto un ruolo chiave nell'"indagine" sul World Trade Center, ma ha anche supervisionato l'indagine altrettanto sospetta dell'FBI sull'incidente del volo TWA 800 al largo di Long Island il 16 luglio 1997.

Il fatto che un alto funzionario dell'FBI ricopra una posizione chiave all'interno dell'ADL è un segnale inquietante del fatto che la relazione segreta di lunga data tra l'FBI e l'ADL, forgiata negli anni precedenti la Seconda Guerra Mondiale, viene ora "pubblicizzata" con vigore.

Come spia principale dell'ADL, Herman è stato in grado di fornire all'ADL contatti molto più estesi che mai all'interno dell'FBI e della comunità dei servizi segreti, ma, curiosamente, non è rimasto a lungo al suo posto.

Poco dopo l'annuncio della sua nomina da parte della stampa newyorkese, Herman sembrò scomparire dallo schermo radar e ancora oggi su Internet si trovano pochissime informazioni su di lui. Mark Pitcavage gli succedette come capo delle operazioni di spionaggio.

È ovviamente possibile speculare sul perché abbia lasciato il campo dell'ADL così rapidamente - se lo ha fatto - ma il fatto è che Herman, posizionato come era nell'indagine sul primo attacco al World Trade Center, era chiaramente coinvolto nell'insabbiamento della connessione israeliana, poco conosciuta e raramente commentata, con il primo tentativo di far crollare le torri gemelle, che alla fine è caduto l'11 settembre 2001.

Ecco i fatti sul legame del Mossad con la tragedia, rivelati per la prima volta dal giornalista investigativo Robert I. Friedman in un articolo pubblicato il 3 agosto 1993 su *The Village Voice*, un settimanale indipendente di sinistra di New York che talvolta ha osato criticare Israele.

Friedman ha riferito che Ahmad Ajaj, un palestinese di 27 anni della Cisgiordania in custodia federale per l'attentato al World Trade Center, potrebbe essere una talpa del Mossad, secondo le fonti dell'intelligence israeliana di Friedman.

Ajaj fu arrestato all'aeroporto Kennedy il 1° settembre 1992, dopo che venne a sapere che era arrivato su un volo internazionale pakistano da Peshawar con un falso passaporto svedese e manuali per la fabbricazione di bombe. Fu preso in custodia e in seguito si dichiarò colpevole di essere entrato illegalmente nel Paese. Il compagno di viaggio di Ajaj era Ramzi Ahmed Yousef, un iracheno che, secondo fonti della polizia, era un "personaggio chiave" nell'attentato al World Trade Center.

Sebbene l'FBI abbia identificato Ajaj come un terrorista di alto livello dell'Intifada con legami con Hamas, l'organizzazione fondamentalista islamica palestinese *Kol Ha'ir*, un rispettato settimanale in lingua ebraica pubblicato a Gerusalemme, ha dichiarato che Ajaj non è mai stato coinvolto in attività dell'Intifada, né con Hamas o addirittura con l'Organizzazione per la Liberazione della Palestina.

Secondo *Kol Ha'ir*, invece, Ajaj era in realtà un piccolo truffatore arrestato nel 1988 per aver contraffatto dollari americani da una base a Gerusalemme Est. Ajaj è stato condannato per le accuse di contraffazione a due anni e mezzo di prigione.

Secondo Friedman, che scrive su *The Village Voice*: "È stato mentre era in prigione che il Mossad, la CIA israeliana, lo ha apparentemente reclutato, dicono fonti dell'intelligence israeliana. Quando è stato rilasciato dopo aver scontato una pena di un solo anno, sembra che abbia subito una trasformazione radicale". Friedman riferisce che Ajaj era improvvisamente diventato un musulmano devoto e un nazionalista convinto. Poi Ajaj è stato arrestato per contrabbando di armi in Cisgiordania, presumibilmente per El Fatah, una fazione dell'OLP.

Ma Friedman sostiene che si trattava in realtà di una messinscena. Le fonti di Friedman nei servizi segreti israeliani sostengono che l'arresto e la successiva deportazione di Ajaj sono stati "inscenati dal Mossad per stabilire le sue credenziali come attivista dell'Intifada".

Il Mossad avrebbe "incaricato" Ajaj di infiltrarsi nei gruppi radicali palestinesi che operano fuori da Israele e di riferire a Tel Aviv. I servizi segreti israeliani sostengono che non è raro che il Mossad recluti tra le fila di criminali comuni".

Dopo la sua "espulsione" da Israele, Ajaj è apparso in Pakistan, dove si è trovato in compagnia dei ribelli antisovietici Mujihideen in Afghanistan.

In effetti, secondo il *Covert Action Information Bulletin* (settembre 1987), le linee di finanziamento e di rifornimento dei Mujahedin non erano solo "la seconda più grande operazione segreta" nella storia della CIA, ma anche, secondo l'ex agente del Mossad Victor Ostrovsky (che scrive in *The Other Side of Deception*), sotto la diretta supervisione del Mossad.

Secondo Ostrovsky: "Si trattava di una rete complessa, perché gran parte delle armi dei Mujahedin erano di fabbricazione americana e venivano fornite ai Fratelli Musulmani direttamente da Israele, utilizzando come portatori i nomadi beduini che si aggiravano nelle zone demilitarizzate del Sinai".

Dopo le avventure di Ajaj con i Mujahideen, è apparso a New York e ha affermato di essere amico dei membri di una piccola cricca cosiddetta "radicale" che circonda lo sceicco Abdel-Rahman, accusato di essere il responsabile dell'attentato al World Trade Center.

Il 26 febbraio 1993, proprio il giorno dell'attentato al World Trade Center, Ajaj era "al sicuro" in una prigione federale dove stava scontando una condanna a sei mesi per essere entrato nel Paese con un passaporto falso. In seguito fu accusato di cospirazione nell'attentato al WTC.

Secondo Robert Friedman, "se Ajaj è stato reclutato dal Mossad [sottolineatura di Freidman], non si sa se abbia continuato a lavorare per l'agenzia di spionaggio israeliana dopo la sua espulsione. Una possibilità, naturalmente, è che lasciando Israele e incontrando musulmani radicali vicini allo sceicco egiziano cieco, abbia cambiato lealtà".

Tuttavia, Friedman ha menzionato anche un'altra spaventosa possibilità: "Un altro scenario è che egli avesse una conoscenza preliminare dell'attentato al World Trade Center, che ha condiviso con il Mossad, e che il Mossad, per qualche motivo, gli abbia tenuto nascosto il segreto. Se questo è il caso, l'intelligence statunitense ritiene che il Mossad possa aver deciso di tenere segrete le informazioni per non compromettere il suo agente sotto copertura".

Friedman ha aperto una nuova strada con queste rivelazioni, che sono state ignorate dalla stampa tradizionale.

*Ciò che Friedman non ha menzionato - e che è stato rivelato solo in seguito - è che la copia del famigerato "Manuale di addestramento per terroristi di Al Qaeda", ampiamente pubblicizzato dopo il secondo attacco al World Trade Center dell'11 settembre 2001, era stata trovata... in possesso di*

*Ahmad Ajaj, l'informatore del Mossad sotto copertura nel primo attacco al WTC. Questo punto dice molto, molto più di quanto possiamo approfondire in queste pagine.*

Ma la storia del primo attentato al WTC non finisce qui: si scopre anche che la stessa FBI aveva un suo informatore sotto copertura nel "complotto della bomba araba" e non fece nulla - e dico nulla - per evitare che la tragedia si verificasse.

I fatti indicano che l'FBI aveva un informatore all'interno della cosiddetta "cellula terroristica araba" che potrebbe aver rappresentato il Mossad israeliano nell'attentato al World Trade Center. Sebbene gli americani abbiano appreso che uno sceicco arabo cieco, Omar Abdel-Rahman, era la mente dell'attacco, ciò che non sanno è che una delle guardie di sicurezza dello sceicco, Emad A. Salem, era un informatore dell'FBI che aveva informato l'FBI sull'attentato. Salem, era un informatore dell'FBI che aveva informato l'FBI in anticipo sui dettagli dell'attentato.

L'FBI aveva ufficialmente interrotto i contatti con Salem sette mesi prima dell'attentato. Tuttavia, all'indomani della tragedia, l'FBI riprese i rapporti con Salem. In quel periodo, però, Salem, all'insaputa dell'FBI, iniziò a registrare i suoi scambi con il suo agente.

Le conversazioni registrate di Salem hanno confermato che l'FBI era effettivamente a conoscenza dell'attentato al World Trade Center. Le registrazioni indicano che Salem aveva detto all'FBI che avrebbe sabotato il complotto sostituendo i componenti esplosivi della bomba con una polvere inerte, dopodiché l'FBI sarebbe potuta intervenire e catturare le persone coinvolte nel complotto.

Nel suo libro *"The Medusa File"*, l'investigatore Craig Roberts, ufficiale di polizia con 26 anni di servizio e veterano della Marina degli Stati Uniti in Vietnam, ha descritto i parametri di questo scandalo che è stato efficacemente insabbiato dai media tradizionali. Secondo Roberts

> Sembra che l'FBI avesse più di un "informatore" nella cellula terroristica di Rahman. Si trattava infatti di un agente dei servizi segreti egiziani di nome Emad Salem, che riferiva direttamente al suo agente di controllo dell'FBI, l'agente speciale John Anticev. È emerso che Salem era stato assunto per infiltrarsi nel gruppo di Rahman molto prima dell'attentato e che riferiva regolarmente sulle attività dei radicali, compresi i loro piani per compiere attentati nell'area di New York.

> Quello che l'FBI non sapeva è che Salem stava registrando le conversazioni con i suoi agenti di controllo. Le registrazioni raccontano una storia molto diversa dalle versioni ufficiali

dell'"indagine". *Secondo il New York Times*, che è riuscito a ottenere le trascrizioni segrete di alcune di queste conversazioni, l'FBI sapeva in anticipo quando la bomba sarebbe stata piazzata, chi l'avrebbe fatto, i nomi di tutti i membri della cellula terroristica e dove era stato noleggiato il camion. Peggio ancora, una registrazione si spinge oltre. Sembra che l'FBI non solo fosse a conoscenza della pianificazione, ma che abbia anche aiutato gli attentatori a procurarsi e costruire la bomba

Il piano originale dell'FBI prevedeva che l'informatore fornisse una sostanza non esplosiva etichettata come "nitrato di ammonio" e la utilizzasse per costruire una "bomba" che non sarebbe esplosa. L'FBI doveva solo dimostrare alla corte gli elementi della cospirazione e dell'intenzione. Si tratterebbe di una classica operazione sotto copertura e l'FBI apparirebbe sui media come un eroe, , il che le consentirebbe di migliorare la sua immagine offuscata dalla debacle di Ruby Ridge nell'Idaho.

Invece di arrestare i cospiratori quando ricevette informazioni interne sulla preparazione dell'attentato, l'FBI mantenne la sua fonte e continuò a monitorare i progressi dei terroristi nella pianificazione e nella preparazione del loro obiettivo. Secondo le trascrizioni, il piano fu modificato e l'informatore fu incaricato di fornire ai terroristi del vero materiale esplosivo. Forse il ragionamento alla base di questa scelta era semplicemente che la dimostrazione dell'"intenzione" poteva non essere sufficiente per stabilire un caso di terrorismo in un tribunale, e che se fossero stati trovati esplosivi veri, il caso si sarebbe stabilito da solo. Qualunque sia la ragione, il piano passò alla seconda fase: la fabbricazione della bomba.

Secondo i rapporti e le trascrizioni, Salem era stato incaricato non solo di fornire i materiali, ma anche di istruire e assistere nella costruzione della bomba stessa.... In [una] trascrizione, [Salem] ha ammesso [agli agenti dell'FBI] di aver usato fondi pubblici per procurare i materiali e costruire la bomba per il gruppo Rahman, come gli era stato ordinato di fare.

Questi interessanti dettagli sulla prima tragedia del World Trade Center forniscono un quadro molto diverso di ciò che è accaduto, rispetto a quanto ci è stato detto dall'FBI e dai suoi alleati dell'ADL. È un altro profilo inglorioso di come il Nemico Interno ha operato sul suolo americano, e che ovviamente pone la domanda:

"Se gli israeliani sono stati responsabili del primo attacco al World Trade Center nel 1993 - usando gli arabi come "false flag" - sono tornati nel 2001 per finire il lavoro

Non scommettete contro di essa.

# CAPITOLO XXXIV

## Il legame tra l'FBI e l'ADL che ha causato l'olocausto di Waco

Il 16 aprile 1993, appena tre giorni prima dell'olocausto nella chiesa davidiana di Waco, in Texas, un importante sostenitore della Anti-Defamation League (ADL) di B'nai B'rith rivelò pubblicamente il ruolo dell'ADL nell'istigare l'azione dell'FBI/BATF a Waco, presumibilmente ignaro, ovviamente, del fatto che la tragedia indotta dall'ADL doveva ancora arrivare.

In un articolo firmato nell'edizione del 16 aprile 1993 di *Heritage*, Herb Brin, l'editore dell'influente settimanale ebraico con sede nella California meridionale, ha elogiato la rete di intelligence dell'ADL e ha dichiarato categoricamente: "L'ADL non ha una rete di intelligence:

> Le autorità americane e texane dispongono di documenti precisi (dell'ADL, ovviamente) sulla setta davidiana di Waco e su come ha operato in passato.

In altre parole, è stata l'ADL a "consigliare" l'FBI e il BATF su come reagire ai Davidiani e su quali misure adottare per far uscire i membri della chiesa dal complesso.

E alla luce del rapporto tra l'FBI, il BATF e l'ADL, è chiaro che è stata la "documentazione" dell'ADL - per usare le parole di Brin - a portare all'Olocausto.

La sorprendente rivelazione di Brin (apparentemente concepita per elogiare le attività dell'ADL) ha portato alla luce la verità sulla propaganda e la disinformazione dirette contro la setta religiosa dei Davidiani, sfortunata e assediata. Naturalmente, i Davidiani furono massacrati tre giorni dopo.

Nonostante tutto quello che è stato scritto su Waco, l'unica pubblicazione che ha rivelato il ruolo dell'ADL (oltre al giornale *Heritage* di Brin) è stato *The Spotlight*, in un servizio speciale pubblicato il 17 maggio 1993, poco dopo l'olocausto di Waco.

Sebbene l'FBI e il BATF abbiano avuto un ruolo di primo piano nel fallito raid contro la chiesa di Branch Davidian a Waco, in Texas, con la perdita di diversi agenti del BATF, il fatto è che l'ADL era attiva dietro le quinte .

Anche i documenti pubblicati successivamente dalla stampa cosiddetta "mainstream" forniscono ulteriori prove dell'esistenza di agenzie "esterne", come l'ADL, che spingevano il governo a commettere l'olocausto di Waco.

Mi vengono in mente due esempi notevoli, che meritano di essere messi agli atti ufficiali,

In primo luogo, il 1° maggio 1995, il *Washington Times* pubblicò un articolo di Dan Freedman della Hearst newspapers che rivelava

> Peter Smerick, il più importante analista criminale dell'FBI e il profiler di David Koresh, ha rotto il suo silenzio per accusare i funzionari del Bureau di avergli fatto pressioni per cambiare i suoi consigli su come risolvere la situazione senza spargimento di sangue.... [Aveva consigliato un approccio cauto e non conflittuale a Koresh in quattro memo scritti da Waco ad alti funzionari dell'FBI tra il 3 e l'8 marzo 1993. Ma, secondo Smerick, subì pressioni dall'alto mentre redigeva un quinto promemoria il 9 marzo. Di conseguenza, questo memorandum conteneva sottili cambiamenti di tono e di enfasi che equivalevano a un'approvazione di un approccio più aggressivo contro i Branch Davidians.

Sebbene Smerick fosse inizialmente riluttante a puntare il dito accusatore contro i suoi ex superiori dell'FBI, cambiò idea, secondo il rapporto, "dopo essersi convinto che il processo di analisi criminale tradizionalmente indipendente dell'FBI era stato compromesso a Waco".

Come dimostrano le prove, è stata l'ADL, usando la sua influenza ai più alti livelli dell'FBI, a causare la pubblicazione dell'analisi errata e distorta che ha portato alla tragedia di Waco.

Tuttavia, solo il 2 luglio 1995 un articolo pubblicato nella sezione opinioni del *Washington Post* ha rivelato - almeno in parte indirettamente - i dettagli del coinvolgimento di gruppi esterni, uno in particolare con stretti legami di lunga data con l'ADL.

L'autore dell'articolo in questione è J. Gordon Melton, direttore dell'Institute for the Study of American Religion di Santa Barbara, California, e autore dell'autorevole *Encyclopedia of American Religions*. Il suo coautore era Lawrence Criner, un giornalista.

Sotto il titolo "Cosa potrebbero dirci le udienze" c'era un sottotitolo provocatorio che poneva la domanda: "Le autorità federali hanno ascoltato gli "esperti" sbagliati?". - una domanda che Melton e Criner ritengono che le tanto discusse audizioni del Congresso su Waco dell'epoca dovrebbero affrontare se si vuole che l'indagine sia completa. (In realtà, questo aspetto è stato praticamente ignorato negli esami molto sommari della vicenda di Waco che sono stati condotti).

Hanno fatto notare che alcuni membri del Congresso volevano distogliere l'attenzione dalla verità su Waco per passare allo spauracchio della "milizia", mentre altri, soprattutto repubblicani, speravano di usare le udienze per mettere in imbarazzo l'amministrazione democratica di Clinton.

Melton e Crinter hanno dichiarato: "Sarebbe deludente se lo scopo di andasse perduto nella confusione della politica statunitense, specialmente quando emergono nuove informazioni su ciò che accadde dietro le quinte prima che il complesso davidiano venisse incendiato". Ecco la grande domanda, secondo gli autori: "Qual era esattamente la giustificazione dell'assedio e chi ha contribuito a metterla in atto

Gli autori esaminano in dettaglio il conflitto all'interno dell'FBI sull'approccio preciso da adottare nei confronti dei Davidiani, notando in particolare i problemi incontrati da Peter Smerick dell'FBI (già citato in precedenza) e l'incapacità delle autorità di cercare di comprendere la teologia religiosa di Koresh e l'impatto che avrebbe avuto sullo stallo - una questione che gli autori considerano un fattore importante che è stato esplicitamente ignorato. Gli autori proseguono suggerendo che

> Un'altra area che le udienze dovranno esplorare è quella dei legami tra le forze dell'ordine e gli "esperti" esterni con interessi acquisiti. In questo caso, l'FBI era stata preparata all'epoca dal movimento anti-culto, i cui ideali sono incarnati dal Cult Awareness Network (CAN) e dall'American Family Foundation.

> Per anni, queste organizzazioni hanno presentato il loro punto di vista sul controllo e la manipolazione della mente a chiunque volesse ascoltarle, compresa l'FBI. L'accusa che i culti si stessero preparando al suicidio di massa era parte integrante di questo punto di vista. Durante Waco, l'FBI si basò molto su un "libro bianco" scritto a condizione di anonimato che riassumeva questo punto di vista. L'agente Jamar, durante le prime audizioni del Congresso su Waco, ne sottolineò l'"utilità" nelle settimane precedenti l'incendio.

> Un'altra persona che ha avuto un ruolo nel dramma davidiano è Rick Ross, che nel rapporto ufficiale del governo su Waco è indicato come "esperto di culti" e si descrive come "deprogrammatore". Ross disse all'FBI che "avrebbe aiutato volentieri le forze dell'ordine a distruggere una setta".

> Nancy Ammerman, professoressa di sociologia alla Emory

University, nel suo addendum al rapporto del governo, sostiene che Ross era "strettamente coinvolto con il BATF e l'FBI", fornendo all'ATF "il nome di un ex membro che riteneva potesse avere importanti informazioni strategiche". Ross ha recentemente dichiarato in una deposizione di aver "fatto da collegamento tra il BATF e David Block", un davidiano che si è ribellato al gruppo quando è stato "deprogrammato" da Ross nel 1992. Secondo il rapporto del Tesoro, le informazioni fornite da Block furono decisive nella decisione del BATF di fare irruzione nel complesso davidiano invece di emettere un mandato secondo la procedura abituale. Nessuno sembra aver messo in dubbio che Block fosse un testimone obiettivo o affidabile.

Dean Kelley, consigliere per la libertà religiosa del Consiglio Nazionale delle Chiese, ha scritto che "è stato sbagliato insistere sul fatto che la CAN non ha contribuito all'animosità contro Koresh e i suoi seguaci, quando Ross e altri oppositori della setta stavano facendo del loro meglio per far valere le loro ragioni in materia presso le autorità federali, i media e chiunque volesse ascoltare".

Alla luce della direzione presa dall'FBI, perché le autorità federali hanno teso a riporre più fiducia negli "esperti di culti" che nelle autorità accreditate per gli studi religiosi? Queste domande non sono state approfondite. Le audizioni del Congresso, se vogliono essere utili e rivelatrici, devono cercare di rispondere.

Il riconoscimento da parte degli autori del ruolo del Cult Awareness Network (CAN) e dell'American Family Foundation (AFF) è dinamite politica che avrebbe dovuto portare sotto i riflettori il ruolo meno noto dell'ADL a Waco.

Sebbene gli autori non abbiano citato l'ADL per nome - ma non c'è dubbio che fossero a conoscenza della sua esistenza - il fatto è che la CAN e l'AFF avevano da tempo stretti legami con l'ADL e ne condividevano persino gli uffici.

Nel 1974, un funzionario di lunga data dell'ADL, il rabbino Maurice Davis, fondò Citizens Engaged in Reuniting Families (CERF), un fronte di deprogrammazione che in seguito si fuse con l'American Family Foundation e il Cult Awareness Network.

L'ADL ha quindi istituito un centro anti-culto a tempo pieno presso la sede del B'nai B'rith a Washington, D.C. Il Centro per i Culti del B'nai B'rith condivideva gli uffici con la Rete per la Consapevolezza delle Culture. Il Centro per i culti del B'nai B'rith condivideva gli uffici con la Rete per la consapevolezza dei culti.

L'ADL ha così stabilito legami formali e permanenti con la FAF/CAN, che continuano tuttora.

E ciò che è ancora più intrigante del rabbino Davis - come abbiamo notato in precedenza in queste pagine - sono i suoi legami di lunga data con i famigerati esperimenti di controllo mentale MK-ULTRA della CIA, iniziati negli anni '50 e che prevedevano l'uso di LSD e altre droghe che alteravano la mente.

È chiaro che gli omicidi di uomini, donne e bambini innocenti a Waco sono direttamente attribuibili alle forze dell'ordine federali che hanno compiuto l'attacco. *Ma le prove dimostrano che la mano sporca dell'ADL era al lavoro dietro le quinte.*

# CAPITOLO XXXV

## Le capre di Giuda in parata: Andreas Strassmeir, Kirk Lyons e una sordida serie di altri nemici interni legati all'attentato di Oklahoma City

Se c'è una cosa assolutamente certa sull'attentato di Oklahoma City del 19 aprile 1995 è questa: informatori sotto copertura - le capre di Giuda - circondavano il presunto autore dell'attentato, Timothy McVeigh, ed erano chiaramente a conoscenza delle sue attività più clandestine.

Il nemico interno - rappresentato da gruppi come l'Anti-Defamation League (ADL) e il Southern Poverty Law Center (SPLC) - e le agenzie di intelligence come la CIA, l'FBI e il BATF, erano strettamente coinvolti nel monitoraggio (e nella direzione) delle attività della manciata di individui implicati (ma non necessariamente accusati) nell'attentato di Oklahoma.

E, naturalmente, dato il ruolo dell'ADL nella vicenda, è anche corretto dire che il principale braccio estero dell'ADL, il Mossad israeliano, era certamente a conoscenza degli eventi che hanno portato alla tragedia (e probabilmente li ha diretti).

Sebbene continuino a emergere numerose informazioni sull'insabbiamento dell'attentato da parte del Dipartimento di Giustizia e dell'FBI, è particolarmente triste che anche coloro che sono stati abbastanza aperti da discutere pubblicamente gli aspetti dell'insabbiamento abbiano avuto paura di avventurarsi fino a suggerire la probabilità di un coinvolgimento del Mossad israeliano. Ciononostante, esistono forti prove del ruolo degli informatori sotto copertura nelle circostanze della tragedia.

Il 12 maggio 1997, il famoso editorialista Sam Francis (ora deceduto) sollevò dubbi su un certo Andreas Strassmeir, che descrisse come "forse la più grande anomalia in tutta la vicenda" dell'attentato.

Fino a quel momento, solo *The Spotlight* e una manciata di pubblicazioni indipendenti avevano messo in dubbio che Strassmeir potesse avere un qualche legame con i tragici eventi.

Tuttavia, il 20 ottobre 1997, *il Washington Post* scosse il mondo altrimenti compiacente di coloro che decantano le "teorie del complotto" pubblicando un articolo del commentatore sindacale Robert Novak che suggeriva che informatori governativi sotto copertura - in particolare Strassmeir - potessero aver operato nella cerchia di Timothy McVeigh prima dell'attentato di Oklahoma City.

Novak si è soffermato su quelle che ha definito "questioni serie e preoccupanti" sollevate in un libro di Ambrose Evans-Pritchard, storico corrispondente da Washington del *Daily Telegraph* di Londra. Il libro, intitolato *The Secret Life of Bill Clinton: The Unreported Stories (La vita segreta di Bill Clinton: le storie non raccontate)*, si apre con 108 pagine di fatti sull'attentato di Oklahoma scoperti da Evans-Pritchard. Novak informava i suoi lettori che lo scrittore inglese non era "un pazzo teorico della cospirazione", ma che era "conosciuto a Washington per la sua accuratezza, il suo lavoro e il suo coraggio". Evans-Pritchard aveva "offerto indizi per scoprire un modello di bugie e inganni dopo Oklahoma City che, se verificato, si sarebbe avvicinato al Vietnam e al Watergate nel minare la fiducia dei cittadini americani nel loro governo".

In particolare, Novak ha descritto le indagini di Evans-Pritchard sulle strane attività di Strassmeir, un ex ufficiale dell'esercito tedesco che si trovava illegalmente negli Stati Uniti. Evans-Pritchard si è detto "certo" che Strassmeir fosse "sotto protezione federale". L'investigatore britannico ha anche esaminato le attività di un altro individuo, Dennis Mahon, che era strettamente legato a Strassmeir prima dell'attacco.

Secondo Evans-Pritchard, Mahon era convinto che Strassmeir fosse in realtà un informatore federale sotto copertura che riferiva all'FBI o al Bureau of Alcohol, Tobacco and Firearms (BATF) - o a entrambi - sulle attività dei cosiddetti estremisti di destra.

Il rapporto di Novak (basato su Evans-Pritchard) fa eco a quanto riportato da *The Spotlight* (come segue) il 16 giugno 1997

> Gli americani che hanno seguito i principali canali e i servizi delle agenzie di stampa sul processo McVeigh non sono stati informati - o lo sono stati molto poco - della testimonianza offerta da Carol Howe, un'ex informatrice a pagamento del BATF, le cui informazioni avrebbero potuto far luce non solo sul processo McVeigh, ma anche su altri casi, come l'omicidio di una giovane donna:
>
> - Le autorità federali erano a conoscenza di un complotto per far esplodere l'edificio federale di Oklahoma City; ma anche
>
> - La possibilità che un agente federale sotto copertura incoraggi attivamente tale attività...
>
> Il 28 maggio 1997, anche il *Denver Post* riportò ai suoi lettori le affermazioni di Howe, affermando che la sua testimonianza avrebbe

potuto essere "uno dei più grandi jolly del processo a Timothy McVeigh".

La signora Howe ha accusato l'immigrato tedesco Andreas Strassmeir di aver parlato di bombardare edifici federali.

*Il Denver Post* ha anche riferito che "sebbene l'FBI e i procuratori federali abbiano ripetutamente negato che Strassmeir o Mahon fossero sospettati dell'attentato, i documenti consegnati alla difesa provano che lo erano e che Howe è stato interrogato a lungo dagli agenti federali due giorni dopo l'attacco". *Pos* t ha anche riferito che "il governo si è rifiutato di parlare di Howe".

Poi, in quella che *il Rocky Mountain News* ha descritto il 28 maggio come una "sessione a porte chiuse", il giudice del processo McVeigh Richard Matsch ha stabilito che la testimonianza di Howe era "irrilevante" e non sarebbe stata ammessa.

Nonostante i tentativi di bloccare la testimonianza della signorina Howe, gli investigatori che hanno esaminato tutte le prove si sono concentrati più volte, in particolare sul ruolo dell'enigmatico Strassmeir.

Anche il ruolo dell'avvocato e amico intimo di Strassmeir, Kirk Lyons, apparso qualche anno fa a "destra", attira l'attenzione, in quanto è stato Lyons a svolgere un ruolo chiave nel far uscire Strassmeir dal Paese e dalle mani della difesa di McVeigh (si sa infatti che McVeigh aveva chiamato l'ufficio di Lyons poco prima dell'attentato).

Ciò ha dato adito a speculazioni sul fatto che Lyons agisse in realtà come "supervisore" di Strassmeir per il governo federale, che naturalmente desiderava tenere fuori dalle mani della giuria McVeigh qualsiasi prova di una precedente conoscenza di un complotto dinamitardo, soprattutto perché il proprio presunto informatore avrebbe potuto svolgere il ruolo di istigatore.

Il nuovo libro di Evans-Pritchard contiene anche informazioni intriganti sulla probabile identità dell'ormai famigerato "sconosciuto numero 2". Lo scrittore inglese suggerisce che lo sconosciuto numero 2 sia in realtà un uomo della Pennsylvania, Michael Brescia, che è stato visto con McVeigh e Strassmeir in almeno un'occasione. In definitiva, tuttavia, è probabile che siano stati coinvolti molti altri "sconosciuti".

Secondo Kirk Lyons, Strassmeir è arrivato negli Stati Uniti perché interessato alle rievocazioni della Guerra Civile. Questo sembra abbastanza innocente. Tuttavia, alla luce del coinvolgimento di Strassmeir nelle "rievocazioni della Guerra Civile", vale la pena notare che, secondo John

Hurley - direttore di lunga data del Confederate Memorial Hall (CMA) di Washington - la CIA ha spesso utilizzato le attività di rievocazione della Guerra Civile come copertura per le proprie operazioni segrete. Hurley ne sa qualcosa, avendo avuto a che fare con la CIA quando questa si è servita di prestanome per cercare di prendere il controllo del CMA e usarlo per le sue "operazioni segrete". In ogni caso, lo scrittore britannico Evans-Pritchard ha commentato

> Si presume che Strassmeir non potesse essere un agente della CIA perché operava sul suolo americano. Ma non è necessariamente così. Avrebbe potuto fare rapporto alla sezione servizi interni della CIA , che ha uffici in tutto il Paese. Secondo le procedure abituali, i suoi rapporti sarebbero stati inoltrati attraverso di essi alla Direzione delle operazioni della CIA. In alternativa, potrebbe essere stato un agente dell'FBI che lavorava sotto gli auspici della CIA. La mia ipotesi, per quanto possa valere, è che Strassmeir fosse una risorsa condivisa, prestata al governo statunitense, ma in ultima analisi di competenza dell'intelligence tedesca.

Evans-Pritchard ha anche sottolineato che i procuratori federali hanno dipinto McVeigh come "un radicale antigovernativo deciso a vendicare Waco", ma hanno "minimizzato" i legami di McVeigh con gli ambienti in cui operava Strassmeir. E, aggiunge, "così ha fatto la stampa americana". La domanda è: perché? Perché distogliere l'attenzione dal movimento suprematista bianco

Ma le cose sono ancora più oscure. L'8 giugno 2001, il *Times* di Londra ha pubblicato un articolo rivelatore su Strassmeir, in cui gli autori concludevano che Strassmeir era probabilmente un agente sotto copertura. Il *Times* riportava quanto segue: "La siringa che giustizierà McVeigh svuoterà Strassmeir di ogni significato, conferendogli lo status di nota a piè di pagina". In altre parole, la siringa eliminerà l'unica persona in grado di puntare il dito contro Strassmeir.

Il giornale osserva che Strassmeir è in grado di leggere l'ebraico - la lingua ufficiale di Israele - grazie a una fidanzata che ha prestato servizio nell'esercito israeliano, "non esattamente la scelta tipica di un neonazista", aggiunge il *Times*.

Inoltre, il *Times* sottolinea che quando Strassmeir è arrivato negli Stati Uniti ha "trovato facilmente amici - ufficiali dell'esercito in pensione, veterani della CIA, appassionati di storia - ed è entrato a far parte di una rete" che, secondo il *Times*, "è potente negli Stati Uniti, una rete di influenza che si estende al Pentagono e alle agenzie federali, alle chiese e ai consigli di amministrazione, alle piattaforme petrolifere e ai cantieri".

Questo non è il profilo di un "estremista neonazista" medio, ma certamente quello di un ufficiale dei servizi segreti.

Ulteriori prove fornite dall'investigatore indipendente J. D. Cash suggeriscono fortemente che Strassmeir sia stato l'informatore sotto copertura che ha informato i suoi superiori federali (che a loro volta hanno informato le autorità tedesche) del fatto che Gary Lauck, un editore del Nebraska di letteratura cosiddetta "negazionista dell'Olocausto", si stava recando in Danimarca.

Durante questo viaggio, Lauck è stato preso in custodia e poi deportato in Germania per essere processato, condannato e imprigionato secondo le leggi tedesche sul "controllo del pensiero" per il suo ruolo nella distribuzione di letteratura illegale (stampata negli USA) in Germania.

Sebbene il primo avvocato di Timothy McVeigh, Stephen Jones, e poi i suoi ultimi avvocati prima dell'esecuzione - Rob Nigh, Richard Burr, Nathan Chambers e Christopher Tritico - abbiano tutti affermato che Strassmeir aveva avuto un ruolo chiave nell'attentato di Oklahoma, i media statunitensi hanno tenuto segreta questa informazione.

Quando gli avvocati di McVeigh si sono appellati per bloccare la sua esecuzione, hanno citato documenti dell'FBI recentemente rilasciati che suggerivano che "c'erano prove, nascoste dal governo, che un'altra persona poteva essere la mente dell'attentato".

Gli avvocati hanno nominato Strassmeir e il suo amico, Dennis Mahon, come possibili co-cospiratori, accusando l'FBI di aver messo in atto uno "schema per sopprimere le prove" del loro ruolo, sostenendo che le informazioni contenute nei documenti dell'FBI "suggerivano che uno degli altri partecipanti all'attentato era un informatore delle forze dell'ordine federali".

In realtà, col tempo, cominciarono a emergere prove solide che identificavano chiaramente Strassmeir come un informatore sotto copertura.

Il già citato investigatore indipendente J.D. Cash e il suo collega, l'ex tenente colonnello dei Marines Roger Charles, hanno scoperto le prove, contenute in un documento declassificato dell'FBI, che dimostrano che *Andreas Strassmeir era un informatore sotto copertura (che si fingeva un "neonazista") che lavorava per conto di Morris Dees e del suo Southern Poverty Law Center (SPLC), con sede a Birmingham, in Alabama, un'operazione di intelligence privata.*

Il documento, una telescrivente elettronica di quattro pagine datata 4 gennaio 1996, è stato inviato dall'allora direttore dell'FBI Louis Freeh agli uffici dell'FBI coinvolti nelle indagini sull'attentato di Oklahoma. L'esistenza di questo documento è stata rivelata per la prima volta da Cash e Charles nel numero del 14 dicembre 2003 del quotidiano dell'Oklahoma *The McCurtain Daily Gazette*.

Anche se pesantemente redatto, il documento conferma quanto riportato da *The Spotlight* su Strassmeir e il suo amico intimo e avvocato Kirk Lyons. Nel documento declassificato, il direttore dell'FBI fa riferimento a un informatore dell'SPLC presente nel complesso "estremista" di Elohim City, al confine tra Arkansas e Oklahoma, e conferma che è stata fatta una telefonata a questo informatore il 17 aprile 1995, due giorni prima dell'attentato.

Sebbene i nomi del chiamante e del chiamato siano stati oscurati dai censori dell'FBI, è stato accertato che all'incirca alla stessa ora Timothy McVeigh ha telefonato a Elohim City per contattare Strassmeir, che apparentemente non era disponibile a rispondere alla chiamata.

Il memo dell'FBI afferma inoltre che una persona di Elohim City aveva "una lunga relazione con uno dei due cospiratori incriminati [per l'attentato]" (McVeigh e Nichols). Numerosi investigatori indipendenti hanno stabilito che Strassmeir era con McVeigh in diverse occasioni per un lungo periodo di tempo prima dell'attentato.

L'FBI, Lyons e altri, compreso l'SPLC, hanno insistito sul fatto che questo non provava il coinvolgimento di Strassmeir nell'attentato. Tuttavia, è ora chiaro da informazioni separate, insieme alle rivelazioni del memorandum di Freeh, che l'informatore dell'SPLC era effettivamente Strassmeir.

Cash e Charles hanno concluso che "i riferimenti a un informatore che lavorava per l'SPLC a Elohim City il giorno prima dell'attentato di Oklahoma City sollevano seri interrogativi su ciò che l'SPLC potrebbe sapere sulle attività di McVeigh nelle ultime ore prima dell'accensione della miccia di Oklahoma City - ma che l'SPLC non ha rivelato pubblicamente".

Entrambi gli investigatori hanno riferito che quando a Dees dell'SPLC è stato chiesto di spiegare cosa stesse facendo il suo informatore a Elohim City, egli ha dato la seguente spiegazione: "Se ti dicessi cosa stiamo facendo lì, dovrei ucciderti".

Dees ha affermato che l'SPLC ha inserito McVeigh nel suo "radar" solo dopo il suo arresto. Tuttavia, questo contraddice le prove che McVeigh era strettamente monitorato dalla Anti-Defamation League (ADL), alleata dell'SPLC, un anno prima dell'attentato. L'ADL e l'SPLC si scambiano regolarmente dati di spionaggio ottenuti da informatori.

Sebbene l'FBI abbia dichiarato che si prevedeva che Strassmeir sarebbe fuggito in Messico "nel prossimo futuro", Cash e Charles sottolineano che "nessuno degli uffici che ricevettero questa nota dal direttore dell'FBI si trovava in Texas, dove Strassmeir era appena arrivato e da dove si prevedeva che sarebbe fuggito attraverso il confine messicano". Inoltre, l'FBI non fece alcuno sforzo per visitare l'ufficio di Lyon in North Carolina, dove Strassmeir si era apparentemente nascosto prima di fuggire in Messico.

Secondo la *Gazette,* "sebbene Strassmeir fosse ricercato per essere interrogato in relazione all'attentato di Oklahoma al momento della sua fuga e si trovasse negli Stati Uniti illegalmente, questi fatti erano noti all'avvocato Kirk Lyons [.. che non è mai stato accusato di aver ospitato un fuggitivo, di aver ostacolato la giustizia o di essere stato sanzionato dall'ordine degli avvocati per il suo ruolo ammesso nell'aiutare un cliente a eludere le autorità federali".

Tutte le prove, compreso il memo dell'FBI, suggeriscono che Strassmeir era protetto dall'FBI anche prima dell'attentato. Inizialmente, l'ufficio BATF di Tulsa, Oklahoma, aveva richiesto un mandato di arresto per Strassmeir dopo che uno dei suoi informatori, Carol Howe, aveva riferito che Strassmeir stava pianificando di far saltare in aria un edificio federale statunitense. Ciò avvenne nel febbraio 1995, due mesi prima dell'attentato di Oklahoma.

Secondo la *Gazette,* Bob Ricks, agente speciale responsabile dell'ufficio dell'FBI di Oklahoma City, ha chiesto al procuratore distrettuale di Tulsa Steve Lawrence di impedire l'arresto di Strassmeir e un'incursione programmata a Elohim City, dove Strassmeir viveva.

In preparazione al processo di McVeigh, il suo avvocato, Stephen Jones, ha richiesto i documenti dell'FBI relativi alla sorveglianza di Elohim City. Tuttavia, l'FBI affermò di non avere informazioni che collegassero McVeigh a qualcuno della città, cosa che ora è stata chiaramente dimostrata come una menzogna.

Per esempio, sebbene Strassmeir abbia trascorso sette anni negli Stati Uniti, anche dopo la scadenza del suo visto, che lo rendeva uno straniero illegale, non è mai stato interrogato dall'FBI, nonostante il fatto che si sia associato a neonazisti che erano sotto inchiesta, molti dei quali erano collegati a una serie di rapine in banca a livello nazionale.

L'FBI non ha mai avuto bisogno di parlare direttamente con Strassmeir perché i suoi informatori hanno fatto da tramite e hanno passato le informazioni all'agenzia. Si tratta di una strategia di lunga data utilizzata dall'SPLC e dall'ADL per gestire le informazioni degli informatori e trasmetterle all'FBI e ad altre agenzie di polizia simili.

Non sorprende che Dees, l'SPLC e l'ADL si siano affannati a smentire il ruolo di Strassmeir nell'attentato e siano stati rapidi nel respingere le accuse dell'informatore del BATF Howe su Strassmeir.

Gli attacchi a Howe usano lo stesso linguaggio usato dall'amico di Strassmeir, Kirk Lyons, che si è unito a Dees e all'ADL fin dall'inizio, e da tutti i media d'élite che stanno cercando di rimuovere il legame tra Strassmeir e l'ADL.

Il fatto che l'ADL e Dees rifiutino categoricamente di ammettere il coinvolgimento di un presunto "neonazista" nello scenario dell'Oklahoma porta a chiedersi: "Perché?". L'unica spiegazione logica è che Strassmeir sia sempre stato un "informatore".

In realtà, come ora sappiamo, è stato l'ormai defunto *Spotlight* - *i cui* giornalisti hanno poi fondato l'*American Free Press* - *a* pubblicare gli articoli sull'attentato di Oklahoma City che Timothy McVeigh disse privatamente di aver "colpito molto da vicino".

La copertura di *Spotlight* era unica (e chiaramente di interesse per McVeigh) in quanto si concentrava sul "quadro generale", trasmettendo le prove che McVeigh era un piccolo ingranaggio in una vasta cospirazione che coinvolgeva molteplici agenzie di intelligence e informatori che lavoravano con McVeigh e la sua cerchia ristretta e manipolavano le loro azioni.

Oggi, gran parte di quanto scritto da *The Spotlight* è stato finalmente confermato per la prima volta. Sebbene McVeigh abbia pubblicamente affermato di essere un "attentatore solitario", in privato ha detto che *The Spotlight* stava andando nella giusta direzione e che aveva persino vanificato i suoi sforzi di rivendicare un ruolo singolare nella storia.

Due amici di McVeigh, condannati a morte nella prigione federale dell'Indiana, hanno scritto un libro che racconta la storia "interna" dell'attentato, basata in gran parte su ciò che McVeigh ha raccontato loro. *Secrets Worth Dying For*, di David Paul Hammer e Jeffrey William Paul, probabilmente , è molto più vicino alla verità di qualsiasi altro libro sull'argomento.

E, come già notato, sebbene McVeigh si sia pubblicamente proclamato un "attentatore solitario" - rifiutando persino il ruolo del suo amico Terry Nichols - McVeigh raccontò una storia molto diversa ai suoi amici in prigione. Quindi ciò che riporta *Secrets* è molto più credibile di ciò che si trova nei libri dei media "mainstream".

Il libro sostiene che McVeigh fu reclutato (mentre era ancora nell'esercito) da un superiore per immergersi nella retorica e nello stile di vita dei movimenti "miliziani" e "patrioti" americani, viaggiando di fiera d'armi in fiera d'armi e riferendo le sue scoperte. In breve, McVeigh era un "informatore" federale.

Tuttavia, sebbene insolito da un punto di vista psicologico, McVeigh condivideva chiaramente le opinioni di coloro che stava informando.

Alla fine, McVeigh ricevette l'ordine di organizzare una squadra di "estremisti" per realizzare un attentato terroristico negli Stati Uniti, al fine di dare alle autorità federali l'opportunità di reprimere i dissidenti politici in quel Paese. McVeigh orchestrò effettivamente un attentato (di cui riferì i dettagli ai suoi superiori) e questo complotto comprendeva almeno un altro informatore sotto copertura, l'ormai famigerato Andreas Strassmeir.

McVeigh stesso ha inviato una lettera a questo autore, Michael Collins Piper, dalla sua cella nel braccio della morte della prigione federale di Terre Haute, Indiana. La busta conteneva la stampa di un articolo su un individuo di nome Cary Gagan che sosteneva di avere informazioni riservate sull'attentato di Oklahoma. Di suo pugno, McVeigh scrisse sulla stampa: "Una bugia di troppo uccide un truffatore", suggerendo ovviamente che Gagan fosse un bugiardo.

Ma ciò che rendeva interessante la nota di McVeigh era che non avevo mai scritto nulla su Gagan. Al contrario, i miei scritti per *The Spotlight* si erano concentrati quasi esclusivamente sul legame con Strassmeir.

La mia reazione immediata nel ricevere questa nota da McVeigh è stata quella di dedurre che McVeigh mi stava comunicando indirettamente (con mezzi subdoli e indiretti) *che ciò che avevo scritto era giusto*. E ora, naturalmente, ho la soddisfazione di sapere che avevo sempre avuto ragione, con grande dispiacere di Andreas Strassmeir, Kirk Lyons e di tutti i loro alleati e manipolatori nel mondo oscuro delle azioni segrete.

Tuttavia, nonostante tutto questo, c'è molto di più nella terribile "storia dietro la storia" dell'attentato di Oklahoma City, che analizzeremo in dettaglio nelle pagine seguenti.

# CAPITOLO XXXVI

## Timothy McVeigh e l'ADL: una storia non raccontata

Subito dopo il tragico attentato di Oklahoma City, il giornale *Spotlight* di Washington D.C. ha inavvertitamente - e con mezzi sorprendenti - scoperto prove solide che il presunto attentatore, Timothy McVeigh, era in stretto e probabilmente continuo contatto con un agente della Anti-Defamation League (ADL) di B'nai B'rith, e che l'ADL stava monitorando regolarmente McVeigh da qualche tempo.

Probabilmente non sapremo mai se questo informatore fosse l'onnipresente Andreas Strassmeir, il cui sordido passato abbiamo già esaminato, o qualcun altro. Ma ecco i fatti che dimostrano che McVeigh e le sue attività erano strettamente monitorate dall'ADL.

Il 21 aprile 1995, in un'edizione mattutina, *il Washington Post* riportò - con grande sorpresa *di The Spotlight - che* nell'autunno del 1993 McVeigh - sotto il nome di "T. Tuttle" - aveva pubblicato un annuncio pubblicitario per quattro numeri settimanali di *The Spotlight*, a partire dal 9 agosto 1993.

Secondo il *Post*, la fonte di queste informazioni è un comunicato stampa dell'ADL. Inutile dire che *The Spotlight* è rimasto sorpreso nel venire a conoscenza di questa storia. Quando è stato informato dell'accusa, *il* team di *The Spotlight* si è dato da fare per trovare l'annuncio e i relativi documenti interni.

*The Spotlight* apprese presto da una fonte amica con contatti di alto livello con l'intelligence statunitense che il motivo per cui l'ADL sapeva che McVeigh aveva fatto pubblicità a *The Spotlight* era perché l'ADL aveva una "fonte interna" nell'entourage di McVeigh.

Nel frattempo, nel tardo pomeriggio, il team di *The Spotlight* rimase sbalordito quando il *Post pubblicò* il numero della tarda mattinata del 21 aprile 1995 e, nel ristampare il lungo articolo su McVeigh, rimosse *solo* il riferimento ai dati dell'ADL su McVeigh.

(Ora, a distanza di anni, secondo gli investigatori, la prima versione di questo articolo *del Post* sembra essere convenientemente scomparsa dagli archivi *del Post* - cosa molto insolita, dicono).

*The Spotlight* si è subito reso conto del motivo per cui il *Post* è corso in soccorso dell'ADL, nascondendo la conoscenza intima di McVeigh da parte dell'ADL quando ha ripubblicato la storia.

Sebbene McVeigh si sia impegnato a pubblicare lo stesso annuncio in quattro numeri consecutivi di *The Spotlight*, l'annuncio non è stato pubblicato nella prima settimana (9 agosto 1993) in cui era previsto. In realtà, è apparso solo una settimana dopo, nel numero del 16 agosto 1993. Tuttavia, quando l'ADL si affrettò a informare il *Washington Post*, quest'ultimo indicò che l'annuncio era apparso per la prima volta nel numero del 9 agosto.

In breve, sebbene l'ADL sapesse (tramite McVeigh o una fonte vicina a McVeigh) che McVeigh aveva stipulato un contratto per la pubblicazione di annunci su *The Spotlight* e lo avesse documentato nel suo fascicolo, l'ADL non sapeva che un conflitto di programmazione interno a *The Spotlight* aveva impedito la pubblicazione dell'annuncio quando era stato originariamente programmato.

Ironia della sorte, l'editore di *The Spotlight* alla fine ritirò l'annuncio (che riguardava una pistola lanciafiamme) perché, come disse, qualcosa sembrava "sospetto". Di conseguenza, l'annuncio non è mai stato diffuso come l'ADL aveva pianificato e annotato per la prima volta nel suo file di sorveglianza di McVeigh

Di conseguenza, dopo l'attentato, più di un anno dopo, quando l'ADL si è affrettato a fornire al *Washington Post* "informazioni" sul "legame" tra McVeigh e *The Spotlight*, ha erroneamente citato la data originale dell'annuncio. Tuttavia, l'ADL ovviamente scoprì subito (così come *The Spotlight*) che i dati dell'ADL non erano corretti e si affrettò a chiedere al *Post di* riscrivere l'articolo originale. Chiaramente, l'errore dell'ADL riflette la sua intima conoscenza dei contratti pubblicitari di McVeigh.

Dato che l'ADL è noto per comunicare le sue scoperte ad agenzie come l'FBI, il BATF, la CIA e il Mossad, il servizio di intelligence israeliano, è irragionevole chiedersi se anche qualcuna di queste agenzie fosse a conoscenza delle attività e delle intenzioni di McVeigh

Un ultimo punto va menzionato riguardo all'interesse dell'ADL per gli affari di Timothy McVeigh.

Tenendo presente che ci sono stati rapporti contrastanti sull'ora esatta in cui Timothy McVeigh è arrivato a Oklahoma City prima dell'attentato - cosa che il governo si è affrettato a sopprimere - dà credito alla teoria secondo cui potrebbe esserci stato un "Tim McVeigh No. 2" (cioè qualcuno che si è spacciato per McVeigh) come parte di una cospirazione più ampia di cui McVeigh potrebbe non essere stato a conoscenza.

Ecco una possibile risposta alla domanda su chi possa essersi spacciato per

McVeigh: dieci giorni dopo l'attentato, un terrorista israeliano "di destra" di 28 anni, Sharon Svi Toval (noto anche come Zvi Sharon), è stato arrestato a New York dalle autorità statunitensi. Toval è stato scortato in Israele sotto stretta sorveglianza.

L'unica fotografia di Toval pubblicata dal *New York Daily News* il 3 maggio 1995 mostra un giovane che, senza barba, baffi e kippah, potrebbe essere scambiato da un estraneo per Tim McVeigh, il presunto autore dell'attentato di Oklahoma, o per la persona del famoso identikit "John Doe No. 1" che le autorità pubblicarono subito dopo l'attentato e che fu usato per identificare McVeigh.

Alla luce di quanto riportato nel 1995, secondo cui gli avvocati di McVeigh stavano valutando la possibilità che "terroristi di destra" in Israele - o addirittura l'agenzia di intelligence israeliana, il Mossad - avessero avuto un ruolo nell'attentato , lo spettro di Toval è intrigante. Se a ciò si aggiunge l'ovvia conoscenza "dall'interno" delle attività di McVeigh da parte dell'ADL legata al Mossad, il caso si illumina di una luce completamente nuova.

Un altro punto merita di essere sottolineato: sebbene Timothy McVeigh abbia dichiarato prima della sua esecuzione di aver agito da solo nel consegnare una bomba al Murrah Building il 19 aprile 1995, non ha mai rivelato il nome della persona che, a Oklahoma City, il 17 aprile, due giorni prima dell'attentato, aveva inviato a *The Spotlight* quello che può essere descritto solo come un "avvertimento" che l'attentato era imminente.

L'esistenza di questo avvertimento dà credito all'affermazione di McVeigh secondo cui nessuno, a parte Terry Nichols e i loro amici, Michael e Lori Fortier, era a conoscenza del progetto di attentato. Inoltre, solleva due domande pertinenti: 1) L'ADL - che stava chiaramente monitorando McVeigh - era coinvolta nella distribuzione di questo "avvertimento" o sapeva chi era responsabile del suo invio? 2) Perché l'FBI si è rifiutata di commentare pubblicamente cosa ha fatto - se ha fatto qualcosa - per identificare la persona (o le persone) che ha inviato questo avvertimento a *The Spotlight*

Questa è la storia che solo *The Spotlight* e il giornale di sinistra newyorkese *Village Voice* (nel numero del 1° ottobre 1997) e successivamente *American Free Press* hanno osato riportare.

Il 20 aprile 1995, il giorno successivo all'attentato di Oklahoma City, il servizio postale *Spotlight* aprì una busta con il timbro postale "Oklahoma City".

La busta è stata inviata a *Spotlight* il 17 aprile, due giorni prima dell'attentato. L'indirizzo era scritto a mano, ma ora sappiamo che la calligrafia non è chiaramente quella di McVeigh.

All'interno della busta c'era una cartolina con una fotografia dell'epoca della Depressione che ritraeva una tempesta di polvere sull'Oklahoma. Questa famosa fotografia porta il titolo inquietante "Black Sunday" (che, per inciso, è anche il nome di un film di Hollywood sul terrorismo). La cartolina reca anche la didascalia stampata "Dust Storm Approaching at 60 mi. per hr.April 14, '35". (Tempesta di polvere in avvicinamento a 60 mph).

La cartolina era accompagnata da una fotocopia di un articolo di *The Spotlight* di una dozzina di anni fa sull'assassinio da parte del governo di Gordon Kahl, un critico del fisco e della Federal Reserve. Sulla busta e sul contenuto non c'erano né nome né indirizzo.

Quando il team di *The Spotlight* ha visto questa cartolina (appena un giorno dopo l'attacco), ha capito che c'era qualcosa sotto e ha chiamato l'avvocato *di The Spotlight*, Mark Lane, che ha immediatamente consegnato la cartolina originale e la busta al Procuratore Generale Janet Reno e all'FBI.

Sebbene questa strana cartolina indichi chiaramente che qualcuno sapeva in anticipo che l'attentato era imminente, l'FBI disse in seguito a Lane di aver "perso" la cartolina! Fortunatamente, *The Spotlight* ne aveva fatto una copia.

Quando James Ridgeway, noto editorialista del *Village Voice*, venne a conoscenza dell'esistenza della cartolina di questo autore, contattò l'FBI nell'aprile del 1997, ma il portavoce dell'FBI poté dire solo questo:

"Non abbiamo detto nulla al riguardo. (La grammatica sbagliata è quella del portavoce dell'FBI).

Sorgono diverse domande: Perché l'FBI non ha "detto nulla al riguardo"? Chi ha scritto sulla busta? È solo una strana coincidenza che una cartolina così inquietante sia stata spedita da Oklahoma City solo due giorni prima dell'attentato

Oppure è possibile che McVeigh stesso non sapesse che la cartolina era stata inviata a *The Spotlight* e non avesse nulla a che fare con essa - che qualcun altro abbia orchestrato l'invio come parte di un complotto segreto per coinvolgere *The Spotlight* nell'attentato (il che, ovviamente, sembra probabile).

Se *The Spotlight* avesse semplicemente gettato via la cartolina o se il suo avvocato non avesse consegnato il documento all'FBI, ci sono pochi dubbi su cosa sarebbe successo: l'FBI sarebbe stata informata della cartolina da una "fonte" e gli agenti dell'FBI avrebbero preso d'assalto gli uffici *di The Spotlight*, accusando lo staff di "ostacolare la giustizia" distruggendo le prove, ecc.

Non c'è dubbio che qualcuno diverso da Timothy McVeigh abbia indirizzato questa busta sospetta e inviato i documenti in essa contenuti *a The Spotlight, due* giorni prima dell'attentato. Questa persona sapeva dell'imminente attentato e, allegando l'articolo di *Spotlight*, stava implicitamente collegando la morte di Gordon Kahl (e il racconto della sua tragica storia *da parte di Spotlight*) all'attentato.

Il mistero che circonda questa cartolina dimostra senza ombra di dubbio che nell'attentato di Oklahoma City c'è molto di più di quanto McVeigh o l'FBI siano disposti ad ammettere. Il motivo per cui McVeigh decise di non raccontare tutta la storia è aperto alle speculazioni. Allo stesso modo, il fatto che l'FBI si rifiuti di parlare di questa cartolina non fa che alimentare i dubbi persistenti su ciò che è realmente accaduto a Oklahoma City.

In ultima analisi, l'FBI e i suoi alleati dell'ADL sanno molto di più sull'attentato di Oklahoma City di quanto vogliano ammettere, e probabilmente per un'ottima ragione: la rivelazione della verità dimostrerebbe, senza ombra di dubbio, che le Capre di Giuda - il Nemico Interno - sono state le responsabili finali di ciò che è accaduto a Oklahoma City in quel tragico giorno del 1995.

# CAPITOLO XXXVII

## Disinformazione centrale: propaganda sionista neo-conservatrice sull'attentato di Oklahoma City

Nella primavera del 2004, con l'appoggio dei principali elementi filo-sionisti del monopolio mediatico, figure di spicco della rete neo-conservatrice filo-israeliana hanno iniziato a promuovere un libro in cui si sosteneva che il leader iracheno Saddam Hussein fosse dietro l'attentato di Oklahoma City e che il presunto leader del terrorismo islamico Ramzi Yousef - un presunto agente del leader di Al-Qaeda Osama bin Laden - fosse un personaggio chiave nella vicenda.

La teoria secondo cui i due leader arabi, Saddam e Bin Laden, sarebbero stati coinvolti in un'improbabile alleanza per far saltare in aria il Murrah Building e dare la colpa a capri espiatori americani "tutti bianchi" è emersa proprio mentre i neoconservatori cercavano di spiegare il totale fallimento della guerra in Iraq guidata dagli Stati Uniti. Il gruppo "Saddam ha bombardato Oklahoma City" ha presentato questa teoria come una nuova giustificazione per una guerra che, come la maggior parte degli americani ora sa, era basata su una serie di spaventose bugie.

La promozione da parte dei neoconservatori *de Il terzo terrorista*, dell'ex giornalista televisiva di Oklahoma City Jayna Davis, è un mezzo a posteriori per giustificare le malefatte e la disinformazione dei neoconservatori e dei loro alleati in Israele che hanno contribuito allo scoppio della guerra.

L'ex direttore della CIA James Woolsey e Frank Gaffney (collega di lunga data dell'intrigante neoconservatore Richard Perle, indagato dall'FBI per spionaggio a favore di Israele) sono solo due dei neoconservatori che hanno prestato il loro nome per promuovere il nuovo libro.

Nel frattempo, anche *U.S. News & World Report*, pubblicato dall'ideologo filoisraeliano Mort Zuckerman, ex presidente della Conference of Presidents of Major American Jewish Organizations, e Fox News (di proprietà del miliardario filoisraeliano Rupert Murdoch) si sono uniti al coro di promozione del libro: .

Da parte sua, *il Wall Street Journal* non solo ha dato ampio risalto all'affermazione di Davis sul coinvolgimento di Saddam nell'affare

Oklahoma, ma l'ha persino collegata alla teoria del complotto elaborata dalla scrittrice neo-conservatrice Laurie Mylroie, che sostiene che Saddam sia dietro il primo attacco al World Trade Center nel 1993.

Inoltre, *Vanity Fair - pubblicato* dal titano dei media filo-israeliani S. I. Newhouse - ha offerto un profilo amichevole del vice segretario alla Difesa Paul Wolfowitz, notando che un "amico di lunga data" di Wolfowitz (presumibilmente il già citato Perle) sostiene che Wolfowitz ha creduto a lungo che Saddam fosse dietro la tragedia di Oklahoma.

Il background del principale sponsor di *The Third Terrorist* è particolarmente interessante: WND Books, una società di proprietà di Joseph Farah, editore del sito Internet World Net Daily . Non solo Farah ha operato a lungo nella sfera del miliardario Richard Scaife, i cui intrighi con la CIA risalgono a decenni fa, ma nel 2003 Farah è stato premiato come "giornalista dell'anno" dalla Zionist Organization of America, uno dei più ferventi sostenitori della guerra contro Saddam. Pur essendo arabo-americano, Farah è un fervente sostenitore di Israele e non è certo una fonte imparziale.

Veniamo al libro: Jayna Davis ha dimostrato in modo convincente che Timothy McVeigh viaggiava con almeno uno - e probabilmente più - cittadini iracheni (di stanza a Oklahoma City) nei minuti, giorni, settimane e mesi precedenti il disastro. E - anche se l'autrice non lo menziona mai - è stato l'ormai defunto *Spotlight* a prestare la massima attenzione all'indagine della Davis, anche se le fonti di informazione tradizionali hanno ignorato il suo lavoro.

Tuttavia, è chiaro che le cose sono cambiate. Ma per chi ha seguito da vicino il reportage di *The Spotlight* sul lavoro di Davis, nulla di tutto ciò è sorprendente, perché - come *The Spotlight* ha detto fin dall'inizio - le cosiddette prove del coinvolgimento "iracheno" puntavano in realtà altrove: cioè verso la probabilità che elementi che operavano all'interno degli Stati Uniti (e che manipolavano McVeigh) stessero preparando il terreno per un attacco terroristico che potesse essere falsamente incolpato di Saddam, proprio allo scopo di fomentare una guerra contro l'uomo forte iracheno - una guerra che alla fine ebbe luogo nella primavera del 2003.

Sebbene la Davis sia indubbiamente convinta che l'attentato sia di origine mediorientale, araba o musulmana, il suo libro presenta una serie di gravi problemi. In primo luogo, la Davis ha completamente ignorato le seguenti prove fondamentali:

- La testimonianza oculare di Jane Graham, una sopravvissuta all'attentato, che un giorno o due prima dell'attacco vide un gruppo di figure misteriose che piazzavano esplosivi all'interno dell'edificio Murrah; questi uomini non erano arabi, erano bianchi americani e non erano certo McVeigh o il suo presunto cospiratore, Terry Nichols

- La testimonianza di molti sopravvissuti all'attentato, tra cui V. Z. Lawton, che insistono sul fatto che ci fu una grande esplosione interna all'edificio Murrah dopo che il "camion bomba di McVeigh" esplose all'esterno, in strada

- Dati sismografici che indicano più di un'esplosione al momento del disastro

- E mentre numerosi articoli di stampa dell'epoca - provenienti da una vasta gamma di fonti - indicavano che altre bombe inesplose erano state trovate all'interno dell'edificio Murrah dopo l'esplosione, Davis ha dichiarato categoricamente che queste minacce di bomba "si sono rivelate innocue".

- Sebbene la Davis abbia fatto riferimento all'eroismo del membro del Dipartimento di Polizia di Oklahoma City Terrence Yeakey - quasi gratuitamente - non ha mai menzionato il fatto che il presunto suicidio di Yeakey è considerato "omicidio" dai suoi amici e familiari che ritengono, sulla base delle osservazioni di Yeakey all'epoca, che egli abbia assistito a qualcosa prima o dopo l'attentato che lo ha portato a credere che le autorità stessero coprendo la verità su ciò che è realmente accaduto.

- In particolare, Davis non ha mai fatto riferimento agli intrighi dell'ex ufficiale dei servizi segreti militari tedeschi di lingua ebraica Andreas Strassmeir, quasi certamente un informatore sotto copertura, che probabilmente lavorava per la CIA o l'FBI o per un'agenzia "privata" come il Southern Poverty Law Center o l'Anti-Defamation League (ADL) del B'nai B'rith, una risorsa riconosciuta dell'unità dei servizi clandestini di Israele, il Mossad.

Sebbene la Davis non intendesse esplorare tutti i misteri che circondano l'attacco, è sconcertante che abbia ignorato alcune delle domande più importanti sorte in seguito all'attentato. Si è concentrata sulla cosiddetta "connessione irachena", ma anche qui lascia più domande senza risposta che risposte.

Alcuni sostengono che il libro di Davis si limiti a esaminare una piccola parte di un quadro molto più ampio, ignorando dettagli rilevanti che, nel complesso, puntano in una direzione completamente diversa .

Davis non ha mai spiegato adeguatamente perché l'FBI - sotto Bill Clinton o George W. Bush - fosse così ansiosa di sopprimere le prove del coinvolgimento di Saddam Hussein e/o di militanti "islamici" o "arabi" che lavoravano con Saddam o nella sua sfera di influenza nella tragedia di Oklahoma.

La sua migliore spiegazione - anche se piuttosto debole - è stata la scusa che l'amministrazione democratica di Clinton (al potere all'epoca dell'attacco) non voleva ammettere di aver ignorato gli "avvertimenti" di un possibile attacco lanciati da un agente associato al Partito Repubblicano a Capitol Hill, l'"esperto di terrorismo" di origine israeliana Yosef Bodansky, che si dà il caso fosse una delle principali fonti di Davis. Davis ha sostenuto, in modo molto improbabile, che i democratici dell'amministrazione Clinton sarebbero stati inclini a liquidare gli avvertimenti di Bodansky come "propaganda sionista".

In effetti, da un certo punto di vista, potrebbe esserci del vero in questa affermazione, ma in un modo completamente diverso da quello suggerito da Davis.

Non c'è dubbio che, come ha dimostrato la stessa Davis, agenti israeliani sono atterrati a Oklahoma City subito dopo l'attentato e hanno iniziato a promuovere la teoria secondo cui, come ha detto una delle fonti israeliane della Davis, "la bomba che ha distrutto l'edificio Murrah è stata realizzata da terroristi arabi o da persone addestrate da terroristi arabi".

Ma ciò che Davis non ha mai esplorato (o menzionato, perché non si sarebbe adattato alla sua teoria) è la possibilità che l'amministrazione Clinton non avesse alcun desiderio di iniziare una guerra contro Saddam, riconoscendo che la rivendicazione israeliana che Saddam fosse dietro i bombardamenti era parte della spinta neoconservatrice di lunga data per rovesciare il leader iracheno.

In un caso, la Davis ha ricordato che uno staff del Senato le aveva detto di essere conosciuta come "la bambina con la pistola carica". Il timore era, disse, "che non sapessero dove l'avresti poi puntata". Sebbene Davis non abbia mai preso in considerazione questa eventualità, si potrebbe leggere in questa osservazione che l'accanimento di Davis si stava spingendo un po' troppo oltre.

In breve, se la signora Davis iniziasse a scavare troppo a fondo nella "connessione irachena", potrebbe scoprire qualcosa di completamente opposto: che la connessione irachena è un'altra "falsa bandiera" israeliana progettata per sviare la responsabilità di un'operazione segreta condotta dall'intelligence israeliana.

Ad esempio, sebbene la Davis dipinga un quadro abbastanza convincente della complicità di un immigrato iracheno, Hussain Al-Hussaini, con McVeigh nell'attentato di Oklahoma, non è chiaro dal suo libro se ritenga che sia stato l'arcinemico di Saddam, il fondamentalista islamico Osama bin Laden, o il sovrano arabo e laico dell'Iraq Saddam (che reprimeva attivamente i fondamentalisti islamici), lo sponsor finale di Al-Hussaini.

Invece, Davis ha tessuto una storia intricata che collega Osama e Saddam in uno scenario improbabile che non individua mai il colpevole - un dettaglio piuttosto importante che sembra sfuggire a coloro che sono così ansiosi di accettare la sua tesi. Un lettore attento lo noterà immediatamente, ma d'altra parte la maggior parte dei lettori non è così perspicace, il che depone a favore della probabilità che molti - purtroppo - prendano sul serio il libro della Davis. (A un certo punto la scrittrice afferma che "si tratta davvero di una cospirazione straniera diretta e finanziata da Osama bin Laden, secondo le mie fonti di intelligence", ma questa accusa categorica è smentita da altre affermazioni fatte altrove, secondo le quali Al-Hussaini "potrebbe" (parole sue) essere stato "un membro devoto della preziosa unità militare di Saddam Hussein, la Guardia Repubblicana" (e quindi un agente di Saddam, non di bin Laden).

È quando la Davis inizia a esplorare il presunto legame tra il misterioso Ramzi Yousef e l'affare Oklahoma che la sua teoria inizia davvero a dipanarsi. L'autrice si muove su un terreno scivoloso, tentando di collegare un presunto fondamentalista islamico (apparentemente soggetto alla disciplina della rete di Al-Qaeda di Bin Laden) a un agente di Saddam Hussein, il leader iracheno che lo stesso Bin Laden si era impegnato a distruggere.

Inoltre, ci si chiede per chi Yousef e suo zio, Khalid Shaikh Mohammed (considerato il capo delle operazioni di Al-Qaeda), lavorassero *davvero*.

Come abbiamo visto in precedenza in queste pagine, le prove pubblicate per la prima volta dal giornalista ebreo americano Robert I. Friedman sul *Village Voice* di New York indicano che Yousef lavorava a stretto contatto con una talpa israeliana all'interno di la cospirazione dietro l'attacco al World Trade Center (WTC) del 1993, precursore della tragedia dell'11 settembre 2001.

Così, quando la Davis ha detto che "il terrorista che ha organizzato la consegna di un camion Ryder pieno di una potente bomba al fertilizzante e all'olio combustibile nel distretto finanziario degli Stati Uniti ha probabilmente orchestrato un attentato simile a Oklahoma City", stava inconsapevolmente suggerendo che l'intelligence israeliana potrebbe aver giocato un ruolo anche nell'attentato di Oklahoma, come nell'attacco al WTC del 1993.

Ma non aspettatevi che Davis o i suoi promotori mediatici lo dicano.

Ciò non significa che la Davis abbia deliberatamente promosso informazioni false. Tuttavia, è ipotizzabile che la Davis, spinta dal desiderio di presentare la sua storia meticolosamente assemblata, sia stata manipolata e non abbia riconosciuto o compreso le sottigliezze del mondo degli intrighi.

In breve, l'attentato di Oklahoma è molto più complesso di quanto la maggior parte degli americani si renda conto, e questi fatti nascosti indicano senza dubbio il ruolo delle capre di Giuda - il nemico interno.

# CAPITOLO XXXVIII

## Cosa è successo davvero a Oklahoma City? Uno scenario che ha senso

Va detto subito che quanto segue in questo breve capitolo è di natura puramente speculativa. Tuttavia, si basa sull'esame a lungo termine da parte dell'autore di un'ampia varietà di informazioni pubblicate raccolte da numerosi investigatori indipendenti sull'attentato di Oklahoma City, senza contare una serie di fatti e dichiarazioni presentate dagli investigatori ufficiali.

Va aggiunto che anche tra le fila di coloro che hanno indagato sull'attentato di OKC, le opinioni divergono notevolmente su cosa sia successo esattamente in quel tragico giorno.

La maggior parte delle diverse teorie si sovrappongono in alcuni punti, ma la verità è che la maggior parte di coloro che propongono quelle che *sembrano essere* teorie *in competizione tra loro* sembrano abbastanza pronti a respingere le basi delle altre teorie, cavillando sui dettagli o ignorando deliberatamente fatti scomodi che suggerirebbero che la cospirazione è andata in direzioni che preferirebbero ignorare.

Vale la pena notare che molti dei presunti investigatori "indipendenti" che scelgono di ignorare i fatti scomodi sembrano avere paura di suggerire che, forse, potrebbe esserci un legame israeliano nella tragedia di Oklahoma City. Alcuni di loro, ad esempio, si rifiutano di riconoscere che gli attori arabi che sono stati collegati alla cospirazione potrebbero, in realtà, aver agito come "false flag" per i servizi segreti di Israele, il Mossad. (Questo aspetto, ovviamente, è già stato discusso a lungo in un capitolo precedente).

E le diverse teorie? Vediamole e cerchiamo di individuare, nel modo più semplice possibile, i punti principali di ciascuna di esse...

Alcuni sostengono che si sia trattato di un'"operazione del governo degli Stati Uniti" deliberatamente progettata per distruggere l'edificio Murrah e dare la colpa alle "milizie di destra" per attuare misure di stato di polizia volte a imporre la legge marziale negli Stati Uniti e quindi a dissolvere la nostra repubblica costituzionale.

Molti sostenitori di questo scenario suggeriscono che gli ordini "venivano dall'alto", cioè che il presidente Bill Clinton e i suoi principali consiglieri erano "coinvolti", forse agendo come procuratori dei loro cattivi preferiti, come gli "Illuminati", il Council on Foreign Relations o qualche altro oscuro blocco di potere internazionale. Questa è una versione semplicistica che ignora alcuni dettagli più banali che esamineremo tra poco.

Mentre alcuni sostengono che McVeigh fosse solo una "patacca" - forse sottoposta a lavaggio del cervello e controllo mentale - altri suggeriscono che McVeigh fosse un agente consapevole di cospiratori superiori dietro le quinte, parte di una squadra governativa segreta che organizzava atti di terrorismo.

Altri sostengono che McVeigh fosse "vero", che stesse attivamente cospirando per far esplodere l'edificio federale da solo (insieme a una manciata di altri estremisti, noti e sconosciuti) e che le autorità governative abbiano permesso che la cospirazione andasse avanti, sempre con l'obiettivo di sopprimere le milizie e creare uno stato di polizia come parte di un grande piano per un Nuovo Ordine Mondiale.

D'altra parte, è stato sostenuto che il governo era a conoscenza dei piani di McVeigh, ma che un'operazione federale di sting (forse guidata dal BATF) per arrestare - e smascherare - McVeigh e i suoi collaboratori è andata storta; che la bomba è esplosa e ha distrutto l'edificio Murrah e che gli agenti governativi che non sono riusciti a impedire la tragedia sono stati quindi costretti a insabbiare il tutto.

Questa tesi si basa sull'idea che il BATF fosse sotto i riflettori in seguito alla disfatta di Waco con la chiesa dei Branch Davidian e che stesse cercando di dimostrare l'utilità dei suoi sforzi nella lotta contro "l'estremismo" di cui McVeigh era stato condannato. Tuttavia, secondo questa teoria, il BATF commise un errore e l'attentato ebbe luogo.

In generale, questa tesi sostiene che McVeigh era "vero", per così dire, ma che la goffaggine del governo ha permesso che la tragedia si verificasse e che l'insabbiamento del governo era necessario per evitare che la verità sull'incompetenza del governo raggiungesse il pubblico.

Un'altra variante di una o più delle versioni sopra citate di "ciò che è successo" è che McVeigh e i suoi cospiratori avevano pianificato di far esplodere una bomba davanti all'edificio Murrah, ma che altri - generalmente considerati "agenti governativi" - hanno piazzato bombe anche all'interno dell'edificio e hanno assicurato che ci sarebbe stata una massiccia perdita di vite umane e una significativa distruzione . Questa tesi si basa sul presupposto ragionevole che solo gli agenti governativi avrebbero avuto accesso all'edificio Murrah (una struttura federale) per rendere possibile un simile scenario.

E poi, naturalmente, come abbiamo visto, c'è chi sostiene che Osama bin Laden o Saddam Hussein (o entrambi insieme) siano i responsabili finali di quanto accaduto a Oklahoma City. Questa tesi è ovviamente l'ipotesi meno probabile, ma, come abbiamo già notato, è quella che ha ricevuto più pubblicità, oltre a quella data all'ipotesi ufficiale del governo che McVeigh fosse effettivamente un "pazzo solitario" (a parte il coinvolgimento periferico dell'amico Terry Nichols e la possibile conoscenza preventiva degli amici Michael e Lori Fortier).

Alla fine, però, c'è una trama che, nel complesso, collega molti di questi fili in un modo che sembra avere senso.

Questo è lo scenario che presentiamo oggi. Lo scenario dell'attentato di Oklahoma City è il seguente: Timothy McVeigh era un giovane - un veterano dell'esercito - con un'inclinazione per la filosofia di "destra" e per il movimento delle milizie. Potrebbe essere stato reclutato da un'unità segreta di intelligence per infiltrarsi nelle milizie e riferire sulle loro attività.

Questa missione di infiltrazione nella milizia faceva parte di uno sforzo calcolato per mettere McVeigh nella posizione di essere - nella percezione pubblica - proprio il tipo di attivista della "milizia di destra" che lui (McVeigh) credeva di monitorare per i suoi superiori (che avevano un'agenda segreta ben nascosta da McVeigh).

Lo stesso McVeigh - se è favorevole alla milizia, come molti credono, sulla base di quelli che si suppone siano i suoi scritti e le sue dichiarazioni - era probabilmente informato che stava agendo per conto di alti funzionari governativi o militari che erano favorevoli alla milizia e li vedevano come possibili alleati nella lotta finale contro il temuto "Nuovo Ordine Mondiale".

In questa parte del copione, McVeigh potrebbe quindi aver creduto di non agire come "spia" o informatore, ma di cercare invece di aiutare il movimento dei miliziani facendo da tramite tra il movimento e i suoi presunti sostenitori all'interno dell'esercito federale o delle forze dell'ordine.

È anche possibile che, nell'ambito del reclutamento e dell'addestramento, come parte di un'operazione clandestina, McVeigh sia stato sottoposto - anche in questa fase iniziale - a una forma di programmazione o di controllo mentale di cui forse non era a conoscenza.

L'ex compagno di McVeigh in una prigione federale, David Paul Hammer, ha suggerito che McVeigh fu reclutato in un'unità segreta e che McVeigh era effettivamente simpatico alla filosofia dei gruppi di miliziani che supervisionava.

Tuttavia - e questo è il punto importante - è del tutto possibile che l'unità (o l'entità) che ha reclutato McVeigh *non fosse* un'operazione ufficialmente autorizzata dal governo statunitense e che fosse, invece, un'operazione "selvaggia" sotto il controllo di un vero e proprio simpatizzante della milizia all'interno dei circoli militari e di intelligence statunitensi.

C'è un'altra possibilità: questa operazione (che aveva abbastanza orecchie per convincere McVeigh che era sponsorizzata dal governo americano) potrebbe anche non essere stata un'operazione del governo americano. Al contrario, potrebbe essere stata un'operazione completamente fittizia, organizzata sulle coste americane dal Mossad israeliano.

Questa operazione del Mossad potrebbe aver utilizzato agenti americani locali che lavoravano - consapevolmente o meno - per conto dei servizi segreti israeliani. In altre parole, persino i diretti superiori di McVeigh potrebbero essere stati ingannati dagli israeliani e potrebbero non aver mai sospettato di lui; in altre parole, autentici simpatizzanti della milizia negli ambienti militari statunitensi potrebbero essere stati cooptati dal Mossad e quindi, a loro volta, utilizzati per reclutare McVeigh e altri.

In breve, si tratta di una trama a più livelli, ma in realtà piuttosto semplice da mettere in piedi. Questo è tipico dell'uso classico del Mossad di "false bandiere" e false identità per perseguire i suoi storicamente insidiosi giochi di intrigo.

Con tutto questo, Timothy McVeigh iniziò a muoversi negli ambienti della milizia, entrando in contatto con persone che la pensavano allo stesso modo. In breve tempo, come abbiamo visto, le attività di McVeigh furono chiaramente monitorate, almeno in parte, dalla Anti-Defamation League (ADL) del B'nai B'rith, un ramo molto efficiente del Mossad.

In questo stesso periodo McVeigh trovò tra i suoi nuovi collaboratori un enigmatico individuo di nome Andreas Strassmeir che, come abbiamo visto nei capitoli precedenti, aveva notevoli conoscenze militari e di intelligence sia qui che all'estero, per non parlare del fatto che parlava l'ebraico, la lingua dello Stato di Israele. Come abbiamo notato, questo non è affatto il profilo del solito agitatore "neonazista" o "razzista bianco".

È chiaro che Strassmeir e il suo caro amico e avvocato Kirk Lyons, nonché il socio di Lyons Dave Holloway, ex pilota della CIA, sono molto più coinvolti di quanto vogliano far credere.

In ogni caso, come ora sappiamo, l'informatore sotto copertura Strassmeir e gli abitanti di Elohim City, l'ormai famigerato complesso di "identità cristiana", erano tenuti d'occhio da almeno una divisione del BATF, l'ufficio che utilizzava la giovane Carol Howe come informatore. La signorina Howe aveva riferito ai suoi superiori del BATF dei piani di Strassmeir di attaccare edifici federali statunitensi.

Alla fine, però, il governo degli Stati Uniti ha fatto tutto il possibile per respingere le richieste di Strassmeir della signora Howe, nonostante il fatto che gli atti indichino chiaramente che la signora aveva presentato le sue richieste di Strassmeir molto prima dell'attentato di Oklahoma City.

*Sembra quindi che una parte dell'apparato di intelligence del governo statunitense (quella che gestiva la signorina Howe) potesse essere all'oscuro del fatto che l'altra parte gestiva le attività di Strassmeir (e di McVeigh).*

Non sarebbe la prima volta che una cosa del genere accade. Come già detto, nello stesso periodo in cui una divisione della CIA utilizzava e finanziava gli informatori del movimento contro la guerra in Vietnam, altre divisioni della CIA e persino l'FBI spendevano milioni di dollari per combattere il movimento contro la guerra.

E tutto ciò non esclude la possibilità - oseremmo dire la probabilità - che elementi del governo nazionale coinvolti nella manipolazione di Strassmeir e McVeigh lavorassero anche a braccetto (consapevolmente o meno) con una rete di intelligence straniera, ovvero quella di Israele. Va da sé che Israele era l'unico governo straniero che aveva il minimo interesse a screditare gli ambienti americani di "destra" (spesso antiebraici e antisionisti) in cui operavano Strassmeir, Lyons e McVeigh\*.

---

\* Qualche anno fa, questo autore, Michael Collins Piper, ha avuto l'opportunità di confrontarsi direttamente con Kirk Lyons e di accusarlo di essere un capro di Giuda.

Sebbene nutrissi da tempo dei sospetti su Lyons, basati su una serie di cose che avevo osservato su di lui nel corso degli anni, i miei colleghi mi avevano consigliato di tenere per me i miei sospetti, poiché Lyons era apparentemente un "amico" del mio datore di lavoro, Liberty Lobby, l'istituzione populista che pubblicava *The Spotlight*.

Alla fine, però, quando i dettagli sui legami di Lyons con Strassmeir sono venuti alla luce, Lyons è emerso come protagonista della distruzione del partito populista che Liberty Lobby aveva contribuito a creare. Lyons ha rivelato la sua aperta ostilità a Liberty Lobby quando ha rappresentato un funzionario del partito, Donald Wassall, in una causa legale che mi ha costretto a testimoniare in una corte federale e a essere interrogato sotto giuramento da Lyons. Fu allora che affrontai Lyons, con suo apparente disappunto.

A un certo punto del processo, quando Lyons mi fece una domanda su alcuni materiali contenuti in *The Spotlight*, risposi: "La mia fonte su questo, signor Lyons, *è la sua* FBI". L'enfasi era sulla parola "vostra". La mia intenzione era di suggerire pubblicamente, anche se in modo piuttosto sottile, a Lyons - come lo avevo già apertamente accusato di fare in *The Spotlight* - che Lyons era un collaboratore dell'FBI sulla base della sua associazione con Strassmeir, che era (come ora sappiamo) un informatore sotto copertura.

Sebbene la mia osservazione sia passata sopra la testa della giuria e probabilmente della maggior parte delle persone presenti in aula, compreso lo stesso giudice Lancaster, Lyons fece letteralmente un balzo indietro di un paio di metri, gridando "Obiezione". I suoi occhi erano ardenti.

In quel momento pensai che avevo colto nel segno e che Lyons era completamente sbalordito, inorridito e arrabbiato per il fatto che avessi osato accusarlo in faccia, cosa che probabilmente era la prima volta che accadeva.

L'avvocato della controparte è intervenuto, rivolgendosi al giudice, dicendo più o meno: "Vostro Onore, non c'è nulla di sbagliato in quello che ha detto il signor Piper. Questa è l'FBI del signor Lyons. *È la sua* FBI. È l'FBI *di tutti*. Non vediamo alcun motivo per cui il signor Lyons debba obiettare".

Lyons balbettò di nuovo, furioso, e il giudice Lancaster lo schiaffeggiò, dicendo: "Signor Lyons, stia indietro". Lyons ha obbedito. Poi il giudice Lancaster ordinò a Lyons di "bere un bicchiere d'acqua". Consapevolmente, quasi con vergogna, Lyons bevve un bicchiere d'acqua. Il giudice ha poi detto a Lyons che poteva continuare.

Avendo visto la risposta di Lyons - da vicino e di persona - non ho avuto dubbi: Lyons era davvero un capro di Giuda. Sebbene si presentasse come "avvocato nazionalista", lui e il suo socio, Dave Holloway, un ex pilota della CIA, (e il loro amico Andreas Strassmeir) erano immersi nel mondo degli intrighi e stavano tradendo la fiducia di tanti bravi nazionalisti che credevano in loro.

Nel frattempo, naturalmente, dobbiamo aggiungere a questo già complesso mix la prova, riportata su , che c'erano anche arabi di origine straniera - almeno uno, e forse più - coinvolti con McVeigh nelle settimane precedenti l'attentato. E, come abbiamo visto in dettaglio in un capitolo precedente, questa "connessione araba" indica la probabilità di un coinvolgimento del Mossad israeliano.

Naturalmente, molti investigatori indipendenti sull'attentato di Oklahoma City saranno riluttanti, per ovvie ragioni, a menzionare la possibilità (o addirittura la probabilità) di un collegamento con Israele, nonostante tutte le prove che hanno davanti agli occhi. Queste persone temono giustamente di essere accusate di "antisemitismo", ma la verità è che avanzando teorie "alternative" su "ciò che è realmente accaduto a Oklahoma City", si sono già messe nella posizione di essere "sorvegliate" dalla Anti-Defamation League, dal Southern Poverty Law Center, dall'FBI, dal BATF, dalla CIA e da tutte le altre entità che tengono d'occhio chi osa mettere in discussione la narrazione ufficiale del governo statunitense su ciò che è accaduto a Oklahoma City.

Non è un caso che lo scenario descritto in questo capitolo richeggi lo scenario modello che questo autore, Michael Collins Piper, ha già presentato nel libro *Giudizio finale*, riguardante l'assassinio di John F. Kennedy, uno scenario che pone anche il Mossad di Israele al centro delle macchinazioni e delle circostanze che circondano l'assassinio del nostro 35° Presidente.

In sostanza, questo scenario sostiene che elementi della CIA statunitense - intenzionati a rovesciare Fidel Castro da Cuba - stavano inscenando un "falso" attentato al Presidente Kennedy, progettato per fallire ma, allo stesso tempo, abbastanza sensazionale da provocare una protesta pubblica - affinché il Presidente Kennedy invadesse Cuba.

Dovevano essere sparati colpi d'arma da fuoco contro il Presidente Kennedy mentre sfilava trionfalmente a Dallas, e dovevano essere trovate prove che coinvolgessero la Cuba di Castro. Alcuni hanno suggerito che il fratello di JFK, il procuratore generale Robert Kennedy, fosse coinvolto nell'operazione, forse anche all'insaputa del Presidente. Questo scenario suggerisce che i gesti amichevoli del Presidente nei confronti di Castro dietro le quinte facessero parte di un piano per ingannare il leader comunista cubano e farlo cadere, sebbene anche questo aspetto di questo particolare scenario sia oggetto di dibattito accademico.

In ogni caso, il ruolo svolto da Lee Harvey Oswald, accusato definitivamente di essere l'assassino del Presidente, in questo scenario non è ancora stato determinato, ma è più che probabile che il suo ruolo sia stato semplicemente quello di consegnare alla scena del crimine l'arma che sarebbe stata rinvenuta dalla polizia di Dallas dopo il "fallito attentato" su . Sta diventando sempre più chiaro che Oswald non ha mai sparato un solo colpo quel tragico giorno a Dallas.

Ma mentre lo scenario di base si svolgeva, un intervento esterno trasformò il "falso" attentato in un vero attacco. In altre parole, mentre Oswald portava a termine la sua missione - su ordine dei suoi responsabili, che quasi certamente erano funzionari della CIA o agenti a contratto che pensavano di portare a termine il "falso" attentato a JFK - assassini in carne e ossa entrarono in Dealey Square e portarono a termine un vero e proprio assassinio.

L'omicidio ha avuto l'effetto di compromettere funzionari della CIA altrimenti innocenti in un crimine che non avrebbero mai voluto commettere. Inoltre, è quasi certo che una manciata di funzionari dell'intelligence nazionale, in particolare della CIA, fosse perfettamente a conoscenza del fatto che era stato pianificato un vero e proprio assassinio.

In *Final Judgment*, sosteniamo che il capo del controspionaggio della CIA, James J. Angleton - un devoto lealista di Israele - fu il primo di questi. Quanto a Oswald stesso, fu messo a tacere prima ancora di poter dire pubblicamente ciò che sapeva o pensava di sapere.

Per la maggior parte, elementi estranei al "falso" assassinio pianificato sono intervenuti e hanno ribaltato tutto, preparando il terreno per un massiccio insabbiamento.

In questa sede sosteniamo che quanto descritto sulla tragedia di Oklahoma City è lo scenario più probabile per lo svolgimento dell'attentato, una cospirazione che ha utilizzato quasi esattamente lo stesso modello usato per l'esecuzione pubblica di John F. Kennedy.

Sembra quindi probabile che Timothy McVeigh fosse a conoscenza di un piano per far esplodere una bomba fuori dall'edificio Murrah di Oklahoma City. McVeigh e i suoi cospiratori erano osservati e manipolati da quelle che noi descriviamo come "forze superiori" che avevano tutte le intenzioni di permettere l'esplosione del camion bomba di McVeigh.

Allo stesso tempo, sembra che alcuni membri dei servizi segreti statunitensi (in particolare del BATF) abbiano cercato di sventare i piani di McVeigh, ma non ci siano riusciti, o per la classica incompetenza del governo o - in uno scenario più sinistro - forse proprio perché essi stessi sono stati ostacolati dai loro colleghi, complici volenti o nolenti delle "forze superiori".

In definitiva, il fatto che una miriade di agenzie governative statunitensi - tra cui il BATF, l'FBI, la CIA e probabilmente altre - fossero state messe al corrente delle attività di McVeigh molto prima dell'attentato (così come di quelle di Strassmeir) ha messo il governo di fronte a un insabbiamento assolutamente necessario che ha portato allo scenario definitivo dell'"attentatore suicida solitario" che è diventato la linea ufficiale del governo statunitense.

Come abbiamo visto, tuttavia, ci sono prove sufficienti per suggerire che le presunte "connessioni internazionali" all'attentato di Oklahoma City non sono riconducibili a Osama bin Laden o a Saddam Hussein, sia che lavorino insieme o indipendentemente l'uno dall'altro.

*Invece, puntano il dito contro Israele.*

In definitiva, affermiamo che l'attentato di Oklahoma può essere attribuito a Israele: L'intelligence israeliana ha usato la sua considerevole influenza a molti livelli all'interno delle forze dell'ordine statunitensi - e attraverso operazioni di spionaggio interne come l'ADL e il Southern Poverty Law Center - per manipolare Timothy McVeigh (e i suoi vari associati, tra cui Andreas Strassmeir e altri) nell'attuare la catena di eventi che ha portato al disastro di Oklahoma City il 19 aprile 1995.

E nonostante i ripetuti tentativi fin dall'inizio di collegare la tragedia a Osama bin Laden e/o a Saddam Hussein (tutti opera dei servizi segreti israeliani e di coloro che rientrano nella loro sfera d'influenza), c'è stata una resistenza sufficiente all'interno del governo statunitense per bloccare sul nascere il piano israeliano di scatenare una risposta militare statunitense.

Tuttavia, l'11 settembre 2001, crediamo che Israele abbia realizzato (su scala molto più ampia) ciò che aveva tentato di fare, senza riuscirci, a Oklahoma City: orchestrare uno scioccante evento terroristico sul suolo americano, dare la colpa agli "arabi" e spianare la strada all'intervento militare statunitense in Medio Oriente.

E concludiamo notando questo: *non c'è nulla che confuti questo scenario di probabile coinvolgimento israeliano nell'attentato di Oklahoma City.*

Resta il fatto che la maggior parte degli investigatori indipendenti onesti riconosce oggi che Andreas Strassmeir era un informatore sotto copertura per il Southern Poverty Law Center (SPLC) e che le autorità statunitensi preposte all'applicazione della legge ne erano a conoscenza. Inoltre, non c'è alcun dubbio che l'SPLC e la Anti-Defamation League of B'nai B'rith agiscano da tempo congiuntamente (e indipendentemente) come agenti della lobby israeliana in America. E Tutto questo non affronta nemmeno l'ovvio punto che Strassmeir, nonostante i suoi legami con l'estero, aveva una storia di coinvolgimento con Israele, avendo persino una fidanzata israeliana.

Andare oltre significherebbe solo sottolineare che Israele ha certamente avuto un ruolo nell'attentato di Oklahoma City. La verità è che le paturnie di Giuda - il nemico interno - sono state usate efficacemente da elementi sionisti molte volte nella storia americana, e Oklahoma City, così come l'assassinio di JFK e l'11 settembre, sono solo alcuni degli esempi più notevoli.

# CAPITOLO XXXIX

## Giustizia talmudica... Le malefatte criminali di Michael Chertoff: capo tattico della campagna sionista per crocifiggere Jim Traficant e David Duke

L'ex funzionario del Dipartimento di Giustizia (e fervente sostenitore di Israele) che ha fabbricato false accuse di "corruzione" contro due importanti critici della lobby israeliana occupa ora una delle posizioni più potenti degli Stati Uniti: quella di capo della Sicurezza Nazionale.

Il modo in cui Michael Chertoff ha mandato in prigione federale l'allora deputato Jim Traficant (D-Ohio) e l'ex rappresentante di Stato David Duke (R-La) è istruttivo. La dice lunga su "chi governa" oggi negli Stati Uniti ed è un perfetto caso di studio di come il sistema "giudiziario" venga usato per punire chi mette in discussione il potere sionista in America.

Quando il Presidente George W. Bush nominò Chertoff Segretario alla Sicurezza Nazionale, la nomina fu ampiamente acclamata dai media pro-Israele. Chertoff divenne la figura centrale che determinava e dettava "chi è un patriota e chi no" a migliaia di agenti delle forze dell'ordine in tutto il Paese. I repubblicani hanno detto che Chertoff era un "meraviglioso conservatore ebreo", che Chertoff - dipinto dai media come "il figlio di un rabbino" - era un assistente procuratore degli Stati Uniti che aveva "arrestato la mafia" e poi "servito con distinzione" come capo della divisione penale del Dipartimento di Giustizia sotto l'allora procuratore generale John Ashcroft.

Si tratta di dettagli sommari, ma gli aspetti non rivelati del percorso di Chertoff verso il potere sollevano veri interrogativi sull'opportunità di ricoprire una posizione così delicata. Quello che non è stato riportato - se non da Christopher Bollyn su *American Free Press* - è che la madre di Chertoff, cittadina israeliana, aveva lavorato per l'intelligence israeliana. E, naturalmente, per molti anni lo stesso Chertoff ha fatto parte della rete neo-conservatrice filo-israeliana "ex trotzkista" che è il principale motore della rete di influenza sionista nella Washington ufficiale di oggi.

Chertoff è un protetto del team di padre e figlio di propagandisti sionisti, Irving e William Kristol. Già il 29 gennaio 1996, *The Weekly Standard - la* rivista "neo-conservatrice" finanziata da Rupert Murdoch e diretta da

William Kristol - presentava Chertoff come una figura in ascesa a Washington, segno evidente che Chertoff era appoggiato dalla dinastia Rothschild che sta dietro all'impero mediatico di Murdoch.

Chertoff è membro fondatore di un gruppo legale noto come Federalist Society, finanziato da fondazioni che rientrano nella sfera d'influenza di Kristol, ovvero la Lynde and Harry Bradley Foundation e la John M. Olin Foundation. Queste fondazioni sono note per i loro legami con elementi estremisti in Israele e con i produttori di armi che traggono profitto dalla "relazione speciale" degli Stati Uniti con Israele.

Ciò è tanto più importante se si considera che, in qualità di capo della divisione penale del Ministero della Giustizia, Chertoff ha rilasciato decine di israeliani che erano stati arrestati dall'FBI dopo gli attentati dell'11 settembre perché sospettati di essere a conoscenza o coinvolti nella tragedia.

Sebbene John Ashcroft - un cristiano fanatico sostenitore di Israele - diriga il dipartimento, Chertoff è il vero potere dietro le quinte.

E sulla base della sua carriera al Dipartimento di Giustizia, è appropriato definire Chertoff "il Beria di Bush", ricordando Lavrenti Beria, il famigerato capo boia del leader sovietico Josef Stalin, anche se l'analogia potrebbe turbare gli amici "ex-trotzkisti" di Chertoff. Comunque sia, il dossier dimostra che Chertoff era un boia politico al servizio della causa sionista.

La sua prima vittima importante fu il deputato Jim Traficant (D-Ohio), un populista anticonformista. Chertoff stava portando a termine un lavoro che il Dipartimento di Giustizia non era riuscito a completare circa vent'anni prima.

Nel 1983, quando Chertoff stava entrando nel Dipartimento di Giustizia (come assistente del procuratore) e Traficant era un popolare sceriffo di contea dell'Ohio, Traficant condusse con successo la propria difesa contro le dubbie accuse del Dipartimento di Giustizia di aver preso tangenti dalla "mafia". Assolvendo Traficant, la giuria ha rispedito a Washington gli imbarazzati avvocati del Dipartimento di Giustizia. Poco dopo, anche gli elettori dell'Ohio mandarono Traficant a Washington: nel 1984, lo sceriffo (un eroe popolare locale) fu eletto al Congresso, affermandosi presto come l'unico serio critico dei poteri forti nell'ultimo decennio del XX secolo.

Quando Chertoff ha avuto l'opportunità di "inchiodare" Traficant, lo ha fatto. Mentre decine di membri del Congresso sono stati condannati per crimini importanti che riguardano il traffico di influenze, spesso molto palese ma *mai* perseguito, Chertoff ha trascorso diversi anni a costruire accuse dubbie (e alquanto bizzarre) contro Traficant.

*In effetti, ecco alcuni dei veri "crimini" di Traficant agli occhi* dell'*élite*
*che ha fatto gli straordinari per mandare Traficant in prigione:*

- Criticare l'Internal Revenue Service e chiedere una maggiore tutela dei
diritti dei contribuenti sotto il fuoco dell'IRS

- Prendere una posizione intransigente contro il NAFTA, l'Organizzazione
Mondiale del Commercio e il cosiddetto "libero" commercio, e sostenere
misure protezionistiche per proteggere i posti di lavoro americani e
difendere l'industria nazionale

- Affrontare la corruzione all'interno dell'FBI e del Dipartimento di
Giustizia

- Attaccare i predatori di Wall Street e sollevare dubbi sull'arricchimento
di interessi finanziari di alto livello attraverso le pratiche di prestito della
Banca Mondiale e del Fondo Monetario Internazionale

- Chiedendo il ritiro delle truppe statunitensi in tutto il mondo e mettendo
in discussione l'ingerenza degli Stati Uniti negli affari di altre nazioni

- Accusare i politici americani di tradimento per aver passato tecnologie
nucleari e di difesa americane top-secret alla Cina rossa

- Chiedere l'invio di truppe statunitensi per sorvegliare il confine
messicano e impedire alle continue orde di clandestini - e di potenziali
terroristi - di entrare negli Stati Uniti; e - ultimo ma non meno importante
- chiedere l'invio di truppe statunitensi per sorvegliare il confine
messicano:

- Mettere in discussione il sostegno unilaterale degli Stati Uniti a Israele a
scapito della sicurezza e degli interessi statunitensi. In effetti, Traficant è
stato l'unico membro del Congresso, all'indomani degli attentati dell'11
settembre, a sottolineare che il sostegno degli Stati Uniti a Israele era
all'origine della tragedia.

Eppure, alla fine, è stata proprio l'audace sfida pubblica di Traficant alla
lobby israeliana - secondo l'opinione dello stesso Traficant - il motivo per
cui il Dipartimento di Giustizia, dominato dai sionisti, era così determinato
a escludere Traficant dal Congresso e a mandarlo in prigione.

In effetti, nel 1983, all'epoca del primo attacco del Dipartimento di
Giustizia a Traficant - e per tutti gli anni di governo del Partito
Repubblicano sotto Ronald Reagan e George H.W. Bush - la Giustizia (così
come altre agenzie federali) era penetrata in posizioni chiave da membri di
una cricca che agiva come lobby "interna" per gli interessi sionisti.
L'esistenza di questo gruppo, noto come "Nesher" (in ebraico "aquila"), è
stata rivelata dal defunto Andrew St. George. Sebbene Nesher abbia
riconosciuto che le opinioni sioniste dei suoi membri influenzano le loro

decisioni politiche, l'articolo ha suscitato polemiche e un esponente di Nesher ha minacciato di fare causa per diffamazione. Tuttavia, St. George ha abilmente rivelato le prove che aveva a sostegno della sua storia e Nesher ha fatto marcia indietro. Ma Nesher - spesso chiamata "la lobby talmudica" dai suoi detrattori - continua ad andare *forte, ancora oggi...*

Non è una coincidenza che *The Spotlight* sia stato chiuso nel 2001 dal giudice federale corrotto S. Martin Teel, che era stato avvocato del Dipartimento di Giustizia sotto il controllo di un importante agente di Nesher, il vice procuratore generale Arnold Burns, allora coinvolto in un terribile scandalo che riguardava il furto da parte di funzionari del Dipartimento di Giustizia di un software di sorveglianza ad alta tecnologia di proprietà dell'INSLAW. In realtà, l'INSLAW scoprì che i dati rubati erano stati consegnati ai servizi segreti israeliani, per i quali Burns era noto per aver fatto molti "favori" nel corso degli anni.

Quando l'INSLAW ha intentato una causa contro i ladri, Teel è stato l'avvocato del Dipartimento di Giustizia che si è opposto alla causa ed è stato ricompensato con la sua carica di giudice dopo che il giudice incaricato del caso (che si era pronunciato contro il Dipartimento di Giustizia) è stato cacciato da Arnold Burns, un agente di Nesher.

Un dettaglio su Nesher e l'INSLAW chiude il cerchio delle accuse di Jim Traficant: si scopre che l'unità del Dipartimento di Giustizia che ha rubato il software dell'INSLAW è l'Office of Special Investigations (OSI), l'unità di caccia al nazismo del Dipartimento di Giustizia, che collabora con il Mossad. Traficant ha smascherato l'inganno dell'OSI quando è intervenuto in difesa dell'ucraino naturalizzato americano John Demjanjuk, un operaio in pensione di Cleveland, Ohio, che era stato falsamente accusato da gruppi ebraici e dall'OSI di essere "Ivan il Terribile", una cosiddetta "guardia dei campi di sterminio nazisti". Durante il periodo in cui i sionisti dell'OSI perseguitarono Demjanjuk, Traficant fu l'unico membro del Congresso a prendere le sue difese, attirando le ire dei gruppi ebraici e della rete Nesher.

Privato della sua nazionalità e inviato in Israele dove fu accusato e condannato per crimini di guerra, Demjanjuk sfuggì al cappio quando, nel 1993, la Corte Suprema israeliana annullò la sua condanna, ammettendo che Traficant e altri avevano dimostrato che Demjanjuk era stato erroneamente identificato come "Ivan". Traficant si recò quindi in Israele per riportare Demjanjuk a casa. Nonostante ciò, la banda di Chertoff e l'OSI lanciarono nuove accuse contro Demjanjuk, sostenendo che se non era "Ivan", era comunque un criminale di guerra nazista e doveva essere deportato.

In ogni caso, Traficant era chiaramente un bersaglio sionista e il massimo esponente del Dipartimento di Giustizia, Chertoff, iniziò a dargli la caccia.

Avvalendosi di quasi 100 avvocati e agenti dell'FBI, Chertoff ha speso circa 10 milioni di dollari per diversi anni per trascinare gli amici e i collaboratori di Traficant - anche persone che avevano solo un legame terziario con Traficant - davanti a un gran giurì di lunga durata, nella speranza di ottenere un qualche tipo di incriminazione contro Traficant.

Lo schema di Chertoff consisteva nell'incriminare alcuni collaboratori di Traficant in Ohio e nell'offrire loro "accordi" in cambio della fornitura di "prove" della corruzione di Traficant, o nel minacciarli di incriminazione se non avessero testimoniato contro Traficant. Grazie a questa tattica, Chertoff ha costruito, per il consumo pubblico, un'immagine di vasta corruzione intorno a Traficant. I media controllati dai sionisti hanno aiutato attivamente Chertoff a promulgare questa immagine. I media hanno costantemente alimentato storie sulla "mafia" e sul "crimine organizzato" nella città natale di Traficant, come a suggerire che Traficant - un italo-americano - ne facesse parte. Spesso queste storie non avevano nulla a che fare con Traficant. E nonostante il dramma della "mafia" nei media, *nessuna delle accuse mosse da Chertoff a Traficant aveva a che fare con la criminalità organizzata.*

Chertoff e i media hanno parlato di un "racket" da parte di Traficant, utilizzando questo specifico termine legale per evocare lo scenario del "gangster" nella mente del pubblico. Questo cosiddetto racket faceva parte di un cosiddetto "modello di corruzione" da parte di Traficant. Questo "racket" comprendeva azioni nefaste come chiedere a un membro del Congresso di aiutare nelle faccende domestiche della fattoria di Traficant in Ohio e aiutare a riparare la casa galleggiante sgangherata su cui Traficant viveva nel porto di Washington perché non poteva permettersi un appartamento elegante a causa di un pignoramento del suo stipendio da parte del fisco.

Sebbene le accuse contro Traficant sembrino sinistre - come "cospirazione per violare le leggi sulla corruzione, ricerca e accettazione di regali illegali, ostruzione della giustizia, cospirazione per frodare il governo, evasione fiscale e racket" - un'analisi più attenta mostra che né le azioni di Traficant né le sue intenzioni erano illegali, o anche solo lontanamente sinistre.

Traficant è stato accusato di crimini odiosi come quello di aver permesso a un elettore (che era un amico personale) di gettare cemento nella sua fattoria. Chertoff disse che si trattava di "corruzione" perché Traficant aveva scritto una lettera in cui chiedeva che un contratto federale fosse assegnato all'impresa edile del suo amico (che dava lavoro a molte persone nel distretto di Traficant). Questo non era un crimine. Si trattava di un servizio alla vecchia maniera (e onorevole) per gli elettori.

Durante il processo a Traficant, il giudice Lesley Wells dimostrò più volte la sua ostilità nei confronti dell'anticonformista populista. A un certo punto, negò a Traficant il diritto di chiamare un testimone esperto, un investigatore specializzato in crimini finanziari, che avrebbe potuto smentire la menzogna secondo cui Traficant avrebbe costretto un suo collaboratore, Allen Sinclair, a pagargli regolarmente una tangente di 2.500 dollari, prelevata dallo stipendio di Sinclair.

L'investigatore ha scoperto che ogni volta che Sinclair prelevava 2.500 dollari dal suo conto personale, lo stesso importo veniva versato sul conto fiduciario dell'avvocato di Sinclair. L'accusa ha sostenuto che il denaro era stato pagato in contanti a Traficant. Tuttavia, il giudice non ha permesso all'investigatore di testimoniare. Questa testimonianza (se fosse stata ascoltata dalla giuria) avrebbe certamente inferto un colpo mortale alla cospirazione per crocifiggere Traficant.

In precedenza, durante la selezione della giuria, il giudice non aveva permesso a Traficant di interrogare i potenziali giurati sulle loro associazioni politiche, una questione rilevante dal momento che l'AIPAC e altri gruppi ebraici avevano pubblicamente preso di mira Traficant come "nemico". Traficant sperava di determinare se i potenziali giurati fossero associati a tali organizzazioni ostili.

Alla fine, si scoprì che una giurata ebrea causò un tale scompiglio durante le deliberazioni della giuria che non smise di tormentare gli altri giurati - desiderosi di assolvere Traficant - finché questi non votarono per la sua condanna, solo per mettere a tacere quella donna infernale e porre fine al caso. Inoltre, sono emerse prove concrete che Chertoff e il suo scagnozzo erano chiaramente colpevoli di falsa testimonianza, costringendo i testimoni a mentire per far condannare Traficant. (Traficant è stato condannato e, a differenza di altre figure pubbliche condannate per crimini e lasciate libere fino all'esaurimento dei loro appelli, il giudice ha ordinato che Traficant fosse immediatamente preso in custodia quando ha emesso la sua sentenza di nove anni. Al momento in cui scriviamo, Traficant è dietro le sbarre dal 30 luglio 2002.

Da allora, Traficant ha concesso una sola intervista a un giornalista, Michael Collins Piper, rappresentante dell'*American Free Press* (AFP), che ha parlato telefonicamente con Traficant il 2 agosto 2002, mentre sedeva nella sua cella di detenzione in una prigione dell'Ohio, prima del suo trasferimento in una prigione federale. "Il vostro giornale è l'unico con cui ho accettato di parlare", ha detto Traficant, che ha sottolineato come l'AFP sia stato l'unico mezzo di comunicazione negli Stati Uniti a rivelare la natura della cospirazione per distruggerlo.

Nonostante l'incarcerazione, Traficant si è presentato alle elezioni del 2002 (come indipendente) e ha ottenuto il 15% dei voti in una corsa a tre. È ancora molto stimato in patria e in tutto il Paese, ma rimane incarcerato in una prigione federale, vittima del dominio sionista. Sebbene sia stato detto che Traficant potrebbe ottenere la liberazione anticipata se ammettesse i suoi "crimini" e si scusasse per essi, Traficant ha dichiarato che non ammetterà crimini che non ha commesso per ottenere una riduzione della pena.

Come nel caso Traficant, i media "mainstream" hanno avuto una giornata campale con la notizia che un altro critico della lobby di Israele - l'ex rappresentante dello Stato della Louisiana David Duke - era stato "messo nel sacco" dal Dipartimento di Giustizia di Michael Chertoff. I titoli esclamavano: "David Duke si dichiara colpevole di aver difeso la lobby di Israele", "David Duke si dichiara colpevole di aver frodato i suoi sostenitori". Linguaggi pesanti come "evasione fiscale", "frode postale" e "riciclaggio di denaro" si sono riverberati nell'etere, ricordando i depistaggi e le bugie dei media nel caso Traficant.

Nonostante il clamore mediatico, non si è mai notato che Duke - come Traficant - fosse vittima di una vendetta sionista. Un attento esame del caso Duke mostra che non c'è dubbio che l'accusa a Duke fosse ingiustificata. Come Traficant, Duke si è trovato di fronte a uno scenario da incubo ai confini della realtà architettato da procuratori sostenuti dai sionisti che volevano mettere a tacere - e imprigionare - una figura pubblica di spicco che godeva di un pubblico nazionale e serviva da monito ad altri dissidenti: "Potrebbe succedere anche a voi".

E nonostante ciò che alcuni sostenitori di Duke avrebbero potuto credere, l'opposizione di Duke all'affirmative action non era un problema per i sionisti, come dimostra il fatto che le due principali forze sioniste - l'ADL e l'American Jewish Congress - si oppongono entrambe all'affirmative action. L'unica ragione del desiderio di crocifiggere Duke è che Duke, come Traficant, ha sfidato il potere della lobby di Israele in America.

Sebbene la campagna del Dipartimento di Giustizia contro Duke sia iniziata durante l'era Clinton, l'indagine si è trascinata perché, dopo tutto, Duke non aveva commesso alcun reato e non era possibile trovare alcuna prova.

Una delle ragioni di questa indagine iniziale sembra essere stata la diffusione di voci su Duke da parte di un ex sostenitore di Duke che da tempo nutriva un bizzarro (forse addirittura patologico) rancore personale nei confronti di Duke. Invidioso del bell'aspetto e del fascino popolare di Duke, per non parlare del suo sogno di convertire i sostenitori finanziari di Duke in suoi, l'agitatore diceva a chiunque volesse ascoltarlo che "Duke è corrotto". Era inevitabile che queste voci arrivassero alle autorità federali.

Tuttavia, dato che questo pettegolo era vicino all'ormai famigerato falso "avvocato nazionalista" Kirk Lyons - chiaramente una sorta di agente governativo - è possibile che queste voci facciano parte di un'operazione in stile COINTELPRO, progettata per fornire un pretesto per un'indagine penale sulle finanze personali e sulle attività politiche di Duke.

Quando Chertoff, l'esponente pro-Israele dell'amministrazione Bush, assunse la direzione del Dipartimento di Giustizia nel 2001, la campagna per inchiodare Duke accelerò. Dopo la tragedia dell'11 settembre, quando Duke ha esposto pubblicamente le prove del coinvolgimento di Israele negli attentati e ha descritto come Chertoff abbia permesso agli israeliani sotto custodia dell'FBI (sospettati di essere coinvolti negli attentati dell'11 settembre) di tornare a casa in Israele, Chertoff ha intensificato la campagna per "inchiodare Duke".

Quindi non c'è mai stato alcun dubbio che Duke sarebbe stato accusato di qualcosa, non importa quanto banale o insignificante. Duke era ben consapevole del vecchio adagio: "Un procuratore americano può incriminare un panino al prosciutto se vuole".

Nel caso Traficant, Chertoff ha fatto di tutto per "intrappolare" Traficant usando una falsa testimonianza. Nel caso Duke, la tecnica era più sottile: Chertoff prese il fatto che Duke giocava d'azzardo e lo trasformò in un caso federale. *Non era un segreto che Duke giocasse d'azzardo, un* popolare diversivo legale. Anni prima, durante le campagne di alto profilo di Duke per la carica di governatore e di senatore degli Stati Uniti, la stampa aveva riferito che Duke giocava d'azzardo.

Tuttavia, i Nesher della Giustizia sotto la guida di Chertoff hanno avuto l'idea di costruire uno scenario *criminale* intorno al gioco d'azzardo di Duke, affermando che, giocando, Duke stava "frodando" le persone che gli avevano inviato contributi per sostenere i suoi sforzi politici. L'FBI ha sequestrato i registri finanziari di Duke e poi ha contattato i contribuenti di Duke per informarli - così tristemente - che era loro dovere rivelare che era stato "scoperto" che "Duke sta giocando con i soldi che gli mandate".

Probabilmente c'erano collaboratori di Duke a cui non piaceva che Duke (o chiunque altro) suonasse. Ma Duke non ha mai cercato di fingere di lavorare dalle 9 alle 5 in una catena di montaggio. I sostenitori di Duke sapevano che per continuare a scrivere, parlare e viaggiare in nome del suo lavoro, Duke aveva bisogno del loro sostegno finanziario, e lo davano volentieri.

Secondo la stessa teoria, se Duke fosse stato un bevitore (ma non lo è), i procuratori corrotti avrebbero potuto andare dai sostenitori di Duke e dire: "Duke berrà con i soldi che gli mandate".

Alla fine, Chertof e la banda di Nesher al Dipartimento di Giustizia hanno costruito un caso criminale completamente fraudolento contro Duke, un caso che deriva dal fatto che la vita personale e il reddito di Duke sono inestricabilmente legati al suo coinvolgimento negli affari pubblici - un'attività a tempo pieno per Duke.

Un simile scenario processuale potrebbe certamente essere architettato contro praticamente qualsiasi dissidente dichiarato in America oggi che trae parte del suo reddito dall'attività politica - anche il cosiddetto "nazionalista" che per primo ha lanciato le voci sulla presunta "corruzione" di Duke.

Questa è la "sostanza" della bugia di Chertoff, secondo cui Duke avrebbe "truffato" la gente.

Per rendere le accuse ancora più inquietanti per i sostenitori di Duke e per l'opinione pubblica, Chertoff ha preparato un atto d'accusa che comprendeva una vasta gamma di accuse multiple (e ripetitive) derivanti dalla stessa serie di accuse (false e inventate). Se fosse stato giudicato colpevole per tutti i capi d'accusa, Duke avrebbe potuto essere condannato a 30 anni di carcere.

Dato che Duke sarebbe stato perseguito davanti a quella che quasi certamente sarebbe stata una giuria prevalentemente nera - alla quale i media avrebbero regolarmente ricordato che era stato un membro del Ku Klux Klan - gli avvocati di Duke gli consigliarono di accettare un patteggiamento. Duke si dichiarò quindi colpevole di due accuse specifiche - evasione fiscale e frode postale - piuttosto che andare a processo e rischiare di essere condannato per tutti i capi d'accusa.

In seguito a questa trattativa, Duke ha trascorso tredici mesi in prigione, ma alla fine è tornato a casa davanti a un'assemblea entusiasta dei suoi sostenitori che sapevano benissimo che Duke era stato vittima di un malvagio, brutto e disonesto delinquente sionista chiamato Michael Chertoff.

La scioccante dimostrazione del crudo potere dell'intrallazzatore sionista Chertoff, che ha corrotto e abusato del sistema giudiziario americano per crocifiggere due importanti critici di Israele, è davvero istruttiva e mostra chiaramente quanto l'America abbia perso la strada.

Jim Traficant e David Duke non sono le uniche vittime delle malefatte sioniste in America e, purtroppo, è improbabile che siano le ultime. Considerando che l'uomo responsabile dei loro problemi è stato nominato capo della "Sicurezza interna", il futuro dei dissidenti politici americani è davvero spaventoso...

# E così via...

## Introduzione alla Parte VII

**Cosa ci aspetta...**

Dopo aver passato in rassegna le macchinazioni e gli intrighi delle Capre di Giuda - Il nemico interno nella seconda metà del XX secolo, sembra giusto concludere il nostro studio con uno sguardo a ciò che è accaduto nei primi giorni del XXI secolo.

Le capre di Giuda sono al lavoro - come sempre - facendo tutto ciò che è in loro potere (e dei loro manipolatori e controllori dietro le quinte) per sovvertire il tradizionale nazionalismo americano.

Nei capitoli che seguono, daremo un'occhiata più da vicino ad alcuni dei moderni Capri di Giuda e vedremo esattamente cosa sembrano avere in serbo per gli americani che osano mettere in discussione l'autorità di coloro che hanno stabilito di essere i più adatti a governare l'America e il mondo.

Questi nemici interni hanno un'agenda internazionale: una "guerra perpetua per una pace perpetua", una guerra non solo contro i terroristi globali, ma anche contro i "terroristi domestici". E questi "terroristi domestici" sono coloro che si oppongono al Nuovo Ordine Mondiale, che non è altro che il sogno sionista di lunga data di conquistare il mondo.

E non si faccia illusioni: anche la Russia, la Cina e persino il Venezuela - sotto il regime populista di Hugo Chavez - così come il mondo arabo e musulmano e tutte le altre nazioni che si oppongono all'agenda sionista, sono nel mirino dei sionisti. Altre guerre sono in preparazione.

La domanda è se gli americani accetteranno di combattere queste guerre. E soprattutto, gli americani si uniranno - una volta per tutte - per fermare i guerrafondai internazionali

Non c'è dubbio che gli americani debbano intraprendere una nuova guerra, ma questa volta si tratta di una guerra contro le "capre di Giuda", il nemico interno...

# CAPITOLO XL

## Il fenomeno Fox News: come i plutocrati sionisti hanno creato un "media alternativo".

Alla feccia dei media liberali affermati Nelle pagine iniziali di questo volume, abbiamo incontrato una manciata di famigerati capri di Giuda i cui nomi e volti sono familiari a milioni di americani: Rush Limbaugh, Sean Hannity, Laura Ingraham, Anne Coulter e, ultimo ma non meno importante, Bill O'Reilly.

Tutti sono comprovati (e altamente pagati) portatori d'acqua per la causa sionista, e apparentemente entusiasti. Neo-conservatori di primo (e peggiore) ordine, questa squadra (in mancanza di una parola migliore per descriverli) deve gran parte della sua fama e fortuna alla costante promozione che loro e le loro opinioni, o meglio le opinioni dei loro padroni e manipolatori, ricevono attraverso Fox News.

Se la Fox è il vero sponsor degli sproloqui televisivi di Hannity e O'Reilly, anche le altre capre di Giuda sono regolarmente messe in evidenza dalla Fox che, a tutti gli effetti, è diventata la principale voce popolare dei media mainstream per la linea propagandistica "neo-conservatrice" sionista.

Ecco perché vale la pena di guardare a Fox News e a come sia diventata una capra di Giuda a tutti gli effetti.

Non c'è dubbio che la Fox si sia affermata, forse anche più delle tre reti "liberali" (ABC, CBS e NBC), come una delle forze più pericolose e divisive del mondo di oggi.

Fox, ovviamente, è la rete televisiva di proprietà della lontana News Corporation, l'impero mediatico dell'australiano Rupert Murdoch. Diamo una rapida occhiata a ciò che costituisce questo formidabile impero mediatico:

- *La* rivista *Weekly Standard,* diretta per Murdoch dal "neo-conservatore" William Kristol, figlio del padrino neo-conservatore "ex-trotzkista" Irving Kristol. (Questa rivista è una delle pubblicazioni più rumorose - e non più silenziose - dell'America di oggi, la bibbia virtuale della politica estera dell'amministrazione Bush di "Dubya" e l'unica pubblicazione di che può veramente rivendicare il merito di aver gettato le basi propagandistiche per la debacle degli Stati Uniti in Iraq)

- 175 diversi giornali, tra cui *il News of the World, The Sun, The Sunday Times* e *The Times*, pubblicati in Gran Bretagna, e, forse più in particolare, il *New York Post*, quest'ultimo una delle principali voci della causa sionista in America

- Studi cinematografici Twentieth Century Fox

- Le stazioni televisive Fox nei principali mercati metropolitani, tra cui Washington, D.C., Chicago, Philadelphia, Boston, Minneapolis, Detroit, Atlanta, Baltimora, Orlando, Cleveland, Phoenix, Denver, St. Louis, Milwaukee, Kansas City, Salt Lake City, Birmingham, Memphis, Greensboro (North Carolina), Austin e Ocala (Florida)

- Televisione satellitare diretta a casa, che copre tutti e cinque i continenti, compreso Foxtel

- Fox News (via cavo) Channel e altri canali via cavo, raggiungendo 300 milioni di abbonati

- Grandi case editrici come HarperCollins Publishers (che oggi controlla case editrici rinomate come William Morrow & Company, Avon Books, Amistad Press e Fourth Estate), Regan Books e Zondervan.

È chiaramente un grande impero mediatico. Come sia arrivata a esercitare un tale potere e influenza, fino a dettare gli affari americani, è una storia istruttiva, che illustra le macchinazioni delle Capre di Giuda - il Nemico Interno. Per esaminare il fenomeno Fox, dobbiamo tornare indietro alla metà e alla fine degli anni Sessanta.

Durante questo periodo, molti americani cominciarono a percepire un deciso e deliberato orientamento "liberale" nei servizi giornalistici delle tre principali reti televisive (ABC, CBS e NBC), con la CBS e il suo conduttore di lunga data, Walter Cronkite, spesso considerato il più "liberale" dei tre.

Gli americani hanno rilevato una grande quantità di propaganda liberale nei contenuti dei programmi televisivi quotidiani, con messaggi politici palesi trasmessi nei contenuti di fiction, sitcom e film televisivi.

Inoltre, il contenuto della programmazione ha iniziato a concentrarsi su ciò che può essere meglio descritto come "sordido" - e questo è un eufemismo.

I valori americani tradizionali sono diventati il bersaglio del volgare umorismo da gabinetto di e la fede cristiana è stata costantemente difesa come una forma virtuale di male, responsabile delle tragedie del passato. I padri fondatori dell'America sono stati dipinti come malvagi e le figure della controcultura sono state additate come modelli per la gioventù americana. L'elenco di lamentele molto valide sulle tre grandi reti, sulla loro copertura giornalistica e sulla loro programmazione potrebbe continuare all'infinito.

Quando gli americani sono diventati sempre più consapevoli del fango e della propaganda "liberale", molte persone - ma non abbastanza, purtroppo - hanno iniziato a guardare più da vicino il "chi" - piuttosto che il "cosa" - delle Tre Grandi. In altre parole, gli americani cominciarono a riconoscere che le Tre Grandi erano megacorporazioni strettamente controllate, di proprietà di una piccola cricca di famiglie e gruppi finanziari interconnessi, in gran parte di origine ebraica.

Inoltre, l'influenza editoriale e manageriale ebraica nelle divisioni giornalistiche dei tre principali network divenne sempre più evidente. In breve, la gente cominciò a riconoscere che i network "liberali" erano effettivamente le voci mediatiche di un'élite ebraica i cui valori - e interessi - non rappresentavano in alcun modo quelli della grande maggioranza del popolo americano.

Di conseguenza, cominciò a emergere una chiara insoddisfazione non solo nei confronti delle tre reti principali, ma anche un discorso sempre più diffuso nelle regioni centrali sulla "morsa ebraica sui media". Naturalmente, molte persone non hanno discusso apertamente l'aspetto ebraico del problema con le reti, ma questo fenomeno è rimasto costante (anche se espresso solo discretamente).

A volte, alcuni dei più grandi nomi della vita americana - dall'ex vicepresidente Spiro Agnew al generale George Brown, presidente degli Stati Maggiori Riuniti, e giganti di Hollywood come Robert Mitchum, Marlon Brando e il famoso scrittore Truman Capote - hanno osato dire pubblicamente che c'è una quantità smodata di influenza ebraica sui (o il controllo dei) principali media americani.

In definitiva, questa disillusione nei confronti dell'industria radiotelevisiva e delle sue macchinazioni ha posto le basi, per molti versi, per l'ascesa di Ronald Reagan e la sua elezione alla presidenza nel 1980. Gli americani cercavano un cambiamento e, sebbene Reagan avesse promesso un "nuovo conservatorismo", questo si rivelò essere tutt'altro. Ma gli americani erano affamati di un'alternativa ai media "liberali" e Rupert Murdoch venne in "soccorso", o almeno così sembrava.

Gli americani stufi dei media "liberali" avevano ora un autoproclamato salvatore, un colorato magnate dei media nato all'estero che sembrava condividere il loro malcontento e che sembrava voler offrire una vera "alternativa". Ma questa "alternativa" non è ciò che la maggior parte degli americani stava realmente cercando e molti non sembrano capire di essere stati ingannati, anzi, ingannati su vasta scala.

Sebbene fosse già ben affermato in Australia come potenza mediatica in crescita, Murdoch ricevette silenziosamente sponsorizzazioni internazionali e sostegno finanziario da alcune delle famiglie ebraiche più ricche e potenti del mondo: i Rothschild in Europa, i Bronfman in Canada e gli Oppenheimer in Sudafrica. Con il loro sostegno, iniziò a espandere il suo impero in Gran Bretagna e nel mondo.

In breve tempo, Rupert Murdoch è diventato la merce più richiesta dai media globali e si sta rapidamente avviando a raggiungere una ricchezza che va oltre i suoi sogni più sfrenati e un immenso potere politico grazie alla crescita del suo impero News Corporation e della lucrosa industria pubblicitaria. Non c'è da stupirsi che Murdoch stesso sia considerato, insieme ai Rothschild, ai Bronfman e agli Oppenheimer, parte di un gruppo giustamente descritto su come "la banda dei quattro miliardari".

Oggi, le voci consolidate dei media di Murdoch, in particolare Fox News, si concentrano sulle questioni più scottanti - come l'aborto, i diritti degli omosessuali, la preghiera nelle scuole - che accendono l'animosità tra le organizzazioni della cosiddetta "destra cristiana" e i gruppi e le istituzioni a cui si oppongono.

Nel frattempo, ironia della sorte, altri media di Murdoch, come la Fox Television, sono responsabili della promozione di alcune delle peggiori schifezze mai trasmesse sugli schermi televisivi americani. Eppure, per qualche ragione, quelli della destra cristiana che si rallegrano del taglio "conservatore" di Fox News sembrano non capire che il conglomerato mediatico di Rupert Murdoch incassa miliardi di dollari di pubblicità vendendo porcherie.

Nel frattempo, naturalmente, i media di Murdoch sono impegnati a promuovere gli interessi del movimento sionista. E questo è soprattutto il punto più importante da riconoscere.

Sebbene Murdoch e i suoi media giochino a fornire un'"alternativa", in realtà stanno fornendo un'"opposizione controllata", tenendo in riga i "conservatori" e i "mainstream" americani, propagandando la causa sionista come una causa "americana", una causa che è pienamente in linea non solo con il "rendere l'America di nuovo grande" (nell'immaginario retorico di Ronald Reagan) ma, in realtà, con il rendere l'America un impero - e un impero che è gestito dall'élite sionista.

In altre parole, Fox News promuove con orgoglio e a gran voce il tema che l'America è la voce della ragione e della democrazia nel mondo e che il compito dell'America è, semplicemente, quello di governare il mondo.

E questo - come abbiamo documentato nel nostro precedente libro, *La nuova Gerusalemme* - è esattamente *l'*agenda sionista di oggi: il capitale e le risorse dell'America, le sue forze armate, i suoi uomini e le sue donne, il suo massiccio arsenale, devono essere utilizzati per la creazione di un imperium globale per portare avanti l'agenda dei plutocrati sionisti benestanti e la loro rete internazionale di interessi aziendali alleati e anime gemelle ideologiche.

Mentre ci sono molti buoni americani che credono alla propaganda di Fox News (cioè dei sionisti) secondo cui l'America deve usare il suo potere "per il bene", anche a costo di sacrificare migliaia di vite americane e di altri paesi, ci sono molti altri americani (e altri nel mondo) che non condividono questa filosofia.

Tuttavia, Fox News - e altri elementi della rete di propaganda sionista - hanno iniziato a promuovere il tema che chiunque si opponga a questa agenda globale è in qualche modo "antiamericano" e certamente "antisemita" (e persino "anticristiano").

Leggi come il Patriot Act e altri meccanismi di controllo sono stati messi in atto per sopprimere qualsiasi dissenso da l'agenda sionista. Fox News è in prima linea nel promuovere questi progetti orwelliani.

Non occorre aggiungere altro, se non avvertire i sinceri patrioti americani che Fox News non è loro amico. Gli americani sinceri dovrebbero diffidare di Fox News e delle sue teste parlanti.

Gli americani devono abbandonare l'idea che "la Fox dice un sacco di cose buone" e rinunciare a ragionare sul fatto che voci della scuderia Fox (o dovremmo dire "dei bassifondi"?) come Bill O'Reilly, Sean Hannity e altri abbiano "spesso ragione". La Fox e i suoi aderenti sono un pericolo per l'America e per il mondo.

Fox News è certamente tra le più pericolose delle "Capre di Giuda - Il nemico interno".

# CAPITOLO XLI

L'agenda passata, presente e futura del nemico interno: dichiarare che i patrioti americani sono il "vero" nemico interno

Il 29 maggio 2005, *il Washington Post* ha rivelato che l'amministrazione Bush stava riorientando la sua famosa "guerra al terrore" verso una nuova "strategia contro l'estremismo violento". Poi, esattamente una settimana dopo, il 5 giugno, il *Post* ha pubblicato un commento di alto profilo dell'ex agente dell'FBI Mike German - specializzato nell'infiltrazione di gruppi dissidenti di "destra" negli Stati Uniti - che proponeva alle autorità federali di iniziare una guerra totale contro i gruppi "estremisti" nazionali.

L'ex agente dell'FBI sostiene che quelli che lui chiama gruppi "estremisti" americani sono un terreno fertile per la violenza e dovrebbero quindi essere trattati essenzialmente come un'associazione criminale. "Dietro il terrorista solitario, una mentalità da branco", è il titolo del commento di German. German ha chiarito che i gruppi di "terroristi domestici" che secondo lui richiedono un trattamento speciale sono molto diversi. L'ex agente dell'FBI sotto copertura non ha usato mezzi termini nell'affermare che coloro che percepisce come potenziali terroristi dell'America non sono solo quelli che potrebbero "sembrare" terroristi. German ha scritto:

> Non sempre si fanno chiamare KKK o milizia; a volte usano nomi innocui che mascherano la loro vera natura. Possono indossare simboli nazisti sulle maniche, ma non necessariamente. Possono essere alcuni vecchi brontoloni che si incontrano per un caffè in un bar locale, alcuni giovani punk in cerca di guai o persino un uomo seduto nella sua cantina che chatta su siti web neonazisti. Ma tutti fanno parte di una comunità estremista clandestina.

Tuttavia, ha detto German, "di tanto in tanto un seguace di questi movimenti fa un'incursione violenta nel nostro mondo, con conseguenze mortali". Ha citato una serie di individui che hanno commesso crimini violenti e che, nel gergo dei media, sono stati "collegati" a vari gruppi cosiddetti "estremisti". Sebbene esistano indubbiamente molte organizzazioni che potrebbero essere considerate "estremiste", il signor German non traccia una linea di demarcazione tra ciò che costituisce "estremismo" e le espressioni presumibilmente rispettabili della libertà di espressione. È qui che le cose si fanno interessanti e ancora più preoccupanti. German ha affermato che

> Il fatto che questi individui, esposti a un'ideologia estremista, abbiano tutti commesso atti violenti potrebbe indurre una persona ragionevole a sospettare l'esistenza di una cospirazione più ampia. Immaginate un leader molto intelligente di un movimento estremista, che conosce il Primo Emendamento e le leggi sulla cospirazione criminale, che dice ai suoi seguaci di non dipendere da istruzioni specifiche.

> Può chiedere loro di dissociarsi dal gruppo prima di commettere un atto violento, di agire individualmente o in piccoli gruppi in modo che altri membri del movimento possano sfuggire alla responsabilità penale. Questo metodo crea una situazione vantaggiosa per il leader estremista: gli obiettivi violenti del gruppo vengono raggiunti senza le conseguenze legali.

In altre parole, German suggerisce che ogni volta che un individuo "legato" a un gruppo "estremista" commette un crimine, non è illogico sospettare che il gruppo o i suoi leader siano gli istigatori; di fatto, la libera espressione costituzionalmente protetta di un individuo o di un gruppo che può in qualche modo aver influenzato un'altra parte a commettere un atto violento deve essere affrontata. In breve: è ora di iniziare a dare un giro di vite a coloro che sono ritenuti colpevoli non di un reato, ma semplicemente di "estremismo", comunque definito. Secondo German, si tratta di una cospirazione di estremisti e ha aggiunto che "chiudere gli occhi su questa cospirazione significa negare la realtà. Si tratta di unire i puntini".

Sostenendo che "l'ideologia neonazista è anche una delle cause principali dell'aumento della violenza nelle scuole" - affermazione non del tutto esatta e che non tiene conto del crescente uso di psicofarmaci nel trattamento degli studenti, che spesso porta alla depressione e alla violenza - il tedesco ha citato solo due casi, gli unici due (tra i tanti) che sono anche solo vagamente legati all'ideologia "neonazista".

Il primo esempio citato da German è la tragica sparatoria in una scuola del Minnesota, dove un giovane indiano d'America, chiaramente ammiratore di Adolf Hitler, ha ucciso diverse persone prima di suicidarsi.

German fa anche riferimento all'affermazione secondo cui la sparatoria alla Columbine High School sarebbe stata ispirata da una devozione a Hitler. Tuttavia, German omette di notare che uno degli assassini della Columbine, Dylan Klebold, era il rampollo di una famiglia importante della comunità ebraica di Columbus, Ohio, e che anche l'altro, Eric Harris, era di origine ebraica, almeno in parte. I due assassini ebrei di Columbine non erano apparentemente interessati a Hitler e al nazismo in quanto ammiratori del leader tedesco e della sua ideologia, ma erano invece ferocemente antinazisti, nutrivano rancore per l'"Olocausto" e vedevano l'attacco ai loro compagni di scuola non ebrei (compresi gli afroamericani) come un mezzo per "vendicarsi" dei non ebrei.

*Tutto questo, ovviamente, è stato accuratamente taciuto dai media, che preferiscono suggerire che i due psicotici assassini ebrei fossero estremisti antiebraici e ammiratori di Hitler*

Inoltre, va notato che un importante psichiatra, il dottor Robert John, è fermamente convinto, sulla base dei suoi studi, di un tema che un altro educatore, il dottor Philip Glidden, ha ripreso nel suo libro, *Trading on Guilt: Holocaust Education in the Public Schools*, e cioè che gli "studi sull'Olocausto" nelle scuole pubbliche contribuiscono alla violenza nei giovani, desensibilizzandoli alla violenza attraverso la costante visualizzazione di immagini di violenza. Questo dovrebbe essere un motivo sufficiente per vietare l'insegnamento degli studi sull'Olocausto nelle scuole pubbliche.

In ogni caso, German ha affermato senza mezzi termini che "fornendo sia il movente che il metodo per la violenza", i leader [dei gruppi "estremisti"] che hanno presumibilmente "ideato un metodo per mascherare la loro influenza" sono quindi "parte della cospirazione" per commettere violenza. Ha aggiunto che "il loro uso cinico dei diritti del Primo Emendamento, che non concederebbero ad altri, non nega il loro ruolo".

German ha concluso: "Gli estremisti solitari sono un problema per la polizia perché sono difficili da prevedere. È come cercare un ago in ogni pagliaio. Forse avremmo più fortuna se prestassimo più attenzione alle fabbriche di aghi".

Ciò che ha reso il messaggio del signor German così agghiacciante è che riecheggia in modo inquietante le affermazioni di lunga data dell'Anti-Defamation League (ADL) di B'nai B'rith - che si autodefinisce un "cane da guardia" che controlla i gruppi "estremisti" - secondo cui i commenti a cui l'ADL si oppone costituiscono "oscenità" e che questa "oscenità" può portare alla violenza.

Ad esempio, nel 1988, presso la Hofstra University di New York, l'ADL ha organizzato un simposio legale di tre giorni intitolato "Diffamazione di gruppo e libertà di espressione: il rapporto tra linguaggio e violenza".

Il forum si è concluso con un forte appello alla legislazione per vietare quella che è stata descritta come "letteratura dell'odio" dai cosiddetti "estremisti".

Le opinioni espresse dagli oratori a favore della messa al bando della letteratura d'odio ruotano attorno a due idee:

- Che le parole, scritte o pronunciate, costituiscono di per sé violenza. (Per esempio, dare del "cattivo" a qualcuno senza minacciarlo con un'azione fisica è sufficiente a costituire un atto di violenza).

- Le parole, scritte o pronunciate, hanno un certo potere che crea una realtà per il bersaglio o la vittima di quelle parole (per esempio, chiamare qualcuno "sporco barbone" lo renderà tale). (Nel suo intervento di apertura, il professore di legge di Hofstra Monroe Freedman ha affermato che cercare di difendere la libertà di parola cercando di proteggere le minoranze da coloro che le "diffamano" è un "paradosso della democrazia costituzionale". Secondo Freedman:

> Il vilipendio dei gruppi può creare un clima sociale favorevole e incoraggiare l'odio e l'oppressione. Se un gruppo minoritario può essere dipinto come meno che umano, meritevole di punizione o come una minaccia per la comunità in generale, l'oppressione di quella minoranza è una probabile conseguenza.
>
> Sappiamo anche che il linguaggio stesso può ferire, che ci sono parole che infliggono ferite semplicemente pronunciandole... Quando il messaggio è violento, il linguaggio stesso può essere violento.

Il deputato John Conyers (D-Mich.) ha parlato del "dolore psichico" inflitto dal linguaggio. Un altro oratore, Elie Wiesel, che si definisce un "sopravvissuto all'Olocausto", ha affermato che coloro che si dedicano alla diffamazione di gruppo dovrebbero essere "combattuti" e "trattati con severità".

La conferenza ha visto la presentazione della proposta vincente di un concorso tra studenti di legge di tutto il Paese per la stesura di un modello di legge che potesse essere utilizzato per perseguire coloro che si dedicano alla cosiddetta "diffamazione di gruppo". Il primo premio è andato a un modello di legge che definisce la diffamazione di gruppo come segue:

> Qualsiasi discorso orale, scritto o simbolico pubblicato maliziosamente che sminuisca, degradi o metta in discussione la lealtà, le capacità o l'integrità dei membri di un gruppo sulla base di una caratteristica presumibilmente comune ai membri di tale gruppo, o che con il suo stesso enunciato infligga danni ai membri di un gruppo, o che incoraggi l'animosità verso un gruppo.

Un "gruppo" è definito come "un'aggregazione di persone identificate da una comune razza, religione, origine nazionale, etnia o sesso, o sulla base dell'eterosessualità o dell'omosessualità".

La legge proposta creerebbe un'agenzia per monitorare gli atti di diffamazione di gruppo, valutare l'impatto di qualsiasi discorso che diffami un gruppo e contrastare gli effetti negativi reali e potenziali di tali discorsi. L'agenzia dovrebbe inoltre esaminare tutti i film prima della loro trasmissione e, se ritenuti offensivi, vietarne la visione al pubblico.

Il 2 novembre 1995, il deputato Charles Schumer (D-N.Y.), ora potente senatore degli Stati Uniti, si unì al già citato deputato Conyers per promuovere una legislazione sulla falsariga di quella proposta alla conferenza dell'ADL. Il provvedimento di Schumer, H.R. 2580, fu chiamato in modo fuorviante "The Republican Form of Government Guarantee Act".

Da sempre portavoce dell'ADL al Congresso, Schumer ha proposto di vietare la discussione di quelle che definisce "teorie cospirative infondate sul governo" che, a suo dire, mettono in pericolo l'ordine pubblico. Già noto come il principale nemico al Congresso del Secondo Emendamento e dei diritti dei proprietari di armi, il nuovo obiettivo di Schumer, il Primo Emendamento, sarebbe stato eliminato se la proposta di legge fosse passata. *Spotlight*, con sede a Washington, concluse che la proposta di Schumer era forse la più pericolosa legislazione sullo stato di polizia mai introdotta in un Congresso degli Stati Uniti e lanciò rapidamente uno sforzo per sconfiggere il disegno di legge. Sebbene l'ADL abbia esercitato un'intensa attività di lobbying a favore della misura, la pressione pubblica stimolata *da The Spotlight* ha portato al rifiuto della proposta da parte dell'ADL, il che ha fatto talmente arrabbiare Schumer da indurlo a inviare un mailing di massa ai suoi sostenitori, esclamando con rabbia che *The Spotlight* lo aveva "preso di mira" per distruggerlo.

Questa prima cospirazione sponsorizzata dall'ADL contro la libertà di parola è stata, ovviamente, superata dall'ormai famigerato Patriot Act, che l'amministrazione Bush - con il sostegno dell'ADL - sta cercando di estendere nel momento in cui scriviamo.

E questo proprio mentre l'amministrazione Bush dichiara la sua nuova guerra all'"estremismo violento" e un ex agente dell'FBI afferma la necessità di combattere quella che considera una "cospirazione" tra i dissidenti politici per fomentare la violenza.

Non sorprendetevi di scoprire che i media sono sempre più interessati alla "violenza estremista in America" e chiedono alle forze dell'ordine statunitensi di essere più vigili nei confronti di coloro che sono considerati "fuori dalla norma" e quindi potenzialmente violenti.

Alla luce di tutto ciò, non è un caso, ad esempio, che l'ADL mantenga quella che definisce una "rete di risorse per le forze dell'ordine" e che, attraverso questa rete, l'ADL ha citato la conferenza del 20-22 maggio

2005 a New Orleans organizzata dall'ex rappresentante dello Stato della Louisiana David Duke come un tipo di attività "estremista" da monitorare, nonostante Duke rinunci fermamente alla violenza e alla retorica rabbiosa e, di fatto, lo abbia sempre fatto.

Ma per Mike German, ex membro dell'FBI, Duke e altri leader stanno semplicemente inviando messaggi malevoli, progettati per isolarsi e, allo stesso tempo, incoraggiare la violenza.

Chiaramente, come ex agente dell'FBI responsabile dell'infiltrazione di gruppi "estremisti" su , Mike German deve aver lavorato a stretto contatto con l'ADL durante i suoi molti anni sul campo, e quindi fa eco a questa propaganda extraterrestre.

Ora che l'amministrazione Bush ha intrapreso una lotta contro "l'estremismo violento", mentre l'ADL e altri gruppi di pressione pro-Israele sostengono che i critici americani di Israele stanno dando aiuto e sostegno morale agli estremisti islamici rilasciando dichiarazioni critiche nei confronti di Israele, sembra che il commento di German sul *Washington Post* sia stato niente meno che un proverbiale palloncino di prova.

È stato preparato il terreno per i futuri tentativi di distruggere i dissidenti politici americani che osano criticare l'estremismo bellicoso e filoisraeliano dei "sommi sacerdoti della guerra" che hanno dominato le politiche dell'amministrazione Bush e che hanno tutte le intenzioni di dominare le politiche delle future amministrazioni, repubblicane e democratiche.

# CAPITOLO XLII

## La moderna "polizia del pensiero" ha cospirato per censurare le critiche a Israele e al sionismo nei campus: due "conservatori" al servizio della causa sionista

Nella primavera del 2003, il terzo membro repubblicano del Senato degli Stati Uniti, il conservatore Rick Santorum (Pa.), ha annunciato la sua intenzione di introdurre la cosiddetta legislazione sulla "diversità ideologica", che avrebbe tagliato i finanziamenti federali a migliaia di college e università americane se queste istituzioni avessero permesso a professori, studenti e organizzazioni studentesche di criticare apertamente Israele.

Santorum, uno dei più forti sostenitori di Israele al Congresso e candidato dichiarato alla presidenza, considera le critiche a Israele come un atto di "antisemitismo". In questo contesto, Santorum voleva riscrivere la formula di finanziamento federale prevista dal Titolo IX della legge sull'istruzione superiore per includere la "diversità ideologica" e la parità di genere nell'istruzione come prerequisito per il finanziamento federale. Santorum è stato affiancato da un altro esponente conservatore del Partito Repubblicano e ideologo pro-Israele, il senatore Sam Brownback (Kan.), che ha presentato un proprio piano per la creazione di una commissione federale - che i critici chiamano "tribunale" - nell'ambito del Titolo IX per "indagare" sugli incidenti antisemiti nei campus americani.

Sebbene lo studente americano medio o il professore universitario non abbiano mai sentito parlare del progetto Santorum-Brownback, Wayne Firestone, direttore del Centro per gli Affari di Israele della Fondazione Hillel, ha dichiarato all'epoca: "Ovunque vada, è l'argomento principale. Genera molto interesse". In effetti, è stata l'organizzazione di Firestone, Hillel, che ha unità nei campus americani, a rivelare per prima il piano di Santorum. Ulteriori dettagli sono apparsi in un articolo prudente pubblicato il 15 aprile 2003 sul *New York Sun, un* quotidiano a bassa tiratura. Quotidiano "neo-conservatore" decisamente filo-israeliano pubblicato a Manhattan, *il Sun* è finanziato da una serie di miliardari filo-israeliani, tra cui Michael Steinhardt e Conrad Black (che pubblica anche il *Jerusalem Post*).

Inoltre, i redattori senior del *Sun* sono Seth Lipsky e Ira Stoll, che in precedenza hanno ricoperto posizioni editoriali senior presso il *Forward*, il più influente quotidiano ebraico americano. Pertanto, se il *New York Sun* ha riportato un articolo favorevole al piano di Santorum, è improbabile che il *Sun* abbia mentito su Santorum, dal momento che condivide il suo entusiasmo per Israele.

In ogni caso, nella sua versione dei fatti, Hillel ha spiegato ai suoi sostenitori che Santorum, insieme a diversi altri membri del Senato, aveva invitato i rappresentanti di una serie di potenti organizzazioni ebraiche a partecipare a un incontro privato a Capitol Hill per discutere le preoccupazioni dei senatori riguardo alle crescenti critiche a Israele nei campus universitari americani.

I senatori in questione - tutti repubblicani - erano Santorum, Robert Bennett (Utah), Sam Brownback (Kansas) e Norm Coleman (Minnesota), appena eletti sul sito . Inoltre, il leader della maggioranza repubblicana del Senato Bill Frist (Tenn.) e i suoi colleghi del GOP, i senatori Lindsey Graham (S.C.) e Norm Coleman (Minnesota), sono stati recentemente eletti su . Lindsey Graham (S.C.) e George Voinovich (Ohio), hanno inviato dei rappresentanti.

Le organizzazioni ebraiche presenti all'incontro privato erano la Anti-Defamation League (ADL) del B'nai B'rith, la Zionist Organization of America, l'American Jewish Committee e Hillel, rappresentata dal già citato Firestone e dal suo collega Jay Rubin. Louis Goldstein, Assistente Segretario all'Educazione, Ufficio per i Diritti Civili, ha rappresentato l'amministrazione Bush.

Durante la seduta privata - la cui trascrizione non è disponibile per i contribuenti che hanno pagato il conto della società - un rappresentante dell'ADL avrebbe affermato che la sua "verifica annuale" dell'attività antisemita in America ha rilevato un aumento del 24% dell'antisemitismo nei campus americani nel 2002. Questo aumento del 24% - per stessa ammissione dell'ADL - si è tradotto in sole 21 azioni. Tuttavia, la definizione di "antisemitismo" dell'ADL è così ampia da includere anche la più blanda critica a Israele che non sia inquadrata nei parametri che l'ADL considera accettabili.

Nel frattempo, la notizia dell'iniziativa Santorum-Brownback si è diffusa tra i leader della comunità educativa, in seguito alla denuncia del progetto da parte di questo autore, Michael Collins Piper.

L'articolo è stato prima pubblicato dal giornale *American Free Press* (AFP), con sede a Washington, e poi ampiamente diffuso su Internet da Joe Fields, un nazionalista americano con sede in California, a tal punto che il rapporto sul sistema è finito nelle email degli educatori indipendenti di tutti gli Stati Uniti e del mondo.

A seguito della crescente preoccupazione per la rivelazione dell'AFP, la lobby pro-Israele ha iniziato a cercare di negare che Santorum avesse mai proposto di introdurre la legislazione che aveva detto di voler introdurre: la linea propagandistica "ufficiale" che veniva diffusa era che la storia dell'AFP non era vera e che Santorum non aveva mai preso in considerazione tale legislazione. Ma la storia non finisce qui.

Sebbene l'AFP abbia pubblicato la storia per la prima volta a livello nazionale, essa è stata successivamente ripresa da vari media negli Stati Uniti e all'estero, comprese pubblicazioni nel mondo arabo. Secondo l'edizione del 9 maggio 2003 del quotidiano *Jewish Week* di New York, il Dipartimento di Stato ha contattato gli uffici del Senato per informarli che i giornali dell'Autorità Palestinese stavano pubblicando la storia della legislazione sulla "diversità ideologica" e per chiedere se la storia fosse vera.

Nel riferire della controversia scoppiata in seguito alla rivelazione dell'AFP, l'articolo della *Jewish Week*, intitolato "Diversity Disinformation", afferma che una "voce di una legislazione in sospeso che vieta le critiche a Israele nei campus [stava] travolgendo i media arabi e di sinistra". L'articolo non menziona mai che l'AFP (che è tutt'altro che una pubblicazione "di sinistra") è stata la prima a dare corpo a questa storia, limitandosi ad affermare che "la storia è stata avviata da diversi importanti teorici della cospirazione e revisionisti dell'Olocausto".

Tuttavia, questa affermazione è a dir poco fuorviante. Infatti, come chiarito dal rapporto originale dell'AFP, il rapporto dell'AFP si basava su un articolo apparso sul *New York Sun, un* giornale filo-israeliano. Quindi la verità è che l'articolo è stato pubblicato su una testata chiaramente filo-israeliana. Tuttavia, l'AFP ha ripreso la storia, riconoscendone l'importanza, e le ha dato l'attenzione che meritava, con grande disappunto di coloro che hanno dato il via all'intera vicenda, tra cui Santorum e i suoi colleghi di Capitol Hill.

Nonostante ciò, *Jewish Week* ha affermato che la storia "è diventata un articolo di fede nel mondo arabo e in alcuni circoli della sinistra americana" e ha proseguito dicendo che "per i leader pro-Israele e per i membri di spicco del Senato, si tratta nel migliore dei casi di una pericolosa leggenda metropolitana, nel peggiore di una deliberata disinformazione".

(Alcuni ricorderanno che anche il Dipartimento di Giustizia dell'allora Procuratore Generale John Ashcroft ha mentito quando ha affermato che i fatti - resi pubblici per la prima volta dall'AFP - relativi al sequestro da parte dell'FBI di spie israeliane che operavano sul suolo statunitense prima dell'11 settembre erano una "leggenda metropolitana". Chiaramente, il termine "leggenda metropolitana", come quello di "teoria del complotto", è ora il "linguaggio doppio" sionista applicato a qualsiasi informazione solida ( che vada contro la linea della propaganda ufficiale).

Comunque, per la cronaca, l'articolo originale *del Sun* pro-Israele affermava categoricamente (parlando dell'incontro a Capitol Hill in cui è nato il progetto di "diversità ideologica"):

> Alla fine dell'incontro di ieri, Santorum ha parlato di introdurre una legge che potrebbe tagliare i finanziamenti federali alle università dove l'antisemitismo e il sentimento anti-israeliano sono diffusi o, più in generale, dove manca la "diversità ideologica".

Il problema dell'articolo dell'AFP - almeno secondo *Jewish Week - è che* "nessuna legislazione di questo tipo è stata introdotta o anche solo presa in considerazione". Il che, ovviamente, contraddice quanto affermato dal *Sun* (e che l'AFP ha poi riportato ai suoi lettori).

*Jewish Week* ha poi preteso di descrivere la riunione a Capitol Hill in cui la legislazione è stata - o non è stata - redatta, a seconda di chi si crede. Secondo una fonte del Senato senza nome, citata da *Jewish Week*, l'incontro ha incluso "numerose presentazioni da parte di diversi gruppi", senza menzionare che i "diversi" gruppi erano, come ha notato l'AFP, tutte organizzazioni pro-Israele della linea dura. La fonte anonima ha affermato che non era in programma alcuna nuova legislazione e che Santorum "stava esaminando la questione e raccogliendo informazioni". Il giornale ha anche affermato che "diversi leader ebrei che hanno partecipato all'incontro hanno confermato questa affermazione".

*Jewish Week* ha riferito che "diversi partecipanti hanno suggerito di creare una task force a Capitol Hill per esaminare l'aumento dell'antisemitismo. Altri hanno suggerito di creare un gruppo per esaminare la diversità ideologica nei campus". Il giornale non ha mai menzionato - come invece hanno fatto il *Sun* e poi l'AFP - che il collega del Partito Repubblicano di Santorum, il senatore del Kansas Sam Brownback, ha spinto per la formazione di una speciale commissione federale per "indagare" sul cosiddetto antisemitismo nei campus. Se la storia era falsa, se si trattava di una "leggenda metropolitana" o di una sorta di "disinformazione", perché una pubblicazione pro-Israele come *il New York Sun* ha pubblicato la storia? E se il *Sun* si è sbagliato, perché non ha ancora pubblicato una rettifica

Quindi la storia era vera e Santorum stava prendendo in considerazione tale legislazione. Tuttavia, grazie all'AFP, che ha esposto la storia e l'ha contestualizzata, rivelando la natura totalitaria del progetto, Santorum e i suoi alleati della lobby pro-Israele hanno fatto marcia indietro.

Poi hanno avuto l'audacia di provare a negare di aver ideato il progetto .

Tuttavia, nonostante gli sforzi compiuti per mettere a tacere la vicenda, la verità non è scomparsa. Il 29 aprile 2003, Hillel, che, come abbiamo visto, è una rete nazionale di "polizia accademica" pro-Israele, ha denunciato sul suo sito web che giornali - in particolare l'AFP - e siti web come Rense.com (che ha ottenuto una copia dell'articolo dell'AFP) e il Palestine Media Center, con sede in Palestina, tra gli altri, stavano cercando di "distorcere" le intenzioni di coloro che hanno partecipato alla riunione di Capitol Hill sulla legislazione sulla "diversità ideologica".

Il gruppo pro-Israele si è anche arrabbiato nell'apprendere che il Progressive Faculty Network - un'alleanza di insegnanti indipendenti di college e università - ha diffuso ampiamente un'e-mail che annunciava il piano. Hillel sostiene che l'AFP e gli altri media che hanno ripreso la notizia stanno "promuovendo una versione bizzarra dell'incontro" che ha avuto luogo tra diversi senatori statunitensi - guidati da Santorum e Brownback - e vari gruppi di pressione pro-Israele, tra cui Hillel.

Invece di affrontare direttamente le specifiche dell'articolo dell'AFP, Hillel si è scagliato contro l'AFP e ha accusato il giornale di essere "antisemita" - che, ovviamente, è proprio la diffamazione lanciata contro chiunque osi criticare Israele, in qualsiasi campus, ovunque.

Tuttavia, il punto fondamentale è che l'incontro a Capitol Hill ha avuto luogo e che i conservatori del GOP avevano pianificato di introdurre una legislazione per negare i finanziamenti federali alle università americane che avrebbero in qualche modo consentito discorsi ritenuti "antisemiti".

Hillel sostiene ora che "l'incontro dei leader repubblicani è stato organizzato per discutere dell'antisemitismo nel campus, non per combattere i gruppi anti-Israele". Hillel ha detto che l'intenzione non era quella di sopprimere la libertà di parola, ma di affrontare il problema dell'odio contro gli studenti ebrei.

Tuttavia, come può testimoniare chiunque abbia preso parte a manifestazioni nei campus contro la guerra in Iraq e/o il maltrattamento dei palestinesi da parte di Israele, i partecipanti sono stati regolarmente etichettati come "antisemiti", un termine abusato.

I tentativi di Hillel di confutare l'articolo dell'AFP sono quindi caduti nel vuoto. Alla fine, tutto ciò che Hillel ha potuto fare è stato sostenere che alcuni gruppi stavano sfruttando il "nobile obiettivo" di combattere "l'odio contro gli studenti ebrei" per "alimentare le loro teorie cospirative internazionali".

Alla fine, al momento in cui scriviamo (maggio 2006), nuove versioni di questa legislazione sulla "diversità ideologica" (originariamente proposta da Santorum e Brownback) sono attualmente all'esame del Congresso. Una versione è stata approvata dalla Camera dei Rappresentanti. Un'altra versione è attualmente all'esame del Senato.

Alla fine, le differenze tra le due misure potrebbero essere appianate e la versione finale della legislazione sarà approvata dal Congresso. Dato che l'influenza sionista sul Congresso regna sovrana, è altamente improbabile che la legislazione si discosti in modo significativo dalla proposta corrotta originariamente presentata da Santorum e Brownback e dai loro cospiratori.

La conclusione è questa: il Nemico Interno è capace di mentire e distorcere la verità in ogni modo possibile. Le circostanze che circondano la cosiddetta "leggenda metropolitana" della legislazione sulla "diversità ideologica" forniscono un prezioso caso di studio su come il Nemico Interno opera regolarmente.

E grazie alla presenza nelle alte sfere di ausiliari compiacenti e volenterosi come i senatori Rick Santorum e Sam Brownback, tra i tanti, il Nemico Interno è ben posizionato per imporre misure di controllo del pensiero in stile stato di polizia, volte a limitare, sopprimere e punire coloro che osano parlare. Santorum e Brownback sono spesso dipinti dai media come "giovani conservatori in erba" e "candidati alla presidenza", ma non sono altro che capre di Giuda che agiscono per conto del Nemico Interno.

# CAPITOLO XLIII

## L'acquisizione e la manipolazione sionista delle forze dell'ordine locali in America: usare il potere della polizia per massacrare i patrioti americani

Negli ultimi 25 anni, l'infiltrazione e la manipolazione delle forze dell'ordine locali sono state un elemento chiave degli sforzi sionisti per aumentare il loro potere a livello locale.

Mentre l'influenza sionista a livello di FBI e CIA esiste da tempo, il ruolo dei sionisti a livello di forze dell'ordine locali non è altrettanto noto, anche se sono stati gli intrighi (cioè la corruzione) sponsorizzati dai sionisti all'interno del Dipartimento di Polizia di San Francisco a scatenare lo scandalo dello spionaggio ADL descritto in precedenza in queste pagine.

Sebbene lo scandalo dello spionaggio abbia attirato l'attenzione sul ruolo dell'ADL nell'abuso dei poteri di polizia, influenzando le forze dell'ordine locali, la verità è che da allora, gruppi come l'ADL e il Southern Poverty Law Center (SPLC) di Morris Dees sono stati ancora più aggressivi nel fornire "servizi" alle forze dell'ordine locali in nome della lotta a nemici come il "terrorismo interno" e i "crimini d'odio", lanciando un gran numero di programmi ben finanziati per "addestrare" - cioè inculcare - le forze dell'ordine locali nell'etica propagandistica dell'ADL.

Sarebbe noioso entrare nei dettagli di queste iniziative, tutte perfettamente accessibili sui siti web dell'ADL e dell'SPLC, ma è sufficiente dire che queste operazioni di lobby sioniste (mascherate da organizzazioni per i "diritti civili") sono arrivate a esercitare una grande influenza sulle forze dell'ordine locali. Oggi, chiunque sia ritenuto "pericoloso" per la causa sionista è soggetto a violenze e abusi da parte delle forze dell'ordine locali che agiscono per conto dei sionisti.

Un primo esempio è fornito dalla vicenda dell'irruzione completamente illegale effettuata il 22 marzo 1995 da una squadra SWAT negli uffici della West Coast della Liberty Lobby, situati nella casa di Escondido, in California, del fondatore di questa istituzione nazionalista, Willis A. Carto. Il gruppo comprendeva agenti non solo dell'FBI, ma anche dell'IRS, del BATF e (tra gli altri) della Drug Enforcement Administration.

Alle 7 del 22 marzo 1995, circa 25 membri di un gruppo di intervento armato hanno fatto irruzione nella casa di Carto. Sebbene Carto non fosse presente in quel momento, lo erano sua moglie Elisabeth e due giovani membri della famiglia in visita. La signora Carto, avvertita del pericolo dall'abbaiare di Charlie, il cane di famiglia, ha incontrato i predoni davanti alla porta d'ingresso. Stavano convergendo verso la casa dopo aver abbattuto il cancello che conduce alla proprietà.

Mentre un elicottero volteggiava sopra di noi e almeno un cecchino era posizionato nelle vicinanze con il fucile puntato contro la signora Carto, gli agenti armati (alcuni dei quali indossavano armi d'assalto e passamontagna) hanno afferrato violentemente la signora Carto, l'hanno ammanettata e poi hanno spruzzato in faccia a Charlie una sostanza chimica immobilizzante, lasciando lo sfortunato cucciolo ululare di dolore e incapace di proteggere la sua padrona.

Hanno quindi forzato l'ingresso della casa. Allarmata dal rumore, la giovane e graziosa nipote della signora Carto si è avvicinata alla porta d'ingresso in camicia da notte, dove è stata avvicinata dai malviventi, che le hanno puntato le pistole in faccia, gridando "Alza le mani" e chiedendo "Hai una pistola?

Nel frattempo, il cugino della ragazza è stato svegliato dal sonno, trascinato dal letto in manette e isolato dal resto della famiglia. È rimasto ammanettato per venti minuti prima di essere rilasciato.

Il giovane, appena laureato in legge, era venuto in California per riposare tre settimane prima di iniziare il suo nuovo lavoro.

Sebbene i predoni abbiano poi tolto le manette ai prigionieri, la signora Carto e i due giovani sono stati tenuti in isolamento mentre "la legge" perquisiva la casa da cima a fondo per cinque ore.

A un certo punto, la signora Carto ha sentito gli agenti prendere in considerazione la possibilità di far intervenire dei bulldozer per scavare nella proprietà, al fine di scoprire "beni rubati" che pensavano "potessero essere sepolti".

I predoni hanno portato via quattordici scatole di documenti, la collezione personale di armi del signor Carto e il computer della signora Carto. Nonostante gli energici sforzi della squadra SWAT, non è stata trovata alcuna "prova" di "merce rubata", il pretesto fasullo per il raid.

Solo dopo il raid, gli avvocati dei Cartos hanno scoperto le prove che *un membro di lunga data della Anti-Defamation League (ADL) del B'nai B'rith aveva svolto un ruolo chiave nell'orchestrazione del raid.*

È emerso che un agente dello sceriffo della contea di San Diego, Tim

Carroll, è stato il principale istigatore dell'attacco alla casa di Carto, situata nella contea di San Diego, al di fuori della giurisdizione del dipartimento di polizia di Costa Mesa (Orange County), che ha ufficialmente condotto l'incursione.

Carroll non era solo il collegamento dell'Ufficio dello Sceriffo di San Diego con l'ADL, ma anche un dichiarato collaboratore di lunga data dell'agente dell'ADL di San Francisco Roy Bullock. Infatti, quando la polizia di San Diego ha avviato la sua indagine sulle operazioni di spionaggio dell'ADL nel 1992, si è basata molto sulle ammissioni di Carroll nel richiedere un mandato di perquisizione per gli uffici dell'ADL a San Francisco e Los Angeles.

Nel richiedere il mandato di perquisizione, l'investigatore della polizia di San Francisco Ron Roth ha descritto dettagliatamente il suo colloquio con Carroll. La trascrizione di questo colloquio faceva parte dei documenti ufficiali relativi al caso di spionaggio dell'ADL, resi pubblici dalla polizia di San Francisco quando l'indagine era in corso. In breve, la confessione di Carroll - sotto interrogatorio della polizia di San Francisco - è stata un elemento chiave nelle prime fasi dell'indagine sulle operazioni di spionaggio illegale dell'ADL.

Carroll ha risposto alle domande *della* polizia di San Diego *non perché voleva, ma perché doveva farlo*. Come uomo dell'ADL nell'ufficio dello sceriffo della contea di San Diego, Carroll faceva parte dell'apparato di spionaggio dell'ADL legato alle forze dell'ordine tanto quanto il suo partner Bullock e il contatto di Bullock con la polizia di San Francisco, Tom Gerard, lo erano a San Francisco.

I seguenti estratti dell'interrogatorio di Carroll da parte della polizia illustrano la stretta relazione tra Carroll (l'attore centrale dell'attacco orchestrato dall'ADL alla Liberty Lobby) e l'ADL e il suo "investigatore numero uno", Roy Bullock:

- Quando l'investigatore Roth ha chiesto al dipendente dell'ADL di San Diego da quanto tempo conoscesse Bullock, Carroll ha risposto: "Probabilmente da cinque o sei anni. Lavoro molto con l'ADL di San Diego ed è così che ho conosciuto [Bullock] e l'ho incontrato a varie conferenze", tra cui due, ha osservato, in cui Bullock era un "relatore ospite".

- Carroll ha anche ammesso di essersi recato in Israele nel maggio 1991 come parte di un "viaggio sponsorizzato dall'ADL per l'applicazione della legge" a cui hanno partecipato circa undici membri delle forze dell'ordine statunitensi, tra cui Gerard della polizia di San Francisco.

(Il cosiddetto "viaggio delle forze dell'ordine" di Carroll era in realtà una vacanza nel Mediterraneo pagata con tutti i costi, grazie all'ADL - una "mancia" davvero lucrosa. Molti agenti di polizia, in altre circostanze, hanno perso il lavoro e/o sono finiti in prigione per aver accettato regali e favori di valore molto inferiore da parte di sospetti criminali).

- Carroll ha ammesso che Mira Lansky Boland, dell'ufficio di Washington dell'ADL, ha accompagnato gli informatori dell'ADL in questo viaggio e che, secondo lui, "ha coordinato tutto con i membri dell'ADL a Gerusalemme". Da allora, Carroll ha dichiarato di aver "parlato con lei di tanto in tanto...". Lei può voler sapere delle cose, io posso volerle sapere".

- Carroll ha anche ammesso che Bullock gli aveva detto di aver ricevuto informazioni segrete dagli archivi della polizia di San Francisco.

(Ciò suggerisce che lo stesso Carroll avrebbe potuto essere penalmente responsabile per non aver denunciato un reato, ovvero la ricezione da parte di Bullock di documenti rubati della Polizia di Stato).

- A proposito della sua relazione con Bullock, Carroll ha anche ammesso che "abbiamo fatto alcuni progetti comuni", senza però specificare in cosa consistessero questi "progetti comuni".

Il fatto che un collaboratore di lunga data dell'ADL (Carroll), che ha svolto un ruolo chiave nell'attacco a Liberty Lobby, sia stato un testimone materiale nel caso ADL è significativo. Come abbiamo visto in precedenza, la rivelazione da parte di Liberty Lobby dell'affiliazione di Bullock all'ADL nel numero del 30 giugno 1986 di *The Spotlight* ha messo in moto il processo che ha portato all'indagine sulle attività criminali dell'ADL.

L'ADL si è così trovata intrappolata in una crisi che avrebbe dovuto portare all'incarcerazione dei suoi principali leader - e dei suoi collaboratori di polizia, tra cui Tim Carroll.

Tuttavia, questo non è l'ultimo coinvolgimento di Carroll nel sito nel mondo degli intrighi che coinvolgono l'ADL e il Mossad. Infatti, poco dopo l'irruzione della squadra SWAT nella Liberty Lobby, Carroll si è improvvisamente "ritirato", per poi tornare misteriosamente in servizio poche settimane dopo come "investigatore speciale" sull'omicidio di Ian Stuart Spiro, un uomo della contea di San Diego la cui strana morte (insieme a quella della sua famiglia), avvenuta il 7 novembre 1992, non è ancora stata ufficialmente risolta.

Se Carroll voleva davvero risolvere il caso Spiro, avrebbe potuto fare riferimento al libro dell'ex ufficiale del Mossad Victor Ostrovsky, *The Other Side of Deception*. Secondo Ostrovsky, Spiro aveva lavorato per anni con il Mossad. Il Mossad aveva dato a Spiro diversi milioni di dollari da pagare a una terza parte. Ma Spiro si tenne il denaro. Quando una squadra del Mossad si recò a casa sua per recuperare il denaro, il Mossad uccise la sua famiglia e Spiro fu costretto a consegnare il denaro, poi avvelenato per far credere che si fosse suicidato dopo aver ucciso la sua famiglia.

Alla fine, e con nessuna sorpresa, Tim Carroll, un agente dell'ADL, ha concluso che il caso Spiro è stato un semplice "omicidio-suicidio". Nessun coinvolgimento del Mossad. Nessun intrigo della CIA. Solo un crimine ordinario. Il fatto che Carroll sia tornato in servizio come "investigatore" sulla morte di Spiro suggerisce che il suo vero lavoro era quello di sbiancare l'omicidio della famiglia Spiro da parte del Mossad.

Lo sceriffo della contea di San Diego che nominò Carroll a questa nuova posizione era William Kolender, un convinto sionista. Nel marzo 1995 - all'incirca all'epoca del raid della Liberty Lobby - l'ufficio dell'ADL di San Diego donò all'ufficio di Kolender un sistema informatico per aiutare lui e Carroll a tenere traccia dei "crimini d'odio" commessi nella loro giurisdizione.

Alla fine, nonostante il "grande spettacolo" a casa Carto e nell'ufficio della Liberty Lobby, non è mai stata presentata alcuna accusa contro i signori Carto. Anzi, la Contea di San Diego si è accordata in via extragiudiziale con i Carto dopo che la coppia aveva intentato una causa per diritti civili contro la contea in risposta al palese attacco inscenato dall'agente dell'ADL Carroll e dai suoi colleghi delle forze dell'ordine.

Alla fine, l'influenza sionista (su un'agenzia di polizia locale) ha giocato un ruolo chiave in un piano palesemente illegale e pericoloso per molestare e intimidire un patriota americano e la sua famiglia. Con la scusa di accuse fasulle, le forze dell'ordine dominate dai sionisti hanno condotto un raid SWAT che avrebbe potuto concludersi tragicamente.

La triste verità è che negli anni a venire sempre più americani rischiano di passare quello che hanno passato Willis ed Elisabeth Carto.

Solo quando gli americani si alzeranno, si ribelleranno, diranno "basta" e reclameranno le loro libertà, questo tipo di tirannia totalitaria avrà fine. Preghiamo che la seconda rivoluzione americana arrivi presto.

# CAPITOLO XLIV

## "Se sembra un'anatra e parla come un'anatra...". Jared Taylor e il nuovo "nazionalismo sionista"

Poiché l'Internazionale sionista - che utilizza l'esercito statunitense come meccanismo imperiale - si trova ad affrontare una crescente opposizione da parte del popolo americano, che è riluttante a impegnare altri giovani in guerre straniere in nome di Israele, è essenziale per la causa sionista suscitare più rabbia tra gli americani nei confronti del mondo musulmano. In questo processo, il movimento sionista ha raddoppiato gli sforzi per infiltrarsi e manipolare ulteriormente il movimento nazionalista americano.

Negli ultimi anni, ad esempio, un leader di quello che è stato definito il "movimento nazionalista bianco" (cioè l'elemento del movimento nazionalista che si concentra sulla questione razziale) è stato sottoposto a un esame sempre più approfondito per la sua posizione insolita nei confronti dell'influenza sionista in America. Si tratta di Jared Taylor, un personaggio formatosi a Yale che dirige la sua organizzazione American Renaissance. Taylor si è affermato come uno dei principali critici del mondo musulmano e degli immigrati musulmani in America, con una forte somiglianza con i neo-conservatori trotzkisti.

Taylor è noto soprattutto per il suo libro, *Paved With Good Intentions*, che sostiene che i neri sono inferiori ai bianchi. È sorprendente che questo libro sia stato pubblicato da una società "mainstream" di New York, responsabile della serie di strani libri di Harrison Livingstone - bestseller *del New York Times* - che insistono sul fatto che la CIA non ha avuto alcun ruolo nell'assassinio di JFK.

Quindi, sebbene l'opera di Taylor possa essere "controversa" per il suo orientamento razziale, *il libro è stato promosso da un editore "mainstream"*.

Ma ciò che è ancora più intrigante è che il libro di Taylor è stato citato favorevolmente anche nel numero di febbraio 1993 di *Commentary*, la rivista dell'American Jewish Committee, diretta per molti anni dal trotzkista "neo-conservatore" Norman Podhoretz, legato alla CIA. Ma il fatto che Taylor abbia ricevuto un'amichevole spinta su da questi trotzkisti sionisti non è davvero straordinario se consideriamo la carriera di Taylor nel suo contesto.

Sebbene l'Anti-Defamation League abbia criticato Taylor per alcune delle sue opinioni e Taylor, in cambio, abbia inviato alcuni gentili colpi all'ADL per averlo castigato sulla questione razziale, l'intera documentazione che esamineremo qui suggerisce che Taylor è effettivamente favorevole al movimento sionista. Ed è proprio questo che rende il nuovo "nazionalismo sionista" di Taylor così prezioso per la lobby sionista.

Ampiamente considerato come uno degli "intellettuali" del movimento "razzista" americano, Taylor si è insinuato in una posizione di leadership presso il Council of Conservative Citizens (CofCC) e, da quella posizione , è diventato un critico di coloro che si oppongono al sionismo. Per certi versi, questo ricorda i vecchi tempi del COINTELPRO quando - come ha riferito il dottor Edward Fields - l'FBI diceva ai suoi infiltrati del Ku Klux Klan che erano liberi di fare commenti anti-neri nei loro discorsi pubblici e nelle loro pubblicazioni, ma che dovevano a tutti i costi evitare di criticare gli ebrei o Israele.

Molti hanno notato che Taylor sembra amare circondarsi di una serie di "intellettuali" ebrei che sono stati maliziosamente (se non insensibilmente) soprannominati "ebrei di Jared". Taylor ha legami particolarmente stretti con il rabbino Meyer Schiller, un sionista di New York che si è pubblicamente vantato del fatto che la sua amicizia con Taylor ha contribuito a diminuire l'antisionismo nelle file dei seguaci di Taylor (un punto interessante). (Lo stesso rabbino Schiller, leader di una comunità ebraica nota come New Square, ha anche appoggiato Hillary Rodham Clinton nella sua campagna per il Senato degli Stati Uniti a New York nel 1992, cosa che non ci si aspetterebbe da un alleato di Jared Taylor, tra tutti.

La verità è che Taylor sta svolgendo un ruolo prezioso per conto degli interessi sionisti nel fomentare l'opposizione all'immigrazione araba e musulmana in America, gettando benzina sul fuoco sempre crescente in America contro arabi e musulmani. Tutto questo avviene in un momento in cui - come dimostrano gli atti - Taylor si è adoperato per eliminare gli atteggiamenti antisionisti dai circoli nazionalisti in cui opera. In effetti, il 3 marzo 2006, l'influente giornale ebraico *Forward* ha riferito che Taylor ha dichiarato, secondo le parole di *Forward*, di voler "de-nazificare [il] movimento nazionalista bianco".

*Forward* ha scritto che Taylor ha affermato che "in ultima analisi, affinché tutte le cose che mi stanno a cuore possano accadere, gli ebrei devono essere parte del movimento", perché, ha osservato, gli ebrei sono ampiamente visti come "la coscienza della nostra società". Ma se Taylor è stato molto amichevole con persone come il rabbino Schiller, ha assunto una posizione molto diversa da coloro che hanno attaccato Israele.

Ad esempio, quando David Duke e il dottor Edward Fields, entrambi noti per la loro opposizione al sionismo, sono intervenuti a un forum di sostenitori della Cofcc nell'area di Washington, Taylor ha boicottato l'incontro (a gran voce) e ha chiesto agli altri di non partecipare.

Analogamente, il 12 dicembre 1998, Taylor ha boicottato un'altra riunione della sezione della National Capital Region della CofCC proprio perché l'oratore principale era il sottoscritto, Michael Collins Piper, che stava discutendo lo studio sull'assassinio di JFK, *Final Judgment*, che si concentra sul ruolo del Mossad di Israele nell'assassinio del Presidente Kennedy. Taylor ha chiesto ai suoi seguaci di non partecipare alla riunione.

Notando la condotta di Taylor, i critici hanno sottolineato che la donna che divenne moglie di Taylor, Evelyn Rich, lavorò attivamente per sabotare la campagna di David Duke per il Senato degli Stati Uniti nel 1990. La signorina Rich ha diffuso ai media nazionali un nastro audio che aveva segretamente registrato di una conversazione privata di Duke con un sostenitore. Questo nastro (completamente estrapolato dal contesto) fu usato per "dimostrare" che David Duke era un "nazista".

In realtà, i fatti dimostrano che Taylor sembra avere una sorta di *accordo cordiale* dietro le quinte con l'ADL.

Secondo un revisionista americano, il cui nome è ben noto ai revisionisti di tutto il mondo, la futura moglie di Taylor, la signorina Rich, ricevette una telefonata nella casa che condivideva con Taylor da nientepopodimeno che Irwin Suall, il capo della "divisione di accertamento dei fatti" dell'ADL, ora deceduto.

Secondo la fonte (che in quel momento era in visita a casa di Taylor), Taylor ha risposto al telefono, lo ha passato alla signorina Rich e ha detto: "Sono Irwin Suall", dopodiché la signorina Rich ha parlato con il responsabile dell'ADL.

[Nota: a causa di un ordine di silenzio del tribunale nei confronti dell'editore di questo libro, il nome della persona che ha assistito alla chiamata di Taylor all'ADL non può essere menzionato. Tuttavia, il nome di questa persona è stato pubblicato qualche anno fa sul giornale *Spotlight*, ormai defunto].

Qui c'è una grande ironia. Sebbene l'ADL affermi di opporsi al "razzismo" di , il fatto è che le opinioni di Taylor sull'azione positiva e sulle quote razziali sono molto simili a quelle dell'ADL e dell'American Jewish Committee, la cui rivista, come abbiamo visto, ha recensito favorevolmente il libro di Taylor. Quindi forse il legame tra l'ADL e Taylor non è così sorprendente.

L'inimitabile dottor Robert L. Brock, nazionalista nero da sempre e critico della lobby israeliana, ha riassunto la posizione di Taylor: "Il signor Taylor parla di come i neri commettano crimini e di come non siamo intelligenti come i bianchi, ma il signor Taylor non menziona mai il potere sionista in America: 'Il signor Taylor parla di come i neri commettano crimini e di come non siamo intelligenti come i bianchi, ma il signor Taylor non menziona mai il potere sionista in America.

Nel maggio 2006, sulla sua rivista *American Renaissance*, Taylor si è scagliato contro i suoi detrattori che, a suo avviso, difendono la teoria di quella che lui chiama "una cospirazione ebraica", senza mai affrontare il ruolo del potere sionista in America. Con questo tono, egli respinge implicitamente le critiche agli intrighi sionisti e fa capire di non essere pronto a riorientarsi nonostante le crescenti critiche alla sua posizione su questo tema.

Alla luce di tutto questo, e in particolare dell'opposizione di Taylor a qualsiasi discussione sul sionismo e sul suo ruolo negli affari americani, vale forse la pena di sottolineare che Taylor - laureato a Yale, da sempre terreno di reclutamento per la CIA - si trovava in Ghana all'inizio degli anni '70, quando il Paese dell'Africa occidentale era uno dei principali obiettivi della CIA e dei suoi alleati del Mossad in Israele.

Lo storico israeliano Benjamin Beit-Hallahmi scrive che "se la Birmania è stata il grande successo [geopolitico] di Israele in Asia, il Ghana è stato il suo equivalente in Africa". Beit-Hallahmi scrive che l'avamposto israeliano in Ghana "si è rivelato un trampolino di lancio per il resto dell'Africa nera", ma che le cose si sono messe male, con grande disappunto di Israele. Beit Hallahmi sottolinea che il Mossad è stato molto attivo in Ghana per anni:

> Il primo ambasciatore israeliano in Africa fu Ehud Avriel, inviato in Ghana nel 1957, che si ritiene fosse un agente del Mossad. Avriel era attivo nel reclutare persone per "missioni speciali" in tutta l'Africa. La cooperazione con il Ghana assunse molte forme, segnate dall'entusiasmo reciproco...

> Centinaia di tirocinanti ghanesi hanno visitato Israele e centinaia di esperti israeliani sono venuti in Ghana. È stata inoltre avviata una cooperazione militare e di intelligence: L'aeronautica ghanese ha ricevuto aerei militari ricondizionati e addestramento, mentre il Mossad ha fornito addestramento di intelligence.

> Israele è stato descritto come "il più stretto amico del Ghana nei primi anni". Tuttavia, [il leader ghanese] Kwame Nkrumah ha sempre mostrato qualche riserva nei confronti di Israele... Sebbene Israele avesse stabilito stretti legami con... i leader ghanesi già prima dell'indipendenza formale del 1956, la relazione speciale... terminò

nel 1967. Le relazioni ufficiali sono terminate il 28 ottobre 1973.

È significativo che l'avventura ghanese di Taylor abbia avuto luogo proprio nel periodo critico in cui i legami di Israele con il Ghana si stavano dissolvendo. Beit-Hallahmi (scrivendo nel 1987) ha aggiunto:

> Elementi dei servizi segreti ghanesi avrebbero mantenuto contatti con il Mossad anche se i due Paesi non avevano relazioni diplomatiche, ma le relazioni con il Ghana si sono deteriorate dopo il colpo di Stato guidato dal tenente Jerry Rawlings. Il governo ghanese ha accusato Israele di essere coinvolto in un tentativo di colpo di Stato pianificato [con la CIA e la Liberia]. Da allora le relazioni con gli Stati Uniti si sono deteriorate, con accuse reciproche di spionaggio... .

Sebbene si possano fare solo ipotesi su cosa stesse facendo il giovane di Yale Taylor in Ghana, nel bel mezzo di intensi intrighi della CIA e del Mossad in quel piccolo Paese, il punto fondamentale è che le azioni di Taylor in America oggi - più di 30 anni dopo - suggeriscono che Taylor (per qualsiasi motivo) sia diventato una risorsa (in modo del tutto insolito) per promuovere un aspetto della causa sionista all'interno del movimento nazionalista americano.

*Si conclude così il nostro studio sulle capre di Giuda...*

# CONCLUSIONE

## L'israelizzazione dell'America

*La capra di Giuda numero uno: George W. Bush - un pilastro per il teorico sionista Natan Sharansky: pianificare una guerra mondiale in nome della "democrazia" Russia, Cina, Venezuela, "islamofascisti" Chi sarà il prossimo obiettivo dei sommi sacerdoti della guerra*

Il Presidente George W. Bush è forse, in virtù della sua alta carica, il capro di Giuda più insidioso e pericoloso d'America. Il suo ruolo nel guidare l'America verso la guerra in Iraq - per non parlare del suo ruolo di primo piano nell'occultare la verità sulle forze dietro l'attacco dell'11 settembre all'America - lo ha reso un vero e proprio Nemico in Capo, per così dire. Ora sta esortando l'America a intraprendere una nuova guerra contro l'Iran.

Tuttavia, la verità è che l'appello messianico di Bush per una "rivoluzione democratica" globale (esposto nel suo secondo discorso inaugurale e che suona molto simile alla retorica del movimento bolscevico trotzkista globale) non è stato realmente opera sua. Le sue parole sono state scritte da altre persone molto più intelligenti del giovane Bush. E le origini della nuova filosofia di Bush sono davvero molto rivelatrici. Forse la cosa più spaventosa è che la retorica del Presidente degli Stati Uniti - spinta dai suoi "consiglieri" dietro le quinte - indica un'azione militare sempre più intensa in tutto il mondo negli anni a venire.

Sebbene un documentario, *Bush's Brain*, abbia suggerito che Karl Rove, presumibilmente il principale tattico politico del Presidente, sia il cervello che dice al Presidente cosa pensare, è ora chiaro, sulla base di prove solide, che il ministro israeliano di origine sovietica Anatoly "Natan" Sharansky è colui che può vantare questo titolo.

Sebbene sia balzato all'attenzione del mondo negli anni '70 come dissidente sovietico, non si deve pensare che Sharansky sia mai stato un conservatore del libero mercato o un anticomunista di stampo occidentale. Al contrario, Sharansky era un vecchio comunista tradizionale che, come molti altri in Unione Sovietica, si scontrava semplicemente con il regime al potere.

Ma grazie all'adorazione dei media internazionali, Sharansky ha sfruttato la sua detenzione da parte dei sovietici - che lo accusavano di essere una spia della CIA - ed è diventato un "attivista per i diritti umani" di alto profilo.

In seguito, dopo il suo rilascio dal carcere, Sharansky emigrò in Israele e si affermò rapidamente come uno dei leader estremisti più virulenti del Paese, accusando persino il Primo Ministro israeliano Ariel Sharon - soprannominato "il Cesare israeliano" - di essere "troppo morbido" nei confronti dei cristiani e dei musulmani palestinesi.

Il ruolo di Sharansky nel plasmare il pensiero di Bush non è una "teoria del complotto". Al contrario, le rivelazioni della Casa Bianca stessa - pubblicate, anche se in modo poco appariscente, dai media tradizionali - hanno dimostrato che non solo Sharansky si è consultato personalmente con il Presidente durante la stesura dell'ormai controverso Discorso inaugurale, ma anche che almeno due dei principali pubblicisti americani di Sharansky erano tra i responsabili della stesura dell'innovativo proclama di Bush.

Lo stesso Bush ha dichiarato al *Washington Times* in un'intervista pubblicata il 12 gennaio 2005, ancora prima del suo insediamento: "Se volete farvi un'idea del mio pensiero in politica estera, leggete il libro di Natan Sharansky, *The Case for Democracy*. È un libro eccellente.

Seppellito nell'ultimo paragrafo di un lunghissimo articolo pubblicato il 22 gennaio 2005, *il New York Times ha* riferito che "il Presidente ha ricevuto il libro [di Sharansky] e ha chiesto al signor Sharansky di incontrarlo nello Studio Ovale...". Bush ha anche dato il libro a diversi collaboratori, chiedendo loro di leggerlo. Sharansky ha visitato la Casa Bianca lo scorso novembre". *Il Times* non dice chi abbia dato il libro al Presidente, ma scoprire chi abbia effettivamente spinto il Presidente a leggere il libro potrebbe essere molto rivelatore.

A conferma della rivelazione del *Times*, il 22 gennaio 2005 anche *il Washington Post* ha rivelato (anche se, ancora una volta, nei paragrafi finali di una lunga analisi) che un funzionario dell'amministrazione aveva detto che la preparazione del discorso di Bush era iniziata subito dopo le elezioni di novembre, che Bush stesso aveva invitato Sharansky alla Casa Bianca per consultarsi con lui e che, secondo le parole del Post, "Sharansky ha anche contribuito a dare forma al discorso con il suo libro".

Il *Post* ha rivelato che anche due noti "neoconservatori" pro-Israele - William Kristol, editore della rivista *Weekly Standard* del miliardario Rupert Murdoch, e lo psichiatra diventato giornalista Charles Krauthammer, fervente sostenitore di una dura guerra militare ed economica degli Stati Uniti contro il mondo arabo e musulmano - sono stati invitati a contribuire alla stesura del discorso del Presidente.

Kristol - in particolare - e Krauthammer sono ampiamente riconosciuti, anche dai principali media statunitensi, come uno di quelli che abbiamo definito "i sommi sacerdoti della guerra", che hanno svolto un ruolo decisivo nell'orchestrare la guerra degli Stati Uniti contro l'Iraq e che figurano in primo piano nella "lista dei desideri" di Israele per l'amministrazione Bush.

Non è un caso che lo staff della Casa Bianca che, secondo il *Post*, ha contribuito a organizzare le conferenze di pianificazione per guidare il pensiero di Bush sia Peter Wehner, direttore dell'Ufficio Iniziative Strategiche della Casa Bianca. Si dà il caso che Wehner sia un protetto di Kristol, avendo ricoperto il ruolo di suo vice quando Kristol era capo dello staff dell'ex segretario all'istruzione dell'amministrazione Reagan, William Bennett, a sua volta protetto dell'influentissimo padre di Kristol, il famigerato "ex trotskista" comunista trasformato in neo-conservatore Irving Kristol.

Quindi, dato il notevole contributo di Kristol nel plasmare la mentalità di Bush, non sorprende che, come afferma il *Post*, "le grandi ambizioni di Bush abbiano eccitato i suoi sostenitori neoconservatori, che vedono come nobile e necessario il suo appello a porre gli Stati Uniti in prima linea nella battaglia per la diffusione della democrazia".

Da parte sua, William Kristol ha reagito in un editoriale del *Weekly Standard* del 24 gennaio 2005 affermando che "è una buona notizia che il Presidente sia così entusiasta del lavoro di Sharansky. Suggerisce che, nonostante tutte le critiche e le difficoltà, il Presidente rimane determinato a continuare a guidare la nazione lungo le linee fondamentali della politica estera che ha stabilito durante il suo primo mandato".

Il 22 gennaio 2005, BBC News ha osservato che Sharansky "si muove da tempo negli ambienti conservatori americani".

Già nel luglio 2002 - poco prima che Bush tenesse un discorso molto controverso in cui chiedeva la "democratizzazione" del mondo arabo - il viceministro della Difesa, il conservatore Paul Wolfowitz, aveva partecipato a una conferenza di Sharansky in cui il leader israeliano aveva fatto la stessa richiesta.

Poco dopo, quando Bush ha pronunciato il suo discorso, facendo eco a Sharansky, gli integralisti israeliani "hanno fornito un importante elemento di affermazione dell'ultimo minuto ", secondo il neo-conservatore statunitense Richard Perle, che - tra un periodo di governo e l'altro, durante il quale è stato sospettato di spionaggio per Israele - ha fornito armi a un produttore di armi israeliano.

Sebbene la notizia della profonda influenza di Sharansky non fosse molto diffusa tra i ranghi degli americani, ha fatto scalpore in Israele, dove *il Jerusalem Post* ha titolato un articolo dichiarando che "la Casa Bianca trae ispirazione dal libro di Sharansky sulla democrazia". In effetti, il giornale israeliano si è spinto a dire che Bush "sta promuovendo [il libro di Sharansky] gratuitamente", sottolineando che il Presidente aveva elogiato il libro di Sharansky in un'intervista alla CNN.

Ma Bush non è il solo a fare affidamento su Sharansky. Il 20 gennaio 2005, il quotidiano indipendente scozzese *The Scotsman* ha osservato che "l'influenza di Sharansky sul modo in cui Washington vede il mondo oggi è emersa chiaramente questa settimana, quando Condoleeza Rice lo ha citato durante la sua udienza di conferma al Senato", confermando che l'integralista israeliano è effettivamente la mente dietro le politiche di Bush.

Il fatto che Sharansky sia stato messo a capo degli "affari della diaspora" nel gabinetto israeliano è davvero significativo. Il termine "diaspora" si riferisce a tutti gli ebrei che vivono al di fuori dei confini di Israele e la "dichiarazione di missione" del gabinetto di Sharansky afferma che esso "si concentra su Israele, il sionismo, Gerusalemme e l'interdipendenza degli ebrei nel mondo".

In sostanza, ciò si traduce in un unico obiettivo generale: assicurare l'esistenza e il futuro del popolo ebraico ovunque esso si trovi". In breve, Sharansky è niente meno che il potente portavoce del movimento sionista mondiale. E oggi le sue opinioni influenzano senza dubbio la visione del mondo di George Bush.

Alla luce di tutto ciò, non sorprende che il 22 gennaio il media sudcoreano in lingua inglese *Chosun Ilbo* si sia spinto a descrivere la filosofia di Sharansky, esposta nel suo libro *The Case for Democracy (La causa della democrazia), ora* elogiato da Bush, come "un modello per la politica estera degli Stati Uniti".

La linea propagandistica dell'estremista israeliano Natan Sharansky, su cui si è basato il discorso inaugurale del Presidente, è stata quasi una completa inversione della retorica di Bush durante la campagna presidenziale del 2000. Questa contraddizione è qualcosa che, in teoria, avrebbe dovuto far riflettere molti repubblicani che hanno votato per Bush la prima volta che si è candidato alla presidenza.

Entusiasta di proclamare, in un'analisi in prima pagina del 21 gennaio 2005, che il discorso di Bush ha gettato "le basi per una missione globale per la libertà", *il Washington Times - una* voce di spicco dei "neo-conservatori" che sostiene una politica estera hardline e globalista in sintonia con le richieste di sicurezza di Israele - ha dichiarato senza mezzi termini che... :

Nel suo discorso inaugurale, il presidente Bush ha lanciato gli Stati Uniti in una nuova missione globale, espansionistica e molto più aggressiva, volta a liberare i paesi oppressi dai dittatori - una svolta radicale rispetto alla sua campagna elettorale del 2000, che metteva in guardia dal rischio di diventare il poliziotto del mondo... una dottrina internazionalista ambiziosa, forse senza precedenti, che potrebbe dispiegare la potenza militare americana ben oltre gli attuali impegni dell'America...

Da parte sua, il quotidiano "liberale" *del Times*, il *Washington Post*, ha dichiarato il 21 gennaio 2005 che il discorso di Bush era "più wilsoniano che conservatore", in altre parole che ricordava l'internazionalismo messianico dell'ex presidente degli Stati Uniti Woodrow Wilson, che non è certo un eroe per i nazionalisti americani o per i conservatori tradizionali.

*Il Post* ha riconosciuto che la dichiarazione di Bush "promette un internazionalismo aggressivo che, se perseguito seriamente, trasformerebbe le relazioni con molte nazioni del mondo", sostenendo che se Bush fa sul serio, la politica statunitense "è sull'orlo di un cambiamento storico".

James Steinberg, ex vice consigliere per la sicurezza nazionale nell'amministrazione Clinton, ha trovato piuttosto intrigante l'emergere di Bush come voce del globalismo, in quanto si tratta di un deciso tradimento di quella che era stata la tradizionale opposizione repubblicana all'interferenza internazionale.

Il 21 gennaio 2005, Steinberg ha dichiarato al *New York Times* che è "piuttosto notevole che una delle nozioni a cui i repubblicani hanno resistito così tanto sia l'idea di una profonda interdipendenza nel mondo, e ora [Bush ha] essenzialmente adottato l'idea che la tirannia ovunque minacci la libertà ovunque".

Sulla stessa linea, il sionista americano Robert Kagan, una delle voci più aggressive dei media neoconservatori, ha fatto eco all'*American Free Press* (AFP) quando ha scritto sul *Post del* 23 gennaio 2005 che "gli obiettivi di Bush sono ora l'antitesi del conservatorismo". Secondo Kagan, "sono rivoluzionari".

Nel suo editoriale del 31 gennaio 2005, l'AFP ha descritto Bush come un "rivoluzionario", con grande disappunto di molti conservatori tradizionali che, inspiegabilmente, vedevano ancora il Presidente come la voce del patriottismo americano .

Queste persone sono chiaramente ignare del fatto che il cosiddetto "neoconservatorismo" è tutto fuorché ciò che gli americani hanno a lungo considerato "conservatore" nel senso tradizionale del termine.

Tuttavia, il sionista Robert Kagan comprende questa distinzione, ed è proprio per questo che ha affermato che "Bush potrebbe perdere il sostegno della maggior parte dei conservatori di vecchio stampo" una volta che questi si renderanno conto della natura della sua nuova politica internazionalista. In breve, i conservatori sono stati "ingannati". Per questo AFP ricorda ai suoi lettori di non dimenticare ciò che disse Gesù: "Guardatevi dai lupi travestiti da pecore" o piuttosto "Guardatevi dai capri di Giuda".

Nel frattempo, l'influenza di Sharansky sul repubblicanesimo americano - sotto George Bush e negli anni a venire - rimane sostanziale. In effetti, esiste un nuovo marchio di repubblicanesimo, almeno secondo Ken Mehlman, che il Presidente George W. Bush ha scelto personalmente dopo le elezioni del 2004 per ricoprire la carica di presidente del Comitato Nazionale Repubblicano.

In un discorso all'American Israel Public Affairs Committee (AIPAC), la lobby israeliana, tenutosi a Washington il 14 marzo 2005, il presidente nazionale del GOP si è descritto con franchezza ed entusiasmo come un "repubblicano Sharansky".

Ciò che colpisce è che sembra essere la prima volta nella storia americana che il presidente di uno dei partiti nazionali utilizza il nome e l'ideologia di un leader politico di un Paese straniero - per giunta noto come "estremista" - per descrivere la propria ideologia.

In passato, c'erano i "repubblicani Taft", che si definivano sostenitori delle ambizioni presidenziali del senatore nazionalista e tradizionalmente conservatore Robert Taft dell'Ohio - popolarmente noto come "Mr. Republican" - che fu il leader indiscusso del blocco "America First" al Congresso dal 1936 fino alla sua prematura (e, secondo alcuni, "sospetta") morte nel 1953.

In seguito, ci furono i "repubblicani Goldwater", conservatori, che, sotto la guida del senatore Barry Goldwater (Ariz.), gettarono le basi per l'ascesa dei "repubblicani Reagan", che presero il potere nel 1980 sotto la guida del popolare presidente per due mandati Ronald Reagan.

Allo stesso tempo, in opposizione ai repubblicani di Taft e Goldwater, i repubblicani più liberali e internazionalisti si riunirono attorno al governatore di New York Thomas E. Dewey e all'avvocato di Wall Street Wendell Willkie, chiamandosi - naturalmente - "repubblicani di Dewey" e "repubblicani di Willkie".

In seguito, naturalmente, molti di questi stessi leader di partito si trasformarono in "repubblicani Rockefeller", seguendo il governatore di New York Nelson Rockefeller. Per un certo periodo ci furono anche alcuni che si definirono "repubblicani di Eisenhower", sottolineando le loro opinioni cosiddette "mainstream e moderate" (comunque definite) nello spirito del 35° Presidente degli Stati Uniti, Dwight D. Eisenhower.

Oggi, tuttavia, il nuovo presidente nazionale del GOP non si definisce un "repubblicano di Reagan" o addirittura un "repubblicano di Bush" (come il presidente in carica del GOP, che gode di grande popolarità tra i membri del suo partito), ma saluta un leader straniero - un noto estremista - come modello di ciò che è il repubblicanesimo del XXI secolo.

Si tratta di un'eredità diretta di George W. Bush, che ha installato con orgoglio Sharansky come uno dei dittatori ideologici del Partito Repubblicano, tradendo l'eredità storica del Partito. La politica di Sharansky di promuovere la "democrazia globale" non fa certo parte della tradizione americana, ma è diventata parte integrante del "moderno" Partito Repubblicano.

Tutti questi elementi, nel loro insieme, sollevano interrogativi sulla futura condotta della politica estera americana. È già evidente che gli elementi sionisti della linea dura che circondano George W. Bush hanno in mente guerre e provocazioni future.

Sebbene la cosiddetta "guerra globale al terrore" sia rivolta a coloro che i neoconservatori filo-israeliani definiscono ora "islamofascisti" (richiamando opportunamente il cattivo preferito dell'ebraismo mondiale del XX secolo: il fascismo), è chiaro che c'è molto di più da fare, se la retorica dei "sommi sacerdoti della guerra" deve essere esaminata e presa sul serio.

Oltre all'Iran e alla Siria - da tempo nel mirino dei falchi della guerra sionisti - altri tre Paesi (Russia, Cina e Venezuela) sembrano ora essere i primi obiettivi di Bush e dei suoi collaboratori neoconservatori. Questi Paesi non sembrano rientrare nella categoria della "democrazia" che Sharansky e Bush sono così determinati a promuovere su scala globale, e anche un esame superficiale della copertura mediatica e della retorica neoconservatrice relativa a queste nazioni rende chiaro che la guerra - sia essa "fredda" o "calda" - potrebbe essere all'orizzonte. E gli americani di pagheranno per queste guerre e le combatteranno.

Le capre di Giuda neoconservatrici americane e i loro collaboratori della lobby pro-Israele a Washington hanno già sparato i primi colpi di cannone di una nuova Guerra Fredda contro il leader russo Vladimir Putin, sempre più oggetto di aspre critiche e domande ostili sul suo "impegno per la democrazia".

Resta da vedere se Putin sarà visto come il "nuovo Hitler" o il "nuovo Stalin", ma recenti indicazioni suggeriscono che la guerra sionista contro il nazionalismo russo è stata ora lanciata sul suolo americano. La grande domanda è se gli americani saranno ingannati e trascinati in una nuova guerra che non deve essere combattuta.

La verità è che l'ostilità dei neoconservatori nei confronti di Putin deriva proprio dal fatto che egli non è stato percepito come attento alle esigenze dell'Israele sionista.

Ecco perché Putin e i nazionalisti russi sono ora il bersaglio dell'élite sionista internazionale.

Sebbene la nascente ostilità neoconservatrice nei confronti di Putin sia stata ampiamente discussa nelle pubblicazioni pro-Israele a piccola tiratura e nei giornali delle comunità ebraiche americane, è stato solo in seguito che le pubblicazioni mainstream come *The Weekly Standard* e il *New York Times*, per citare solo le più importanti, hanno iniziato a dare eco a queste preoccupazioni su Putin, come se i grandi quotidiani avessero preso l'iniziativa dagli altri giornali. Sempre più spesso, però, l'idea che "Putin è un possibile nemico" viene presentata all'americano medio attraverso i media.

Un'altra grande preoccupazione per Putin è che si sia opposto alla manciata di plutocrati miliardari in Russia (molti dei quali hanno anche la cittadinanza israeliana) che hanno preso il controllo dell'economia russa con la connivenza dell'allora leader russo Boris Eltsin dopo il crollo dell'ex Unione Sovietica.

Il 24 settembre 2004 una pubblicazione americana filo-israeliana, *The New Republic,* ha sollevato la questione: "La Russia sta diventando fascista?".

secondo cui, indipendentemente dal fatto che Putin rimanga o meno al potere, c'è un movimento crescente - di natura "nazionalista" - che sta esercitando una grande influenza sulla popolazione russa. *Il New Republic* si preoccupa della possibilità di una "rivoluzione fascista", cioè di un movimento ostile agli oligarchi israeliani (con legami con la criminalità internazionale ) che hanno saccheggiato l'economia russa. Analogamente, nel suo libro del 1995, *Russia: A Return to Imperialism*, l'accademico israeliano Uri Ra'anan, con sede all'Università di Boston, temeva che la Russia post-sovietica potesse rappresentare una minaccia per l'Occidente (cioè per Israele e gli interessi sionisti in Occidente).

Questi lavori fanno eco ad autori come Jonathan Brent e Vladimir Naumov che, nel loro libro del 2003 *Stalin's Last Crime*, concludono che "Stalin è una possibilità perpetua", lasciando aperta la proposta teorica che Putin, o altri aspiranti leader russi, possano alla fine emergere come eredi dell'eredità antisionista di Stalin.

In sostanza, con i neocons americani che si oppongono a Putin, è come se stessimo assistendo a un ringiovanimento della guerra dei trotzkisti contro il nazionalismo russo, riadattata alle considerazioni geopolitiche del XXI secolo.

Oggi, a differenza della prima metà del XX secolo, prima della creazione dello Stato di Israele, il ruolo centrale di questo Stato mediorientale nella visione neoconservatrice del mondo non può essere sottovalutato, poiché la preoccupazione per Israele è una considerazione chiave nella campagna neoconservatrice contro Putin.

E sebbene per anni il nostro cosiddetto "alleato" Israele abbia venduto massicce quantità di armi convenzionali e fornito (sia direttamente che indirettamente) tecnologia di difesa statunitense (compresa l'esperienza nucleare) alla Cina rossa, ciò ha ricevuto chiaramente e definitivamente l'imprimatur della lobby israeliana a Washington.

Oggi, tuttavia, grazie alla retorica di questi stessi neo-conservatori, si sente il ritmo della guerra contro la Cina. Le stesse forze che hanno aiutato la Cina a costruire la sua macchina militare negli ultimi 25 anni stanno ora sollevando lo spettro della Cina come pericolo per l'America. Per diversi anni, la Cina è stata vista sempre più come un nuovo potenziale "nemico", che i sostenitori della guerra contro la Cina ritengono possa richiedere l'intervento militare degli Stati Uniti.

Tuttavia, chi ha il coraggio di guardare più da vicino troverà altre forze all'opera in questa retorica anticinese.

Il 23 aprile 2001, il quotidiano *New Republic - pubblicato* dal "liberale" Martin Peretz, mentore dell'ex vicepresidente Al Gore - ha preso una posizione inequivocabile contro la Cina. Solo in questo numero sono stati pubblicati non meno di quattro articoli importanti sul tema "Un nemico per il nostro tempo". In copertina, una foto minacciosa di soldati cinesi dal volto scuro e armati di mitragliatrici avanza verso il lettore.

Poi, il 30 aprile 2001, *il Weekly Standard - di proprietà del* miliardario Rupert Murdoch e diretto dal propagandista neo-conservatore William Kristol - ha adottato una linea dura nei confronti della Cina in una serie di articoli il cui tono e la cui retorica si discostavano poco da quelli della controparte "liberale" *dello Standard, The New Republic*.

Ciò che è notevole è che né *The New Republic* né *The Weekly Standard* hanno menzionato una sola volta l'elemento chiave che ha permesso all'enorme (e crescente) macchina da guerra cinese di raggiungere il livello attuale: il ruolo poco conosciuto (ma assolutamente preminente) di Israele nei massicci trasferimenti di armi alla Cina - compresa la tecnologia nucleare critica - negli ultimi 50 anni. Non è stata una sorpresa per chiunque sapesse che *The New Republic* e *The Weekly Standard* -

*nonostante* le loro differenze cosmetiche tra "liberali" e "conservatori" - sono stati entrambi dei diffusori forti ed entusiasti della propaganda della lobby pro-Israele: Israele non può sbagliare - e questo include armare la Cina.

Non commettete errori. Nel corso della sua storia, che precede di decine di secoli quella degli Stati Uniti, la Cina (molto prima di cadere in mano ai comunisti) ha sempre avuto e avrà sempre una sua agenda geopolitica. Tuttavia, vale la pena chiedersi se la Cina debba essere considerata un "nemico" dell'America.

Perché influenti voci "conservatrici" e "liberali" che rappresentano gli interessi sionisti si sono improvvisamente unite per battere il tamburo della guerra contro la Cina

Non siate troppo veloci nel concludere che "i liberali hanno finalmente capito". Al contrario, è ora che gli americani patriottici si sveglino.

La Cina viene ora definita, nelle parole di *The New Republic*, "il nemico del nostro tempo". In passato, era il Kaiser. Poi Adolf Hitler. Poi l'Unione Sovietica. E ora, insieme al mondo musulmano, la Cina è improvvisamente nel mirino dei "sommi sacerdoti della guerra". È in atto un'agenda più ampia. Secondo *The New Republic*, "ci aspetta una lunga lotta con la Cina" e, senza sorpresa, *The Weekly Standard* è d'accordo.

Negli ultimi giorni, "preoccupazioni" simili sulla Cina sono state sollevate in un'ampia gamma di riviste influenti - in particolare nel regno neo-conservatore di Sharansky-Bush - e molti commenti nei media ritornano ripetutamente sul tema che la Cina è un "nemico" o un "potenziale nemico". L'elenco di queste posizioni anti-Cina su è infinito, ma ecco un esempio notevole e di primo piano:

Il 15 novembre 2005, Frank Gaffney Jr. ha scritto *sul* neoconservatore *Washington Times* che George W. Bush doveva far capire ai leader cinesi che il potere degli Stati Uniti poteva essere usato per "aiutare il popolo cinese a liberarsi da un regime che lo opprime e che ci minaccia sempre più".

Il già citato Gaffney è un attore di lunga data della rete neo-conservatrice filo-israeliana a Washington, fin dai tempi in cui era assistente (insieme all'onnipresente mente geopolitica sionista Richard Perle) del senatore Henry M. Jackson (D-Wash.), uno dei più ferventi sostenitori di Israele a Capitol Hill.

La verità è che il guerrafondaio di Gaffney non è semplicemente la diatriba di un agitatore poco notato. Per prendere in prestito un banale slogan pubblicitario: "Quando Gaffney parla, la gente ascolta".

Il fatto che queste voci pro-israeliane siano così determinate ad alzare le armi americane contro la Cina - quando, fin dall'inizio, è stata la loro nazione preferita, Israele, ad armare la Cina - è un fenomeno intrigante. Non si tratta solo di chutzpah. La Guerra Fredda contro l'URSS - combattuta in un periodo in cui banche americane come la Chase Manhattan e altri interessi occidentali erano impegnati in lucrosi affari con il Cremlino - ha arricchito l'élite plutocratica al di là dei suoi sogni più sfrenati.

E come abbiamo notato ne *I sommi sacerdoti della guerra*, sono stati i sostenitori "neoconservatori" della linea dura di Israele a svolgere un ruolo importante nel fomentare il sentimento antisovietico negli Stati Uniti, sollevando lo spettro di quello che in realtà era un "aumento degli armamenti sovietici" grossolanamente sovrastimato, quando in realtà l'URSS era sull'orlo del collasso.

Inoltre, le guerre "senza speranza" in Corea e Vietnam facevano parte di un piano più ampio. Lungo il percorso, Saddam Hussein in Iraq e gli ayatollah in Iran, tra gli altri, sono stati messi al primo posto nel pantheon di malvagità orchestrato dai media.

Il popolo americano, contrariamente a quanto si crede, ama la guerra. E i plutocrati e la loro stampa fantoccio sono sempre pronti a inventarne una nuova.

Oggi gli opinionisti "conservatori" e "liberali", che agiscono come propaganda per l'élite plutocratica che controlla i media mainstream, dicono al popolo americano di prepararsi alla guerra.

E se non stiamo per affrontare la Cina, abbiamo un nuovo "nemico" a poche ore di macchina verso sud, che si presta perfettamente alla "diplomazia delle cannoniere" americana vecchio stile.

Hugo Chavez, il colorito uomo forte nazionalista venezuelano, è ora ufficialmente il bersaglio della rete imperialista neo-conservatrice filo-israeliana che gestisce le politiche dell'amministrazione Bush.

Sebbene i media mainstream abbiano presentato l'appello dell'evangelista Pat Robertson affinché gli Stati Uniti assassinino Chavez come una sorta di sfogo sconsiderato - che l'amministrazione Bush ha ufficialmente denunciato, in modo poco convincente, e per il quale Robertson ha offerto delle "scuse" insincere - i fatti dimostrano che i "neo-cons" filo-israeliani hanno l'immagine di Chavez sul loro bersaglio da tempo.

Il fatto è che da quando Chavez è salito al potere nel 1999, i "sommi sacerdoti della guerra" neoconservatori - e i loro alleati nelle riviste e negli organi di propaganda filo-israeliani negli Stati Uniti e in tutto il mondo - hanno costantemente ripetuto che Chavez e il suo governo erano ostili agli interessi di Israele e quindi "antisemiti".

Chavez e i suoi sostenitori hanno (giustamente) visto le osservazioni di Robertson come un efficace "pallone di prova" lanciato da Robertson in collaborazione con l'amministrazione Bush - uno stratagemma per attirare l'attenzione su Chavez come nemico di Israele e dell'imperialismo - probabilmente non a caso, L'appello di Robertson per l'assassinio di Chavez è arrivato il 22 agosto 2005, poco dopo che il giornale neoconservatore *The Weekly Standard* aveva pubblicato un op-ed rivolto a Chavez nel suo numero dell'8 agosto, sostenendo che Chavez era "una minaccia per più che il suo stesso popolo"." L'articolo era dedicato alla tesi che Chavez è una minaccia per la piccola ma ricca popolazione ebraica del Venezuela - circa 22.000 persone in una nazione di 22 milioni.

*Lo Standard* ha deplorato il fatto che la televisione di Stato venezuelana abbia trasmesso un servizio in cui si ipotizzava che il servizio segreto israeliano, il Mossad, potesse essere collegato all'assassinio di un funzionario locale in Venezuela. Gli agenti di polizia hanno fatto irruzione in una scuola ebraica che, secondo il governo, ospitava armi probabilmente coinvolte nel crimine.

Questo atto di difesa nazionale, contro una minaccia percepita dall'agenzia di spionaggio di una potenza straniera - Israele - è stato presentato dallo *Standard* come una sorta di azione della Gestapo in stile Adolf Hitler. Sostenendo che "l'ostilità nei confronti degli ebrei è diventata un tratto distintivo del governo venezuelano", lo *Standard* citava un "Rapporto sull'antisemitismo globale" del Dipartimento di Stato degli Stati Uniti che documentava, secondo le parole dello *Standard*, "la misura in cui il governo venezuelano è ora apertamente antisemita".

Il giornale pro-Israele è particolarmente preoccupato dal fatto che uno dei più stretti consiglieri di Chavez fosse il defunto Norberto Ceresole, descritto come "uno scrittore argentino famoso per i suoi libri che negano l'Olocausto e per le sue teorie cospirative sui piani ebraici per controllare il pianeta" e il cui libro che salutava Chavez, nel suo primo capitolo, sollevava con forza domande sull'influenza sionista nel mondo.

Chavez si è rifiutato di indietreggiare di fronte alle critiche sioniste.

Nel 2000, quando annunciò un viaggio in Iraq per visitare Saddam Hussein, Chavez si fece beffe delle critiche dei media neoconservatori dichiarando: "Immaginate cosa diranno i farisei quando mi vedranno con Saddam Hussein".

In realtà, le lamentele dei sostenitori di Israele contro Chavez risalgono ai primi anni del suo mandato. Nel 2000, l'Istituto Stephen Roth sull'antisemitismo e il razzismo dell'Università di Tel Aviv in Israele ha pubblicato un rapporto sull'*antisemitismo nel mondo nel 1999/2000* che prendeva di mira Chavez, affermando:

> Dalle elezioni generali del 1998, il Venezuela ha subito una spettacolare trasformazione politica che ha avuto un impatto negativo sulla comunità ebraica. L'atteggiamento freddo della nuova amministrazione nei confronti della comunità e di Israele ha incoraggiato l'antisemitismo, soprattutto nella stampa tradizionale... Alcuni osservatori sottolineano le strette relazioni del Presidente con la Libia, l'Iraq e l'Iran, che spiegherebbero anche la sua ostilità nei confronti di Israele.

Il rapporto israeliano ha anche sollevato lo spettro dell'amicizia di Chavez con il già citato Ceresole, "il noto antisemita argentino", sottolineando che Chavez è considerato un nemico di Israele.

Nel frattempo, sebbene gli americani che hanno saputo della violenta provocazione di Robertson nei confronti di Chavez siano stati informati dai media che Chavez era "di sinistra" e "amico di Fidel Castro" - accuse che sicuramente infiammeranno molti americani - il fatto che la rete pro-Israele avesse un conto in sospeso con Chavez è stato accuratamente tenuto segreto. Le critiche della lobby israeliana a Chavez sono state confinate a riviste a piccola tiratura ma influenti (come *The Weekly Standard*), lette quasi esclusivamente da fanatici sostenitori di Israele, come Robertson.

Tuttavia, per manipolare l'opinione pubblica americana, i media mainstream hanno aiutato l'amministrazione Bush alimentando i timori su Chavez come una sorta di nuova "minaccia comunista", quando nulla potrebbe essere più lontano dalla verità.

In realtà, Chavez ha tratto la sua ispirazione (e la sua rivoluzione interna) dalla tradizione di Simon Bolivar, che liberò le province coloniali andine dalla corona imperiale spagnola e che (nei testi tradizionali di storia americana) è stato definito "il George Washington del Sud America".

Sebbene Chavez sia un critico del supercapitalismo globale dilagante, che descrive come un "demone", Alma Guillermoprieto ha sottolineato nell'edizione del 6 ottobre 2005 della *New York Review of Books* che "un gran numero di uomini d'affari ha prosperato sotto il suo governo, ed egli ha chiarito che vede un ruolo importante per il settore privato e, più in particolare, per gli investimenti stranieri". Quindi Chavez è ben lontano dall'essere un "comunista", nonostante la disinformazione dei media.

Quanto all'anziano Fidel Castro, è chiaramente al crepuscolo della sua vita e sarà probabilmente sostituito, secondo la maggior parte degli osservatori, da un regime militare . Quindi il fatto che Chavez sia stato amico di Castro - come praticamente tutti i leader sudamericani, per non parlare dei leader mondiali - non è una "prova" che Chavez sia un "comunista".

Tuttavia, quando Robertson è andato al suo 700 Club - uno show imperdibile per molti repubblicani di base - e ha chiesto l'assassinio di Chavez, ha inviato un messaggio forte e chiaro: "Chavez non ci piace". Il "noi" in questo caso era costituito dai neoconservatori e dai loro alleati in Israele, che hanno lavorato a stretto contatto con Robertson e altri evangelisti televisivi della "destra cristiana" che hanno fornito alla lobby di Israele una base di sostegno fervente (e potente).

In ultima analisi, tutte queste sciabolate globaliste in nome di una forma mal definita di "democrazia", così come concepita dal mentore filosofico di George W. Bush, Natan Sharansky, difficilmente permettono all'America di farsi nuovi amici all'estero. Al contrario, si sta facendo sempre più nemici.

Mahathir Mohamad, spesso descritto come il "padre della Malesia moderna" e a lungo rispettato come voce del mondo in via di sviluppo, non si sottrae a queste bellicose provocazioni. In un'intervista rilasciata nel 2005 al quotidiano britannico *Guardian*, il primo ministro malese di lungo corso (andato in pensione nel 2003) ha dichiarato che l'amministrazione Bush è un "regime canaglia" e ha denunciato il suo alleato, il primo ministro britannico Tony Blair, come "bugiardo comprovato " per aver propagato la disinformazione e la disinformazione proposta da Bush e dai suoi consiglieri politici filo-israeliani.

Questo schietto malese, che gode di grande stima nei Paesi in via di sviluppo, ha fatto scalpore nel 2003 quando, in una lunga conferenza, ha detto a un raduno internazionale di leader musulmani che "gli ebrei gestiscono il mondo per procura" - un breve commento in un lungo discorso, ma sufficiente a scatenare una frenesia mediatica globale.

Mahathir ha tuttavia dichiarato al *Guardian* di non essere disposto a ritirare le sue osservazioni. Ha dichiarato:

> I politici [americani] sono spaventati a morte dagli ebrei, perché chiunque voti contro gli ebrei perderà le elezioni. Gli ebrei d'America sostengono gli ebrei di Israele. Israele e altri ebrei controllano la nazione più potente del mondo. Ecco cosa intendo [che gli ebrei controllano il mondo]. Lo confermo.

I commenti critici di Mahathir sul comportamento degli Stati Uniti, in particolare per quanto riguarda il loro coinvolgimento in Medio Oriente, riflettono non solo l'opinione musulmana, ma anche quella crescente in Europa e altrove. Mahathir ha dichiarato al *Guardian:*

> Gli Stati Uniti sono la nazione più potente. Possono ignorare il mondo intero se vogliono fare qualcosa. Infrangono il diritto

internazionale. Arrestano persone al di fuori del loro Paese e le incriminano secondo la legge statunitense. Le uccidono...

Questo è terrore [e] gli Stati Uniti sono colpevoli di terrorismo tanto quanto le persone che hanno fatto schiantare i loro aerei contro gli edifici... Bush non capisce il resto del mondo. Pensa che tutti debbano essere neocon come lui.

Provenendo da uno dei principali leader musulmani del mondo - che ha esortato i suoi concittadini a rifiutare il terrorismo e l'estremismo - la valutazione del dottor Mahathir sulla guerra al terrorismo dichiarata dagli Stati Uniti è particolarmente pertinente e rappresenta un avvertimento molto concreto per i responsabili politici statunitensi impegnati a difendere gli interessi di Israele:

Anche se si cattura Bin Laden, non si può essere sicuri che non ci sarà un altro Bin Laden. È impossibile convincere i terroristi a firmare un trattato di pace. L'unico modo per sconfiggere il terrore è affrontare le cause alla radice. I terroristi non si fanno esplodere senza motivo, sono arrabbiati, frustrati.

E perché sono arrabbiati? Guardate la situazione palestinese. A cinquant'anni dalla creazione dello Stato di Israele, le cose vanno di male in peggio. Se non risolvete questo problema, la guerra al terrorismo non avrà fine. Per quanto tempo continuerete a esaminare le scarpe della gente

Mahathir come "teoria del complotto del mondo musulmano", si noti che l'11 maggio 2005 il *Forward*, il giornale della comunità ebraica con sede a New York, ha riferito che Barry Jacobs, dell'ufficio di Washington dell'American Jewish Committee, ha affermato di ritenere *che all'interno della comunità dei servizi segreti statunitensi vi siano alti funzionari ostili a Israele e che quindi stiano conducendo una guerra contro i lobbisti pro-Israele e i loro alleati neo-conservatori pro-Israele nei circoli interni dell'amministrazione Bush.*

Citando l'indagine in corso dell'FBI su un possibile spionaggio da parte di funzionari dell'AIPAC, il principale gruppo di pressione pro-Israele, *Forward* riporta che Jacobs ritiene, secondo il riassunto di *Forward*, che "l'idea che gli ebrei americani e i neoconservatori del Pentagono abbiano cospirato per spingere gli Stati Uniti a entrare in guerra con l'Iraq, e forse anche con l'Iran, è pervasiva nella comunità dell'intelligence di Washington".

Il fatto è che le politiche di George W. Bush non preoccupano solo i Paesi arabi e musulmani, la Russia, la Cina o persino il Venezuela. Molti bravi americani (comprese le persone altolocate) vedono un pericolo reale in queste politiche. Nel tentativo di bloccare l'imperialismo e le guerre per far progredire l'imperialismo, il dottor Mahathir della Malesia ha creato la Perdana Global Peace Organization (si veda per-dana4peace.org su Internet). Il 17 dicembre 2005, Mahathir e i partecipanti a un forum speciale dell'organizzazione hanno annunciato l'iniziativa di Kuala Lumpur per criminalizzare la guerra. Come suggerisce il nome, questa iniziativa e gli sforzi per promuovere il suo messaggio sono un serio appello all'azione globale per criminalizzare la condotta di guerra. L'iniziativa recita come segue:

## L'INIZIATIVA DI KUALA LUMPUR PER CRIMINALIZZARE LA GUERRA

Il Forum mondiale della pace di Kuala Lumpur, che riunisce i popoli interessati dei cinque continenti

**UNITI** nella convinzione che la pace sia la condizione essenziale per la sopravvivenza e il benessere della razza umana,

**DETERMINATI** a promuovere la pace e a salvare le generazioni successive dal flagello della guerra,

**Indignato** per il frequente ricorso alla guerra per risolvere le controversie tra le nazioni,

**PREOCCUPATI** dal fatto che i militaristi si stiano preparando a nuove guerre,

**TROPPO** che l'uso della forza armata aumenti l'insicurezza per tutti,

**TERRORIZZATI** dall'idea che il possesso di armi nucleari e il rischio imminente di una guerra nucleare porteranno all'annientamento della vita sulla Terra.

Per raggiungere la pace, dichiariamo ora che :

- Le guerre comportano sempre più spesso l'uccisione di persone innocenti e sono quindi odiose e criminali.

- L'omicidio in tempo di guerra è altrettanto criminale dell'omicidio nelle società in tempo di pace.

- Poiché le uccisioni in tempo di pace sono soggette al diritto penale interno, anche le uccisioni in tempo di guerra devono essere soggette al diritto penale internazionale. Ciò dovrebbe avvenire indipendentemente dal fatto che tali uccisioni in tempo di guerra siano autorizzate o permesse dal diritto interno.

- Tutte le attività commerciali, finanziarie, industriali e scientifiche che aiutano e favoriscono la guerra devono essere criminalizzate.

- Tutti i leader nazionali che iniziano un'aggressione devono essere sottoposti alla giurisdizione della Corte penale internazionale.

- Tutte le nazioni devono rafforzare la loro determinazione ad accettare gli scopi e i principi della Carta delle Nazioni Unite e a stabilire metodi per risolvere le controversie internazionali con mezzi pacifici e rinunciando alla guerra.

- L'uso della forza armata non sarà utilizzato se non autorizzato da una risoluzione adottata da una maggioranza di due terzi di tutti i membri dell'Assemblea Generale delle Nazioni Unite.

- Tutti i legislatori e i membri del governo devono affermare la loro fede nella pace e impegnarsi a lavorare per la pace.

- I partiti politici di tutto il mondo devono fare della pace uno dei loro obiettivi principali.

- In tutti i Paesi dovrebbero essere istituite organizzazioni non governative impegnate nella promozione della pace.

- I funzionari e i professionisti, in particolare nei settori medico, legale, educativo e scientifico, devono promuovere la pace e combattere attivamente la guerra.

- I media devono opporsi attivamente alla guerra e all'incitamento alla guerra e promuovere consapevolmente la risoluzione pacifica delle controversie internazionali.

- I media devono smettere di glorificare la guerra e la violenza e coltivare invece un'etica di pace.

- Tutti i leader religiosi devono condannare la guerra e promuovere la pace.

A tal fine, il Forum decide di istituire un segretariato permanente a Kuala Lumpur per :

Attuare questa iniziativa.

OPPORSI alle politiche e ai programmi che incitano alla guerra.

Sollecitare la cooperazione di [organizzazioni non governative] di tutto il mondo per raggiungere gli obiettivi di questa iniziativa.

I nazionalisti americani - i *veri* patrioti dell'America - condividono lo spirito dell'iniziativa di Kuala Lumpur. Gli americani devono unirsi - e unirsi ad altri in tutto il mondo - per opporsi ai guerrafondai imperiali. Dobbiamo stare molto attenti prima di "radunarci alla bandiera" e saltare sul carrozzone pro-guerra che si sta assemblando sotto i nostri occhi.

George Bush lascerà il suo incarico nel gennaio 2009. La domanda è quale danno abbia fatto all'America (e al mondo) questo caprone di Giuda e cosa ci aspetta.

Altri capri espiatori di Giuda - ispirati dall'israeliano Natan Sharansky - cercheranno di portare avanti queste pericolose politiche imperiali nate dalle bugie e dalla cattiva gestione dell'era Bush. Spetta a tutti i buoni americani - e ai loro numerosi amici in tutto il mondo - lavorare insieme per mettere in ginocchio questi intrallazzatori.

# Un'ultima parola.

## "Il nazionalismo è l'onda del futuro e non c'è modo di fermarlo".

In virtù di ciò che è stato raccolto in queste pagine, *The Juda Goats - The Enemy Within* è un lavoro di oltre 50 anni, basato sull'accumulo di più di mezzo secolo di prove solide (e spesso inquietanti) che confermano la storia detestabile descritta in questa rubrica - una storia che non è affatto completa.

È una storia ingloriosa e spesso sordida, ma molto istruttiva, per quanto spiacevole. I racconti di tradimenti e inganni non solo ci danno un'idea delle macchinazioni del nostro nemico - e state certi che queste Capre di Giuda sono proprio questo - ma ci forniscono anche una panoramica della nostra storia nel XX secolo e un telescopio attraverso il quale possiamo osservare i pericoli che si profilano all'orizzonte davanti a noi.

L'America è stata sovvertita.

Il tradizionale nazionalismo americano è stato distorto e denaturato.

A più livelli e attraverso una vasta gamma di inganni, la nostra nazione è stata avviata su un percorso che ha distorto la nostra forma di governo e, al suo posto, è destinata (forse certa) a svilupparsi una tirannia del Nuovo Ordine Mondiale. Diciamo "forse certo", se non altro perché forse c'è ancora tempo per i veri nazionalisti americani di unirsi, ripulire le stalle e cacciare questi traditori e criminali dai nostri ranghi.

È tempo di identificare e fuggire i capri di Giuda - il nemico interno, perché per molti versi sono i nostri peggiori nemici, proprio perché fingono di essere nostri amici.

Ecco perché sono così pericolosi.

Non possiamo più permetterci di essere ingannati, manipolati e infine danneggiati da queste forze.

Sebbene la concezione di questo libro abbia iniziato a svilupparsi molto prima della pubblicazione delle mie opere precedenti, questo volume, *The Juda Goats - The Enemy Within*, sembra quasi un sequel dei miei libri precedenti. In effetti, quei libri precedenti hanno gettato le basi per la realizzazione di questo volume nella sua forma attuale.

Con la dovuta modestia, tuttavia, devo insistere senza esitazione sul fatto che questi altri libri, presi singolarmente e insieme, hanno già fornito agli americani (e al mondo) un quadro di riferimento che ci permette di comprendere appieno le forze del male che ci hanno portato dove siamo oggi, e quindi di combatterle:

- *Il Giudizio Universale* spiega come il presidente John F. Kennedy sia stato assassinato per aver avuto il coraggio di opporsi al governo di Israele e alla sua potente lobby in America, lavorando instancabilmente per impedire a Israele di assemblare armi nucleari di distruzione di massa.

Se JFK non fosse stato rimosso dal suo incarico, avrebbe potuto raggiungere il suo obiettivo e, di conseguenza, impedire che Israele diventasse la superpotenza globale ricattatrice che questa piccola entità è oggi.

Allo stesso tempo, la lobby israeliana americana sarebbe stata effettivamente sconfitta, con un Presidente determinato a contrastare l'offerta di potere assoluto del sionismo, ora praticamente incontrastato, sul nostro sistema politico.

Il fatto che Israele abbia avuto un ruolo così importante - se non primario - nell'assassinio di John F. Kennedy non è oggi così noto come dovrebbe. Non c'è dubbio che se un numero sempre maggiore di americani venisse a conoscenza di come e perché JFK è morto, ci sarebbe un'importante rivalutazione (almeno da parte del popolo americano) del loro atteggiamento nei confronti dell'incrollabile sostegno degli Stati Uniti alla causa sionista internazionale. Quindi *il giudizio finale* è arrivato, insieme ai fatti che devono essere raccontati.

- *The High Priests of War* è stata la prima valutazione completa (e, aggiungerei, l'unica totalmente franca) della storia della cosiddetta rete "neo-conservatrice" e di come essa abbia accumulato così tanta influenza da essere in grado - con il fanatico sostegno di un Presidente americano quasi certamente squilibrato mentalmente - di trascinare gli Stati Uniti in una guerra che non era necessaria e non avrebbe dovuto essere combattuta. Sembra che questa guerra non abbia fine e gli americani sono (giustamente) sempre più preoccupati per la calamità irachena, nonostante i loro sforzi più decisi per "essere patriottici e sostenere il Presidente".

Molti americani ora si rendono conto che la guerra non è nell'interesse dell'America e non lo è mai stata, che si basa su orribili bugie e che c'è, in realtà, un'altra agenda dietro la guerra: le richieste di Israele (e del sionismo in generale) sul sistema americano.

Il crescente riconoscimento di questa realtà, alla fine, giocherà un ruolo importante nel creare una mentalità tra il popolo americano che sarà finalmente in grado di riflettere sul vero significato della guerra e su chi l'ha condotta e perché. *I sommi sacerdoti della guerra* presentano *quindi* i fatti che devono essere rivelati.

- *La Nuova Gerusalemme: il potere sionista in America* è esattamente ciò che suggerisce il suo nome: un riassunto aggiornato e senza compromessi dei dati - fatti e cifre solidi, come mai sono stati compilati tra due copertine nella nostra era moderna - riguardanti l'incredibile accumulo di ricchezza (e il potere politico che ne deriva) che l'élite sionista in America ha accumulato. È proprio questa ricchezza e questo potere che hanno permesso di indirizzare la politica americana - o piuttosto di sviarla - verso obiettivi che non hanno nulla a che vedere con l'"americanismo", ma che hanno a che fare con la sicurezza degli Stati Uniti come indiscussa forza militare, finanziaria e geopolitica del sionismo internazionale .

Finché il sionismo avrà una morsa sui media americani (e il potere politico che ne deriva), il popolo degli Stati Uniti può aspettarsi di vedere sempre più ragazzi e ragazze americani mandati ai quattro angoli del mondo a combattere nelle guerre, e ad essere uccisi o orribilmente feriti combattendo in nome degli interessi sionisti che si nascondono spudoratamente e ingannevolmente dietro la bandiera americana.

Possiamo aspettarci un aumento delle tasse per pagare queste guerre e una sempre maggiore repressione politica in patria, volta a mettere a tacere i dissidenti che osano dire "no" alle richieste del sionismo al popolo americano. L'elenco delle probabili conseguenze di tutto questo è davvero spaventoso. Tuttavia, man mano che un numero sempre maggiore di americani scopre l'immensa influenza del sionismo, si assisterà a un corrispondente aumento delle discussioni pubbliche (e non solo private) su questo pericoloso fenomeno. *La Nuova Gerusalemme* è quindi qui per presentare i fatti che devono essere raccontati.

*The Juda Goats-The Enemy Within* è quindi un'aggiunta a quanto ho già scritto, una variazione su un tema che certamente è alla base dei tre volumi precedenti.

Questi libri e altri - per non parlare di innumerevoli videocassette, siti web, giornali indipendenti come *American Free Press* e riviste storiche come *The Barnes Review* - forniscono, secondo le parole del mio amico, il titano populista Eustace Mullins, "munizioni per la prossima guerra di liberazione dell'America".

E sarà una guerra.

Nelle pagine di *The Juda Goats - The Enemy Within*, abbiamo visto più volte che il nostro nemico non esiterà a utilizzare i metodi più corrotti, più feroci, più ingannevoli - e persino più violenti - per perseguire la sua agenda. E il loro programma è la distruzione assoluta e totale del movimento nazionalista americano e, se necessario (e se lo desiderano), la distruzione di ogni americano che si oppone al loro insidioso programma.

E non è un'esagerazione.

Ricordate: "loro" hanno ucciso John F. Kennedy e l'hanno fatta franca finora. "Hanno" distrutto il Murrah Building di Oklahoma City e finora l'hanno fatta franca. "Hanno inscenato gli attacchi terroristici dell'11 settembre e finora l'hanno fatta franca. "Hanno orchestrato la guerra in Iraq e finora l'hanno fatta franca.

E questa è solo la punta dell'iceberg...

La domanda principale è per quanto tempo ancora resteremo inerti e continueremo a permettere a questi criminali di esercitare la loro volontà a spese del popolo americano e di tutti i popoli del mondo.

Abbiamo identificato il nemico.

Abbiamo tutte le conoscenze necessarie sul nostro nemico.

Ora dobbiamo trasmettere questa conoscenza ad altri.

Naturalmente, per raggiungere questo obiettivo dobbiamo lavorare al di fuori dell'ambito dei media sionisti d'élite controllati in America.

Attraverso il passaparola, le radio indipendenti, Internet, la distribuzione di libri, giornali e video, e qualsiasi altro mezzo disponibile per "diffondere la parola", possiamo far sapere alla gente che è in corso una nuova rivoluzione americana, che ci sono molti altri che la pensano come loro e che stanno finalmente parlando.

Si può fare. Dipende da noi.

Unendoci, possiamo creare un'onda anomala di americani arrabbiati e di altri benpensanti di tutto il mondo - l'onda del futuro - che travolgerà i nemici del nazionalismo, della libertà e dell'indipendenza.

Andiamo avanti con determinazione con l'obiettivo di conquistare un numero sufficiente di brave persone in un numero sufficiente di posti, in modo da ottenere finalmente il potere necessario per spezzare la schiena, una volta per tutte, alle Capre di Giuda - il Nemico Interno.

Il meccanismo di controllo e sovversione può essere sconfitto solo quando - e solo quando - i nostri nemici saranno totalmente e completamente smascherati per quello che sono realmente.

Non possiamo più accontentarci di essere politicamente corretti o di usare eufemismi. Dobbiamo dire ciò che pensiamo veramente. Non possiamo fare come quel giovane che mi disse, dopo aver letto il mio libro "*Il giudizio universale*":

> Penso che tu abbia ragione sul fatto che il Mossad sia stato coinvolto nell'assassinio di JFK, ma quando parlo dell'assassinio di JFK mi riferisco solo alla "CIA", perché la maggior parte delle persone sa che la CIA è comunque controllata dai sionisti e saprà *che in realtà* intendo dire che dietro c'era il Mossad.

Questo è quello che mi hanno detto.

Era completamente serio.

Era anche un vigliacco e un pazzo assoluto.

Sebbene i sionisti abbiano certamente molto potere all'interno della CIA (e su di essa), suggerire che i sionisti controllino la CIA e poi supporre che "la maggior parte della gente lo sappia" è una supposizione davvero molto grande.

Non possiamo più pensare che l'americano medio sappia quello che sanno gli americani più informati. Perché non sanno quello che sappiamo noi.

Sta a noi assicurarci che gli americani medi sappiano ciò che sappiamo semplicemente dicendo loro la verità, senza ambiguità, in termini vaghi o "codificati".

È esattamente quello che ho cercato di fare nei molti libri e nelle migliaia di articoli che ho pubblicato.

*Non possiamo più continuare a temere di offendere "il simpatico vicino ebreo la cui sorella vive in Israele".*

Se a questo simpatico ebreo non piace il fatto che gli americani comuni non vedano di buon occhio il modo in cui la lobby israeliana detta la politica estera degli Stati Uniti a scapito degli interessi dell'America, è un problema suo.

## NON SAREMO MESSI A TACERE.

Come ho già detto in precedenza, dovremmo pensare a noi stessi come incarnazioni moderne dell'immaginario "Howard Beale", il presentatore del telegiornale della sera diventato demagogo nel popolare (e rivelatore) film hollywoodiano *Network*.

Sebbene nel film (scritto dall'ideologo sionista Paddy Chayefsky) Howard Beale fosse "fuori di sé" per l'acquisto da parte di "ricchi arabi" della società di radiodiffusione per cui lavorava (uno scenario che, nella realtà, probabilmente non si sarebbe verificato), l'idea che un uomo onesto debba essere angosciato da interessi stranieri che controllano i media è da non scartare. È esattamente quello che sta accadendo oggi in America. Ma questi interessi stranieri *non sono* interessi arabi o musulmani.

Le nostre reti principali, per non parlare del mondo accademico, dell'editoria, dell'istruzione, della cultura popolare e persino di molte organizzazioni religiose "cristiane" - solo per citarne alcune - sono state infiltrate e sovvertite.

Oggi, la verità è che i veri patrioti americani - e tutti gli altri nazionalisti amanti della libertà nel mondo - sono arrabbiatissimi e *non ne possono più*.

Ecco perché, alla fine, vinceremo.

Anche se George W. Bush e i suoi amici sionisti sostengono che Dio è dalla loro parte, noi lo sappiamo bene.

Dio è dalla nostra parte.

Il nazionalismo è l'onda del futuro. Non c'è modo di fermarlo.

-MICHAEL COLLINS PIPER

# Informazioni sulle fonti...

## Una bibliografia diversa da tutte le altre

I miei scritti, sia per *Spotlight* che per *American Free Press*, per non parlare di *The Barnes Review* e di numerose altre pubblicazioni, si sono sempre basati sul concetto che la cosa migliore da fare è "citare le fonti". Ed è quello che ho sempre fatto. Il mio curriculum è piuttosto ampio e chi conosce i miei scritti - anche i miei detrattori - lo sa. Delle migliaia di articoli che ho scritto negli ultimi 25 anni, non ce n'è uno solo che non contenga solide informazioni documentali a sostegno della tesi del mio lavoro. Naturalmente, i miei scritti sono sempre stati guidati dal mio punto di vista nazionalista progressista e non ho mai negato la mia agenda. Sarebbe disonesto fare altrimenti, come fanno gli editori dei media "mainstream".

Nella mia precedente esperienza, con la pubblicazione di alcuni libri completi, ho scoperto - a posteriori - che ai miei detrattori, francamente, non poteva importare di meno se citavo o meno una fonte in modo accurato o se la citavo correttamente. L'intento dei miei detrattori - e provengono tutti dalla stessa fonte, aggiungerei - è sempre stato quello di diffamarmi, di mettere in dubbio la mia credibilità, di chiamarmi con nomi particolarmente volgari di tipo scatologico e, in generale, di darmi del bugiardo.

In generale, affermano con grande autorità che non ho "alcuna credibilità" e che "nessuno prende sul serio Michael Collins Piper", ma poi negano le loro stesse affermazioni e fanno di tutto per cercare di screditarmi. Spendono molte energie per denunciarmi, dicendo che dovrei essere ignorato, suggerendo implicitamente che alcune persone mi prestano attenzione.

In ogni caso, nel rifinire *The Juda Goats-The Enemy Within*, ho deciso deliberatamente di NON includere una bibliografia tradizionale, proprio perché, in tutto il libro, quando ho fatto riferimento a un articolo di giornale, a una rivista o a un libro completo, ho citato molto chiaramente il nome della pubblicazione in questione all'interno del testo.

In questo libro non c'è quasi un solo fatto rilevante - e non intendo "opinioni" - che non si possa trovare in fonti facilmente accessibili . E anche se le mie opinioni - e quelle di altri - si trovano molto spesso in questo libro, tali opinioni (almeno le mie) sono basate su fatti molto reali che costituiscono la base di tali affermazioni.

Molte persone ingenue - che non capiscono la netta differenza tra fatti e opinioni - sono pronte a dire "Questa è la tua opinione" di fronte a fatti spiacevoli, ma nelle pagine di questo libro le "opinioni" che esprimo sono supportate da una grande quantità di ricerche (in una vasta gamma di campi).

*La verità è lì per coloro che hanno il coraggio di cercarla...*

-PCM

## Grazie mille - se mi seguirai...

A Willis ed Elisabeth Carto, senza i quali questo libro - o qualsiasi altro da me pubblicato - non sarebbe stato possibile. Hanno aperto la strada ad altri. Inoltre, in memoria del loro fedele cane, Charlie, un compagno gentile brutalmente investito da un delinquente che lavorava per l'ADL.

A due amici scomparsi, DeWest Hooker, che è stato il primo a dirmi la verità sulla Guerra Fredda, e Fred Blahut, che mi ha insegnato una o due cose sulla scrittura e sull'editing, anche se non ve ne rendete conto. (Al mio energico amico, l'unico e solo Matthias Chang, per avermi fatto conoscere il meraviglioso mondo e la gente della Malesia.

Mahathir Mohamad e sua moglie, la dottoressa Siti Hasmah, il cui interesse per il mio lavoro è un grande onore e molto apprezzato.

A Ryu Ohta, Grace Oyama, Yoshie Nakajima e Marie per avermi ospitato in modo meraviglioso durante la mia visita nel Paese del Sol Levante. Alle persone meravigliose di Abu Dhabi - dai tassisti ai reali - che mi hanno fatto sentire così benvenuta.

A Mikhail Kuznetsov e Boris Mironov e a tutti i nazionalisti che si sono uniti a me a Mosca per celebrare un nuovo inizio per tutti i popoli del mondo che lavorano insieme per combattere il nostro nemico tradizionale.

A Paul Fromm, il cui buon umore, la cui passione e la cui formidabile capacità di esprimere la necessità di lottare per la libertà di espressione sono tanti insegnamenti per gli americani che farebbero bene a svegliarsi molto rapidamente.

A Mordechai Vanunu, per la sua gentilezza e il suo sostegno ai miei sforzi.

Il mondo deve a quest'uomo coraggioso la sua più grande gratitudine.

A MK, che mi mantiene sano di mente.

A Mark Glenn, Ted Pike, Stan Hess, Mark Farrell, Hesham Tallawi, Rick Adams, Victor Thorn e Lisa Guliani, John Anderson, Tom Valentine, Barbara Jean Whiteley, Dale Williams, Leuren Moret, Benjamin e Ursula Seiler, Roy Godenau, Bill Grimstad - tra i tanti che hanno sostenuto i miei sforzi e svolto un lavoro meraviglioso.

A John Tiffany - come sempre - per il suo malizioso furto di cervello, che si rivela essere un travestimento piuttosto notevole per una recensione di talento.

A Paul Angel per aver tollerato i miei sforzi grafici, a Chris Petherick per non aver fatto troppo editing e a Jim Tucker per aver pubblicato il primo articolo che ho scritto e per il suo buon senso dell'umorismo.

Ad Anne Cronin, Steve Lombardo, Julia Foster, Evangeline e gli Anderson per il duro lavoro di messa in circolazione dei miei libri.

A John Stadtmiller della Republic Broadcasting Network, che mi ha dato l'opportunità di ospitare un forum di discussione radiofonica serale, e a tutte le grandi persone della RBN che fanno prosperare questa rete dinamica.

A Steve, James il Poeta, Van Loman, Curt Maynard, Jerry Myers, Joe e Dee Fields, Tony Blizzard e Paul Topete che mi tengono aggiornato sulle cose che devo sapere. E a George Kadar, Scott Winchester e Paul Christian Wolff, che sono un gruppo di ragazzi senza peli sulla lingua.

A A. G. Hassinger e Michael Williams - leader emergenti.

A Vince ed Elaine Ryan: un duo dinamico.

A Dale e Mary Crowley - soldati cristiani e miei amici.

A Jim e Sylvia Floyd - il meglio.

A E e B, che sono persone semplicemente meravigliose.

A J e G per il loro entusiasmo.

Alla mia amica Madre Terra, che vede il mondo come me.

A KV, di cui apprezzo profondamente la spiritualità e l'amicizia.

A J ed E, che non dimenticano mai il mio compleanno.

A questa ragazza di Little Chicago - e anche a suo figlio - il cui interesse congiunto per il mio lavoro è stato particolarmente gratificante.

A W & E che comprendono le amare verità che molti non riescono a riconoscere. Il vostro incoraggiamento è stato molto apprezzato.

A The Home Owner, la cui perspicacia non smette mai di stupirmi.

All'"acquirente di casa", che conosce la situazione come pochi.

Ai defunti Ken e Lucy Lehman, che mi hanno detto di non tacere mai, nonostante l'opposizione. Conservo la preziosa eredità di Lucy in custodia per le generazioni future.

A Sorella, che mi ha insegnato a usare il catalogo a schede.

A Ginny, la cui *opposizione al* mio lavoro mi *ha ispirato.*

A Kirk Lyons che, insieme al suo amico Andreas Strassmeir, ha aiutato molte persone a capire cosa è realmente accaduto a Oklahoma City il 19 aprile 1995. La performance di Lyons nell'aula del tribunale di Pittsburgh mi ha confermato che ero sempre stato sulla strada giusta. Ringrazio anche Don Wassall per aver commesso l'errore di portarlo lì.

A un assortimento di intrallazzatori legati al Mossad, le cui macchinazioni hanno fornito il materiale per questo libro e che, a loro insaputa e con grande disappunto, hanno permesso la nascita di due potenti pubblicazioni, *American Free Press* e *The Barnes Review,* che avrebbero giocato un ruolo fondamentale nella sconfitta delle forze che si oppongono al nazionalismo americano.

*E infine, ma non per questo meno importante...*

A Roy Bullock, l'affascinante, abile e intelligente informatore numero 1 dell'ADL, che mi ha insegnato per la prima volta come individuare le capre di Giuda - il nemico interno.

-MICHAEL COLLINS PIPER

## SEZIONE FOTO

Natan Sharansky (sopra), nato in Unione Sovietica, mediatore di potere in Israele e portavoce principale del sionismo globale, è uno dei principali consiglieri degli influenti "neo-cons" trotzkisti americani. Cosa ancora più importante, Sharansky è anche il mentore intellettuale del più potente e pericoloso capro di Giuda del mondo, George W. Bush (a destra), che (per sua stessa ammissione) ascolta attentamente ciò che Sharansky gli dice di fare. Rampollo di una dinastia corrotta, coinvolta da oltre un secolo in traffici di armi, truffe societarie e intrighi di intelligence, Bush è particolarmente malleabile nelle mani dei suoi padroni, proprio perché è un fanatico religioso che adora il sionismo e sembra credere che sia gestito da Dio.

La tradizione del nazionalismo "America First" e dell'opposizione all'ingerenza degli Stati Uniti all'estero è stata portata avanti fino alla metà del XX secolo da personaggi come due importanti senatori statunitensi, Robert LaFollette (R-Wis.) e Burton Wheeler (D-Mont.) - in alto a sinistra e al centro - che nel 1924 si unirono come candidati presidenziali e vicepresidenziali del Partito Progressista. Prima della Seconda guerra mondiale, il famoso aviatore Charles A. Lindbergh (in alto a destra) si affermò come uno dei principali portavoce nazionalisti, combattendo gli sforzi della lobby ebraica, alleata con le forze filo-britanniche, per trascinare l'America nella Seconda guerra mondiale. Uno dei principali teorici nazionalisti americani dell'epoca, Lawrence Dennis (in basso a sinistra), fu accusato di "sedizione" per la sua opposizione all'amministrazione guerrafondaia di Franklin Roosevelt. Ispirato da ex nazionalisti americani, Willis A. Carto (in basso al centro), amico di Dennis, mantenne vivo il movimento nazionalista nonostante gli strenui sforzi per distruggere Carto e il suo lavoro. Seguendo la guida di Carto attraverso l'istituzione populista di Washington Liberty Lobby, Pat Buchanan (in basso a destra), storico esponente del Partito Repubblicano, ha lasciato il GOP ed è emerso, almeno per un certo periodo, come voce nazionalista nell'arena elettorale.

La scissione tra Josef Stalin (in alto a sinistra) e il suo ex alleato bolscevico, Leon Trotsky (in alto al centro), ha posto le basi per l'ascesa di un elemento comunista trotskista negli Stati Uniti (in gran parte ebreo) che si è evoluto nel moderno movimento "neoconservatore". Oggi, questi neo-conservatori trotskisti costituiscono l'avanguardia del movimento sionista in America. All'epoca della Guerra Fredda, la divisione tra i nazionalisti russi della linea dura che circondavano Stalin e i loro nemici sionisti-trotskisti cominciò a riversarsi nell'arena politica americana, ma la maggior parte dei nazionalisti e degli anticomunisti americani non riuscì a comprendere questa divisione, proprio perché erano manipolati dai capri di Giuda sionisti. Tra i nazionalisti americani che hanno scoperto la verità sulla divisione tra stalinisti e sionisti c'era il defunto DeWest Hooker (in alto a destra), le cui rivelazioni appaiono in *The Juda Goats-The Enemy Within*. Irving Kristol (in basso a sinistra) e Norman Podhoretz (in basso al centro) sono stati tra i primi trotskisti ebrei negli Stati Uniti che hanno orchestrato il passaggio al cosiddetto neoconservatorismo. Insieme al figlio di Kristol, William Kristol (in basso a destra), sono oggi tra i più influenti propagandisti sionisti.

Lo statista ebreo Bernard Baruch (sopra, all'estrema sinistra), profittatore di guerra, non ha mai smesso di cercare il potere. Durante la Guerra Fredda, quando i nemici trotskisti di Joseph Stalin emersero come attori di potere negli Stati Uniti, Baruch e il re dei liquori Louis Rosenstiel, legato alla mafia ebraica, qui sopra (a sinistra) con l'amico intimo, il direttore dell'FBI J. Edgar Hoover (a destra), crearono l'American Jewish League Against Communism (AJLAC), per trascinare gli Stati Uniti in una guerra all'ultimo sangue contro l'URSS o la Cina, o entrambi. L'AJLAC era un'associazione trotzkista-sionista. Prove scioccanti indicano che il senatore Joseph McCarthy fu istigato e manipolato dall'agente dell'AJLAC Roy Cohn, che fu nominato "supervisore" di McCarthy. (Entrambi sono ritratti in basso a sinistra). Questi fatti gettano nuova luce sul periodo in cui i sionisti e i trotzkisti alimentavano le fiamme dell'isteria della Guerra Fredda in America, mentre i nazionalisti russi antisionisti salivano alla ribalta nel sistema di intelligence militare sovietico. Nel frattempo, il capo dell'FBI Hoover, amico intimo di Cohn (che riceveva benefici finanziari da Rosenstiel dell'AJLAC), controllava efficacemente il Partito Comunista Americano attraverso un informatore, Morris Childs (in basso a destra), ebreo antistalinista e alto funzionario del partito.

Marvin Liebman, un comunista ebreo che divenne uno dei cannonieri della resistenza sionista in Palestina, lavorò assiduamente durante l'epoca della Guerra Fredda per estinguere il tradizionale nazionalismo americano in nome di un "nuovo" conservatorismo. Liebman è ritratto (in alto a sinistra) con il suo più noto protetto, William F. Buckley, Jr. Dopo aver creato la rivista *National Review*, oggi considerata una "facciata" per elementi della CIA, Buckley arruolò una schiera di "ex" trotzkisti, primo fra tutti James Burnham (in alto a destra), come arbitri del pensiero "responsabile" dei conservatori. Questo ha spianato la strada all'infiltrazione della causa "conservatrice" da parte dei trotskisti e dei loro alleati sionisti. Altre figure nella sfera d'influenza Liebman-Buckley sono Richard Viguerie (in basso a sinistra), che ha fatto fortuna riempiendo le tasche dei patrioti con campagne di direct mail, l'avventuriero Robert K. Brown (in basso al centro), fondatore di un'associazione di volontariato. Brown (in basso al centro), fondatore della rivista *Soldier of Fortune* e fervente sostenitore della causa sionista, e l'onnipresente Lee Edwards (in basso a destra), che oggi esalta le virtù di un museo in onore delle "vittime ebree del comunismo", apparentemente ignorando il fatto che la maggior parte dei macellai dello Stato di polizia comunista erano ebrei.

La famosa spia britannica del KGB, Kim Philby (in alto a sinistra), fece il doppio gioco con una spia del KGB stesso per il servizio segreto israeliano, il Mossad. Ciò avvenne in un momento in cui la spaccatura tra nazionalisti russi ed elementi sionisti si stava intensificando all'interno della Russia, all'inizio della Guerra Fredda tra USA e URSS. Non è un caso che Philby fosse un amico intimo dell'alto funzionario della CIA statunitense James Jesus Angleton (in alto al centro), un convinto alleato del Mossad all'interno della CIA. Tra le altre fantasie, Angleton difese la teoria secondo cui un assassino comunista avrebbe ucciso il presidente John F. Kennedy, tema ripreso da Robert Welch (in alto a destra), fondatore della John Birch Society (JBS). Seguendo l'esempio di Angleton, la JBS esalta i meriti di Israele come baluardo contro l'espansionismo sovietico. Il JBS ha ricevuto un'insolita pubblicità dai media americani controllati. I cosiddetti "neo-conservatori", come i sionisti della linea dura Richard Perle, Paul Wolfowitz e I. Lewis Libby (in basso da sinistra a destra), hanno fatto eco alla linea Angleton-Birch, che è diventata la base della loro promozione all'interno dell'apparato conservatore (e repubblicano) dell'establishment della sicurezza nazionale, dei think tank, delle fondazioni e di altri gruppi di pressione politica.

I fratelli miliardari Rockefeller, David e Nelson (in alto a sinistra e al centro), erano nemici dei nazionalisti tradizionali nelle file del Partito Repubblicano e, in alleanza con la famiglia Rothschild, promuovevano politiche internazionaliste attraverso gruppi come il Bilderberg e il Council on Foreign Relations (un ramo minore del Royal Institute of International Affairs di Londra, finanziato dai Rothschild). In una brillante manovra tattica per minare il nazionalismo tradizionale, i Rockefeller hanno finanziato le iniziative politiche statunitensi di Sun Myung Moon (sopra a destra), il leader del culto coreano.

Moon ha creato il quotidiano "conservatore" *Washington Times* e la rete di influenza che lo circonda, elargendo denaro ai leader conservatori ed esortandoli a passare all'internazionalismo. Nonostante si presentasse come un conservatore, il rappresentante Newt Gingrich (R-Ga.) - in basso a sinistra - era un "repubblicano Rockefeller", salito al potere grazie a un accordo segreto con il quotidiano liberale *Washington Post*. Il senatore Jesse Helms (R-N.C.) - in basso al centro - si è ribellato, diventando un internazionalista e sostenendo febbrilmente Israele dopo che il barone miliardario dei media S.I. Newhouse (in basso a destra) è venuto in soccorso di Helms, intervenendo e riducendo il flusso di denaro sionista all'avversario di Helms per la sua rielezione.

Sebbene l'australiano Rupert Murdoch (in alto a sinistra) abbia guadagnato miliardi come capo del gigante mediatico globale News Corporation, società madre di Fox News, la rete di propaganda filo-sionista sfacciatamente imperialista, è noto da tempo che Murdoch e il suo impero mediatico sono stati essenzialmente "creati" da uno sforzo congiunto di mecenati sionisti miliardari ancora più ricchi, tra cui il londinese Lord Jacob Rothschild (in alto al centro) e il re dei liquori di Montreal Edgar Bronfman (in alto a destra). Come Murdoch, ora cittadino americano, Bronfman - da tempo a capo del Congresso ebraico mondiale - detiene la maggioranza dell'impero mediatico Time-Warner e ha usato la sua influenza per promuovere con entusiasmo le molteplici iniziative di propaganda pro-Israele dell'evangelista televisivo Tim LaHaye (in basso a destra). Falsi profeti pro-sionisti come Pat Robertson e Jerry Falwell (in basso a sinistra e al centro) ricevono una preziosa pubblicità dai media controllati dai sionisti proprio perché sono capri di Giuda che portano i cristiani a sostenere la causa sionista, fino a schierarsi con Israele a spese dei loro correligionari arabi. (Per saperne di più su come questi capri di Giuda "cristiani" agiscono per conto del sionismo, si veda *The High Priests of War* di Michael Collins Piper).

Delmar Dennis (in alto a sinistra) fu un informatore dell'FBI nel Ku Klux Klan in Mississippi e in seguito fu elogiato dalla John Birch Society per i suoi sforzi a favore dell'FBI. In un altro gruppo del Klan, il leader, Bill Wilkinson (in alto al centro), era un prezioso informatore dell'FBI i cui funzionari gli dissero che era "accettabile" condannare i neri, ma mai gli ebrei. Un altro informatore dell'FBI in un'unità del KKK, Gary Rowe (in alto a destra, nascosto dietro una maschera mentre testimonia davanti al Congresso), ha istigato la violenza del Klan in diverse occasioni, compreso l'omicidio di Viola Liuzzo, un'attivista per i diritti civili. Con lo pseudonimo di "Jimmy Anderson", James Rosenberg (in basso a sinistra), dipendente della Anti-Defamation League (ADL), divenne un importante agitatore del KKK e dei "neo-nazisti", organizzando raduni di "odio" che furono ampiamente riportati dalla stampa. Solo in seguito questo giovane ebreo è stato smascherato come un sobillatore dell'ADL. Il membro del KKK Alton Roberts (sotto al centro) e suo fratello furono pagati 36.500 dollari da A. I. Botnick, capo dell'ADL a New Orleans, per incastrare un altro membro del KKK in una "montatura" che portò all'omicidio dell'insegnante 26enne Kathy Ainsworth (sotto a destra). Gli stretti legami di Botnick con l'ex agente dell'FBI (e della CIA) Guy Banister, che impiegò l'assassino di JFK Lee Oswald come "investigatore" dell'ADL, non sono mai stati sufficientemente indagati.

Il defunto nazionalista Sam Francis (in alto a sinistra) fu uno dei primi a suggerire che l'immigrato tedesco di lingua ebraica Andreas Strassmeir (in alto al centro) - che si presentava come "neonazista" - fosse una sorta di informatore sotto copertura nell'attentato di Oklahoma City. Quando *The Spotlight* ha affermato con forza che Strassmeir era proprio così, molti nazionalisti si sono rifiutati di credere che "Andy il tedesco" fosse un capro di Giuda, dal momento che Strassmeir era sostenuto calorosamente dal suo amico intimo, il cosiddetto "avvocato nazionalista" Kirk Lyons (sopra a destra). Gli investigatori hanno poi trovato le prove che Strassmeir era effettivamente un informatore del Southern Poverty Law Center di Morris Dees (sotto a sinistra). Si sa anche che la Anti-Defamation League, guidata da Abe Foxman (sotto al centro), stava monitorando l'amico di Strassmeir, Tim McVeigh, che ha confessato l'attentato, da più di un anno prima dell'attacco. L'apparente "manager" di Strassmeir, Kirk Lyons, era anche un amico intimo e un avvocato dell'enigmatico Don Wassall (sotto a destra), che ha spazzato via il partito populista. Michael Collins Piper una volta affrontò pubblicamente Lyons in una corte federale, accusandolo di essere una risorsa dell'FBI (si veda pagina 288 per una descrizione della risposta isterica, bizzarra e piuttosto rivelatrice di Lyons).

Due OSWALD - Due McVeighs? Dieci giorni dopo l'attentato di Oklahoma, un terrorista israeliano "di destra", Sharon Toval, 28 anni, è stato arrestato a New York ed espulso in Israele. L'unica fotografia conosciuta di Toval (in alto al centro) mostra una persona che, senza barba e baffi, potrebbe essere scambiata da un estraneo per il presunto attentatore, Tim McVeigh (in alto a destra). Somiglia anche alla famosa immagine "John Doe No. 1" (in alto a sinistra) che le autorità hanno rilasciato inizialmente dopo l'attentato e che è stata utilizzata per coinvolgere McVeigh. In effetti, gli avvocati di McVeigh avrebbero considerato la possibilità che "terroristi di destra" provenienti da Israele avessero avuto un ruolo nell'attacco. Questa cartolina (sotto) con una famosa fotografia dell'epoca della Depressione intitolata "Black Sunday" (che era il nome di un noto film hollywoodiano del 1977 sul terrorismo) fu spedita - all'interno di una busta indirizzata a mano - all'ufficio di Washington del quotidiano *The Spotlight* di Oklahoma City il 17 aprile 1995 (si veda il timbro postale in basso), due giorni prima dell'attentato. La didascalia originale della foto recitava: "Tempesta di polvere in avvicinamento... 14 aprile [19]35". La cartolina arrivò a *Spotlight* il giorno dopo l'attentato e fu immediatamente consegnata all'FBI, che era più interessata a cercare di coinvolgere *Spotlight* nell'attentato che a indagare sul mittente della cartolina, che rendeva chiaro che era a conoscenza dell'attentato. La calligrafia sulla busta non era quella di McVeigh o del suo presunto cospiratore, Terry Nichols. L'esistenza del biglietto è la prova inconfutabile di un vasto complotto sionista condotto dalle Capre di Giuda per coinvolgere le forze antisioniste in questa orribile tragedia.

OKLAHOMA · 1935

Per decenni, Roy Bullock (in alto a sinistra) è stato l'agente segreto capo della Anti-Defamation League (ADL) del B'nai B'rith, il braccio di propaganda, lobbying e intelligence statunitense dell'agenzia di servizi clandestini di Israele, il Mossad. Il superiore di Bullock era Irwin Suall (in alto al centro), a lungo capo della divisione di indagine dell'ADL. Bullock è stato pubblicamente smascherato come spia dell'ADL in un articolo di Michael Collins Piper pubblicato sul settimanale della Liberty Lobby, *The Spotlight*, ma sono passati anni prima che il lavoro di Bullock per l'ADL fosse confermato dalle autorità che indagavano sulle attività criminali dell'ADL. Anche Sanford Griffith (sopra a destra), un altro agente ADL di lungo corso, ha prestato servizio prima e durante la Seconda Guerra Mondiale come spia di alto livello per i servizi segreti britannici. Tre importanti vittime dello spionaggio dell'ADL (sotto, da sinistra a destra): Martin Luther King Jr, che l'ADL considerava un "elettrone libero", secondo un ex funzionario dell'ADL; l'amico di Martin Luther King, il popolare comico, critico sociale e investigatore di assassini Dick Gregory; e il leader nazionalista nero Malcolm X, che si lamentò dello spionaggio dell'ADL con il suo mentore, il fondatore della Nation of Islam Elijah Muhammed (non nella foto). L'ADL spiava migliaia di persone e passava i dati all'FBI.

Il rabbino Meyer Schiller (in alto a sinistra) si vanta del fatto che la sua stretta collaborazione con il "nazionalista" Jared Taylor (in basso) abbia contribuito ad attenuare l'opposizione al sionismo tra i nazionalisti americani. Taylor, un uomo di Yale - la cui moglie aveva un rapporto di lavoro amichevole con il capo delle spie dell'ADL Irwin Suall - era solito aggirarsi per il Ghana quando era di particolare interesse per la CIA e il Mossad. Oggi Taylor cerca di "denazificare" il movimento nazionalista. Michael Chertoff (in alto al centro), la cui madre lavorava per i servizi segreti israeliani, è ora responsabile della "sicurezza interna" negli Stati Uniti. In precedenza, mentre ricopriva una posizione di responsabilità presso il Dipartimento di Giustizia, Chertoff ha orchestrato false accuse penali contro due persone che criticavano apertamente il sostegno degli Stati Uniti a Israele: l'ex rappresentante dello Stato della Louisiana David Duke (in alto a destra) e l'ex rappresentante degli Stati Uniti Jim Traficant (D-Ohio) (a destra). Ora sappiamo che il defunto Malachi Martin (in basso a sinistra) era una spia in Vaticano (all'inizio degli anni '60) per la Anti-Defamation League e l'American Jewish Committee (AJC). Amico intimo e collaboratore dell'agente della CIA William F. Buckley Jr, Martin scriveva regolarmente per la rivista *Commentary* dell'AJC (che promuoveva anche il lavoro di Jared Taylor). Questo magnifico pastore tedesco, Charlie (sotto), è stato brutalmente investito dagli agenti di polizia che facevano irruzione nella casa del fondatore della Liberty Lobby Willis Carto. Gli aggressori di Charlie hanno agito illegalmente sotto la direzione di un poliziotto "corrotto" che era una nota risorsa dell'ADL. Charlie, ora deceduto, era una creatura migliore di qualsiasi capra di Giuda a due zampe.

Un insieme di prove suggerisce che non solo Bill e Hillary Clinton, ma anche il senatore John Kerry (D-Mass.) (vedi sopra) sono stati a lungo agenti segreti della CIA. Bill Clinton era (e Kerry lo era quasi certamente) un informatore della CIA nel movimento contro la guerra in Vietnam. Come il marito, Hillary è stata coinvolta nel contrabbando di armi e narcotici della CIA a Mena, in Arkansas, un punto caldo dell'affare Iran-Contra di matrice israeliana. Hillary è stata anche coinvolta nell'armamento segreto dell'Iraq in un momento in cui gli Stati Uniti e Israele "propendevano" per l'Iraq durante la guerra Iran-Iraq. Allard Lowenstein (in basso a sinistra) è stato un eroe del movimento contro la guerra negli anni '60, ma si è scoperto che era sia un informatore della CIA che una risorsa del Mossad israeliano. Nelle elezioni presidenziali del 1940, agenti britannici e sionisti imposero Wendell Willkie (in basso al centro) al GOP, proprio come elementi sionisti favorevoli alla guerra in Iraq hanno spinto John Kerry alla nomination democratica nel 2004. Questo in risposta alla necessità dei sionisti di vedere entrambi i principali partiti schierare candidati favorevoli alla guerra in quelle due elezioni cruciali. Oggi, il miliardario sionista predatore George Soros (in basso a destra) finanzia i gruppi "progressisti" dissidenti per assicurarsi che rimangano sulla strada giusta: comprati e pagati, sono la classica opposizione controllata.

Una galleria di capre di Giuda nei media "conservatori". Queste sono solo alcune delle voci più palesi dell'internazionalismo sionista, ma ce ne sono molte altre.

Suzanne Fields    David Horowitz    Joseph Farah

Clifford May    Michelle Malkin    Oliver North

Linda Chavez    Arnold Beichman    Mona Charen

Il potente presidente russo Vladimir Putin, il franco presidente venezuelano Hugo Chavez e il silenzioso ma tenace presidente siriano Bashar al-Assad (in alto, da sinistra a destra) sono tutti bersagli privilegiati dei trotzkisti sionisti neo-conservatori che ora governano l'America sotto George W. Bush. Questi tre leader nazionalisti, che rappresentano l'opposizione al sogno sionista di un "nuovo ordine mondiale", sono stati accusati di "antisemitismo", un'accusa che è stata rivolta ad alcuni dei migliori e più brillanti studiosi, statisti, filosofi e leader religiosi della storia, di ogni razza e credo. Tra le altre figure di spicco sulla scena internazionale, anche il presidente iraniano Mahmoud Ahmadinejad e il presidente bielorusso Alexander Lukashenko (in basso a sinistra e al centro) sono nel mirino dell'élite plutocratica assetata di potere. Mahathir Mohamad (in basso a destra), ex primo ministro della Malesia, è uno dei principali e più rispettati portavoce dell'opposizione globale all'imperialismo sionista, che ora sta facendo sentire il suo potere attraverso lo sfruttamento abusivo della potenza militare ed economica americana. L'onda nazionalista del futuro che sta investendo il pianeta finirà per travolgere il sionismo e tutti i suoi capri espiatori.

*UNA LETTERA DELL'AUTORE...*

Caro amico :

Sebbene i miei libri precedenti siano stati considerati "controversi" perché mettevo in discussione il potere del sionismo in America, quest'ultimo libro, LE CAPRE GIUDA, sembra essere quello che sconvolgerà alcuni patrioti...

Alcuni lettori di questo libro sono stati turbati dal mio suggerimento che alcune persone, generalmente considerate "patrioti", sono invece capre di Giuda che conducono i veri patrioti al macello. *Non mi scuso.*

*Dico le cose come le vedo, basandomi sulle prove...*

A coloro che mi accusano di "paranoia" o "cospirazione", mi affretto ad aggiungere che sono stato il primo a mettere per iscritto l'accusa che Roy Bullock fosse un agente sotto copertura dell'ADL. Ci sono voluti quasi otto lunghi anni perché la verità venisse finalmente a galla. *Avevo ragione.*

E quando ho accusato Andreas Strassmeir - assistito dal suo amico e manager Kirk Lyons - di essere un informatore sotto copertura, sono stato attaccato istericamente da molte persone che si rifiutavano di credere che questi due non fossero altro che i "nazionalisti" che si proclamavano. *Oggi la* verità è venuta a galla, troppo tardi per i bravi americani che sono stati ingannati da questi capri di Giuda.

Quante volte devo dimostrare di avere ragione? Non pretendo di essere particolarmente preveggente in queste cose, ma *il mio curriculum è piuttosto buono.*

Grazie a coloro che mi hanno sostenuto nei momenti difficili. I vostri auguri e le vostre preghiere sono stati molto apprezzati. So di avere dei veri amici

E per coloro che hanno fatto donazioni finanziarie che mi hanno permesso di sopravvivere come scrittrice freelance, anche queste sono molto apprezzate.

Auguri e che Dio vi benedica

MICHAEL COLLINS PIPER

In un'epoca di tsunami ideologici, in cui audaci propagandisti si accaniscono nei loro frenetici sforzi di riscrivere i fatti della storia, Michael Collins Piper arriva a sfidare questi falsari della verità: il Voltaire americano, un pensatore illuminato e un polemista che non teme di confrontarsi con la dura realtà, facendolo in incognito con eleganza e brio.

Negli ultimi anni, Piper si è affermato come ambasciatore indiscusso del movimento nazionalista americano e della sua sovversione presso i popoli di tutto il mondo: da Mosca ad Abu Dhabi, passando per Kuala Lumpur, Tokyo e Toronto. Senza mezzi termini, ha lanciato un appello - un grido d'appello - a tutti gli americani affinché si uniscano, reclamino la loro eredità e spazzino via la corruzione del capitale internazionale e la forza maligna che sta portando il nostro mondo sull'orlo dell'annientamento nucleare.

Il messaggio di Piper è forte e chiaro: i veri americani non sostengono il piano sionista di sfruttare la potenza militare dell'America per conquistare il mondo; i buoni che si oppongono all'imperium sionista devono mettere da parte le loro differenze e serrare i ranghi, uniti per la battaglia finale. Appassionato e senza pretese, Piper identifica e castiga coloro che mostrano atteggiamenti di aperto odio verso il nazionalismo e la libertà. Avendo fatto della scrittura storica una forma d'arte, Piper ha pochi pari. Né ci sono molti che dicono la verità al potere come Piper sa fare così bene.

Il rabbino Abraham Cooper del Centro Simon Wiesenthal ha affermato che, poiché Piper critica Israele, è "antiamericano". In realtà, il lavoro di Piper dimostra proprio quanto sia filoamericano.

> -Ryu Ohta, presidente della Società per la critica della civiltà contemporanea, con sede a Tokyo, in Giappone.

# Altri titoli

**OMNIA VERITAS**

OMNIA VERITAS LTD PRESENTA:

## ROBERT FAURISSON

### SCRITTI REVISIONISTI
### I

## 1974-1983

"Non nega, ma cerca di affermare in modo più preciso. I revisionisti non sono "negazionisti"; si sforzano di cercare e trovare dove, a quanto pare, non c'era più nulla da cercare o trovare".

ROBERT FAURISSON

SCRITTI REVISIONISTI
I
1974-1983

*Il revisionismo è una questione di metodo, non di ideologia*

**OMNIA VERITAS.**

Omnia Veritas Ltd presenta:

## FREDERICK SODDY

### RICCHEZZA, RICCHEZZA VIRTUALE E DEBITO

LA SOLUZIONE DEL PARADOSSO ECONOMICO

La più potente tirannia e la più universale cospirazione contro la libertà economica degli individui e l'autonomia delle nazioni che il mondo abbia mai conosciuto...

FREDERICK SODDY

RICCHEZZA, RICCHEZZA VIRTUALE E DEBITO

LA SOLUZIONE DEL PARADOSSO ECONOMICO

*Il pubblico è accuratamente tenuto al riparo da qualsiasi conoscenza reale...*

**OMNIA VERITAS.**

Omnia Veritas Ltd presenta:

## FREDERICK SODDY

### IL RUOLO DEL DENARO

CIÒ CHE DOVREBBE ESSERE, IN CONTRASTO CON CIÒ CHE È DIVENTATO

Questo libro cerca di chiarire il mistero del denaro nel suo aspetto sociale

FREDERICK SODDY

IL RUOLO DEL DENARO

CIÒ CHE DOVREBBE ESSERE, IN CONTRASTO CON CIÒ CHE È DIVENTATO

*Questo è sicuramente ciò che il pubblico vuole sapere sul denaro*

www.ingramcontent.com/pod-product-compliance
Lightning Source LLC
Chambersburg PA
CBHW072003270326
41928CB00009B/1531